D1667791

Buch-Updates
Registrieren Sie dieses Buch auf unserer Verlagswebsite. Sie erhalten damit Buch-Updates und weitere, exklusive Informationen zum Thema.

Galileo BUCH UPDATE

Und so geht's
> Einfach www.sap-press.de aufrufen
<<< Auf das Logo **Buch-Updates** klicken
> Unten genannten **Zugangscode** eingeben

Ihr persönlicher Zugang zu den Buch-Updates: 200112021003

Praxisbuch eCATT

 PRESS

SAP PRESS ist eine gemeinschaftliche Initiative von SAP und Galileo Press. Ziel ist es, Anwendern qualifiziertes SAP-Wissen zur Verfügung zu stellen. SAP PRESS vereint das fachliche Know-how der SAP und die verlegerische Kompetenz von Galileo Press. Die Bücher bieten Expertenwissen zu technischen wie auch zu betriebswirtschaftlichen SAP-Themen.

Markus Helfen, Michael Lauer, Hans Martin Trauthwein
SAP-Lösungen testen
2006, 389 S., geb.
ISBN 978-3-89842-721-0

Thomas Schneider
SAP-Performanceoptimierung
5., aktualisierte und erweiterte Auflage 2008, 662 S., geb.
ISBN 978-3-8362-1088-1

Andreas Blumenthal, Horst Keller
ABAP – Fortgeschrittene Techniken und Tools, Band 2
2009, 579 S., geb.
ISBN 978-3-8362-1151-2

Michael Willinger, Johann Gradl
Datenmigration in SAP
2., aktualisierte und erweiterte Auflage 2007, 407 S., geb.
ISBN 978-3-8362-1037

Aktuelle Angaben zum gesamten SAP PRESS-Programm finden Sie unter www.sap-press.de.

Jacqueline Naumann

Praxisbuch eCATT

Bonn • Boston

Liebe Leserin, lieber Leser,

vielen Dank, dass Sie sich für ein Buch von SAP PRESS entschieden haben.

Das Testtool eCATT ist sowohl in den SAP NetWeaver Application Server als auch in den SAP Solution Manager integriert – und steht damit vielen SAP-Nutzern zur Verfügung. Dennoch scheuen viele Entwickler den Einstieg in das Anlegen und Durchführen von Funktionstests, denn neben dem Testen an sich kostet auch die Einarbeitung in die Funktionsweise von eCATT kostbare Zeit.

Hier schaffen wir Abhilfe: Wir freuen uns sehr, mit Jacqueline Naumann eine Autorin gewonnen zu haben, die Sie verständlich und ausführlich beim Testen mit eCATT anleitet. Wir sind davon überzeugt, dass die detaillierten Erläuterungen und nachvollziehbaren Schritt-für-Schritt-Anleitungen in diesem Buch auch Ihnen helfen werden, Ihre (Eigen-)Entwicklungen vor dem Einsatz ausgiebig zu testen und alle Möglichkeiten auszunutzen, die (die vielleicht schon in Ihrem Unternehmen schlummernde Ressource) eCATT bietet.

Wir freuen uns stets über Lob, aber auch über kritische Anmerkungen, die uns helfen, unsere Bücher besser zu machen. Am Ende dieses Buches finden Sie daher eine Postkarte, mit der Sie uns Ihre Meinung mitteilen können. Als Dankeschön verlosen wir unter den Einsendern regelmäßig Gutscheine für SAP PRESS-Bücher.

Ihre Patricia Kremer
Lektorat SAP PRESS

Galileo Press
Rheinwerkallee 4
53227 Bonn

patricia.kremer@galileo-press.de
www.sap-press.de

Auf einen Blick

1	Vorbereitung für das Arbeiten mit eCATT	23
2	Grundlagen von eCATT	79
3	Organisation und Planung von Testfällen	187
4	Entwicklung mit eCATT	255
5	Spezialthemen der Testskript-Entwicklung	347
6	Tipps und Tricks	421
7	Fazit	445
A	Glossar	449
B	Quellcode zum Programm »ZJN_TCURC«	453
C	Die Autorin	463

Der Name Galileo Press geht auf den italienischen Mathematiker und Philosophen Galileo Galilei (1564–1642) zurück. Er gilt als Gründungsfigur der neuzeitlichen Wissenschaft und wurde berühmt als Verfechter des modernen, heliozentrischen Weltbilds. Legendär ist sein Ausspruch *Eppur se muove* (Und sie bewegt sich doch). Das Emblem von Galileo Press ist der Jupiter, umkreist von den vier Galileischen Monden. Galilei entdeckte die nach ihm benannten Monde 1610.

Gerne stehen wir Ihnen mit Rat und Tat zur Seite:
patricia.kremer@galileo-press.de bei Fragen und Anmerkungen zum Inhalt des Buches
service@galileo-press.de für versandkostenfreie Bestellungen und Reklamationen
thomas.losch@galileo-press.de für Rezensionsexemplare

Lektorat Patricia Kremer, Stefan Proksch
Korrektorat Marlis Appel, Troisdorf
Einbandgestaltung Silke Braun
Titelbild Getty Images/Aaron Graubart
Typografie und Layout Vera Brauner
Herstellung Katrin Müller
Satz III-satz, Husby
Druck und Bindung Bercker Graphischer Betrieb, Kevelaer

Bibliografische Information der Deutschen Bibliothek
Die Deutsche Bibliothek verzeichnet diese Publikation in der Deutschen Nationalbibliografie; detaillierte bibliografische Daten sind im Internet über http://dnb.ddb.de abrufbar.

ISBN 978-3-8362-1351-6

© Galileo Press, Bonn 2009
1. Auflage 2009

Das vorliegende Werk ist in all seinen Teilen urheberrechtlich geschützt. Alle Rechte vorbehalten, insbesondere das Recht der Übersetzung, des Vortrags, der Reproduktion, der Vervielfältigung auf fotomechanischen oder anderen Wegen und der Speicherung in elektronischen Medien. Ungeachtet der Sorgfalt, die auf die Erstellung von Text, Abbildungen und Programmen verwendet wurde, können weder Verlag noch Autor, Herausgeber oder Übersetzer für mögliche Fehler und deren Folgen eine juristische Verantwortung oder irgendeine Haftung übernehmen.

Die in diesem Werk wiedergegebenen Gebrauchsnamen, Handelsnamen, Warenbezeichnungen usw. können auch ohne besondere Kennzeichnung Marken sein und als solche den gesetzlichen Bestimmungen unterliegen.
Sämtliche in diesem Werk abgedruckten Bildschirmabzüge unterliegen dem Urheberrecht © der SAP AG, Dietmar-Hopp-Allee 16, D-69190 Walldorf.

SAP, das SAP-Logo, mySAP, mySAP.com, mySAP Business Suite, SAP NetWeaver, SAP R/3, SAP R/2, SAP B2B, SAPtronic, SAPscript, SAP BW, SAP CRM, SAP EarlyWatch, SAP ArchiveLink, SAP GUI, SAP Business Workflow, SAP Business Engineer, SAP Business Navigator, SAP Business Framework, SAP Business Information Warehouse, SAP interenterprise solutions, SAP APO, AcceleratedSAP, InterSAP, SAPoffice, SAPfind, SAPfile, SAPtime, SAPmail, SAP-access, SAP-EDI, R/3 Retail, Accelerated HR, Accelerated HiTech, Accelerated Consumer Products, ABAP, ABAP/4, ALE/WEB, BAPI, Business Framework, BW Explorer, Enjoy-SAP, mySAP.com e-business platform, mySAP Enterprise Portals, RIVA, SAPPHIRE, TeamSAP, Webflow und SAP PRESS sind Marken oder eingetragene Marken der SAP AG, Walldorf.

Inhalt

Danksagung 15
Einleitung 17

1 Vorbereitung für das Arbeiten mit eCATT 23

1.1 eCATT-Systemfreigabe 25
    1.1.1 Ausführungsberechtigung übertragen 25
    1.1.2 Fehlermeldung T000 31
1.2 RFC-Verbindungen 32
    1.2.1 RFC-Verbindungen einrichten 32
    1.2.2 Weitere Schritte 36
1.3 Einrichten einer eCATT-Rolle 40
    1.3.1 Anlegen einer neuen Rolle 41
    1.3.2 Pflege der Rolleneigenschaften 42
    1.3.3 Pflege der Rollenberechtigungen 43
    1.3.4 Manuelle Auswahl und Vergabe von Berechtigungen 44
    1.3.5 Generierung eines Profils 50
    1.3.6 Generierung der Rolle 54
    1.3.7 Transaktionen erlauben 56
    1.3.8 Menü der Rolle anlegen 59
    1.3.9 Menü erweitern 62
    1.3.10 Rolle Benutzern zuweisen 63
    1.3.11 Geänderten Benutzer testen 64
1.4 SAP GUI Scripting erlauben 66
    1.4.1 Parameter für SAP GUI Scripting prüfen und ändern 66
    1.4.2 Benutzereinstellungen – Scripting 68
1.5 System für Web Dynpro vorbereiten 69
    1.5.1 Voraussetzungen für Java-basierte Web Dynpros 70
    1.5.2 Web-Dynpro-Testnutzer anlegen 70
    1.5.3 Service ecatt_recorder einrichten 72
    1.5.4 Service ecatt_recorder aktivieren 73
    1.5.5 Service ecattping im Zielsystem aktivieren 73
    1.5.6 RFC-Verbindung für Web Dynpro 74

1.6	Benutzerparameter		74
1.7	Fazit		75
1.8	Transaktionsübersicht		76

2 Grundlagen von eCATT ... 79

2.1	Vorüberlegungen		80
	2.1.1	Vorteile und Pflege von eCATT	80
	2.1.2	Verfügbarkeit von eCATT	81
	2.1.3	Namenskonventionen	82
2.2	Transaktionen für die Testentwicklung		83
2.3	Systemdatencontainer		84
	2.3.1	Systemdatencontainer anlegen	84
	2.3.2	Zielsysteme pflegen	86
	2.3.3	RFC-Verbindung pflegen	87
	2.3.4	Verwendungsnachweis	88
	2.3.5	Nicht verwendete Objekte anzeigen	90
2.4	Testskript		91
	2.4.1	Testskript anlegen	92
	2.4.2	Aufbau des Testskript-Editors	93
	2.4.3	Aufbau der Parameterliste/ Kommandoschnittstellen	95
	2.4.4	Transaktion aufzeichnen	97
	2.4.5	Testskript ausführen	106
	2.4.6	Testskript parametrisieren	111
	2.4.7	Testskript testen	117
	2.4.8	Dynpro simulieren	118
	2.4.9	Einfaches Testskript erstellen	122
	2.4.10	Fehlerhafte Importparameterwerte	124
2.5	Testdatencontainer		125
	2.5.1	Anlegen eines Testdatencontainers	125
	2.5.2	Interne Varianten im Testdatencontainer	130
	2.5.3	Interne Varianten aus externer Datei	133
	2.5.4	Variantendatei in Tabellenkalkulationsprogrammen	138
	2.5.5	Externe Varianten aus externer Datei	142
	2.5.6	Pfadänderung für externe Variantendatei	144
	2.5.7	Verwendungsnachweis Testdatencontainer	145

2.6	Testkonfiguration		146
	2.6.1	Testkonfiguration anlegen	146
	2.6.2	Interne Varianten aus einem Testdatencontainer	149
	2.6.3	Interne Varianten der Testkonfiguration	150
	2.6.4	Testkonfiguration testen	152
	2.6.5	Variantenpflege-Assistent	155
	2.6.6	Varianten aus mehreren Testdatencontainern	168
	2.6.7	Externe Variantendatei verwenden	170
2.7	Testprotokoll		173
	2.7.1	Aufruf von Testprotokollen	173
	2.7.2	Aufbau eines Testprotokolls	176
	2.7.3	Fehlerhafte Testprotokolle	183
	2.7.4	Verfalldatum für Testprotokolle ändern	184
2.8	Fazit		186
2.9	Transaktionsübersicht		186

3 Organisation und Planung von Testfällen 187

3.1	Testkatalog		187
	3.1.1	Grundlagen	188
	3.1.2	Testkatalog modellieren	194
	3.1.3	Testkatalog ausführen	201
	3.1.4	Tabellarische Anzeige	207
	3.1.5	Weitere Funktionen des Testkatalogs	213
3.2	Bibliothek		218
	3.2.1	Grundlagen	219
	3.2.2	SAP-Anwendungskomponenten	223
	3.2.3	Bibliothek bearbeiten	226
3.3	Testplanung		231
	3.3.1	Grundlagen Testplan	231
	3.3.2	Grundlagen der Statusübersicht	234
	3.3.3	Testpaket erstellen	237
	3.3.4	Status-Infosystem – Test Organizer	240
	3.3.5	Statusdefinitionen verwalten	242
	3.3.6	Testpakete ausführen	244
	3.3.7	Nachrichten versenden	249
3.4	Fazit		252
3.5	Transaktionsübersicht		253

4 Entwicklung mit eCATT 255

- 4.1 Szenariovorstellung 255
  - 4.1.1 Start-Testskript für Testbaustein erstellen 256
  - 4.1.2 Transaktion für Start-Testskript aufzeichnen 257
  - 4.1.3 Letzte Meldung im Start-Testskript finden 261
- 4.2 Parameter pflegen 264
  - 4.2.1 Exportparameter anlegen 265
  - 4.2.2 Importparameter anlegen 269
- 4.3 Dynamische CATT- und eCATT-Variablen 271
  - 4.3.1 Bedeutung der CATT- und eCATT-Variablen 271
  - 4.3.2 Einsatz dynamischer eCATT-Variablen 272
  - 4.3.3 Auffinden von Datumsfeldern 273
- 4.4 Verketten von Transaktionen 275
  - 4.4.1 Anlegen des Folge-Testskripts 276
  - 4.4.2 Testskript kopieren 276
  - 4.4.3 Folge-Transaktion aufzeichnen 278
  - 4.4.4 Folge-Testskript testen 280
  - 4.4.5 Importparameter für Folge-Testskript 281
  - 4.4.6 Anlegen des Testbausteins 283
  - 4.4.7 eCATT-Befehl »REF« 286
  - 4.4.8 Importparameter für Textbaustein 287
  - 4.4.9 Testbaustein testen 288
  - 4.4.10 Exportparameter im Testbaustein versorgen 289
  - 4.4.11 Folge-Testskript referenzieren 291
- 4.5 eCATT-Befehle 294
  - 4.5.1 Referenzliste der eCATT-Befehle 294
  - 4.5.2 eCATT-Befehl »CHETAB« 302
  - 4.5.3 eCATT-Befehl »SAPGUI« 308
  - 4.5.4 eCATT-Befehl »MESSAGE« 318
  - 4.5.5 eCATT-Befehl »IF...ELSE...ENDIF« 329
  - 4.5.6 eCATT-Befehl »FUN« 332
  - 4.5.7 eCATT-Befehl »DO...ENDDO« 338
- 4.6 Datenbankschlüssel in Dynpro-Feldern 341

	4.6.1	Finden der Datenbankschlüssel in Dynpros	341
	4.6.2	Finden der Datenbankschlüssel in der Datenbank	344
4.7	Fazit		345
4.8	Transaktionsübersicht		346

5 Spezialthemen der Testskript-Entwicklung 347

5.1	Testskript mit kundeneigener Transaktion		348
	5.1.1	Entscheidung für anzuzeigende Tabellenwerte	348
	5.1.2	Anlegen einer Struktur	349
	5.1.3	ABAP-Programm anlegen	351
	5.1.4	Tabellendefinitionen eintragen	352
	5.1.5	Selektionsbedingungen definieren	352
	5.1.6	Includes definieren	353
	5.1.7	Main-Include strukturieren	354
	5.1.8	Daten-Include erstellen	355
	5.1.9	Daten-Include definieren	355
	5.1.10	Implementation »Daten-Include« ausprogrammieren	357
	5.1.11	Definition »Main-Include« erweitern	360
	5.1.12	Implementation »Main-Include«	360
	5.1.13	Start-Dynpro	366
	5.1.14	Dynpro-Ablauflogik	368
	5.1.15	Dynpro GUI-Status anlegen	370
	5.1.16	Dynpro GUI-Status ändern	371
	5.1.17	Textsymbole erstellen	372
	5.1.18	Implementation »Main-Klasse«	373
	5.1.19	ABAP Objects-Programm ausführen	374
	5.1.20	Programm in Transaktion einbinden	375
	5.1.21	Testskript mit kundeneigener Transaktion	378
5.2	Stammdatenmigration mit Inline ABAP		384
	5.2.1	Mögliche Anwendung von Inline ABAP	385
	5.2.2	Vorbereitung	387
	5.2.3	Einsatz von Inline ABAP	394
	5.2.4	Testskript mit Inline ABAP testen	395

5.3 eCATT-Debugger ... 397
- 5.3.1 Zu debuggendes Testskript ... 397
- 5.3.2 Ausführen mit sofortigem Debugging ... 399
- 5.3.3 Aufbau und Steuerung des eCATT-Debuggers ... 400
- 5.3.4 Debugging in Einzelschritten ausführen ... 401
- 5.3.5 Breakpoints ... 404
- 5.3.6 Änderungen zur Debuggingzeit ... 406

5.4 Testdatenaufbau in Tabellen ... 407
- 5.4.1 Auswahl der zu füllenden Tabelle ... 408
- 5.4.2 Testskript anlegen ... 408
- 5.4.3 Muster einfügen ... 409
- 5.4.4 Kommandoschnittstelle SM30_1 parametrisieren ... 411
- 5.4.5 Fehler beim ersten Test ... 412
- 5.4.6 Transaktion erneut aufzeichnen ... 414
- 5.4.7 Parametrisierung ... 415

5.5 Fazit ... 418
5.6 Transaktionsübersicht ... 419

6 Tipps und Tricks ... 421

6.1 Migration von CATT zu eCATT ... 421
- 6.1.1 CATT-Testskript anlegen ... 422
- 6.1.2 CATT-Testskript migrieren ... 423
- 6.1.3 Migration nach Patch- oder Release-Wechsel ... 425

6.2 Störende Meldung bei der Arbeit mit SAPGUI ... 426
6.3 Eingabefeldwerte löschen ... 427
- 6.3.1 Testskript anlegen ... 428
- 6.3.2 Muster einfügen ... 428
- 6.3.3 Kommandoschnittstelle öffnen ... 429
- 6.3.4 Leeres Eingabefeld erzwingen ... 430
- 6.3.5 Testskript im Vordergrund abspielen ... 431
- 6.3.6 Testprotokoll mit Fehlermeldung ... 432

6.4 Fehlendes Dynpro erzeugen ... 434
- 6.4.1 Dynpro in Kommandoschnittstelle anlegen ... 435
- 6.4.2 Dynpro mit Werten versorgen ... 436
- 6.4.3 Dynpro-Felder anlegen ... 437

6.5		Kommandoschnittstelle neu aufzeichnen	439
	6.5.1	Begriff »Rerecord«	439
	6.5.2	Rerecord einer Transaktion	440
	6.5.3	Parameter prüfen	441
6.6		Fazit	442
6.7		Transaktionsübersicht	443

7 Fazit 445

Anhang 447

A	Glossar	449
B	Quellcode zum Programm »ZJN_TCURC«	453
C	Die Autorin	463

Index 465

Danksagung

Diese Stelle möchte ich nutzen, um mich bei denjenigen zu bedanken, die mir dieses Projekt erst möglich gemacht haben.

An erster Stelle möchte ich mich bei meinem wunderbaren Mann, Matthias Naumann, und meinem Kind für deren Verständnis bedanken. Beide haben mich in der Zeit, in der ich an diesem Buch arbeitete, oft in unserer gemeinsamen Freizeit entbehren müssen. Außerdem möchte ich mich bei meinem Mann für die Einrichtung von SAP NetWeaver 7.0 bedanken, ohne das ich die Screenshots für dieses Buch nicht hätte erstellen können.

Bei Herrn Dr. Michael Breidung, dem Betriebsleiter des Eigenbetriebs IT-Dienstleistungen der Landeshauptstadt Dresden, und bei Herrn Wolfgang Schrage, meinem Abteilungsleiter im SAP- Kompetenzzentrum, bedanke ich mich, dass sie die Autorentätigkeit neben meiner hauptberuflichen Tätigkeit genehmigt haben und mich dadurch überhaupt in die Lage versetzt haben, an diesem Buch zu arbeiten.

Frau Dagmar Brausewetter, SAP-Beraterin für das Modul Bewirtschaftung, gebührt Dank, weil sie seit zwei Jahren meine eCATT-Arbeit unterstützt und mit Leben füllt, indem sie eigene Testfälle erstellt, meine Testfälle weiterentwickelt, Funktionstests durchführt und Stammdaten migriert.

Schließlich möchte ich mich beim Verlag Galileo Press und speziell bei meinen Lektoren, Herrn Proksch und Frau Kremer, bedanken. Herr Proksch teilte die Vision, die ich von diesem Buch hatte. Er hat mir Türen geöffnet und sich energisch für das Projekt »Praxisbuch eCATT« eingesetzt. Er hat mit mir gemeinsam an einer sinnvollen Gliederung für den Leser gearbeitet und sich immer dafür eingesetzt, dass der Mehrwert für den Leser optimal erreicht wird.

Bei Frau Kremer möchte ich mich bedanken, weil sie auch vor strukturellen Veränderungen nicht zurückgeschreckt ist. Sie hat immer wieder ausgezeichnete Ideen in meine Arbeit eingebracht und dadurch das Buch für den zukünftigen eCATT-Entwickler zu einem hilfreichen Handbuch werden lassen. Ich hatte großes Glück, mit

Frau Kremer zusammenarbeiten zu können, und würde dies auch sehr gerne wiederholen.

Bei Frau Appel, meiner Korrektorin, möchte ich mich für die sehr gewissenhafte Arbeit an meinem Manuskript bedanken. Sie hat mir geholfen, meine Arbeit in noch besseres Licht zu setzen, indem sie das Beste aus meinen Texten herausgeholt hat.

Vielen Dank für die Unterstützung, die mir entgegengebracht und zuteil wurde.

Jacqueline Naumann

Einleitung

Stellen Sie sich vor, Sie und ein Freund reisen in den Himalaja, um eine Rundwanderung zu machen. Dort angekommen, stellen Sie den Mietwagen sicher ab und verstauen in ihm Ihre Wertgegenstände. Geplant haben Sie, in knapp 21 Tagen wieder am Ausgangspunkt anzukommen, und übernachten wollen Sie in freier Wildnis.

Nach drei Wochen liegen die letzten 500 Meter vor Ihnen. Sie und der gemietete Jeep sind nur noch durch eine wackelige, morsche Hängebrücke voneinander getrennt, die ca. 100 Meter lang ist.

Ihr Freund blickt Sie an und meint: »Bitte geh du zuerst, ich bin zu erschöpft. Teste bitte, ob die Brücke uns trägt.«

Ihnen gefällt dieser Vorschlag überhaupt nicht. Die dicken Spinnennetze sagen Ihnen, dass die Brücke vermutlich schon seit Jahrzehnten nicht mehr betreten wurde. Einige Holzbretter schwanken nur noch einseitig befestigt im Wind. Andere haben offenbar früheren Lasten nicht standgehalten und sind angebrochen. Aber Ihr inneres Sträuben nutzt nichts: Einer von Ihnen beiden muss diese Brücke testen. Auf der anderen Seite steht das Auto, und Ihr Urlaub neigt sich dem Ende entgegen. Drei Wochen Zeit für einen sicheren Rückweg haben Sie beide nicht. Also entscheiden Sie sich gegen Ihr Bauchgefühl und betreten tastend die marode Zielgerade …

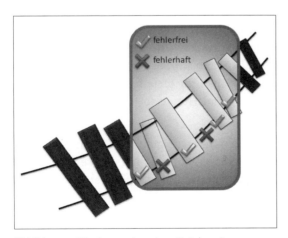

Abbildung 1 Displayanzeige eines Brücken-Scanners

Nutzen von eCATT

Wäre es in solch einer Situation nicht beruhigend, einen automatisierten Test starten zu können und einfach nur auf das Ergebnis warten zu müssen, um zu sehen, welche Holzbretter Sie sicher tragen? Wie wäre es mit einem Brücken-Scanner?

Wenn Sie eCATT nutzen, geht es zum Glück nicht darum, ob Sie sicher die gegenüberliegende Seite erreichen oder in die Tiefe stürzen. Insofern können Sie auch nicht erkennen, ob eine Hängebrücke Ihr Gewicht aushält oder nicht.

Aber Sie können beispielsweise herausfinden, ob Ihre Transaktionen das halten, was Sie von ihnen erwarten, oder ob bestimmte Datensätze in einer bestimmten Tabelle enthalten sind. Diese Fähigkeit rettet sicher nicht Ihr Leben, bewahrt Sie aber unter Umständen vor viel unnötiger Arbeit und bösen Überraschungen. Um alles aus eCATT rauszuholen, was es tatsächlich bietet, habe ich das Buch geschrieben, das Sie in Händen halten.

Sie werden sich nun sicherlich vor dem Kauf dieses Buches fragen, für wen dieses Handbuch geeignet ist. Um Ihnen hierauf eine Antwort geben zu können, möchte ich kurz genauer auf meine Motivation zum Schreiben dieses Buches eingehen.

Gründe für dieses Buch

Bei meiner Arbeit mit den Testwerkzeugen CATT und eCATT in den letzten Jahren habe ich immer wieder festgestellt, dass die Einarbeitung in CATT und eCATT sehr schwierig ist. Es fehlten Literatur und Ansprechpartner. Wer nicht tagtäglich mit den Testtools arbeitet, wird sich mühselig immer wieder in das eine oder andere Tool einarbeiten müssen. Aus diesem Grund habe ich über mehrere Jahre Notizen zu den notwendigen Arbeitsschritten, den positiven Überraschungen und zu den Fallstricken im System gesammelt, um für mich selbst Nachschlageunterlagen zu erstellen. Mit diesem Buch möchte ich diese Anleitungen und Hinweise in aufbereiteter Form gern an Sie weitergeben.

Was zeigt dieses Buch?

In diesem Handbuch möchte ich Ihnen zeigen, wie Sie mit dem Testtool eCATT eigene Testfälle erstellen können, um die Verlässlichkeit Ihres SAP-Systems zu überprüfen oder um Stammdaten aufzubauen. Mit eCATT haben Sie die Möglichkeit, Testfälle in Testpakete zu integrieren und diese ausgewählten Testern zuzuordnen. Über Testpläne können Sie einzelne Testpakete überwachen, testen und auswerten. In der Testplanverwaltung können Sie Testberichte in MS Office Word generieren.

Außerdem werde ich an verschiedenen Stellen Vor- und Nachteile von eCATT aufzeigen. Ich selbst nutze das Testtool eCATT, um nach Release-Wechseln oder nach dem Einspielen von neuen Patches zu testen, ob bisher oft verwendete Transaktionen oder selbstprogrammierte Reports und Programme noch in der gewohnten Art und Weise funktionieren. Außerdem habe ich eine Reihe von eCATT-Testfällen erstellt, um nach den regelmäßigen Systemkopien große Mengen von Testdatenstammsätzen wieder anzulegen.

Um mit dem Tool eCATT zu arbeiten, sind einige Voreinstellungen im System notwendig. Diese werden in **Kapitel 1,** »Vorbereitung für das Arbeiten mit eCATT«, erläutert. Außerdem wird erklärt, wie Sie eine Berechtigungsrolle für eCATT erstellen und Benutzern zuweisen können.

In **Kapitel 2,** »Grundlagen von eCATT«, erlernen Sie die Grundlagen von eCATT. Nach dem Studium dieses Kapitels werden Sie Testskripts, Testdatencontainer, Testkonfigurationen und Systemdatencontainer erstellen können. Und Sie werden das Lesen Ihrer Testprotokolle beherrschen, obgleich kleinere Änderungen der Testprotokolle im Laufe des Buches immer mal wieder erläutert werden müssen.

Kapitel 3, »Organisation und Planung von Testfällen«, beschäftigt sich – wie der Titel schon sagt – mit der Organisation und Planung von Testfällen. Dazu wird die Arbeit mit dem Testkatalog, der Bibliothek und der Testplanverwaltung erläutert.

In **Kapitel 4,** »Entwicklung mit eCATT«, werden Sie mit der erweiterten Testfall-Entwicklung vertraut gemacht. Sie lernen beispielsweise, wie Sie zwei verschiedene Transaktionen miteinander in einem Testbaustein verketten können. Sie werden Ihre Testskripts dazu parametrisieren müssen. Außerdem erfahren Sie, wie Sie dynamische eCATT-Variablen und eCATT-Befehle einsetzen können.

Kapitel 5, »Spezialthemen der Testskript-Entwicklung«, richtet sich an fortgeschrittene eCATT-Entwickler, zu denen Sie sich nach dem Studium der vorangegangenen Kapitel zählen können. In diesem Kapitel werden Sie ein Testskript zum Stammdatenaufbau mit Inline-ABAP erweitern. Das Kapitel stellt Ihnen ein kleines Beispiel vor, das Sie für Ihre Tätigkeiten modifizieren können. Sie lernen den Umgang mit dem eCATT-Debugger kennen. Und Sie erhalten ein Beispiel, wie Sie Datenbanktabellen mit Daten füllen können.

Darüber hinaus wird die Transaktion ZT_JN_WCODES vorgestellt, die an verschiedenen Stellen des Buches als Beispiel-Transaktion verwendet wird. Der Transaktion ZT_JN_WCODES kann ein Währungscodes-Intervall übergeben werden. Anschließend erhalten Sie eine Auflistung von Währungen auf einem ALV-Grid. Das hinter der Transaktion stehende Programm ZJN_TCURC wurde mit ABAP-Objects programmiert. In Kapitel 5 wird Ihnen die gesamte Erstellung dieses Programms und der Transaktion detailliert vorgestellt. Der Quellcode steht im Anhang für Sie bereit. Außerdem können Sie die vier benötigten Quellcodedateien auf der Seite *www.galileo-press.de/2012* herunterladen.

Schließlich zeigt Ihnen **Kapitel 6**, »Tipps und Tricks«, zahlreiche Tricks und »Kniffe«, die Sie wahrscheinlich nicht jeden Tag benötigen werden. Es handelt sich dabei um Vorschläge, die Sie bei verschiedensten Problemen einfach ausprobieren können. Themen in diesem Kapitel sind beispielsweise die CATT-eCATT-Migration, das Erzeugen fehlender Dynpros in Testskripts und das Neuaufzeichnen von Kommandoschnittstellen.

Arbeiten mit diesem Buch

Am Ende jedes Kapitels finden Sie eine Transaktionsübersicht. Diese soll Ihnen bei Ihrer Arbeit als eine Art Spickzettel dienen und Ihnen helfen, das Gelernte zu verinnerlichen.

Um Ihnen das Arbeiten mit diesem Buch weiter zu erleichtern, haben wir bestimmte Stellen mit Symbolen markiert. Die Symbole haben folgende Bedeutung:

[!] Mit diesem Symbol warnen wir Sie vor häufig gemachten Fehlern oder Problemen, die auftreten können.

[+] Mit diesem Symbol werden Tipps markiert, die Ihnen die Arbeit erleichtern werden, und Hinweise, die Ihnen z.B. helfen, weiterführende Informationen zu dem besprochenen Thema zu finden.

[zB] Hier wird das besprochene Thema anhand von Beispielen aus unserer Beratungspraxis erläutert und vertieft.

Die größten Probleme unter CATT und eCATT sehe ich im Wechsel von Patches und Releases. Allerdings werden Sie feststellen, dass eCATT selbst im Laufe der Zeit verbessert wurde. Im Basis-Release 6.20 bzw. bei SAP R/3 Enterprise 4.7 gab es bei der eCATT-Entwicklung noch sehr große Probleme. Testskripts, die gerade aufgezeichnet worden waren, wurden beim Abspielen bereits als veraltet gekennzeichnet. Als eCATT-Einsteiger kämpfte man bei solchen Meldungen an einsamer Front. Ab SAP NetWeaver 7.0 findet man endlich den roten Faden. Meldungen können gezielt angesteuert und externe Variantendateien verwendet werden.

Hauptsächlich soll das Buch eCATT-Einsteigern, Studenten, Entwicklern und Beratern dazu dienen zu lernen, wie Testfälle aufgebaut werden, um nach Patch- oder Release-Wechseln Änderungen in Transaktionen schnell aufspüren und zügig kundeneigene Programme oder Transaktionen anpassen zu können.

Adressaten dieses Buches

Da CATT ab dem Basis-Release 6.20 von SAP nicht mehr gewartet wird und neue CATTs auch nicht mehr angelegt werden können, richtet sich das Buch ausschließlich an eCATT-Entwickler. Beide Tools sind zu unterschiedlich in der Arbeitsweise, als dass man sie vergleichen könnte. Die Testfälle in diesem Buch sind mit SAP NetWeaver 7.0 entwickelt worden. eCATT-Entwickler, die noch auf dem Basis-Release 6.20 (SAP R/3 Enterprise 4.7) arbeiten, werden leider einiges an Funktionalität auf ihrem System vermissen. Da ich selbst zwei Jahre eCATT auf einem SAP R/3 Enterprise 4.7-System entwickelt habe, muss ich Sie an dieser Stelle leider auch darauf vorbereiten, dass die eCATT-Entwicklung in diesem Release eine etwas geringe Erfolgsquote hat. Oft werden Sie Testfälle erstellen, die Sie permanent pflegen und warten müssen.

Am Ende hoffe ich mit diesem Handbuch bei vielen Lesern das Interesse an eCATT zu wecken. Ich denke, dass die eCATT-Entwicklung in SAP NetWeaver 7.0 schon sehr komfortabel ist und Sie an vielen Stellen positiv überraschen wird. Beim Schreiben dieses Buches musste ich mich ebenfalls erst in einige Themen einarbeiten und war oft begeistert, welche Fortschritte eCATT von SAP R/3 Enterprise 4.7 zu NetWeaver 7.0 vollzogen hat.

eCATT – Lust auf mehr

Um mit eCATT arbeiten zu können, benötigen Sie Berechtigungen und einige Systemeinstellungen. Welche das sind, erfahren Sie in diesem Kapitel.

1 Vorbereitung für das Arbeiten mit eCATT

Wie im Vorwort bereits angekündigt, müssen Sie für das Arbeiten mit eCATT einige Voreinstellungen in allen zu testenden Systemen und selbst auf dem lokalen Rechner durchführen sowie RFC-Verbindungen für einen späteren Remote-Zugriff auf andere Systeme einrichten.

In Abbildung 1.1 sehen Sie schematisch, wie die spätere Arbeit mit eCATT aussehen könnte. Auf dem Entwicklungssystem werden Sie Ihre Testskripts entwickeln und ausführen können. Auf anderen Systemen, die nicht das Entwicklungssystem sind, müssen Sie keine eCATT-Testfälle entwickeln. Es reicht aus, wenn Sie eine RFC-Verbindung einrichten und auf den Testsystemen Ihre Testskripts ausführen. Ein Testsystem kann dabei ein anderes SAP-System sein oder auch nur ein anderer Mandant.

Ihre Testskripts müssen Sie nicht in andere Systeme transportieren, wenn Sie sie über eine RFC-Verbindung ausführen möchten.

In den folgenden zwei Abschnitten werden Ihnen diese notwendigen Einstellungen für das Arbeiten mit eCATT vorgestellt. Bitte übernehmen Sie diese in Ihr jeweiliges Entwicklungs- bzw. Testsystem.

Notwendige Einstellungen

Die Einstellungen, die Sie in den darauffolgenden Abschnitten dieses Kapitels vornehmen, haben nichts mit dem eCATT-Tool an sich zu tun. Es handelt sich dabei um administrative Arbeiten, die für das zukünftige Arbeiten mit eCATT notwendig sind. Im Einzelnen werde ich die folgenden Themen behandeln: In Abschnitt 1.3, »Einrichten einer eCATT-Rolle«, werden Sie die Möglichkeit erhalten, eine eigene eCATT-Benutzerrolle zu erstellen. Diese Benutzerrolle wird alle Rechte für das Arbeiten mit eCATT erhalten.

1 | Vorbereitung für das Arbeiten mit eCATT

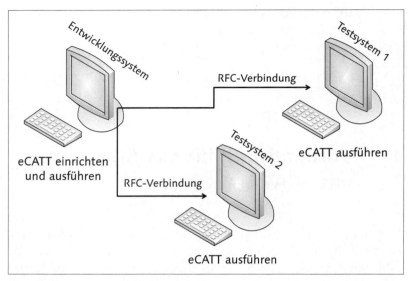

Abbildung 1.1 Grundlegende Arbeitsweise mit eCATT

[+] Wenn Sie als SAP-Entwickler bereits vollen Zugriff auf die ABAP Workbench haben, werden Sie diese Rechte ohnehin besitzen. Wenn Sie allerdings Testfälle für SAP-Kunden entwickeln, die keine Entwicklerrechte haben, müssen Sie dafür Sorge tragen, dass auch dieser Personenkreis mit Ihren eCATT-Testfällen arbeiten kann. Erstellen Sie für diese Personen eine eCATT-Rolle, wie in Abschnitt 1.3 gezeigt, und übertragen Sie die Rechte an die zukünftigen Anwender Ihrer Tests.

Anschließend werden folgende Themenkomplexe erläutert:

- Zielsysteme für eCATT freigeben
- RFC-Verbindungen erstellen
- eCATT-Benutzerrolle anlegen
- SAP GUI Scripting erlauben
- System für das Testen von Web Dynpros einrichten
- Benutzerparameter bei eCATT-Nutzung pflegen

1.1 eCATT-Systemfreigabe

In diesem Abschnitt erfahren Sie, wie Sie die Systeme und Mandanten überhaupt für das Arbeiten mit eCATT qualifizieren können.

> Es ist nicht möglich, sofort auf allen Systemen eCATT-Testskripts zu entwickeln und auszuführen, wenn eCATT keine Berechtigung zur Ausführung besitzt.

[+]

Sie müssen also für jedes System und jeden Mandanten, auf dem Sie testen wollen, die Freigabe für eCATT vergeben.

Da durch eCATT-Testskripts alle Transaktionen ausgeführt werden könnten, für die der Testverantwortliche die Berechtigung besitzt, ist es nicht sinnvoll, die eCATT-Freigabe zu schnell für das Produktivsystem zu vergeben. Sie befinden sich hier in einer Pattsituation: Es gibt gute Gründe, die eCATT-Freigabe für ein Produktivsystem zu vergeben – z.B. bei der Stammdatenmigration, jedoch sollten Sie als Testausführer über das hohe Risiko Bescheid wissen. Mit einem eCATT-Testskript könnten auch Produktivdaten gelöscht oder echte Rechnungen erstellt und deren Beträge eingefordert werden.

eCATT-Freigabe für Systeme und Mandanten

1.1.1 Ausführungsberechtigung übertragen

Um die Berechtigung für das Ausführen von eCATT in Systemen und Mandanten übertragen zu können, müssen Sie die folgenden Teilschritte durchlaufen: Anmelden und Aufrufen der Tabelle T000, Prüfen und Ändern der Tabelleneinträge und schließlich die Durchführung der Freigabe.

Anmeldung und Aufruf der Tabelle T000

Die folgenden Schritte sollten Sie zuallererst in Ihrem Entwicklungssystem durchführen, weil Sie in diesem in der Regel über die umfangreichsten Berechtigungen verfügen. Anschließend müssen Sie diese Schritte allerdings auch in allen anderen Testsystemen durchführen. Jedes System greift auf eine eigene Tabelle T000 zu. Die unterschiedlichen Mandanten eines Systems verwenden jedoch die gleiche Tabelle T000.

Transaktion SE11 (Dictionary)

1 | Vorbereitung für das Arbeiten mit eCATT

1. Melden Sie sich dazu an Ihrem System unter dem Mandanten an, unter dem Sie normalerweise Ihre Entwicklungen erstellen, und prüfen Sie im ersten Schritt die Einträge der Tabelle T000. Mit der Transaktion SE11 (Datenbanktabellen pflegen) können Sie die Tabelle T000 aufrufen. Abbildung 1.2 zeigt Ihnen die Einstiegsmaske der Transaktion SE11.

2. Tragen Sie den Tabellennamen »T000« in das Feld DATENBANK-TABELLE ein.

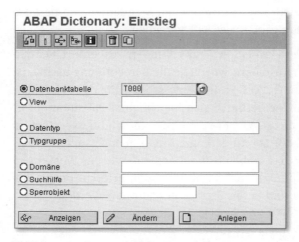

Abbildung 1.2 Einstiegsbild der Transaktion SE11

3. Sobald Sie den Button ANZEIGEN anklicken, öffnen sich die Details der angegebenen Tabelle. Die erste Registerkarte, die Ihnen gezeigt wird, trägt die Bezeichnung FELDER. Sie sehen an dieser Stelle eine Tabelle, in der die erste Spalte alle Tabellenfelder auflistet.

Tabellenfeld »CCIMAILDIS«
▶ Für eCATT ist das Tabellenfeld CCIMAILDIS von Bedeutung (siehe Abbildung 1.3). Die KURZBESCHREIBUNG dieses Feldes lautet: CLIENT CONTROL: ERLAUBNIS FÜR STARTEN VON CATT UND ECATT. Daran erkennen Sie, dass der Feldinhalt beziehungsweise der Wert in diesem Feld Auswirkungen auf das Arbeiten mit eCATT hat.

Tabellenfeld »MANDT«
▶ Das Tabellenfeld MANDT enthält die Nummer des Mandanten. Diese Tabelle gibt es auf jedem System mit eigenen Einträgen. Die Tabelle T000 enthält so viele Einträge, wie es Mandanten auf dem jeweiligen System gibt.

eCATT-Systemfreigabe | 1.1

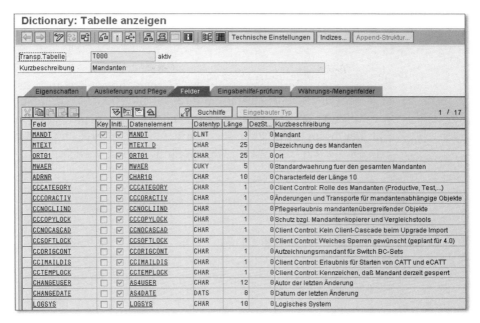

Abbildung 1.3 Spalten der Tabelle T000

Tabelleneinträge prüfen und ändern

Nachdem Sie die Tabelle T000 aufgerufen haben, müssen Sie im nächsten Schritt die Tabelleneinträge prüfen. Kennen Sie alle Mandanten auf Ihrem System? Wählen Sie den Button ANZEIGEN VON TABELLENINHALTEN, wie in Abbildung 1.4 gezeigt, um sie sich anzeigen zu lassen.

Tabelleninhalte anzeigen

Abbildung 1.4 Icon »Anzeigen von Tabelleninhalten«

In Abbildung 1.5 sehen Sie, dass für den Mandanten 066 in der Spalte CCIMAILDIS ein »X« gesetzt wurde. Der Mandant 000 ist der Original-Auslieferungsmandant von SAP. Diesen Mandanten sollten Sie nicht verändern, um bei Problemen in Ihrem Entwicklungsmandanten auf den Originalmandanten zurückgreifen zu können.

> Probleme könnten beispielsweise entstehen, wenn Sie falsche Einstellungen in Ihrem Entwicklungsmandanten durchgeführt haben.   [zB]

[+] Um falsche Einstellungen rückgängig zu machen, benötigt der Entwickler oft den Vergleich mit dem Original bzw. dem Originalmandanten von SAP.

Gehen Sie nun folgendermaßen vor:

Spalte
»CCIMAILDIS«

1. Prüfen Sie die Tabelleneinträge in Ihrer Tabelle T000. Für Ihren Entwicklungsmandanten sollte es auch einen Tabelleneintrag geben. Falls bei Ihrem Entwicklungsmandanten in der Spalte CCIMAILDIS kein »X« gesetzt ist, müssen Sie den Eintrag selbst vornehmen.

Abbildung 1.5 Inhalte der Tabelle T000

2. Verlassen Sie dazu die Ansicht der Tabelleninhalte über den Button ZURÜCK (grüner Pfeil) im Hauptmenü. Um nun den Tabelleneintrag Ihres Entwicklungsmandanten zu ändern, wählen Sie im Menü HILFSMITTEL • TABELLENINHALT • EINTRÄGE ERFASSEN (siehe Abbildung 1.6).

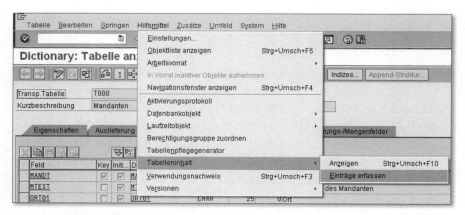

Abbildung 1.6 Tabelleneinträge erfassen und ändern

3. Augenblicklich werden Ihnen wieder alle Mandanten für das System angezeigt, auf dem Sie gerade angemeldet sind. Markieren Sie zuerst den Entwicklungs- und erst später den Testmandanten (siehe Abbildung 1.7).

Testmandanten auswählen

> **Freigeben des Produktivmandanten**
>
> Den Produktivmandanten sollten Sie vorerst nicht für eCATT freigeben, um die Daten vor fehlerhaften Veränderungen zu schützen. Das Freigeben des Produktivmandanten kann gelegentlich bei Datenmigrationen mit eCATT erlaubt werden.

[+]

Abbildung 1.7 Auswahl eines zu ändernden Mandanten

Eine weitere Möglichkeit, den Eintrag in der Tabelle T000 zu ändern, haben Sie mit der Transaktion SM31.

Transaktion SM31 (Tabellenpflege)

1. Starten Sie die Transaktion SM31 (Tabellenpflege). In Abbildung 1.8 sehen Sie den Einstiegsbildschirm der TABELLENSICHT-PFLEGE.

2. Tragen Sie im Feld TABELLE/SICHT die Tabellenbezeichnung »T000« ein. Danach klicken Sie auf den Button PFLEGEN. Sie erhalten wieder die Eingabemaske zur Mandantenpflege.

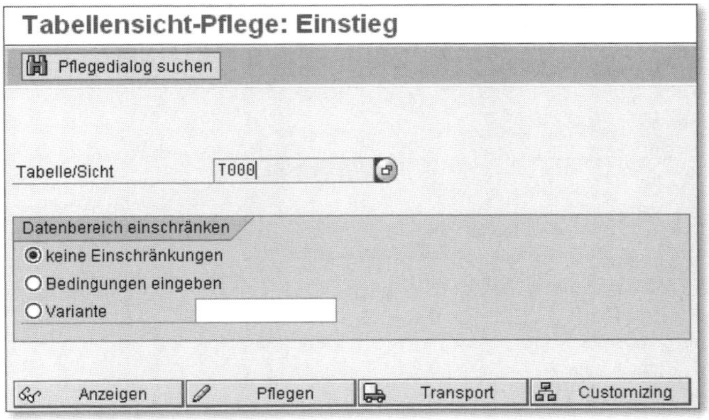

Abbildung 1.8 Einstiegsbildschirm der Transaktion SM31

1 | Vorbereitung für das Arbeiten mit eCATT

Freigabe durchführen

Nachdem Sie den gesuchten Mandanten in der Tabelle T000 gefunden und markiert haben, können Sie nun die eigentliche Freigabe des ausgewählten Mandanten durchführen.

Dazu markieren Sie den Mandanten und klicken auf den Button DETAILS ANZEIGEN (blaue Lupe, siehe Abbildung 1.9).

Abbildung 1.9 Details anzeigen

eCATT und CATT erlauben

Bitte beachten Sie, dass Sie in der Detailsicht nur die Berechtigungen für CATT und eCATT ändern dürfen (siehe Abbildung 1.10). Wählen Sie dazu in der Feldgruppe EINSCHRÄNKUNGEN BEIM STARTEN VON CATT UND ECATT den Eintrag ECATT UND CATT ERLAUBT aus.

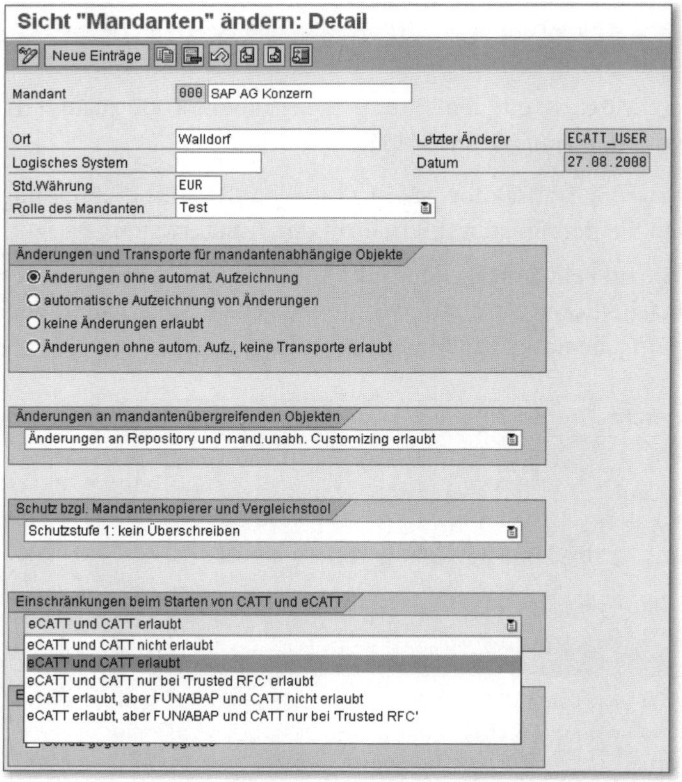

Abbildung 1.10 Details zum Mandanten 000

1.1.2 Fehlermeldung T000

Beim Ausführen von eCATT-Testfällen könnten Sie in Zukunft auch Fehlermeldungen erhalten, die Ihnen zeigen, dass die Freigabe in der Tabelle T000 nicht durchgeführt wurde.

> **Eintrag »eCATT und CATT erlaubt«** [!]
> Wenn Sie den Eintrag ECATT UND CATT ERLAUBT nicht auswählen, erhalten Sie nach Ablauf Ihrer Testfälle permanent eine Fehlermeldung, die besagt, dass Sie keine Berechtigung zum Ausführen von eCATT auf dem jeweiligen System besitzen.

Abbildung 1.11 zeigt Ihnen, wie eine mögliche Fehlermeldung aussehen könnte, wenn in der Tabelle T000 keine Freigabe für eCATT eingerichtet wurde. In der letzten Zeile der Grafik sehen Sie, dass die Tabelle T000 explizit in der Fehlermeldung genannt wird.

RFC-Fehlermeldung

> Lassen Sie sich in erster Linie von der Meldung RFC-FEHLER nicht verwirren. Das eigentliche Problem ist das Fehlen der Freigabe für einen RFC-Zugang auf dem ausgewählten Zielsystem. [+]

Abbildung 1.11 Möglicher Fehler bei fehlender Freigabe in T000

Sie haben nun den ausgewählten Mandanten auf dem Entwicklungssystem und den Testsystemen die Freigabe erteilt, eCATT-Testfälle auszuführen. Abbildung 1.12 zeigt Ihnen einen ersten Zwischenstand.

Freigabe erteilt

> **Tabelle T000 überschreiben** [+]
> Beachten Sie bitte, dass die Tabelle T000 nach einer Systemkopie wieder überschrieben wird und sich dadurch erneut Einschränkungen für die Freigaben ergeben könnten. Nach jeder Systemkopie sollten die Werte der Tabelle T000 nachgepflegt werden.

1 | Vorbereitung für das Arbeiten mit eCATT

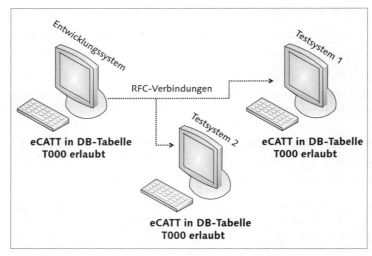

Abbildung 1.12 eCATT-Freigabe auf allen Zielsystemen erteilt

1.2 RFC-Verbindungen

Sobald Sie Ihre Testfälle auf dem lokalen oder einem anderen Zielsystem ausführen wollen, benötigen Sie RFC-Verbindungen (RFC-Destinations), um den Testskripts Ihr gewünschtes Zielsystem bekanntzumachen.

SAP-System und Mandant werden als Einheit – als ein Zielsystem – betrachtet. Daher muss für jeden Mandanten ein Zielsystem definiert werden.

1.2.1 RFC-Verbindungen einrichten

Bevor Sie neue RFC-Verbindungen einrichten, sollten Sie die bestehenden RFC-Verbindungen aufrufen und prüfen. Gegebenenfalls müssen Sie eigene RFC-Verbindungen für eCATT einrichten. Was hierfür genau zu tun ist, erfahren Sie im Folgenden.

RFC-Verbindungen aufrufen

Transaktion SM59 (RFC-Verbindungen pflegen) Die Transaktion, mit der Sie die bestehenden RFC-Verbindungen aufrufen können, lautet SM59. Wenn Sie diese starten, erhalten Sie die Ansicht KONFIGURATION DER RFC-VERBINDUNGEN (siehe Abbildung 1.13).

RFC-Verbindungen | 1.2

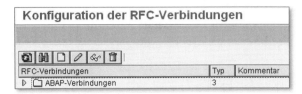

Abbildung 1.13 Einstiegsbildschirm der Transaktion SM59

Es gibt verschiedene Verbindungstypen für RFC-Verbindungen, die Sie aus Tabelle 1.1 ersehen können. Für die Beispiele in diesem Buch benötigen Sie nur den Typ »3« (ABAP-Verbindungen).

Verbindungstypen für RFC-Verbindungen

Tipp	[+]
Wenn Sie zukünftig Web Dynpros mit eCATT testen möchten, können Sie den Verbindungstyp »G« (HTTP-Verbindungen zu externen Servern) verwenden.	

Verbindungstyp	Schlüssel	Systemtyp
R/2-Verbindungen	2	R/2-Systeme
ABAP-Verbindungen	3	ABAP-Systeme
Interne Verbindungen	I	ABAP-Systeme mit gleicher Datenbank
Logische Destinationen	L	Physische Destinationen
ABAP-Treiber	X	Systeme mit gesonderter Gerätetreiberinstallation in ABAP
TCP/IP-Verbindungen	T	Verbindungen zu externen Programmen
CMC-Verbindungen	M	Asynchrone Verbindungen zu ABAP-System
HTTP-Verbindung zu externem Server	G	Verschiedene Anmeldeverfahren, zum Beispiel für Web Dynpro
HTTP-Verbindung zu SAP-System	H	Verschiedene Anmeldeverfahren möglich

Tabelle 1.1 Verbindungstypen für RFC-Verbindungen

1 | Vorbereitung für das Arbeiten mit eCATT

Knoten »ABAP-Verbindungen«

Öffnen Sie in der Ansicht KONFIGURATION DER RFC-VERBINDUNGEN den Hauptknoten ABAP-VERBINDUNGEN (siehe Abbildung 1.14). Sie sehen, es gibt bereits einige Standardverbindungen.

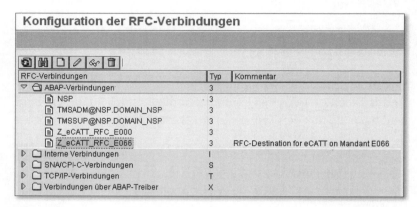

Abbildung 1.14 Knoten »ABAP-Verbindungen«

RFC-Verbindungen anlegen und ändern

RFC-Verbindungen anlegen

Falls auf dem Entwicklungssystem noch nie mit eCATT gearbeitet wurde, empfiehlt es sich, neue RFC-Verbindungen einzurichten.

[+] **Eindeutige Benennung**

Beim Anlegen einer neuen RFC-Verbindung ist es günstig, diese mit einem eindeutigen Namen zu versehen. Die Bezeichnung könnte etwa so lauten: Z_eCATT_RFC_E066 (»E« für das Entwicklungssystem und »066« für den Mandanten).

Zum Anlegen und Pflegen Ihrer neuen RFC-Verbindungen verwenden Sie die Button mit den üblichen Symbolen, wie ANLEGEN (weißes Blatt, siehe Abbildung 1.15) oder ÄNDERN (Bleistift, siehe Abbildung 1.16).

Markieren Sie jetzt den Hauptknoten ABAP-VERBINDUNGEN, und klicken Sie den Button ANLEGEN an.

Abbildung 1.15 Anlegen einer neuen RFC-Verbindung

Um Ihre RFC-Verbindung nachträglich zu ändern, können Sie den Button ÄNDERN (siehe Abbildung 1.16) verwenden.

RFC-Verbindungen ändern

Abbildung 1.16 Ändern einer RFC-Verbindung

Eigenschaften einer RFC-Verbindung

Nachdem Sie den Button ANLEGEN angeklickt haben, erhalten Sie die Eingabemaske für die Details Ihrer neuen RFC-Verbindung.

1. In den Feldern BESCHREIBUNG 1 bis BESCHREIBUNG 3 können Sie eine Erläuterung eintragen. Diese Einträge helfen anderen Entwicklern, über Ihre RFC-Verbindung zu entscheiden.

> **RFC-Verbindung nicht löschen** [!]
>
> Manchmal soll eine RFC-Verbindung gelöscht werden, wenn diese scheinbar keine Verwendung mehr hat. Ihre Beschreibung sollte jedoch dafür sorgen, dass Ihre RFC-Verbindung vor Löschungen geschützt wird.

2. Auf der Registerkarte TECHNISCHE EINSTELLUNGEN tragen Sie im Bereich ZIELSYSTEM-EINSTELLUNGEN die ZIELMASCHINE und die SYSTEMNUMMER ein.

Technische Einstellungen

> **Radiobutton »Hostname« aktivieren** [+]
>
> Wenn Sie den Radiobutton HOSTNAME nicht markieren, müssen Sie an dieser Stelle eine IP-Adresse angeben, ansonsten können Sie den Radiobutton für HOSTNAME aktivieren.

In Abbildung 1.17 sehen Sie die Eingabemaske der Beispiel-RFC-Verbindung Z_eCATT_RFC_E066.

1 | Vorbereitung für das Arbeiten mit eCATT

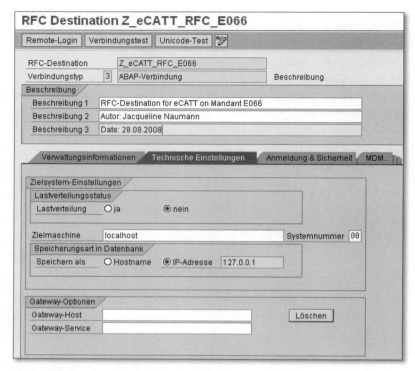

Abbildung 1.17 Pflege einer RFC-Verbindung

1.2.2 Weitere Schritte

Im ersten Teil dieses Abschnitts haben Sie eine RFC-Verbindung angelegt, nun werden Sie die RFC-Verbindung funktionsfähig machen.

RFC-Verbindung testen

Nachdem Sie die RFC-Verbindung angelegt und die Details gepflegt haben, können Sie sie erstmals testen. Um Ihre Einstellungen zu prüfen, können Sie Verbindungstests durchführen oder ein Remote-Login auf ein anderes System ausprobieren.

Verbindungsaufbau testen

Mit dem Button REMOTE-LOGIN wird der Verbindungsaufbau über Remote-Zugang getestet. Mit dem Button VERBINDUNGSTEST wird ein einfacher Verbindungsaufbau getestet, klicken Sie ihn AN. Beim Verbindungstest (siehe Abbildung 1.18) wird geprüft, wie lange es dauert, bis eine Verbindung zu einem ausgewählten Host aufgebaut werden kann.

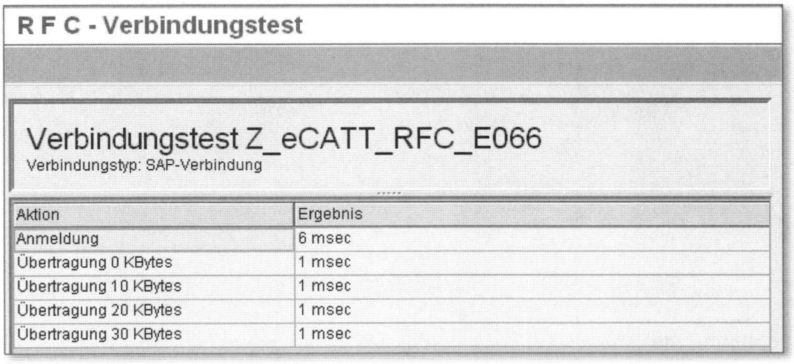

RFC - Verbindungstest	
Verbindungstest Z_eCATT_RFC_E066 Verbindungstyp: SAP-Verbindung	
Aktion	Ergebnis
Anmeldung	6 msec
Übertragung 0 KBytes	1 msec
Übertragung 10 KBytes	1 msec
Übertragung 20 KBytes	1 msec
Übertragung 30 KBytes	1 msec

Abbildung 1.18 Auswertung nach Verbindungstest

Vergleichbar ist dieser Verbindungstest mit dem TCP/IP-Befehl `Ping`, mit dem geprüft werden kann, wie lange die Antwort auf einen versuchten Verbindungsaufbau dauert. Der Ablauf funktioniert dabei etwa so, dass Anfragen an den Zielrechner geschickt werden und die Zeit bis zur Antwort gemessen wird.

Eine geringe Zeit bedeutet, dass der Verbindungsaufbau schnell zustande gekommen ist. Falls der angewählte Host (Zieladresse) nicht gefunden wird, kommt es zum Timeout (Abbruch durch zu lange Wartezeit).

Abbruch, wenn Zielrechner nicht erreichbar ist

Timeout [+]

Ein *Timeout* beim Verbindungstest bedeutet, dass Sie eine fehlerhafte RFC-Verbindung eingerichtet haben und Sie Änderungen vornehmen müssen. Solange Ihre RFC-Verbindung nicht fehlerfrei arbeitet, können Sie keine eCATT-Testskripts ausführen.

RFC-Verbindung – Verwaltungsinformationen

Auf der Registerkarte VERWALTUNGSINFORMATIONEN (siehe Abbildung 1.19) finden Sie den Ersteller, den letzten Änderer und das Erstellungs- bzw. Änderungsdatum. Falls Ihre RFC-Verbindung nach einiger Zeit fehlerhaft arbeitet, können Sie auf dieser Registerkarte nachsehen, wer die letzten Änderungen durchgeführt hat.

1 | Vorbereitung für das Arbeiten mit eCATT

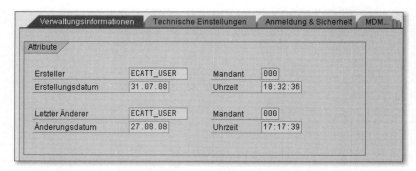

Abbildung 1.19 Anzeige des Erstellers einer RFC-Verbindung

RFC-Verbindungen auflisten

Liste aller RFC-Verbindungen

Sie sollten Ihre RFC-Verbindung erst dann schließen, wenn Sie beim Testen keine Fehler mehr erhalten und alles gespeichert haben. Im Anschluss sehen Sie wie in Abbildung 1.20 gezeigt, dass Ihre neuen RFC-Verbindungen in die Übersichtsliste aufgenommen wurden.

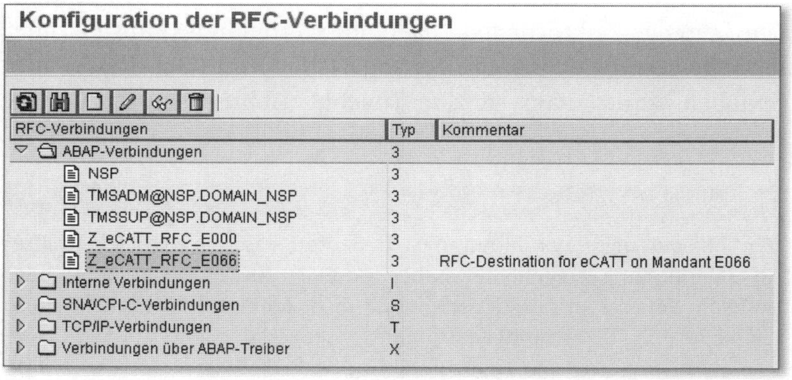

Abbildung 1.20 Liste der bestehenden RFC-Verbindungen

Wenn Sie auf unterschiedlichen Systemen testen oder Stammdaten aufbauen wollen, empfiehlt es sich, an dieser Stelle sofort alle RFC-Verbindungen einzurichten.

Fehlerhafte RFC-Verbindungen

RFC-Verbindung noch nicht gepflegt

Vor dem Ausführen des ersten Testfalls muss eine RFC-Verbindung angegeben werden, auch wenn Sie nur auf dem lokalen Rechner arbeiten. Können Sie keine RFC-Verbindung eintragen, weil Sie noch keine gepflegt haben, erhalten Sie eine Fehlermeldung. Abbildung 1.21 zeigt Ihnen, wie eine mögliche Fehlermeldung aussehen könnte, wenn Sie keine RFC-Verbindung eingerichtet haben. Die Meldung zeigt Ihnen, dass das Zielsystem nicht definiert ist.

Abbildung 1.21 RFC-Fehlermeldung im eCATT-Protokoll

Sie haben nun Ihre RFC-Verbindungen eingerichtet und getestet. Abbildung 1.22 zeigt Ihnen, welche Schritte notwendig waren, um das Arbeiten mit eCATT zu ermöglichen.

RFC-Verbindungen eingerichtet

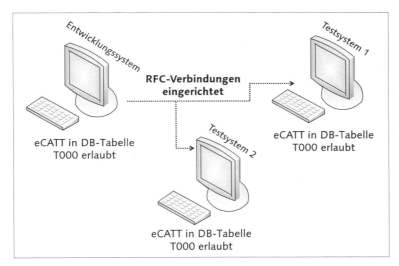

Abbildung 1.22 Eingerichtete RFC-Verbindungen

Wenn Sie dieses Kapitel bis hierher durchgearbeitet haben, sollten Ihre Testfälle normalerweise fehlerfrei arbeiten. Die Protokolle werden ähnlich wie das in Abbildung 1.23 gezeigte Testprotokoll aussehen.

Alle Fehler, die Sie dennoch erhalten, könnten am Aufbau des Testskripts oder an den übergebenen Parameterwerten liegen. Welche Fehler dies sein könnten, erfahren Sie im Laufe dieses Buches.

1 | Vorbereitung für das Arbeiten mit eCATT

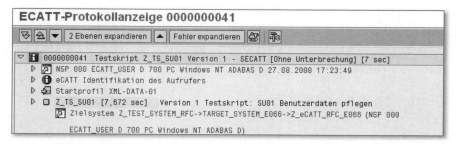

Abbildung 1.23 Aufgebaute RFC-Verbindung

1.3 Einrichten einer eCATT-Rolle

Nachdem Sie die Mandanten für das Ausführen von eCATT-Testfällen freigegeben und RFC-Verbindungen eingerichtet haben, fehlen nun noch die Berechtigungsrollen für die Personen, die mit eCATT arbeiten werden.

Berechtigung für eCATT
Alle Berechtigungen für SAP-Transaktionen werden in Rollen gebündelt und ausgewählten Personenkreisen zugeordnet. Ein Programmierer benötigt zum Beispiel Berechtigungen, um ABAP-Reports zu programmieren, ein Sachbearbeiter muss vielleicht nur Listen auswerten, die den unterschiedlichsten SAP-Modulen (FI – Finanzwesen, SD – Vertrieb, MM – Materialwirtschaft etc.) angehören. Jede Rolle sollte möglichst keine Überschneidungen mit anderen Rollen aufweisen. Ziel ist, dass die Rollen übersichtlich und vom Berechtigungsfachmann gut pflegbar bleiben.

Eine Person, die in Zukunft mit eCATT arbeiten wird, könnte eine zusätzliche eCATT-Rolle erhalten.

[+] **eCATT-Rolle**

Die eCATT-Rolle sollte alle Transaktionen enthalten, die ein eCATT-Entwickler benötigt, jedoch keine Transaktionen, die er bereits durch andere Rollen erhalten hat.

Für das Erstellen einer eCATT-Rolle sind folgende Schritte notwendig:

1. Anlegen einer neuen Rolle
2. Pflege der Rolleneigenschaften

3. Pflege der Rollenberechtigungen
4. manuelle Vergabe und Auswahl von Berechtigungen
5. Generierung eines Profils
6. Generierung der Rolle
7. Transaktionen erlauben
8. Menü der Rolle anlegen
9. Menü erweitern
10. Rolle Benutzern zuweisen
11. geänderten Benutzer testen

Diese Schritte werden im Folgenden detailliert und ausführlich erläutert.

[+] **eCATT-Rolle zuweisen**
Die eCATT-Rolle können Sie anderen eCATT-Bearbeitern zuweisen. Falls Ihnen die Berechtigung zum Pflegen neuer Rollen fehlt, bitten Sie Ihren Administrator, dass er die folgenden Schritte für Sie erledigt.

1.3.1 Anlegen einer neuen Rolle

Starten Sie die Transaktion PFCG (Rollenpflege), und tragen Sie in das Feld ROLLE eine Bezeichnung für Ihre neue eCATT-Rolle ein. In Abbildung 1.24 sehen Sie, dass die neue eCATT-Rolle, die hier als Beispiel dient, ZR_JN_ECATT genannt wurde. Klicken Sie anschließend den Button EINZELROLLE an, damit eine Einzelrolle angelegt wird.

Transaktion PFCG (Rollenpflege)

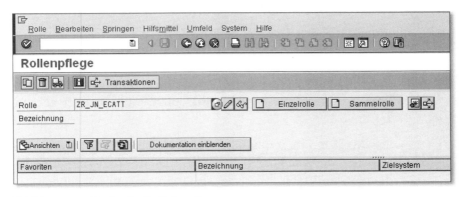

Abbildung 1.24 Einstieg in die Rollenpflege

1.3.2 Pflege der Rolleneigenschaften

Nachdem Sie den Button EINZELROLLE angeklickt haben, gelangen Sie in die Bildschirmmaske ANLEGEN VON ROLLEN (siehe Abbildung 1.25) und befinden sich zuerst auf der Registerkarte BESCHREIBUNG. Gehen Sie hier folgendermaßen vor:

Rolle beschreiben

1. Tragen Sie in das Feld BESCHREIBUNG eine kurze Beschreibung Ihrer Rolle ein. In das Feld LANGTEXT können Sie einige Details zu Ihrer Rolle eintragen. Im späteren Verlauf bzw. im späteren Leben Ihrer Rolle können Sie in diesem Feld Änderungsmeldungen eintragen – beispielsweise, wenn in einem zukünftigen SAP-Release eine weitere eCATT-Transaktion enthalten ist, die Sie dieser Rolle zuordnen möchten. Speichern Sie Ihre neue eCATT-Rolle.

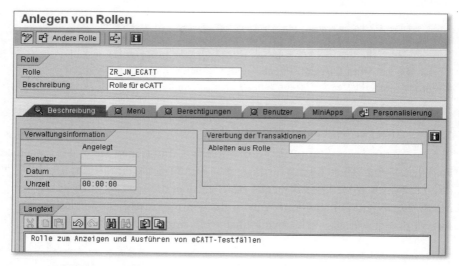

Abbildung 1.25 Registerkarte »Beschreibung«

Berechtigungsdaten ändern

2. Wechseln Sie nun in die Registerkarte BERECHTIGUNGEN. Sie sehen in Abbildung 1.26 im unteren Bereich den Button BERECHTIGUNGSDATEN ÄNDERN. Der Button wird durch einen Bleistift gekennzeichnet.

3. Sobald Sie auf diesen Button klicken, erscheint in der Informationsleiste die Meldung DATEN FÜR BERECHTIGUNGSFELDER LADEN Beim ersten Laden dauert die Generierung einige Sekunden länger.

Einrichten einer eCATT-Rolle | **1.3**

Abbildung 1.26 Registerkarte »Berechtigungen«

1.3.3 Pflege der Rollenberechtigungen

Sie können Berechtigungen ohne Vorlage wählen oder eine bereits vorhandene Rolle als Vorlage verwenden.

Nachdem Sie den Button BERECHTIGUNGSDATEN ÄNDERN angeklickt haben, erhalten Sie eine Auswahltabelle, aus der Sie eine bereits vorhandene Berechtigungsrolle auswählen könnten (siehe Abbildung 1.27).

Keine Vorlage auswählen

> Da Sie eine neue Rolle für eCATT erstellen wollen, wäre es ungünstig, eine vorhandene Rolle mit eventuell nicht überschaubaren Rechten zu verwenden.

[+]

Bitte entscheiden Sie sich deshalb in diesem Fall für den Button KEINE VORLAGE AUSWÄHLEN.

1 | Vorbereitung für das Arbeiten mit eCATT

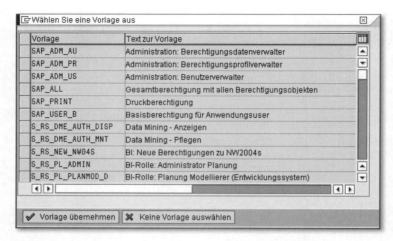

Abbildung 1.27 Vorlagen bereits vorhandener Berechtigungsrollen

Berechtigungsrolle ohne Vorlage anlegen

Wenn Sie eine neue Rolle ohne Vorlage anlegen, wird Ihre Rolle ähnlich der in Abbildung 1.28 aussehen. Sie sehen eine hellblaue Zeile, in der am linken Rand Ihr Rollenname ZR_JN_ECATT erscheint. Sie sehen außerdem eine Ampel, deren rechtes Lämpchen auf Grün steht. Ihre Rolle hat bisher keine Fehler, ist allerdings auch noch nicht einsetzbar, da sie zu keiner Transaktion berechtigt.

Abbildung 1.28 Neue Rolle, noch ohne Rechte

1.3.4 Manuelle Auswahl und Vergabe von Berechtigungen

Um neue Berechtigungen manuell einzufügen, gehen Sie bitte wie folgt vor:

1. Setzen Sie den Mauszeiger auf die Rollenbezeichnung ZR_JN_ECATT. Danach klicken Sie auf den Button MANUELL in der Buttonleiste (siehe Abbildung 1.29).

Abbildung 1.29 Button »Manuell«

2. Sie erhalten die MANUELLE AUSWAHL BERECHTIGUNGEN. Nachdem Sie die folgenden Schritte ausgeführt haben, muss das Dialogfenster MANUELLE AUSWAHL BERECHTIGUNGEN so wie in Abbildung 1.30 gefüllt sein. Setzen Sie den Mauszeiger in das oberste Feld BERECHTIGUNGSOBJEKT. Sie gelangen in die Suchfunktion.

Berechtigungsobjekte auswählen

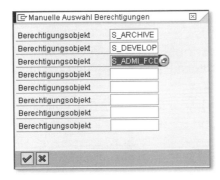

Abbildung 1.30 Dialogfenster »Manuelle Auswahl für Berechtigungen«

3. Suchen Sie die folgenden drei Berechtigungsobjekte, und wählen Sie diese durch Doppelklick aus:

   ▸ S_DEVELOP
   Die ABAP Workbench (siehe Abbildung 1.31) bzw. das Berechtigungsobjekt S_DEVELOP. Es enthält die eCATT-Tools.

   eCATT-Tools

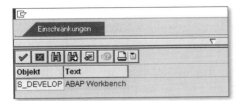

Abbildung 1.31 Berechtigungsobjekt S_DEVELOP

   ▸ S_ADMI_FCD
   Das Berechtigungsobjekt S_ADM_FCD (siehe Abbildung 1.32) wird für den Remote-Zugang benötigt. Besitzt ein eCATT-Bear-

   Systemberechtigungen

beiter dieses Recht nicht, erhält er später die Fehlermeldung, dass der Systemdatencontainer nicht verwendet werden kann.

Abbildung 1.32 Berechtigungsobjekt S_ADM_FCD

Berechtigung für Archivierung
- S_ARCHIVE
  Mit dem Berechtigungsobjekt S_ARCHIVE (siehe Abbildung 1.33) können Sie Ihre Testprotokolle archivieren und zu einem späteren Zeitpunkt auswerten.

Abbildung 1.33 Berechtigungsobjekt S_ARCHIVE

Verlassen Sie die MANUELLE AUSWAHL BERECHTIGUNGEN, indem Sie auf den BESTÄTIGEN-Button (grüner Haken) klicken.

Rolle expandieren

Sie gelangen nach der manuellen Auswahl wieder in den Modus ROLLE ÄNDERN: BERECHTIGUNGEN.

1. Expandieren Sie Ihre Rollen, indem Sie Ihre Rollenbezeichnung mit dem Mauszeiger markieren und auf den Button EXPANDIEREN (siehe Abbildung 1.34) klicken.

Abbildung 1.34 Button »Expandieren«

2. Sie sehen, Ihre Rolle und Ihre drei neuen Berechtigungen werden nun durch eine Ampel gekennzeichnet, deren mittleres Lämpchen auf Gelb steht (siehe Abbildung 1.35). Dies hängt damit zusammen, dass Ihre Berechtigungen noch nicht näher spezifiziert wurden. Die gelbe Ampel bedeutet, dass für die Berechtigungen noch keine Transaktionen hinterlegt wurden.

Berechtigungen ohne Transaktionen

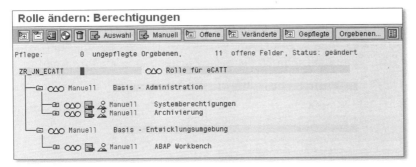

Abbildung 1.35 Anzeige der neuen Berechtigungen in der Rolle

Aktivität für ABAP Workbench pflegen

Schließen Sie alle Berechtigungen, und öffnen Sie nur die Berechtigung für die ABAP Workbench (siehe Abbildung 1.36). Auch hier sehen Sie vorwiegend die Ampelfarbe Gelb, weil Aktivität, Paket, Objektname etc. noch nicht spezifiziert wurden.

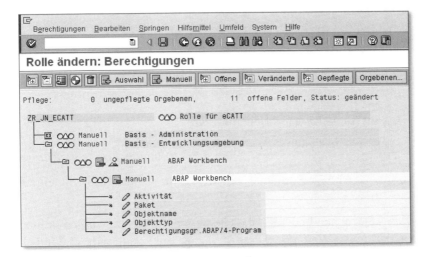

Abbildung 1.36 Berechtigung »ABAP Workbench«

1 | Vorbereitung für das Arbeiten mit eCATT

1. Setzen Sie den Mauszeiger auf das freie Feld hinter dem Begriff AKTIVITÄT, und klicken Sie doppelt darauf.

Berechtigung für ABAP Workbench

2. Sie erhalten ein Auswahlfenster mit der Bezeichnung WERTE FESTLEGEN (siehe Abbildung 1.37). Als Objektnamen sehen Sie das Objekt S_DEVELOP, das für ABAP Workbench steht. Sie haben jetzt die Möglichkeit, alle Aktivitäten, die Sie in der ABAP Workbench durchführen wollen, zu erlauben.

3. Sie sehen in Abbildung 1.37, dass die Aktivitäten HINZUFÜGEN ODER ERZEUGEN, ÄNDERN, LÖSCHEN, AUSFÜHREN etc. markiert wurden. Bitte übernehmen Sie diese Einstellungen für Ihre Rolle.

4. Sichern Sie diese Einstellungen, indem Sie auf den Button SICHERN (Diskette) klicken.

Abbildung 1.37 Werte für Aktivität

Auswahl für ABAP Workbench setzen

Sie gelangen nach dem Speichern bzw. Sichern wieder in den Modus ROLLE ÄNDERN. Vor den Feldern PAKET, OBJEKTNAME und BERECHTIGUNGSGR. ABAP/4-PROGRAM sehen Sie ein gelbes Feld mit einem Sternchen.

Der Stern erlaubt alle Pakete und Objektnamen

Dieses Sternchen bedeutet, dass keine Einschränkung vorgenommen werden muss. Wenn Sie dieses Sternchen anklicken, wird in den Feldern hinter PAKET, OBJEKTNAME und BERECHTIGUNGSGR. ABAP/4-PRO-

GRAM ebenfalls ein Sternchen gesetzt. Anschließend färbt sich das gelbe Feld grün. Sie haben mit dieser Aktion alle Pakete und alle Objektnamen erlaubt.

Objekttyp für ABAP Workbench pflegen

Als Objekttyp wählen Sie Objekte aus, die für Ihre eCATT-Rolle notwendig sind. Die Testtools CATT und eCATT werden hier als Objekte verstanden. Wenn Sie das Testtool CATT in Ihre Rolle einbinden möchten, wählen Sie den Wert SCAT. Wenn Sie das Testtool eCATT hinzufügen möchten, wählen Sie als Wert für den Objekttyp ECAT.

1. Markieren Sie anschließend den Begriff OBJEKTTYP, und führen Sie einen Doppelklick darauf aus. Sie erhalten das in Abbildung 1.38 gezeigte Eingabefenster FELDWERTE.

   Objekttypen ECAT und SCAT

2. An dieser Stelle geben Sie »ECAT« (für eCATT) und »SCAT« (für CATT) ein.

3. Speichern Sie Ihre Eingaben.

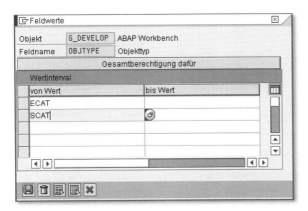

Abbildung 1.38 Eintragen der Objekttypen

4. Sie gelangen wieder in den Modus ROLLE ÄNDERN der Rolle ZR_JN_ECATT.

In Abbildung 1.39 sehen Sie, dass die Ampeln der Berechtigung für ABAP WORKBENCH durchgehend auf Grün stehen. Diese Berechtigung haben Sie vollständig gepflegt. Jetzt ist es an der Zeit, Ihre neue eCATT-Rolle zu speichern.

1 | Vorbereitung für das Arbeiten mit eCATT

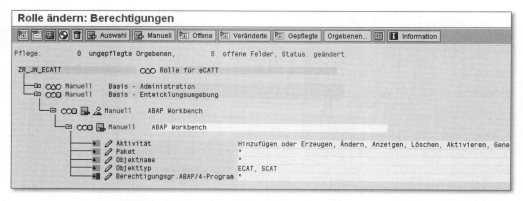

Abbildung 1.39 Vollständige Berechtigung »ABAP Workbench«

1.3.5 Generierung eines Profils

Generierung des Rollenprofils

Sobald Sie Ihre Rolle speichern wollen, wird Ihnen automatisch ein Profilname für Ihre Rolle vorgeschlagen (siehe Abbildung 1.40). Bestätigen Sie den Vorschlag, indem Sie auf den Button mit dem grünen Haken klicken.

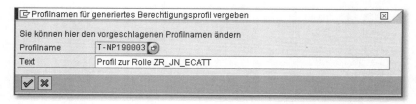

Abbildung 1.40 Automatische Profilgenerierung

Berechtigung Systemadministration pflegen

Nachdem Sie die Rolle generiert haben, müssen Sie die Berechtigung für die Systemadministration pflegen.

Berechtigung für Systemadministration

1. Expandieren Sie den Berechtigungsknoten BASIS – ADMINISTRATION. Anschließend öffnen Sie den Knoten SYSTEMBERECHTIGUNGEN. Auch hier sind die Ampeln noch auf Gelb gestellt (siehe Abbildung 1.41). Setzen Sie den Mauszeiger auf den Eintrag SYSTEMADMINISTRATIONSFUNKTION, und führen Sie anschließend einen Doppelklick darauf aus.

1.3 Einrichten einer eCATT-Rolle

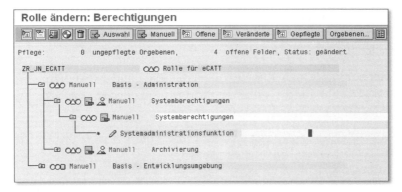

Abbildung 1.41 Eintrag »Systemadministrationsfunktion«

Sie erhalten das Auswahlfenster WERTE FESTLEGEN. Markieren Sie die Aktivität NADM (NETZWERK-ADMINISTRATION) – siehe Abbildung 1.42.

Netzwerk-Administration

Abbildung 1.42 Eintrag »Netzwerk-Administration«

1. Speichern Sie Ihre Änderung. Sie gelangen wieder in den Modus ROLLE ÄNDERN. In Abbildung 1.43 sehen Sie, dass der Wert bei SYSTEMADMINISTRATIONSFUNKTION geändert wurde.

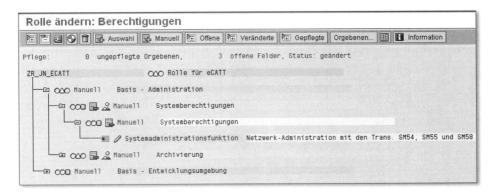

Abbildung 1.43 Erlaubnis für Netzwerk-Administration

Berechtigung »Archivierung pflegen«

Die Archivierung benötigen Sie, um Testprotokolle automatisch abzuspeichern.

1. Markieren Sie den Knoten ARCHIVIERUNG, und expandieren Sie ihn. In Abbildung 1.44 sehen Sie, dass Sie wieder eine Berechtigung für die Aktivität vergeben können.
2. Setzen Sie die Mauszeiger in das leere Feld hinter AKTIVITÄT, und führen Sie einen Doppelklick darauf aus.

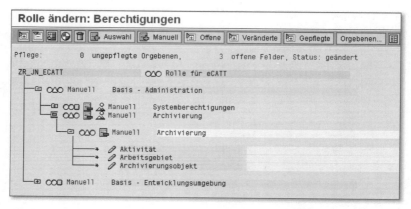

Abbildung 1.44 Expandierte Archivierung

Aktivität »Archivierung«

Sie können die Aktivitäten für das Archivieren auswählen. Es reicht aus, wenn Sie für die Archivierung die Berechtigung für HINZUFÜGEN ODER ERZEUGEN vergeben (siehe Abbildung 1.45). Speichern Sie Ihre Änderung.

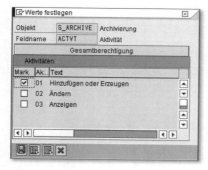

Abbildung 1.45 Aktivität »Hinzufügen oder Erzeugen« erlauben

Arbeitsgebiet »Archivierung«

Das Arbeitsgebiet beschreibt, wo die Archivierung stattfinden darf.

1. Markieren Sie im nächsten Schritt das leere Feld hinter dem Begriff ARBEITSGEBIET, und führen Sie einen Doppelklick darauf aus.
2. Sie erhalten das Auswahlfenster WERTE FESTLEGEN für das Arbeitsgebiet (Abbildung 1.46). Markieren Sie die Aktivität BC SAP NETWEAVER. Dadurch können Sie alle Testprotokolle archivieren, die Sie in Ihrem SAP NetWeaver-System generieren.

Aktivität »BC SAP NetWeaver«

Abbildung 1.46 Arbeitsgebiet festlegen

Archivierungsobjekt bestimmen

Als Letztes müssen Sie das Archivierungsobjekt bestimmen. Es definiert, welche Objekte überhaupt archiviert werden sollen.

1. Setzen Sie den Mauszeiger in das leere Feld hinter dem Begriff ARCHIVIERUNGSOBJEKT im Modus ROLLE ÄNDERN. Führen Sie auf dem leeren Feld einen Doppelklick aus.
2. Sie erhalten ein Auswahlfenster, in dem Sie das Archivierungsobjekt ECATT_LOG auswählen müssen (siehe Abbildung 1.47).
3. Bestätigen Sie Ihre Eingabe, indem Sie auf den Button mit dem grünen Haken klicken.

Archivierungsobjekt »ECATT_LOG«

1 | Vorbereitung für das Arbeiten mit eCATT

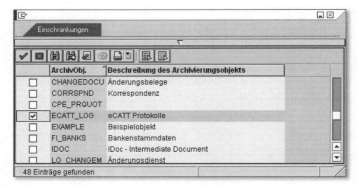

Abbildung 1.47 Archivierungsobjekt »ECATT_LOG«

Eine grüne Ampel zeigt vollständige Pflege an

Die Berechtigung ARCHIVIERUNG wurde nun ebenfalls vollständig gepflegt. Sie erhalten erstmals nach der Änderung nur grüne Ampeln für Ihre Rolle ZR_JN_ECATT (siehe Abbildung 1.48).

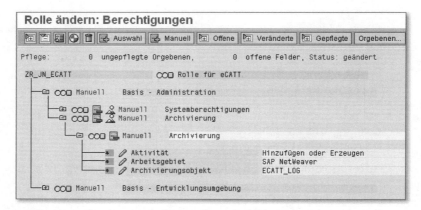

Abbildung 1.48 Berechtigung »Archivierung« gepflegt

1.3.6 Generierung der Rolle

Nachdem Sie die Rolle ordnungsgemäß gepflegt haben und alle Ampeln auf Grün gesetzt wurden, können Sie die Rolle nun generieren.

1. Um eine Rolle zu generieren, verwenden Sie den Button GENERIEREN (siehe Abbildung 1.49). Dabei wird die Rolle aktiviert.

Abbildung 1.49 Button »Generieren«

2. In Abbildung 1.50 sehen Sie eine Meldung in der Statusleiste, die Ihnen zeigt, dass die Generierung läuft.

> **Generieren der Rolle** [+]
>
> Das Generieren funktioniert nur, wenn es keine Fehler in der Rolle gibt und alle Rollen auf Grün stehen.

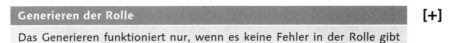

Abbildung 1.50 Rolle generieren

Transaktionen ergänzen

Noch ist Ihre eCATT-Rolle nicht vollständig. Es fehlen die Transaktionen, zu denen Sie einen eCATT-Benutzer berechtigen wollen.

1. Setzen Sie den Mauszeiger in die Rollenbezeichnung ZR_JN_ECATT, und klicken Sie auf den Button AUSWAHL (siehe Abbildung 1.51).

Abbildung 1.51 Button »Auswahl«

2. Sie erhalten eine Baumstruktur, in der alle vorhandenen Berechtigungen nach Klassen sortiert sind. Sie benötigen für eCATT die Option ANWENDUNGSÜBERGREIFENDE BERECHTIGUNGSOBJEKTE. In Abbildung 1.52 sehen Sie diese Option an dritter Stelle.
3. Öffnen Sie die Baumstruktur für dieses Berechtigungsobjekt.

1 | Vorbereitung für das Arbeiten mit eCATT

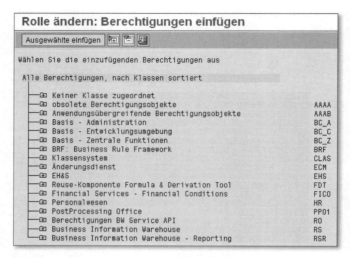

Abbildung 1.52 Berechtigungen auswählen

Transaktions-code-Prüfung

Sobald Sie den Knoten geöffnet haben, erscheint eine an Umfang kaum überschaubare Liste. Die Berechtigung, die Sie benötigen, befindet sich an fast letzter Stelle und lautet TRANSAKTIONSCODE-PRÜFUNG BEI TRANSAKTIONSSTART (siehe Abbildung 1.53).

Berechtigungen aufnehmen

1. Klicken Sie auf das kleine Minus-Symbol. Dadurch wird es in ein Plus-Symbol umgewandelt und als Berechtigung in Ihre Rolle aufgenommen. Sie haben nun die Berechtigung für den eCATT-Befehl TCD, um Transaktionen mittels Recorder aufzunehmen und abzuspielen.

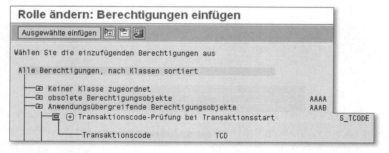

Abbildung 1.53 »Transaktionscode-Prüfung bei Transaktionsstart«

1.3.7 Transaktionen erlauben

Sie gelangen nach der Auswahl der Transaktionscode-Prüfung wieder in den Modus ROLLE ÄNDERN Ihrer Rolle. Die neue Berechtigung hat zurzeit noch eine gelbe Ampel, weil Sie sie nicht spezifiziert haben (siehe Abbildung 1.54). Solange Sie die Rolle nicht neu generieren, bleibt diese neue Berechtigung inaktiv. Gehen Sie in diesem Fall folgendermaßen vor:

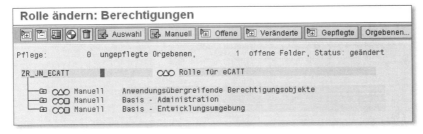

Abbildung 1.54 Neue Berechtigung

1. Expandieren Sie den neuen Knoten (siehe Abbildung 1.55). An dieser Stelle geht es darum, die echten SAP-Transaktionen zu erlauben. Setzen Sie den Mauszeiger in das leere Feld hinter TRANSAKTIONSCODE, und führen Sie dort einen Doppelklick aus.
2. Sie erhalten ein Eingabefenster, in das Sie Transaktionen eintragen können (siehe Abbildung 1.56). An dieser Stelle geben Sie bitte drei Transaktionen ein:

   - »SCAT« für das alte CATT-Tool
   - »SECATT« für das neue eCATT-Tool
   - »STWB_1« für den Test Organizer, z.B. Testkataloge

Transaktionen SECATT, SCAT und STWB_1

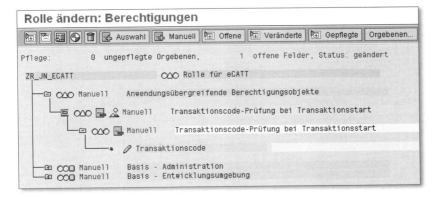

Abbildung 1.55 Transaktionscode spezifizieren

1 | Vorbereitung für das Arbeiten mit eCATT

> [+] Die Bedeutung und Hintergründe dieser Transaktionen werden in Kapitel 2, »Grundlagen von eCATT«, erläutert.

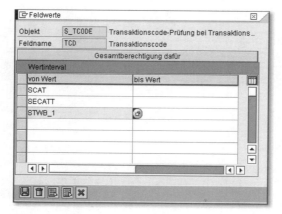

Abbildung 1.56 Transaktionen zur Rolle hinzufügen

3. Sie sehen in Abbildung 1.57, dass die ausgewählten drei Transaktionen in die Rolle aufgenommen wurden. Die Ampeln der Rolle ZR_JN_ECATT stehen jetzt auf Grün. Sie sehen außerdem, dass bei STATUS die Option GEÄNDERT angezeigt wird. Bitte generieren Sie Ihre Rolle nun noch einmal, indem Sie auf den Button GENERIEREN klicken. Dadurch werden alle Änderungen aktiviert.

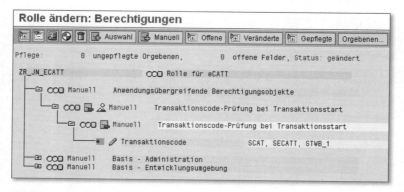

Abbildung 1.57 Transaktionen wurden erlaubt

Status generiert Die Rolle ZR_JN_ECATT wurde erfolgreich generiert. Sie sehen in Abbildung 1.58, dass bei STATUS die Option GENERIERT angezeigt wird. Außerdem sehen Sie in der Informationsleiste die Meldung, dass ein Profil angelegt wurde.

Einrichten einer eCATT-Rolle | **1.3**

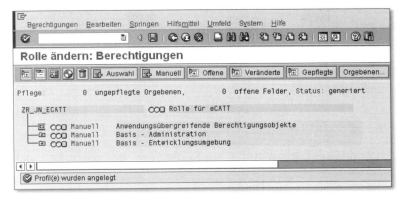

Abbildung 1.58 Generierte Rolle

Verlassen Sie den Modus ROLLE ÄNDERN über den ZURÜCK-Button.

1.3.8 Menü der Rolle anlegen

Ein Benutzer weiß oft nicht, welche Transaktionen er für bestimmte Arbeitsschritte aufrufen muss. Er wählt dann viel lieber einen Menüpunkt aus, der eine sprechende Bezeichnung trägt. In diesem Abschnitt werden Sie ein Menü für Ihre Rolle kreieren.

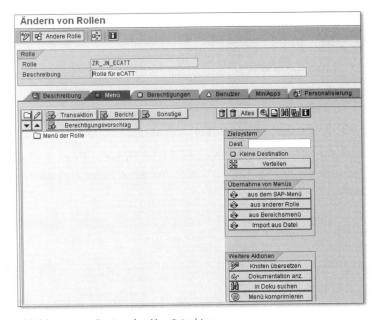

Abbildung 1.59 Design der Menüstruktur

Benutzermenü erstellen

Wechseln Sie nun in die Registerkarte MENÜ (siehe Abbildung 1.59). Hier können Sie nach Ihren Wünschen ein eigenes Benutzermenü erstellen.

Ordner einfügen

Über den Button ORDNER ANLEGEN (siehe Abbildung 1.60) können Sie Ihr Menü strukturieren.

1. Klicken Sie auf den Button ORDNER ANLEGEN, und legen Sie einen Unterordner an.

Abbildung 1.60 Button »Ordner anlegen«

2. Sie erhalten ein Eingabefenster, in das Sie einen Ordnernamen eintragen müssen. Geben Sie eine Bezeichnung in das Feld NAME DES ORDNERS ein, und bestätigen Sie Ihre Eingabe, indem Sie auf den Button mit dem grünen Haken klicken (siehe Abbildung 1.61).

Abbildung 1.61 Ordnerbezeichnung

Transaktion einfügen

Ihr neuer Ordner wird unter das Hauptmenü gestellt.

Transaktionen im Benutzermenü

1. Markieren Sie den neuen Ordner, und klicken Sie auf den Button TRANSAKTION (siehe Abbildung 1.62), um eine neue Transaktion hinzuzufügen.

Abbildung 1.62 Button »Transaktion«

2. Sie erhalten ein Eingabefenster mit der Bezeichnung TRANSAKTIONEN ZUORDNEN (siehe Abbildung 1.63). Tragen Sie die gewünschten Transaktionen in der Spalte TRANSAKTIONSCODE ein.

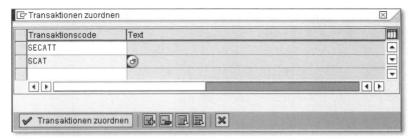

Abbildung 1.63 Eingabefenster »Transaktionen zuordnen«

3. Anschließend bestätigen Sie Ihre Auswahl, indem Sie auf den Button TRANSAKTIONEN ZUORDNEN klicken.

Menü strukturieren

In Abbildung 1.64 sehen Sie, wie Ihre neue Menüstruktur jetzt aussieht. Sie haben einen ersten Ordner mit der Bezeichnung TESTTOOLS erstellt und zwei Transaktionen zugeordnet.

Abbildung 1.64 Menü mit zwei neuen Transaktionen

1. Fügen Sie noch einen weiteren Ordner mit der Bezeichnung TESTORGANIZER hinzu (siehe Abbildung 1.65).

1 | Vorbereitung für das Arbeiten mit eCATT

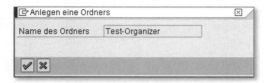

Abbildung 1.65 Neuer Ordner »Test-Organizer«

Transaktion STWB_1

2. Ordnen Sie dem Ordner TEST-ORGANIZER die Transaktion STWB_1 zu (siehe Abbildung 1.66). Diese Transaktion verwenden Sie, wenn Sie einen Testkatalog bearbeiten wollen.

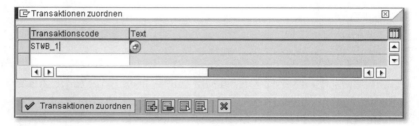

Abbildung 1.66 Transaktion STWB_1 hinzufügen

1.3.9 Menü erweitern

Profilgenerierung

Wie Sie in Abbildung 1.67 sehen, zeigt die Registerkarte BERECHTIGUNGEN keine grüne Ampel mehr. Grund dafür ist, dass Sie die Rolle durch die neue Menüstruktur geändert haben. Sie müssen deshalb den Button EXPERTENMODUS ZUR PROFILGENERIERUNG anklicken.

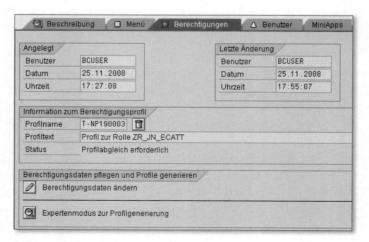

Abbildung 1.67 Rolle muss neu generiert werden

Sie erhalten daraufhin eine Auswahlbox mit Informationen (siehe Abbildung 1.68). Bestätigen Sie den dritten Radiobutton ALTEN STAND LESEN UND MIT DEN NEUEN DATEN ABGLEICHEN.

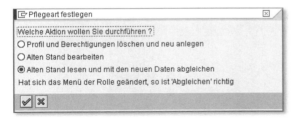

Abbildung 1.68 Daten nach Menüänderung abgleichen

1.3.10 Rolle Benutzern zuweisen

Eigentlich wäre Ihre Rolle damit fast fertig. Doch Sie müssen ihr noch die Benutzer hinzufügen, die mit ihr arbeiten sollen. Legen Sie deshalb einen neuen Benutzer an.

Testnutzer anlegen

1. Öffnen Sie einen neuen Modus, damit Sie den Modus ROLLEN ÄNDERN nicht verlassen müssen. Rufen Sie die Benutzerpflege mit der Transaktion SU01 auf, und tragen Sie einen neuen Benutzernamen ein (siehe Abbildung 1.69). Nach dem Anlegen des Benutzers müssen Sie ein Initialpasswort eintragen.

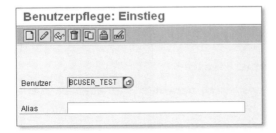

Abbildung 1.69 Neuen Benutzer anlegen

2. Wechseln Sie danach in die Registerkarte ROLLEN (siehe Abbildung 1.70). Tragen Sie dort Ihre neue eCATT-Rolle »ZR_JN_ECATT« ein, und speichern Sie den Benutzer.

Nachdem Sie einen Testnutzer angelegt haben, wechseln Sie wieder in den Modus ROLLE ÄNDERN, in dem Sie Ihre geöffnete Rolle zurückgelassen haben. Sie befinden sich jetzt erneut in der Transaktion PFCG (siehe Abbildung 1.71).

Benutzer der Rolle zuweisen

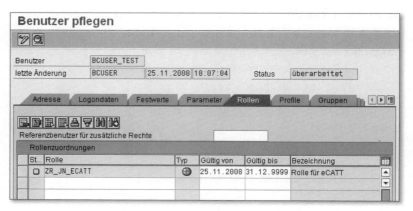

Abbildung 1.70 Einem Benutzer die eCATT-Rolle zuweisen

Öffnen Sie die Registerkarte BENUTZER, und tragen Sie dort Ihren neuen Benutzernamen ein. Speichern und generieren Sie jetzt Ihre eCATT-Rolle. Schließen Sie die Rollenpflege.

Abbildung 1.71 Benutzer einer Rolle hinzufügen

1.3.11 Geänderten Benutzer testen

Melden Sie sich im SAP-System ab und mit dem neuen Benutzernamen und dem Initialpasswort wieder an (siehe Abbildung 1.72).

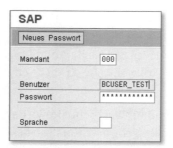

Abbildung 1.72 Anmeldung des neuen Benutzers in SAP

Als neuer, angemeldeter Benutzer erhalten Sie nur das eCATT-Menü (siehe Abbildung 1.73). Wie Sie sehen können, wird das Menü so dargestellt, wie Sie es zuvor designt haben. Es gibt die Order TEST-TOOLS und TEST-ORGANIZER. Ihre eCatt-Benutzer könnten an dieser Stelle einfach auf die Transaktionstexte klicken, um die Transaktionen aufzurufen.

eCATT-Menü anzeigen

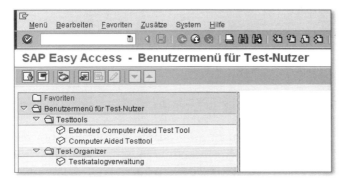

Abbildung 1.73 Benutzermenü des neuen Nutzers

1. Wählen Sie nun den Pfad ZUSÄTZE • EINSTELLUNGEN. Sie erhalten das Auswahlfenster EINSTELLUNGEN. Markieren Sie zum Test einmal die Checkboxen TECHNISCHE NAMEN ANZEIGEN und ERSTE EBENE EINBLENDEN (siehe Abbildung 1.74).

Menüanzeige ändern

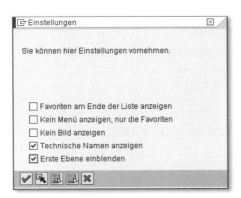

Abbildung 1.74 Auswahlfenster »Einstellungen«

2. Sie erhalten detaillierte Angaben zu Ihrem Menü (siehe Abbildung 1.75). In der ersten Ebene sehen Sie die Rollenbezeichnung ZR_JN_ECATT. Die technischen Namen zeigen Ihnen die Transaktionscodes.

Erste Ebene des Benutzermenüs

1 | Vorbereitung für das Arbeiten mit eCATT

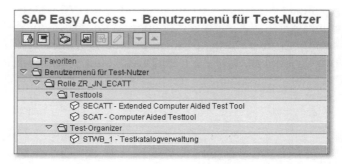

Abbildung 1.75 Menü mit erster Ebene und technischen Namen

1.4 SAP GUI Scripting erlauben

eCATT-Befehl »SAPGUI« anstelle von »TCD«

Die folgende Einstellung ist nicht zwangsläufig notwendig, um mit eCATT arbeiten zu können, jedoch könnte es sein, dass Sie Transaktionen nicht mit dem Befehl TCD, sondern über SAPGUI aufnehmen wollen. Dieser Aufnahmebefehl ist etwas komplizierter als der Befehl TCD und wird deshalb nur an wenigen Stellen in diesem Buch verwendet. Der Befehl TCD arbeitet zudem etwa fünfzigmal schneller bei der Abarbeitung. Warum sollte man also überhaupt SAPGUI verwenden?

Wenn Sie eine Transaktion aufgezeichnet haben, diese Transaktion aber ab einer bestimmten Stelle neu aufzeichnen müssen, können Sie dies für Teile dieser Transaktion mit SAPGUI tun. Sie müssten dazu einen Breakpoint (Haltepunkt) in das ursprüngliche Testskript setzen und ab dem Ausführungsstopp die Transaktion mit SAPGUI neu aufzeichnen. Das Aufzeichnen wird als *SAP GUI Scripting* bezeichnet.

1.4.1 Parameter für SAP GUI Scripting prüfen und ändern

Um SAP GUI Scripting zu erlauben, gehen Sie wie folgt vor:

1. Rufen Sie die Transaktion RZ11 auf. Tragen Sie anschließend in das Feld PARAMETERNAME den folgenden Text ein: »sapgui/user_scripting« (siehe Abbildung 1.76). Klicken Sie danach auf den Button ANZEIGEN.

Profilparameter-eigenschaften

2. Sie gelangen in den Anzeigemodus der Profilparametereigenschaften (siehe Abbildung 1.77). Falls bei Ihnen im Feld AKTUELLER

WERT der Eintrag FALSE steht, müssen Sie den Wert ändern. Klicken Sie dazu auf den Button WERT ÄNDERN.

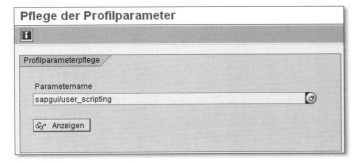

Abbildung 1.76 SAP GUI Scripting erlauben

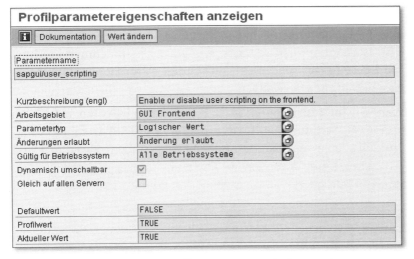

Abbildung 1.77 Eingabefenster »Profilparametereigenschaften anzeigen«

Um den Wert für das SAP GUI Scripting zu ändern, müssen Sie den Wert im Feld NEUER WERT ändern.

Parameter für SAP GUI Scripting ändern

1. Tragen Sie in das Feld NEUER WERT das Wort »TRUE« ein, wenn dort bislang FALSE stand (siehe Abbildung 1.78).

[+] Dieser Parameter muss auf allen Systemen auf TRUE gesetzt werden, auf denen Sie Testskripts mit SAPGUI abspielen wollen.

1 | Vorbereitung für das Arbeiten mit eCATT

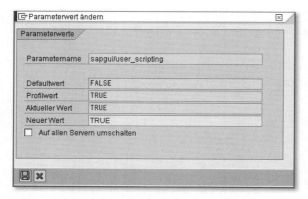

Abbildung 1.78 Parameterwert ändern

1.4.2 Benutzereinstellungen – Scripting

Bereits zu Beginn des Abschnittes wurden Sie darauf hingewiesen, dass die Einstellungen zum Scripting nur notwendig sind, wenn Sie ein Testskript mit der UI-Ansteuerung SAPGUI aufnehmen möchten. Die Einstellungen sind nicht notwendig, wenn Sie die gängige UI-Ansteuerung TCD verwenden.

Ist Scripting installiert?

Wenn Sie Ihr Testskript mit SAPGUI aufnehmen möchten, müssen Sie prüfen, ob Scripting bei Ihnen installiert wurde. Starten Sie für die Prüfung einen neuen Modus, und verwenden Sie die Tasten [Alt] + [F12], um in die Layout-Eigenschaften zu gelangen. Wählen Sie den Eintrag OPTIONEN aus (siehe Abbildung 1.79).

Abbildung 1.79 ALT + F12 – Eintrag »Optionen«

68

Sie erhalten das Dialogfenster OPTIONEN. Wechseln Sie auf die Registerkarte SCRIPTING. Hier nehmen Sie die folgenden Einstellungen vor:

Scripting einschalten – Meldung abschalten

- Prüfen Sie, ob SAP GUI Scripting installiert ist. Sie erkennen dies an dem Text, der in der Feldgruppe INSTALLATION angezeigt wird.
- Aktivieren Sie die Checkbox SCRIPTING EINSCHALTEN.
- Deaktivieren Sie die Checkbox MELDEN, WENN SICH EIN SKRIPT AN SAP GUI ANBINDET.
- Aktivieren Sie die Checkbox MELDEN, WENN EIN SKRIPT EINE VERBINDUNG AUFBAUT (siehe Abbildung 1.80).

> Diese Einstellungen sind benutzerabhängig. Sobald Sie sich an einem anderen PC anmelden, müssen Sie diese Einstellungen wiederholen.

[+]

Abbildung 1.80 Checkbox »Scripting einschalten«

1.5 System für Web Dynpro vorbereiten

Web Dynpros sind SAP-Anwendungen, die im Browser angezeigt werden können. Die Web-Dynpro-Werkzeuge zum Entwickeln von Java-basierten Web Dynpros sind Bestandteil des SAP NetWeaver Developer Studios und wurden mit der NetWeaver-Strategie eingeführt. ABAP-basierte Web Dynpros können in der ABAP Workbench mit der Transaktion SE80 erstellt werden.

SAP-Anwendungen für den Browser

1.5.1 Voraussetzungen für Java-basierte Web Dynpros

Wenn Sie für Ihre Kunden browserfähige Anwendungen erstellen möchten, sind Web Dynpros eine ausgezeichnete Möglichkeit, Ihre Kunden glücklich zu machen. Diese können SAP-Anwendungen nämlich anschließend über den Browser starten und ausführen. Sie haben somit das Gefühl, gar nicht am SAP-System angemeldet zu sein.

Plugin für SAP NetWeaver Developer Studio

Wenn Sie Web Dynpros entwickeln, könnten Sie diese im SAP NetWeaver Developer Studio testen, nachdem Sie ein Plugin für das SAP NetWeaver Developer Studio installiert haben.

Wenn Sie mit eCATT testen wollen, müssen Sie die Web Dynpros aufzeichnen und in eCATT importieren.

[+] **Java-basierte Web Dynpros**

Folgende Voraussetzungen müssen Sie als Entwickler von Java-basierten Web Dynpros jedoch aufweisen:

- Sie müssen das SAP NetWeaver Developer Studio auf Ihrem Rechner installieren.
- Sie benötigen Zugriff auf die SAP J2EE Engine (Release 6.30).
- Sie können sich mit einer Datenbankinstanz der MaxDB verbinden.
- Sie haben die Berechtigung für den Zugriff auf den Software Deployment Manager (SDM).

Von Vorteil sind zudem einige Grundkenntnisse in Java, jedoch nicht Voraussetzung.

Um Ihr System für das Testen von Web Dynpros mit eCATT vorzubereiten, müssen Sie einige Einstellungen vornehmen. Welche das sind, zeigen Ihnen die nächsten Abschnitte.

1.5.2 Web-Dynpro-Testnutzer anlegen

SAP schlägt vor, einen separaten Benutzer für das Testen der Web Dynpros anzulegen.

Benutzer »ECATT_HTTP«

1. Starten Sie für das Anlegen eines neuen Testnutzers die Transaktion SU01. Kopieren Sie bitte Ihren Benutzer. Der neue Benutzer soll ECATT_HTTP heißen (siehe Abbildung 1.81).

Passwort »ecatt_http«

2. Vergeben Sie für diesen Nutzer das Passwort »ecatt_http« auf der Registerkarte LOGONDATEN. SAP schlägt standardmäßig als Pass-

System für Web Dynpro vorbereiten | **1.5**

wort »ecatt« vor, allerdings ist dieses mit fünf Zeichen in den meisten Systemen zu kurz und wird abgewiesen.

3. Wechseln Sie anschließend in die Registerkarte LOGONDATEN. Wählen Sie im Feld BENUTZERTYP den Eintrag SYSTEM aus (siehe Abbildung 1.82). Speichern Sie den Benutzer ECATT_HTTP.

Benutzertyp »System«

| **Benutzertypen** | [+] |

Für allgemeine SAP-Benutzer wird als Benutzertyp DIALOG vergeben. Damit können sich Benutzer am SAP-System anmelden. Sie werden feststellen, dass Sie sich mit einem Benutzer vom Typ SYSTEM nicht über den Login-Dialog anmelden können. Dieser Nutzer dient ausschließlich zum Testen von Anwendungen im Browser. Für das Testen von Web Dynpros ist daher der SYSTEM-Benutzertyp notwendig.

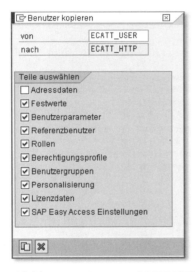

Abbildung 1.81 Benutzer »ECATT_HTTP« für Web-Dynpro-Test anlegen

Abbildung 1.82 Benutzertyp »System« auswählen

1 | Vorbereitung für das Arbeiten mit eCATT

1.5.3 Service ecatt_recorder einrichten

Sie benötigen für das Aufzeichnen von Web Dynpros den Service ecatt_recorder. Diesen müssen Sie im eCATT-System aktivieren.

Transaktion SICF (Servicepflege)

1. Um den Service ecatt_recorder zu aktivieren, starten Sie bitte die Transaktion SICF (Pflege der Services). Sie erhalten das Auswahlfenster PFLEGE DER SERVICES.

2. Führen Sie die Transaktion weiter aus. Sie gelangen in den zweiten Schritt der PFLEGE DER SERVICES. Expandieren Sie in der Spalte VIRTUELLE HOSTS/SERVICES den Pfad DEFAULT_HOST • SAP • BC • ECATT. Im Unterknoten ECATT befindet sich der Service ECATT_RECORDER (siehe Abbildung 1.83).

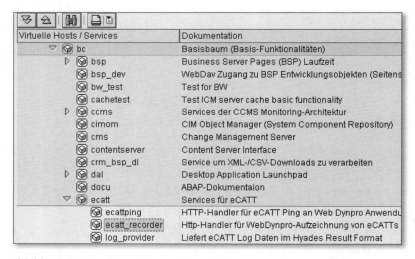

Abbildung 1.83 Service ecatt_recorder auffinden

Abbildung 1.84 Anmeldedaten eintragen

1.5 System für Web Dynpro vorbereiten

3. Führen Sie auf dem Knoten ECATT_RECORDER einen Doppelklick aus.

4. Sie erhalten den Modus ANLEGEN/ÄNDERN EINES SERVICES. Wechseln Sie in die Registerkarte ANMELDE-DATEN (siehe Abbildung 1.84).

   ▸ Tragen Sie im Feld BENUTZER »ECATT_HTTP« ein.

   ▸ Tragen Sie im Feld Passwort »ecatt_http« ein.

Knoten »eCATT_Recorder«

1.5.4 Service ecatt_recorder aktivieren

Den Service ecatt_recorder müssen Sie nach der Pflege der Anmeldedaten noch aktivieren.

Markieren Sie in der Spalte VIRTUELLE HOSTS/SERVICES die Zeile ECATT_RECORDER. Klicken Sie anschließend auf den Button AKTIVIEREN (siehe Abbildung 1.85).

Abbildung 1.85 Button »Aktivieren«

Die Information, dass Sie weitere Virtuelle Hosts/Services/Interne_Aliase anlegen können, können Sie abbrechen.

[+]

1.5.5 Service ecattping im Zielsystem aktivieren

Der Service ecattping ist ein HTTP-Handler, der die Verbindung zu einer Web-Dynpro-Anwendung aufbaut. Wenn Sie den Service ecattping auf einem Zielsystem aktivieren möchten, müssen Sie folgende Schritte durchführen.

1. Starten Sie die Transaktion SICF (Pflege der Services) auf dem Zielsystem. Expandieren Sie die Spalte VIRTUELLE HOSTS/SERVICES. Markieren Sie den Service ecattping im folgenden Pfad im Java-System (siehe Abbildung 1.86): DEFAULT_HOST • SAP • BC • ECATT.

   Transaktion SICF (Servicepflege): Service ecattping

2. Aktivieren Sie den Service ecattping im Zielsystem. Im ABAP-Zielsystem wählen Sie nur den Button AKTIVIEREN. Im Java-Zielsystem müssen Sie nach dem Aktivieren noch folgende Schritte zusätzlich durchführen:

   Service ecattping im Zielsystem aktivieren

   ▸ Wählen Sie SERVER • SERVICES • DEPLOY.

1 | Vorbereitung für das Arbeiten mit eCATT

> - Auf der Registerkarte RUNTIME bzw. LAUFZEIT markieren Sie APPLIKATION.
> - Anschließend markieren Sie den Eintrag ECATTPING.
> - Wählen Sie zum Schluss START APPLIKATION.

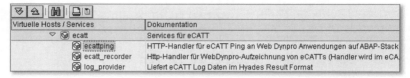

Abbildung 1.86 Service-Eintrag »ecattping«

1.5.6 RFC-Verbindung für Web Dynpro

Damit Ihr erstes Testskript, das eine Web-Dynpro-Applikation testen soll, ausgeführt werden kann, benötigen Sie eine RFC-Verbindung.

Transaktion SM59, »RFC-Verbindungen konfigurieren«

1. Um eine RFC-Verbindung für Ihren Web-Dynpro-Test zu erstellen, starten Sie die Transaktion SM59 (RFC-Verbindungen konfigurieren).

2. Wählen Sie als RFC-Verbindungstyp »G« (HTTP-Verbindungen zu externen Servern). Die Felder ZIELMASCHINE und SYSTEMNUMMER füllen Sie wie die anderen eCATT-RFC-Verbindungen.

Ihre Einstellungen sind nun ausreichend für das Testen von Web Dynpros konfiguriert.

1.6 Benutzerparameter

Transaktion SU01, »Pflege der Benutzerdaten«

Sie können Ihre eigenen Benutzerdaten ändern, indem Sie die Transaktion SU01 aufrufen. Oft werden auf der Registerkarte PARAMETER Benutzerparameter eingetragen und mit Parameterwerten versorgt. Sie haben mit dieser Voreinstellung die Möglichkeit, Felder in Transaktionen vorauszufüllen und sich einige Arbeitsschritte zu ersparen. Die Pflege der Parameter ist eine beliebte Arbeitserleichterung für SAP-Anwender. In Abbildung 1.87 sehen Sie einige Benutzerparameter.

Probleme mit Benutzerparametern

Probleme mit den Benutzerparametern können auftreten, wenn Sie Transaktionen mit eCATT aufnehmen und diese auf Ihre Benutzerparameter zugreifen und dadurch Felder vorausfüllen.

Denn wenn ein anderer eCATT-Anwender Ihre Benutzerparameter nicht vorausgefüllt hat, würde das Testskript fehlerhaft laufen, weil ihm Ihre Werte fehlen.

Um das Problem mit fehlenden Benutzerparametern zu umgehen, sollten Sie, wenn möglich, einen separaten SAP-User einrichten und bei diesem gar keine Benutzerparameter pflegen. Dieser SAP-User sollte nur für das Aufnehmen der eCATT-Testfälle verwendet werden.

Problembehebung

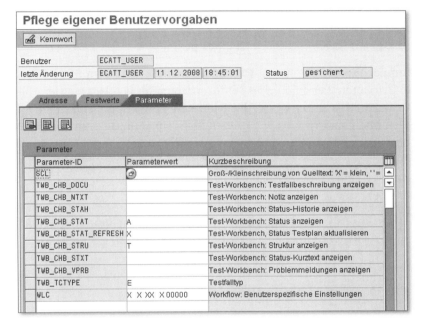

Abbildung 1.87 Benutzerparameter

1.7 Fazit

Sie haben nach dem Lesen dieses Kapitels allen zu testenden Systemen die Freigabe für das Ausführen von eCATT-Testfällen gegeben. Die Freigabe wurde von Ihnen in allen relevanten SAP-Systemen in der Datenbanktabelle T000 gesetzt. Dafür haben Sie den Wert im Tabellenfeld CCIMAILDIS geändert.

Außerdem haben Sie eine oder mehrere RFC-Verbindungen eingerichtet, um Ihre eCATT-Testfälle auf dem lokalen oder einem anderen Mandanten bzw. SAP-System ausführen zu können.

Des Weiteren haben Sie eine Berechtigungsrolle für eCATT-Entwicklungen erstellt, die Sie neuen eCATT-Anwendern zuordnen können.

Die Möglichkeit, SAP GUI Scripting zu erlauben, wurde Ihnen vorgestellt. Diese Schritte mussten Sie nicht zwangsläufig umsetzen, wenn Sie Testskripts ausschließlich mit dem eCATT-Befehl TCD erstellen wollen.

Anschließend erhielten Sie eine Anleitung, um Ihr System für das Testen von Web Dynpros vorzubereiten. Web Dynpros können Sie allerdings nur entwickeln, wenn Sie das SAP NetWeaver Developer Studio auf Ihrem Rechner installiert haben.

Zum Schluss erhielten Sie den Hinweis, einen separaten eCATT-User einzurichten, bei dem keine Benutzerparameter gepflegt werden sollten. Grund war, dass das Abspielen von Testskripts Fehler erzeugt, wenn Benutzerparameter nach der Testskript-Aufzeichnung geändert oder entfernt werden. Auch das Abspielen eines Testskripts durch einen anderen Benutzer, der andere Benutzerparameter gepflegt hat, kann zu Fehlern beim Abspielen des Testskripts führen.

Sie sind für die Arbeit mit eCATT nun optimal vorbereitet. In der Transaktionsübersicht zu diesem Kapitel sind stichpunktartig noch einmal alle wesentlichen Schritte für Sie aufgelistet.

1.8 Transaktionsübersicht

Mandanten für eCATT freigeben	▸ Transaktion SE11 (ABAP Dictionary: Einstieg) 　▸ Datenbanktabelle T000 aufrufen 　▸ Spalte CCISMAILDIS ändern 　▸ CATT und eCATT erlauben ▸ Transaktion SM31 (Tabellenpflege: Einstieg) 　▸ Datenbanktabelle T000 aufrufen 　▸ CATT und eCATT erlauben
RFC-Verbindungen für eCATT	▸ Transaktion SM59 (RFC-Destination Anzeige und Pflege) 　▸ Typ »3« (R/3- bzw. ABAP-Verbindungen) pflegen

eCATT-Berechtigungsrolle	▶ Transaktion PFCG (Rollenpflege)
	▶ Einzelrolle anlegen
	▶ Berechtigungsdaten pflegen
	▶ Anwendungsübergreifende Berechtigungsobjekte S_TCODE
	▶ Transaktionscode-Prüfung
	▶ Objekt: TCD
	▶ Wert: SCAT, SECATT und STWB_1
	▶ Systemberechtigungen S_ADMI_FCD
	▶ Systemadministrationsfunktion
	▶ Objekt: S_ADMI_FCD
	▶ Wert: NADM
	▶ Archivierung S_ARCHIVE
	▶ Aktivität
	▶ Objekt: ACTVT
	▶ Wert: 01 – Hinzufügen oder Erzeugen
	▶ Arbeitsgebiet
	▶ Objekt: APPLIC
	▶ Wert: BC (SAP NetWeaver)
	▶ Archivierungsobjekt
	▶ Objekt: ARCH_OBJ
	▶ Wert: ECATT_LOG
	▶ ABAP Workbench S_DEVELOP
	▶ Aktivität
	▶ Objekt: ACTVT
	▶ Wert: Hinzufügen oder Erzeugen, Ändern, Anzeigen, Löschen, Aktivieren, Generieren, Ausführen
	▶ Paket
	▶ Objekt: DEVCLASS
	▶ Wert: * (alles erlaubt)
	▶ Objektname
	▶ Objekt: OBJNAME
	▶ Wert: *
	▶ Objekttyp

eCATT-Berechtigungsrolle (Forts.)	▸ Objekt: OBJTYPE ▸ Wert: ECAT, SCAT ▸ Berechtigungsgr. ABAP/4-Program ▸ Objekt: P_GROUP ▸ Wert: * ▸ Menü pflegen ▸ Benutzer einfügen ▸ Rolle generieren ▸ ausgewähltem Benutzer neue Rolle hinzufügen ▸ Transaktion SU01 (Benutzer pflegen) ▸ Registerkarte ROLLEN
SAP GUI Scripting erlauben	▸ Transaktion RZ11 ▸ Parameter SAPGUI/USER_SCRIPTING TRUE
Testen von Web Dynpros vorbereiten	▸ Transaktion SICF (Pflege der Services) ▸ Service ECATT_RECORDER aktivieren ▸ Service ECATTPING aktivieren ▸ Transaktion SU01 (Benutzerpflege) ▸ Benutzer ECATT_HTTP einrichten ▸ Benutzertyp SYSTEM einrichten ▸ Transaktion SM59 (RFC-Verbindungen konfigurieren) ▸ Typ »G« (HTTP-Verbindung zu externen Servern) auswählen
Benutzerparameter pflegen	▸ Transaktion SU01 ▸ Möglichst einen SAP-Benutzer ECATT_USER einrichten ▸ Keine Benutzerparameter pflegen

Bislang haben Sie gesehen, welche notwendigen Vorbereitungen Sie treffen müssen, um mit eCATT zu arbeiten. In diesem Kapitel lernen Sie nun die Grundlagen von eCATT kennen und werden Ihren ersten eigenen Testfall erstellen.

2 Grundlagen von eCATT

In diesem Kapitel erlernen Sie alle Grundlagen, die Sie zum Erstellen von eCATT-Testfällen benötigen. Zunächst erhalten Sie ein paar allgemeine Informationen darüber, wozu eCATT verwendet wird und ab welchem SAP-Release Sie mit eCATT arbeiten können. Außerdem erhalten Sie Vorschläge für eine Namenskonvention Ihrer Testfälle. Anschließend werden die Transaktionen vorgestellt, die Sie für das Arbeiten mit eCATT benötigen.

Die wichtigste Transaktion für das Testtool eCATT lautet SECATT. Sie enthält folgende vier Schwerpunkte:

Schwerpunkte bei eCATT

- Systemdatencontainer
- Testskript
- Testdatencontainer
- Testkonfiguration

Wie Sie mit dem eCATT-Testtool arbeiten können, erfahren Sie detailliert in den Abschnitten 2.3 bis 2.6.

Am Ende des Kapitels wird das Testprotokoll vorgestellt, das Sie nach der Ausführung jedes Testfalls erhalten. Auch dieses Kapitel endet wieder mit einer Transaktionsübersicht, die Sie für Ihre tägliche Arbeit verwenden können.

Nachdem Sie dieses Kapitel gelesen haben, können Sie Testfälle erstellen und dieses sogar mit externen Varianten versorgen. Sie werden alle Grundlagen beherrschen, die ein eCATT-Entwickler für seine Arbeit benötigt.

2.1 Vorüberlegungen

eCATT steht für *extended Computer Aided Test Tool* und könnte übersetzt werden mit *erweitertes computerunterstütztes Testtool*.

Funktionstests SAP hat mit diesem Tool allen SAP-Entwicklern ein Werkzeug an die Hand gegeben, mit dem regelmäßige, automatisierte Tests durchgeführt werden können. Sinnvoll sind solche Tests vor allem vor und nach einem Patch- oder Release-Wechsel. Geprüft werden kann dabei relativ schnell, welche Transaktionen sich nach dem Wechsel in irgendeiner Weise verändert haben.

Stammdatenmigration Das Testtool eCATT kann außerdem zur Stammdatenmigration verwendet werden, indem Sie Transaktionen aufzeichnen und mit Varianten für eine Massendatenpflege versorgen.

2.1.1 Vorteile und Pflege von eCATT

Ablaufänderungen feststellen Eine Fehlermeldung bedeutet nicht immer, dass die getestete Transaktion nicht mehr funktioniert, sondern vielmehr, dass es eventuell eine Änderung im Ablauf der Dateneingaben gibt. Derartige Informationen sind besonders für Anwender wichtig, die tagtäglich gleiche Arbeitsabläufe durchführen müssen und bei unerwarteten SAP-Meldungen schnell in Sorge geraten. Ein guter SAP-Berater könnte seine Kunden auf die ihm bekannten Änderungen im Vorfeld hinweisen und somit beruhigend auf sie einwirken. SAP-Entwickler hätten durch das frühzeitige Wissen über Ablaufänderungen in Transaktionen die Möglichkeit, gegebenenfalls kundeneigene Programme anzupassen, die bisher auf die veraltete Transaktion zugegriffen haben.

Zeiteinsparung durch automatisiertes Testen Aber eCATT hat noch andere Vorteile. Das manuelle Testen eines einzigen Modul-Testkatalogs mit verschiedenen Varianten bedeutet für einen Tester meist einen Aufwand von etwa einer Woche. Mit eCATT kann eine Vielzahl von Transaktionen in kürzester Zeit geprüft werden, während sich der Tester parallel mit anderen Aufgaben im SAP-System beschäftigen kann. Ein sehr umfangreicher Testkatalog kann in etwa einer Stunde mit eCATT getestet werden.

Pflege des Testkatalogs Der Nachteil von eCATT ist, dass Transaktionen oft neu aufgezeichnet werden müssen, sobald sich die aufgezeichnete Transaktion geändert hat. Änderungen treten beispielsweise auf, wenn SAP Transaktionen modernisiert oder SAP-Kundenbetreuer im Customizing Einstellungen an einer Transaktion vornehmen mussten. Ein Problem dabei könnte sein, dass Daten, die zur Aufnahmezeit in der Transaktion noch nicht gefordert worden waren, nun zwingend notwendig sind. Beim Abspielen erhält der Tester dann die Meldung, dass Batchinput-Daten fehlen.

Das bedeutet, ein fertiggestellter Testkatalog muss regelmäßig gepflegt werden, was unter Umständen viel Zeit verschlingen kann. Wie Sie einen bereits vollständig parametrisierten Testfall mit wenig Aufwand neu aufzeichnen können, erfahren Sie in Kapitel 6, »Tipps und Tricks«.

Pflegeaufwand

2.1.2 Verfügbarkeit von eCATT

Das erste Testtool von SAP war CATT. Es konnte mit der Transaktion SCAT gestartet werden. Mit dem SAP-Basis-Release 6.20 wurde das Testtool eCATT eingeführt, die Starttransaktion lautet hier SECATT.

eCATT ab Basis-Release 6.20

In Tabelle 2.1 sehen Sie, bis wann das Testtool CATT vollständig verfügbar war und seit wann das Testtool eCATT genutzt werden kann. Mit eCATT kamen viele Funktionen hinzu, die es im CATT-Testtool noch nicht gab. Außerdem können neue CATT-Testskripts ab dem Basis-Release 6.40 nicht mehr angelegt und ab 7.0 nicht mehr gepflegt werden. Sie sollten deshalb so früh wie möglich von CATT auf eCATT umsteigen.

Basis-Release	6.20	6.40	7.0
NetWeaver-Release		NW 04	NW 7.0
SAP ERP-Release	R/3 Enterprise (4.7)	ERP 2004	ERP 6.0
CATT-Testskripts anlegen	ja	nein	nein
CATT-Testskripts ändern	ja	ja	nein
eCATT-Testskripts anlegen, ändern	ja	ja	ja
Migration von CATT nach eCATT	ja	ja	ja
eCATT-Varianten aus externen Dateien verwenden	nein	ja	ja
Datenmigration möglich	nein	ja	ja

Verfügbarkeit von CATT und eCATT

Tabelle 2.1 CATT und eCATT

2.1.3 Namenskonventionen

Vorschläge zur Namenskonvention

Bevor Sie mit dem Einstieg in eCATT beginnen, sollten Sie sich über eine geeignete Namenskonventionen in Ihrer Testentwicklung Gedanken machen. Günstig ist es immer, wenn in der Testfallbezeichnung ein Hinweis auf das SAP-Modul und auf die Transaktion erkennbar ist. Einige Vorschläge finden Sie in Tabelle 2.2.

[+] **Bezeichnungen**

Beachten Sie, dass kundeneigene Entwicklungen mit Z* oder Y* beginnen müssen. Bei Parametern könnten Sie die Bezeichnung mit P* beginnen lassen. P_E* würde daraus folgend für Exportparameter verwendet werden und P_I* für Importparameter. Testskript-Variablen könnten mit einem V* beginnen.

Die Bezeichnungen für Testkataloge, Testpläne und Testpakete müssen Sie ausprobieren und gegebenenfalls selbst optimieren. Sie werden auf Ihren Testberichten angezeigt und sollten nicht zu lang sein und trotzdem alle Informationen enthalten.

eCATT-Objekt	Vorschläge zur Namenskonvention
Testskript	Z_TS_<MODUL>_<TRANSAKTION>
Testkonfiguration	Z_TK_<MODUL>_<TRANSAKTION>
Testdatencontainer	Z_TD_<MODUL>_<TRANSAKTION>
Testbaustein	Z_BS_<MODUL>_<TCODE>_<TCODE>
	Z_BS_<MODUL>_<Geschäftsprozess>
Import-Parameter	P_I_< TABELLENFELDNAME >
Export-Parameter	P_E_<TABELLENFELDNAME>
Variablen-Parameter	V_BEZEICHNUNG
Systemdatencontainer	Z_eCATT_ SYSTEM_RFC
RFC-Verbindung	ZIELSYSTEM_<SYSTEM><MANDANT>
	TARGET_SYSTEM_<SYSTEM><MANDANT>
Testkatalog	<MODUL/SAP-Komponente>_Testkatalog
Testplan	<MODUL/SAP-Komponente >_Testplan
Testpaket	<MODUL/SAP-Komponente >_Testpaket

Tabelle 2.2 Vorschläge zur Namenskonvention

Bei modulübergreifenden Testbausteinen mit mehreren Transaktionen kann die Modulbezeichung natürlich entfallen.

> **Namenskonvention vor Arbeitsbeginn festlegen** [+]
> Überlegen Sie sich auf jeden Fall vor der ersten Testfallentwicklung, für welche Namenskonvention Sie sich entscheiden wollen.

2.2 Transaktionen für die Testentwicklung

In diesem Abschnitt werden Ihnen die Transaktionen der Test Workbench vorgestellt, die Sie für die Erstellung der Testfälle benötigen. In Kapitel 3, »Organisation und Planung von Testfällen«, werden Sie noch weitere Transaktionen kennenlernen, die Sie für die Testplanung benötigen.

Für das Entwickeln von eCATT-Testfällen benötigen Sie die Berechtigungen für die Transaktion SECATT. Wenn Sie SAP-Entwickler sind, finden Sie die Transaktionen über den Menüpfad TOOLS • ABAP WORKBENCH • TEST • TEST WORKBENCH • TESTTOOLS (siehe Abbildung 2.1).

Transaktion SECATT (eCATT)

Falls Ihnen eine kundeneigene eCATT-Rolle zugeordnet wurde, werden Sie diese eCATT-Transaktion zusätzlich an einer anderen Stelle finden. Befragen Sie dazu bitte Ihren Systemadministrator.

Berechtigung für SECATT und STWB_1

Bevor Sie zum nächsten Abschnitt gehen, sollten Sie an dieser Stelle prüfen, ob Sie die eCATT-Transaktionen starten dürfen. Wenn Ihnen diese Berechtigungen fehlen, müssen Sie einen Berechtigungsexperten beauftragen, Ihnen eine eCATT-Rolle in Ihrem Benutzermenü einzurichten. Für eine eCATT-Rolle wären vor allem diese Transaktionen wichtig:

Transaktionen der Test Workbench

- SECATT (Einstieg eCATT)
- STWB_1 (Testkatalogverwaltung)
- STWB_2 (Testplanverwaltung)
- STWB_INFO (Infosystem)

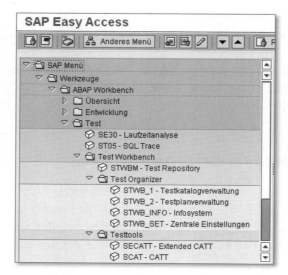

Abbildung 2.1 SAP-Menü mit geöffneter Test Workbench

2.3 Systemdatencontainer

Um den eCATT-Testfällen Ihre anvisierten Zielsysteme bekanntzugeben, benötigen Sie einen *Systemdatencontainer*. Der Systemdatencontainer enthält alle RFC-Verbindungen, die Sie zuvor mit der Transaktion SM59 für das Arbeiten mit eCATT definiert haben. Aus den Testfällen heraus können Sie später diesen Systemdatencontainer auswählen und sich für eines Ihrer Zielsysteme entscheiden. Der Testfall wird dadurch aufgefordert, eine Remote-Verbindung zu diesem Zielsystem mit einem bestimmten Mandanten aufzubauen.

Zielsysteme im Systemdatencontainer

Sie können natürlich Testfälle auch auf dem gleichen System testen, auf dem die Testfälle entwickelt worden sind. Jedoch benötigen Sie auch in diesem Fall die Angabe des Zielsystems aus dem Systemdatencontainer.

2.3.1 Systemdatencontainer anlegen

An dieser Stelle erfahren Sie, wie Sie einen Systemdatencontainer erstellen können.

1. Starten Sie die Transaktion SECATT. Markieren Sie als Erstes den Radiobutton SYSTEMDATEN, und tragen Sie ebenfalls eine Bezeichnung für Ihren Systemdatencontainer ein. In Abbildung 2.2 sehen Sie die Einstiegsmaske, in der der Radiobutton SYSTEMDATEN aktiviert wurde und bereits eine Bezeichnung für den Systemdatencontainer enthält.

eCATT-Einstieg

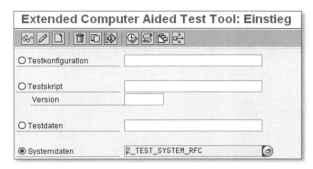

Abbildung 2.2 Anlegen eines Systemdatencontainers

2. Gehen Sie anschließend über das Menü ECATT-OBJEKT • ANLEGEN, oder verwenden Sie den Button ANLEGEN (weißes Blatt, siehe Abbildung 2.2).

3. Danach gelangen Sie sofort auf die Registerkarte ATTRIBUTE (siehe Abbildung 2.3). An dieser Stelle tragen Sie im Feld TITEL einen erklärenden Text ein. Als Verantwortlichen schlägt Ihnen das System automatisch Ihren Anmeldenamen vor.

Registerkarte »Attribute«

4. Sobald Sie den Systemdatencontainer speichern, werden Sie gefragt, in welches Paket sie ihn speichern wollen. Wenn Sie Ihre eCATT-Objekte (z.B. Systemdatencontainer, eCATT-Testfälle) auf dem Entwicklungssystem belassen wollen, genügt es, den Systemdatencontainer in ein lokales Paket zu speichern. Meist ist dies auch ausreichend, weil die Testfälle sich ohnehin in alle Zielsysteme verbinden können.

Speichern in lokales Paket

Systemdatencontainer in andere Systeme transportieren [+]

Für den Fall, dass Sie den Systemdatencontainer in andere Systeme transportieren müssen, dürfen Sie kein lokales Paket angeben. In diesem Fall würden Sie außerdem anschließend aufgefordert, einen Transportauftrag anzulegen.

2 | Grundlagen von eCATT

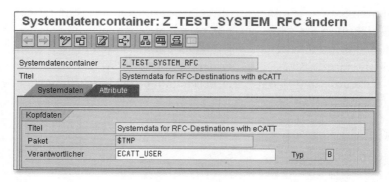

Abbildung 2.3 Attribute des Systemdatencontainers

2.3.2 Zielsysteme pflegen

Nachdem Sie den Systemdatencontainer angelegt und gespeichert haben, können Sie die Zielsysteme definieren.

Zielsysteme definieren

1. Wechseln Sie nun bitte in die Registerkarte SYSTEMDATEN. In Abbildung 2.4 sind auf dieser Registerkarte bereits Systemdaten für zwei Zielsysteme eingetragen. Ihr Systemdatencontainer wird an dieser Stelle nur die erste Zeile bzw. das Zielsystem NONE enthalten. Um Ihrem Systemdatencontainer eine eigene RFC-Verbindung hinzuzufügen, gehen Sie im Menü über SYSTEMDATENCONTAINER • SYSTEMDATEN ANLEGEN. Oder Sie wählen einfach den Button ANLEGEN (weißes Blatt, siehe Abbildung 2.4).

RFC-Verbindung eintragen

2. Sofort wird Ihnen eine neue Zeile angeboten. Tragen Sie in die Spalte ZIELSYSTEM die Bezeichnung für Ihre RFC-Verbindung ein. In den Vorschlägen zur Namenskonvention in Tabelle 2.1 wurden folgende Beispiele für die Namensvergabe genannt:

   - ZIELSYSTEM_<SYSTEM><MANDANT>
   - TARGET_SYSTEM_<SYSTEM><MANDANT>

[+] Falls Sie eine andere Namenskonvention in Ihrem System bevorzugen, können Sie diese selbstverständlich einsetzen.

RFC-Verbindung im Systemdatencontainer

In Abbildung 2.4 sehen Sie in der dritten Zeile die Zielverbindung TARGET_SYSTEM_E066. Als RFC-DESTINATION wurde die Verbindung Z_eCATT_RFC_E066 eingetragen. Diese RFC-Verbindung haben Sie in Kapitel 1, »Vorbereitung für das Arbeiten mit eCATT«, mit der Transaktion SM59 eingerichtet. Die Spalte INSTANZBESCHREIBUNG wird automatisch gefüllt, nachdem Sie eine aktive RFC-Verbindung ausgewählt haben.

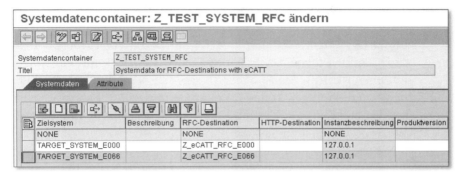

Abbildung 2.4 Registerkarte »Systemdaten«

2.3.3 RFC-Verbindung pflegen

Falls Ihnen bei der Pflege der Zielsysteme keine RFC-Verbindungen angeboten werden, gehen Sie bitte über das Hauptmenü und wählen dort den Menüpfad UMFELD • RFC-VERBINDUNGEN.

Sie befinden sich anschließend in der Transaktion SM59. Wählen Sie dort SAP R/3-VERBINDUNGEN, UND erstellen Sie eine RFC-Verbindung für eCATT.

> **[+] RFC-Verbindungen für jedes Zielsystem**
>
> Sie können für jedes System und jeden Mandanten eine Extraverbindung einrichten. Der Vorteil daran ist, dass Sie sich später zu jedem beliebigen Zeitpunkt mit Ihren Testfällen mit allen Systemen verbinden können.

Ihr Systemdatencontainer ist an dieser Stelle ausreichend konfiguriert und somit sofort einsetzbar.

> **[+]** Ihr Systemdatencontainer kann mit den zu diesem Zeitpunkt bestehenden Einstellungen sofort in allen eCATT-Objekten verwendet werden.
>
> Sie könnten also die folgenden Schritte überspringen und die Lektüre in Abschnitt 2.4, »Testskript«, fortsetzen.

Die folgenden Ausführungen sind vor allem für Nutzer des Releases SAP NetWeaver 7.0 von Interesse. Im Folgenden wird eine Erweiterung vorgestellt, die Ihnen das Arbeiten mit dem Systemdatencontai-

Erweiterung in SAP NetWeaver 7.0

ner vermutlich angenehmer machen wird. Bitte versuchen Sie nicht, die weiter unten genannten Menüpunkte in einem Enterprise-System zu finden, Sie werden leider noch keinen Erfolg haben.

Bis zu dieser Stelle war die Einrichtung eines Systemdatencontainers in den Systemen SAP Enterprise 4.6 und SAP NetWeaver 7.0 identisch. Bei den folgenden Erläuterungen wird jedoch nur ein Nutzer mit einem Release-Stand höher als 4.6 den beschriebenen Funktionen praktisch folgen können. Wenn Sie bisher SAP Enterprise-Nutzer waren, könnte Sie der folgende Text aber vielleicht auf SAP NetWeaver 7.0 neugierig machen ...

2.3.4 Verwendungsnachweis

Wie angekündigt, wird Ihnen nun eine Funktionalität vorgestellt, die in SAP NetWeaver 7.0 enthalten ist. Wenn Sie einen Systemdatencontainer modifizieren möchten, sollten Sie prüfen, welche eCATT-Objekte (z.B. Testfälle oder Testkonfigurationen) diesen Systemdatencontainer noch verwenden. Wenn Sie zum Beispiel ein Zielsystem entfernen und ein Testfall noch auf diese Verbindung verweist, kommt es zur Fehlermeldung, sobald der Testfall gestartet wurde.

Liste der verwendeten Objekte

Die Prüfung können Sie durchführen, indem Sie im Hauptmenü folgenden Pfad anwählen: HILFSMITTEL • LISTE VERWENDETER OBJEKTE • SYSTEMDATENCONTAINER. Oder klicken Sie auf den Button VERWENDUNGSNACHWEIS (siehe Abbildung 2.5).

Abbildung 2.5 Button »Verwendungsnachweis«

Sie erhalten das in Abbildung 2.6 gezeigte Einstiegsbild. Gehen Sie nun folgendermaßen vor:

1. Geben Sie im Einstiegsbild an, nach welchen eCATT-Objekten gesucht werden soll. Wenn Sie sich für eine Suche entschieden haben, klicken Sie den Button AUSFÜHREN (grüner Haken) an. Falls Sie vermuten, dass die Suche sehr umfangreich und zeitintensiv werden könnte, sollten Sie zusätzlich den Button IM HINTERGRUND SUCHEN wählen.

2.3 Systemdatencontainer

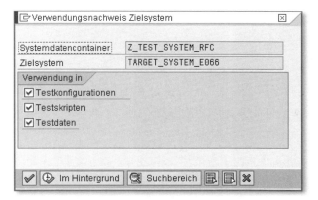

Abbildung 2.6 Suche nach Benutzern des Systemdatencontainers

2. Sobald die Suche nach eCATT-Objekten, die den angegebenen Systemdatencontainer benutzen, abgeschlossen ist, erhalten Sie eine Auflistung. In Abbildung 2.7 erkennen Sie, dass bereits ein eCATT-Testskript existiert, das den Systemdatencontainer verwendet.

Überprüfung von eCATT-Objekten

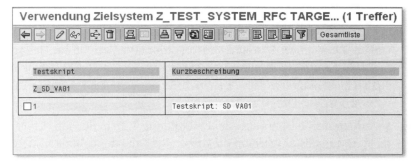

Abbildung 2.7 eCATT-Objektliste zur Verwendung des Systemdatencontainers

3. Sie können in dieser Übersichtsliste beispielsweise einen Testfall oder eine Testkonfiguration durch Anhaken auswählen und über den Button ANZEIGEN (BRILLE) Details ansehen (siehe Abbildung 2.7).

eCATT-Objekte anzeigen

4. Sofort wird in das ausgewählte Objekt gesprungen. In Abbildung 2.8 sehen Sie, dass dies das Testskript Z_SD_VA01 ist.

Objektattribute

2 | Grundlagen von eCATT

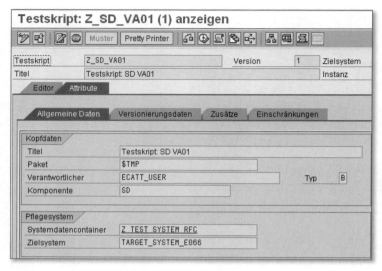

Abbildung 2.8 Sprung in das Testskript Z_SD_VA01

2.3.5 Nicht verwendete Objekte anzeigen

Sie können sich auch die nicht verwendeten Objekte anzeigen lassen.

Nicht verwendete Objekte
1. Gehen Sie in Ihren Systemdatencontainer. Wählen Sie im Hauptmenü folgenden Pfad, um die nicht verwendeten eCATT-Objekte anzuzeigen: HILFSMITTEL • VERWENDUNGSNACHWEIS • NICHT VERWENDETE ECATT-OBJEKTE ANZEIGEN.

2. Sie erhalten eine Übersicht (siehe Abbildung 2.9), in der alle eCATT-Objekte aufgelistet werden, die diesen Systemdatencontainer nicht verwenden. Die erste Zeile enthält eine Testkonfiguration. Sie sehen, dass in der Spalte TYP ein anderes Symbol angezeigt wird als in der zweiten Zeile, in der ein Testskript aufgelistet ist. Die vierte Spalte zeigt die Verantwortlichen für die angezeigten eCATT-Objekte.

Abbildung 2.9 Liste nicht verwendeter eCATT-Objekte im Systemdatencontainer

Im weiteren Verlauf dieses Buches wird der Systemcontainer Z_TEST_SYSTEM_RFC in allen Beispielen verwendet. Im nächsten Abschnitt wird Ihnen das eCATT-Testskript vorgestellt, und Sie werden Ihr erstes Testskript erstellen.

2.4 Testskript

Das Testskript enthält die Logik eines Testfalls. In ihm wird zum Beispiel eine SAP-Transaktion mittels Recorder aufgenommen und mit Import- und Exportparametern versehen. Beim Abspielen geht es dem Tester darum zu erkennen, ob eine Transaktion nach einem Patch- oder Release-Wechsel ein anderes Verhalten aufweist. Eine andere Möglichkeit des Testskript-Einsatzes ist der Stammdatenaufbau in Testsystemen.

Ein eCATT-Testfall ist nicht dazu gedacht, falsche Benutzereingaben abzuprüfen. Derartige Fehler werden ohnehin von der SAP-Transaktion selbst geprüft. Der Gedanke, mit dem Einsatz von eCATT ein selbstprogrammiertes Programm vor Fehleingaben zu schützen, ist somit falsch.

Kein Schutz vor Fehleingaben

> **Transaktion testen**
>
> Was Sie allerdings tun könnten, wäre, eine Transaktion aufzunehmen und ihr unterschiedliche Varianten mit Testparametern zu übergeben. Nach dem Abspielen erhielten Sie ein Testprotokoll, in dem beispielsweise stehen könnte:
>
> DAS DATUM LIEGT IN DER VERGANGENHEIT oder DAS MATERIAL HAT EINE LÖSCHVORMERKUNG.
>
> Sie würden daran sehen, dass die Transaktion falsche Benutzereingaben korrekt abfängt.

[+]

In den folgenden Unterabschnitten wird anhand der SAP-Transaktion MM01 (Material anlegen) aus dem SAP-Modul MM (Materialwirtschaft) das Anlegen eines einfachen Testskripts gezeigt.

Transaktion MM01, »Material anlegen«

Bei der Transaktion MM01 muss der Anwender beispielsweise einen Materialtext und eine Mengeneinheit eintragen. Soll das Material ebenfalls für das Modul SD (Sales and Distribution, Verkauf und Verteilung) verwendet werden, muss der SD-Betreuer dem Material zusätzlich eine Vertriebssicht mitgeben. Die Vertriebssicht enthält den Steuersatz, mit dem das Material verkauft werden soll.

2.4.1 Testskript anlegen

Bitte wählen Sie für Ihr eigenes Testskript eine einfache Transaktion aus, für die Sie ausreichende Berechtigungen im Entwicklungs- und im späteren Testsystem (E- und T-System) haben und in der Sie sich gut auskennen.

Transaktion SECATT (eCATT-Einstieg)

1. Als Erstes starten Sie jetzt bitte im Entwicklungssystem die Transaktion SECATT, um ein neues Testskript zu erstellen.
2. Tragen Sie bitte eine sprechende Bezeichnung (siehe Abbildung 2.10) für Ihr Testskript ein. Als Namenskonvention könnten Sie die folgende verwenden: Z_<MODUL>_<TRANSAKTION> (siehe Tabelle 2.2).

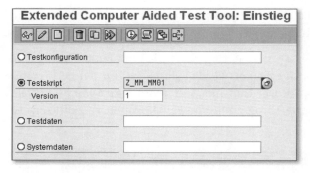

Abbildung 2.10 Einstiegsmaske zum Anlegen eines Testskripts

3. Um das Testskript anzulegen, markieren Sie den Radiobutton TESTSKRIPT und gehen im SAP-Menü über ECATT-OBJEKT • ANLEGEN. Oder klicken Sie direkt auf den Button ANLEGEN (weißes Blatt, siehe Abbildung 2.10).

Testskript-Attribute pflegen

4. Sie gelangen in die Registerkarte ATTRIBUTE des neuen Testskripts (siehe Abbildung 2.11). An dieser Stelle müssen Sie folgende Werte eintragen:
   - in das Feld TITEL eine Bezeichnung
   - in das Feld KOMPONENTE eine SAP-Anwendungskomponente für das Testskript
5. Ihr angemeldeter Benutzername wird automatisch in das Feld VERANTWORTLICHER übernommen. Für den Titel eignet es sich, die SAP-Komponente und die Transaktion zu nennen, da diese Bezeichnung im Testprotokoll später angezeigt wird.

6. Sie sehen im unteren Teil der untergeordneten Registerkarte ALL-GEMEINE DATEN die Feldgruppe PFLEGESYSTEM. Geben Sie dort bitte folgende Daten ein:

Feldgruppe »Pflegesystem«

- Tragen Sie in das Feld SYSTEMDATENCONTAINER Ihren in Abschnitt 2.3, »Systemdatencontainer«, angelegten Systemdatencontainer (z.B.: Z_TEST_SYSTEM_RFC) ein.
- Im Feld ZIELSYSTEM wählen Sie bitte ein Zielsystem aus Ihrem Systemdatencontainer aus (z.B.: TARGET_SYSTEM_E066).

Abbildung 2.11 Attribute des Testskripts

Wechseln Sie anschließend in die Registerkarte EDITOR. Abbildung 2.12 zeigt Ihnen den Testskript-Editor in SAP NetWeaver 7.0, in dem bereits ein Testskript erstellt wurde.

2.4.2 Aufbau des Testskript-Editors

Sobald Sie ein Testskript angelegt haben, können Sie den Testskript-Editor für dieses Testskript öffnen. Zum Testskript-Editor zählen folgende Elemente:

- **Informationsblock**
  Der Informationsblock enthält folgende Angaben:
    - die Testskript-Bezeichnung im Feld TESTSKRIPT
    - den Titel im Feld TITEL
    - die Version im Feld VERSION

2 | Grundlagen von eCATT

- das Zielsystem im Feld ZIELSYSTEM
- die Instanz des Zielsystems im Feld INSTANZ

▶ **Liste der Parameter und Kommandoschnittstellen**
Die Liste der Parameter und Kommandoschnittstellen enthält folgende Angaben:

- alle Import- und Exportparameter und Testskript-Variablen
- Kommandoschnittstellen

▶ **Befehl-Editor**
Der Befehl-Editor enthält folgende Angaben:

- alle eCATT-Befehle, z.B. MESSAGE…ENDMESSAGE, SAPGUI, TCD, IF…ENDIF
- Kommentare, für die Entwickler
- in ihm können Sie Breakpoints (Haltepunkte) setzen

▶ **Struktur-Editor**
Der Struktur-Editor enthält folgende Angaben:

- Kommandoschnittstelle
- alle Dynpro-Felder, die Sie parametrisieren können

In Abbildung 2.12 sehen Sie den übergebenen Importparameter P_I_UNAME.

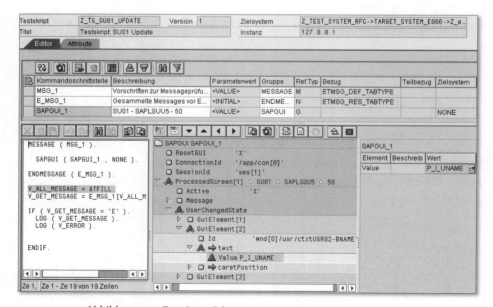

Abbildung 2.12 Testskript-Editor in SAP NetWeaver 7.0

2.4.3 Aufbau der Parameterliste/Kommandoschnittstellen

Der Testskript-Editor besitzt eine eigene Buttonleiste zum Pflegen von Parametern und Kommandoschnittstellen. Im Befehl-Editor erscheint nach der Aufzeichnung einer Transaktion der Befehl zum Aufruf derselben. Außerdem können Sie mit eCATT-Befehlen Ihr Testskript modifizieren, indem Sie zum Beispiel IF...ENDIF-Schleifen einbauen. Abbildung 2.13 zeigt Ihnen oberhalb des Befehl-Editors die leere Parameterliste.

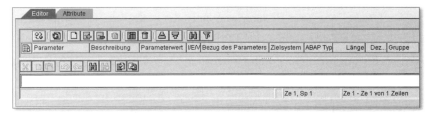

Abbildung 2.13 Parameterliste und Befehl-Editor in SAP NetWeaver 7.0

Im Folgenden werden die Testskript-Buttons und die Buttonleiste näher erläutert.

Testskript-Buttons

Im Folgenden lernen Sie die wichtigsten Funktionen der Testskript-Buttons kennen.

In Abbildung 2.14 sehen Sie den Button PARAMETER ANLEGEN ❶, mit dem Sie einen neuen Parameter anlegen können

Abbildung 2.14 Testskript-Buttons

Die ❷ zeigt Ihnen den Button PARAMETER LÖSCHEN, mit dem Sie nicht mehr benötigte Parameter löschen können.

Unter ❸ sehen Sie die Buttons, mit denen Sie Zeilen für weitere Parameter einfügen oder entfernen können. Sie müssen zum Einfügen lediglich die zukünftig darunterliegende Zeile markieren und

2 | Grundlagen von eCATT

dann den Button EINFÜGEN anklicken. Sofort wird über der markierten Zeile eine zusätzliche Zeile eingefügt. Um eine Zeile zu entfernen, markieren Sie die betreffende Zeile und klicken auf den Button ENTFERNEN.

Mit dem Button AKTUALISIEREN ❹ können Sie die gesamte Parameterliste aktualisieren. Die Buttons PARAMETER SORTIEREN ❺ ermöglichen es Ihnen, die Parameter nach unterschiedlichen Kriterien (z.B.: I/E/V) aufsteigend oder absteigend zu sortieren. Den sehr wichtigen Button PARAMETERLISTE<->KOMMANDOSCHNITTSTELLE, mit dem Sie die Darstellung von der Parameterliste zur Kommandoschnittstelle wechseln können, sehen Sie unter ❻.

Zwischen Parameterliste und Kommandoschnittstelle wechseln

Den Button für diese Funktion werden Sie während der Entwicklung von Testskripts mit Sicherheit am häufigsten verwenden. Beim Testen dieses Buttons werden Sie sehen, dass sich einiges in der Editordarstellung ändert. Sie können diesen Button beliebig oft verwenden, ohne dass sich irgendetwas an der Logik Ihres Testskripts verändert. Sie erhalten nur andere Zugriffsmöglichkeiten.

[+] Die Parameterdarstellung ermöglicht Ihnen den Zugriff auf die Parameter. Die Darstellung der Kommandoschnittstelle bietet Ihnen den Zugriff auf die Transaktionslogik bzw. auf die aufgenommene Transaktion und deren Dynpros.

Buttonleiste

Wenden Sie nun Ihren Blick dem Bereich unterhalb der Buttonleiste zu. Dort sehen Sie einen Tabellenkopf. Die Spaltentexte dieses Tabellenkopfes geben Ihnen einen Hinweis darauf, welche Werte Sie für Ihre neuen Parameter eintragen müssen.

Parameterliste Mit dem Button, den Sie in Abbildung 2.15 unter ❶ sehen, können Sie alle Parameter auf einmal markieren. Der Button zeigt eine grüne Liste, auf die ein kleiner Pfeil weist.

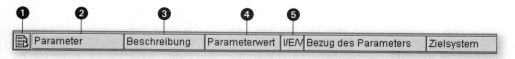

Abbildung 2.15 Buttonleiste

Unter ❷ sehen Sie die Spalte PARAMETER, in die Sie die Bezeichnung für Ihren Parameter eintragen müssen. Es empfiehlt sich, den Parametern sprechende Namen zu geben. Ein Importparameter könnte beispielsweise P_I_<FELDNAME> und ein Exportparameter P_E_<FELDNAME> lauten. In die Spalte BESCHREIBUNG ❸ können Sie einen Kurztext für Ihren Parameter eintragen. Dieser Text soll der Erläuterung dienen und eine Länge von etwa 20 Zeichen haben.

Pflege neuer Parameter

In der Spalte PARAMETERWERT ❹ tragen Sie bitte einen Standardwert ein, mit dem die Transaktion mindestens zur Aufnahmezeit fehlerfrei abgespielt werden konnte. Dieser Wert wird später an die Transaktion übergeben, wenn kein anderer Importwert übergeben wurde. Die ❺ zeigt die wichtigste Spalte für alle Parameter: In der Spalte I/E/V müssen Sie einen Wert eintragen, der den Parametertyp definiert. Sie haben die Möglichkeit, zwischen den Werten I für IMPORT, E für EXPORT und V für lokale Testskript-VARIABLE zu wählen.

Pflege der Parameterwerte

Der vorerst letzte Button, der für Sie für die Erstellung des Testskripts interessant ist, ist der in Abbildung 2.16 gezeigte Button MUSTER.

Einfügen neuer Muster

Abbildung 2.16 Button »Muster«

2.4.4 Transaktion aufzeichnen

In diesem Abschnitt werden Sie eine zu testende Transaktion aufzeichnen. Zuerst müssen Sie dafür die Funktion MUSTER EINFÜGEN aufrufen, anschließend die Transaktion mit dem eCATT-Befehl TCD aufzeichnen und zum Schluss die Aufzeichnung beenden.

Muster einfügen

Nachdem Sie, wie in Abschnitt 2.4.1 erläutert, ein Testskript angelegt haben, können Sie an dieser Stelle eine Transaktion aufzeichnen. Später haben Sie die Möglichkeit, anstelle einer Transaktion auch andere Objekte in ein Testskript einzubinden. Als Beispiele seien hier nur der Funktionsbaustein und ein referenziertes Testskript genannt.

Um nun die Transaktion MM01 für das Testskript aufzunehmen, klicken Sie bitte auf den Button MUSTER. An dieser Stelle soll kurz

Funktion »Muster«

gezeigt werden, dass es zwischen NetWeaver 7.0 und Enterprise 4.6 Unterschiede gibt. Diese können Sie in Abbildung 2.17 und Abbildung 2.18 sehen.

In SAP NetWeaver 7.0 können Sie eine Gruppe auswählen, in der ein bestimmtes Objekt aufgenommen werden soll. In Enterprise 4.6 existiert diese Unterscheidung in Gruppen noch nicht.

Die Gruppe IU enthält das Kommando TCD(Record), das Sie zur Aufnahme von Transaktionen mit Benutzereingaben benötigen. Die Gruppe FUN könnten Sie nutzen, wenn Sie nur Funktionsbausteine testen wollen.

Unterscheidung in Gruppen in SAP NetWeaver 7.0

Wählen Sie für die Aufzeichnung einer Transaktion folgende Werte:

- **Gruppe**
  Im Feld GRUPPE können Sie ALLE KOMMANDOS oder UI ANSTEUERUNG auswählen.

- **Kommando**
  Im Feld KOMMANDO wählen Sie das KOMMANDO TCD(Record).

- **Transaktion**
  Im Feld TRANSAKTION geben Sie den Transaktionscode Ihrer ausgewählten Transaktion ein und bestätigen die Eingabe durch Drücken von ⏎.

- **Schnittstelle**
  Das Feld SCHNITTSTELLE wird automatisch gefüllt. Als Schnittstellenname wird Ihnen der Transaktionscode mit einer angehängten fortlaufenden Nummer angeboten. Jedes Mal, wenn Sie die Transaktion neu aufzeichnen, wird diese Zahl um 1 hochgezählt. Sie können den Schnittstellennamen allerdings auch selbst vergeben, oder Sie löschen die zuvor aufgenommene Transaktion vollständig aus Ihrem Testfall. In diesem Fall können Sie die Nummerierung wieder mit 1 beginnen. Sie haben die Möglichkeit, die Bezeichnung der Kommandoschnittstelle im Editor zu ändern.

- **Zielsystem**
  Wählen Sie hier ein Zielsystem aus Ihrem Systemdatencontainer. Wenn Sie kein Zielsystem auswählen wollen, wird Ihnen das System das auf der Registerkarte ATTRIBUTE eingetragene Pflegesystem vorschlagen. Bestätigen Sie die Werte, indem Sie auf den grünen Haken klicken.

Abbildung 2.17 stellt die Eingabemaske MUSTER EINFÜGEN in SAP NetWeaver 7.0 dar, in der Sie die gerade erläuterten Felder finden.

Muster einfügen, um Transaktion aufzuzeichnen

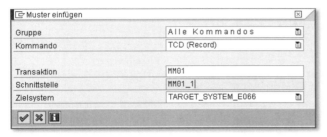

Abbildung 2.17 Eingabemaske »Muster einfügen« (SAP NetWeaver 7.0)

In Abbildung 2.18 sehen Sie die veraltete Eingabemaske eines neuen Musters. Falls Sie auf einem älteren SAP-Release eCATT-Testfälle entwickeln, werden Sie feststellen, dass die eCATT-Kommandos dort noch nicht in Gruppen unterteilt wurden.

Keine Unterteilung in Gruppen in Enterprise 4.6

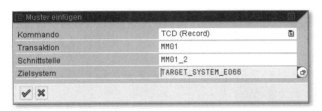

Abbildung 2.18 Eingabemaske »Muster einfügen« (SAP Enterprise 4.6)

Transaktion suchen

Falls Sie den Transaktionscode, den Sie aufzeichnen wollen, nicht kennen, könnten Sie die Transaktion über die Suchfunktion auswählen.

Klicken Sie dazu in das Feld TRANSAKTION, und starten Sie die hinterlegte Suche.

Transaktionssuche

Sie finden in der Suche alle Transaktionen, die auf Ihrem System eingerichtet bzw. im Customizing eingestellt wurden. Um die Transaktion MM01 auszuwählen, öffnen Sie den Baum LOGISTICS, wie in Abbildung 2.19 gezeigt, über den Menüpfad LOGISTIK • MATERIALWIRTSCHAFT • MATERIALSTAMM • MATERIAL • ANLEGEN ALLGEMEIN • SOFORT.

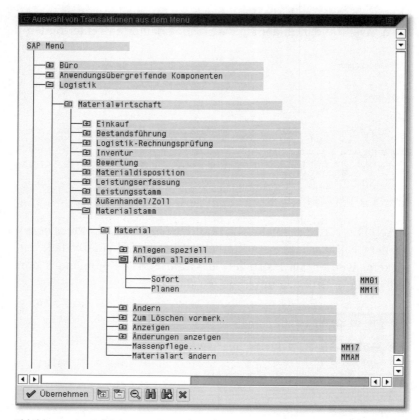

Abbildung 2.19 Selektion von Transaktionen

Anmeldung auf Zielsystem

Wenn sich Ihr ausgewähltes Zielsystem auf einem anderen Mandanten oder System befindet, werden Sie nun nach Ihren Anmeldedaten auf dem anvisierten System und Mandanten gefragt. Abbildung 2.20 zeigt Ihnen die Login-Eingabemaske. Die Anmeldung bewirkt, dass die Aufzeichnung der Transaktion MM01 auf dem Mandanten 066 durchgeführt wird.

[+] **Aufzeichnung auf dem Zielsystem**

Die aufgebaute Verbindung ist auf die Zeit der Aufzeichnung beschränkt und wird nach Beenden der Transaktionsaufzeichnung wieder geschlossen.

Abbildung 2.20 Login bei Remote-Verbindung

Nachdem Sie sich am jeweiligen System angemeldet haben, startet die Transaktion so, wie Sie es bisher gewohnt waren. Wenn Sie keine Berechtigung auf dem Testsystem für die ausgewählte Transaktion besitzen, wird die Aufnahme mit einem Fehler beendet.

Ohne Berechtigung keine Aufzeichnung

Transaktion MM01 – Material anlegen

Um ein Material mit der Transaktion MM01 anzulegen, müssen einige Voreinstellungen getroffen werden.

1. In Abbildung 2.21 sehen Sie, dass vor dem Anlegen angegeben werden muss, für welche Branche und mit welcher Materialart das Material angelegt werden soll.

Material anlegen

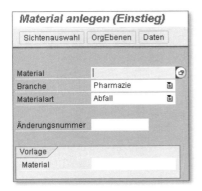

Abbildung 2.21 Einstiegsbild der Transaktion MM01 (Material anlegen)

2. Der nächste Schritt ist in Abbildung 2.22 dargestellt. Sie sehen, dass für die Transaktion MM01 angegeben werden muss, welche Sichten (später als Registerkarten angezeigt) für ein Material angelegt werden sollen. Die Auswahl geschieht über das Markieren der jeweiligen Sicht. Abbildung 2.22 zeigt, dass die Grunddaten 1, die

Sichten auswählen

GRUNDDATEN 2 und eine Sicht für den VERTRIEB als zukünftige Registerkarten angelegt werden sollen.

Abbildung 2.22 Auswahl der Sichten des Materials

Verkaufs-
organisation
wählen

3. Wenn Ihr Material zum Verkauf gedacht ist, muss zusätzlich die Organisationsebene eingetragen werden. In Abbildung 2.23 wurde im Feld VERKAUFSORG. (Verkaufsorganisation) die 99 eingetragen. Diese Nummer steht für eine Verkaufsorganisation.

Abbildung 2.23 Organisationsebenen des Materials

Material pflegen

Erst jetzt können Sie die eigentlichen Daten zum Material eintragen. In Abbildung 2.24 ist die Registerkarte GRUNDDATEN 1 geöffnet. Es wurden zwei Einträge eingefügt: der Materialtext und die Mengeneinheit.

Vertriebsdaten
pflegen

Auf der Registerkarte VERTRIEB: VERKORG 1 geht es vor allem darum, dem Material einen Steuersatz mitzugeben. Die Abkürzung VERKORG 1 steht für Verkaufsorganisation. An dieser Stelle wird bestimmt, ob das Material steuerfrei, mit halber Steuer oder mit voller Steuer verkauft werden soll. Gefüllt wird dabei der Wert im Feld STEUERKLASSIFIKATION. In Abbildung 2.25 sehen Sie die fünf verschiedenen Steuerkennzeichen, die Sie eintragen könnten. Abhängig davon, mit welchem Wert die Mehrwertsteuer dort eingetragen wurde, wird das Material zukünftig berechnet (SAP, Modul SD, Vertrieb) und in Rechnung gestellt.

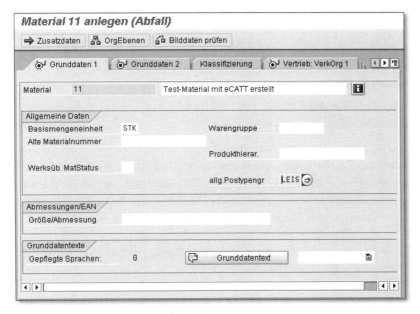

Abbildung 2.24 MM01 – Grunddaten 1

Dabei könnte jede Verkaufsorganisation einen eigenen Steuersatz für ein und dasselbe Material verwenden. Das Material 11 könnte also auch in anderen Verkaufsorganisationen verkauft werden.

Steuersätze vergeben

Abbildung 2.25 MM01 – Vertriebssicht

2 | Grundlagen von eCATT

Angaben speichern Mit dem Speichern Ihrer Eingaben wird das Material gesichert und die Transaktion beendet. Speichern können Sie, indem Sie während der Aufzeichnung der Anlage des Materials auf den Button SPEICHERN (Diskette) klicken. Dadurch wird auch die Aufzeichnung des Testfalls beendet. In der Statusleiste erhalten Sie die Meldung AUFZEICHNUNG LÄUFT (siehe Abbildung 2.26).

Abbildung 2.26 MM01 – Material speichern

Aufzeichnung beenden

Nachdem Sie die Transaktion vollständig aufgezeichnet haben, verlassen Sie diese wie gewohnt.

Daten übernehmen Jetzt erhalten Sie ein Popup-Fenster, in dem Ihnen die Frage gestellt wird, ob Sie die Daten übernehmen wollen (siehe Abbildung 2.27). Bestätigen Sie, indem Sie den JA-Button anklicken, wenn Ihre Transaktion fehlerfrei abgelaufen ist. Wählen Sie den NEIN-Button, wenn zur Aufnahmezeit Fehler aufgetreten sind.

[+] Alle Fehler werden anschließend auch im Testfall enthalten sein und das Testskript unnötig aufblähen.

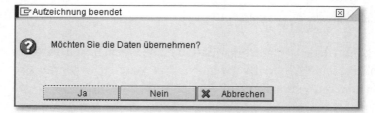

Abbildung 2.27 Daten übernehmen

Sie gelangen wieder in den Testskript-Editor (siehe Abbildung 2.28).

Befehl-Editor Sie sehen jetzt eine neue Zeile im Befehl-Editor: TCD (MM01 , MM01_1).

Der Befehl in dieser Zeile bedeutet, dass die Kommandoschnittstelle MM01_1 die Transaktion MM01 enthält. Über diese Kommandoschnittstelle können Sie alle zur Aufnahmezeit durchlaufenen Dynpros bzw. Eingabemasken im Testskript modifizieren. Doch dazu später mehr. Mit diesem Befehl wird nicht explizit angegeben, auf welchem System dieser Testfall abgearbeitet werden soll.

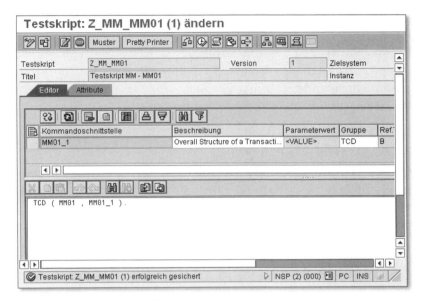

Abbildung 2.28 Testskript-Editor

Anders würde es sich verhalten, wenn der Eintrag so lauten würde: TCD (MM01 , MM01_1 , TARGET_SYSTEM_E066).

Dieser Befehl würde bedeuten, dass die Schnittstelle MM01_1 auf dem Zielsystem E im Mandanten 066 abgespielt werden soll, da als Zielsystem TARGET_SYSTEM_E066 angegeben ist. Während der Entwicklungszeit eines Testfalls ist diese explizite Angabe des Zielsystems manchmal sinnvoll, jedoch sollte sie anschließend entfernt werden.

> **Zielsystem besser nicht fest eintragen**　　　　　　　　　　　　　　　[+]
>
> Wenn Sie mehrere Testfälle auf einem bestimmten Zielsystem testen wollen, müssen Sie in den Startoptionen nur einmal das Zielsystem angeben.
>
> Testskripts, in denen Zielsysteme fest eingetragen wurden, werden sich immer mit diesen verbinden und gegebenenfalls anders lautende Einträge in den Startoptionen ignorieren. Deshalb ist es besser, keine explizite Angabe von Zielsystemen in den Testskripts zu machen.

Festes Zielsystem eintragen

Testbaustein Sie haben die Möglichkeit, zwei Zielsysteme zur Laufzeit anzusteuern. Ein Grund dafür wäre zum Beispiel, wenn Sie Daten von einem Zielsystem auslesen und diese auf ein zweites Zielsystem migrieren wollen.

Für das Verwenden von unterschiedlichen Zielsystemen sollten Sie einen Testbaustein erstellen und die in ihm referenzierten Testskripts jeweils einem anderen Zielsystem zuweisen. Der Aufbau eines Testbausteins wird in Kapitel 4, »Entwicklung mit eCATT«, erläutert.

2.4.5 Testskript ausführen

Um ein Testskript ausführen zu können, müssen Sie die Startoptionen definieren. Anschließend haben Sie unterschiedliche Möglichkeiten zur Ausführung dieses Testskripts. Im Anschluss an das Ausführen erhalten Sie ein Testprotokoll.

Diese drei Schritte werden im Folgenden näher erläutert.

Startoptionen definieren

Nun sollten Sie Ihr Testskript zum ersten Mal testen, indem Sie es ausführen. Gehen Sie hierzu folgendermaßen vor:

Testskript ausführen
1. Der Button AUSFÜHREN befindet sich in der Buttonleiste des Testskripts und zeigt eine Uhr mit grünem Haken (siehe Abbildung 2.29). Klicken Sie diesen Button an.

2. Sie erhalten die STARTOPTIONEN in einem neuen Fenster (siehe Abbildung 2.29). Zu Beginn ist die Registerkarte ALLGEMEIN geöffnet. Machen Sie hier folgende Angaben:

   ▸ Im Feld FEHLERVERHALTEN sollten Sie angeben, dass es im Fehlerfall keinen Abbruch geben soll, sondern mit dem nächsten Befehl weitergegangen werden soll. Diese Option hat den Schlüssel S.

   ▸ Im Feld SYSTEMDATEN tragen Sie bitte Ihren Systemdatencontainer (z. B. »Z_TEST_SYSTEM_RFC«) ein, anschließend wählen Sie ein ZIELSYSTEM (z. B. »TARGET_SYSTEM_E066«) aus diesem Systemdatencontainer aus. Setzen Sie einen Haken bei PROTOKOLLANZEIGE.

Abbildung 2.29 Startoptionen festlegen – Registerkarte »Allgemein«

3. Wechseln Sie danach in die Registerkarte UI ANSTEUERUNG. Als STARTMODUS FÜR KOMMANDO TCD wählen Sie HELL ABSPIELEN, SYNCHRON LOKAL. Später werden Sie vorwiegend die Option N DUNKEL ABSPIELEN, SYNCHRON LOKAL wählen (siehe Abbildung 2.30), weil diese Option sehr schnell zum Ergebnis führt.

Dunkel abspielen

Meldungen

Abbildung 2.30 Startoptionen – Registerkarte »UI Ansteuerung«

Abspielen im Vordergrund [+]

Ein Abspielen im Vordergrund (hell abspielen) ist oft nur sinnvoll, wenn Sie gezielt nach Fehlern im Testskript suchen wollen, ansonsten empfiehlt sich das Abspielen im Hintergrund (dunkel abspielen).

Bestätigen Sie Ihre Angaben, indem Sie auf den grünen Haken klicken.

2 | Grundlagen von eCATT

Testskript ausführen

Hell abspielen
Nach der Anmeldung am Testsystem gelangen Sie in die Transaktion MM01 (Material anlegen). Sie sehen beim Abspielen im Vordergrund einige Dynpro-Felder dieser Transaktion bereits vorausgefüllt. Sie könnten diese Vorschläge ändern oder einfach mit [↵] bestätigen.

Bereits gefüllte Dynpro-Felder
Woher kommen diese Einträge? Während der Testskript-Aufnahme mussten Sie verschiedene Eingabemasken durchwandern und einige Felder mit Werten versorgen. Beim Abspielen im Vordergrund durchschreiten Sie exakt die gleichen Eingabemasken, jedoch sind nun Ihre Eingaben bereits vorgegeben. Die Daten, die Sie zur Aufnahmezeit in die Dynpro-Felder eingetragen haben, sind jetzt rot gefärbt. Was Ihnen zudem auffallen dürfte, ist ein zusätzliches Popup-Fenster, in dem ein OK-CODE enthalten ist. Beim Abspielen im Hintergrund werden einige Dynpros übersprungen, in denen Sie keine Daten eingegeben hatten. In Abbildung 2.31 sehen Sie, dass Sie zur Aufnahmezeit an dieser Stelle eine Auswahl getroffen haben.

[+]
Die Information in der Informationsleiste stammt noch von der Aufnahme. Es wird nicht das Material 11, sondern das Material 13 angelegt.

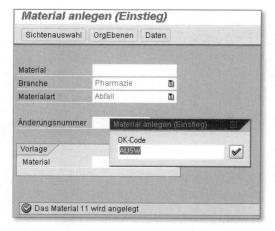

Abbildung 2.31 Abspielen im Vordergrund

Generierte Nummern werden neu gesetzt
Anschließend gelangen Sie in die Eingabemaske, in der die Daten zum Material angegeben werden müssen. Sie sehen in Abbildung 2.32, dass die Materialnummer im Feld MATERIAL neu gesetzt wurde,

alle weiteren Eingaben auf allen Registerkarten sind identisch mit den zur Aufzeichnungszeit gemachten Angaben.

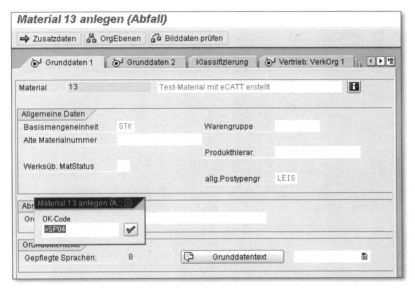

Abbildung 2.32 Im Vordergrund abspielen – Material anlegen

Bei jedem ⏎ wird eine weitere Eingabe bestätigt. Sobald Sie die letzte Eingabe mit ⏎ bestätigen, wird das neue Material gespeichert, und der Testfall ist abgeschlossen.

Testprotokoll: Hell abspielen

Nachdem Sie das Testskript im Vordergrund abgespielt haben, erhalten Sie Ihr erstes Testprotokoll. Was können Sie aus dem Testprotokoll in Abbildung 2.33 erkennen?

- In Zeile 3 sehen Sie den Namen des Testskripts und den Titel, den Sie unter ALLGEMEINE DATEN eingetragen haben.
- In Zeile 4 sehen Sie das System, auf dem der Testfall ausgeführt wurde.
- Zeile 8 zeigt die Systemmeldung DAS MATERIAL 13 WIRD ANGELEGT an.
- Die Zeilen 19 und 22 zeigen Ihnen, dass Ihre Werte an die Dynpro-Felder übergeben wurden.

Aufbau des Testprotokolls

2 | Grundlagen von eCATT

▶ In den Zeilen 34 und 35 sehen Sie die letzten Meldungen. Für Sie wäre die Zeile 35 wichtig, wenn Sie die neue Materialnummer auslesen wollten.

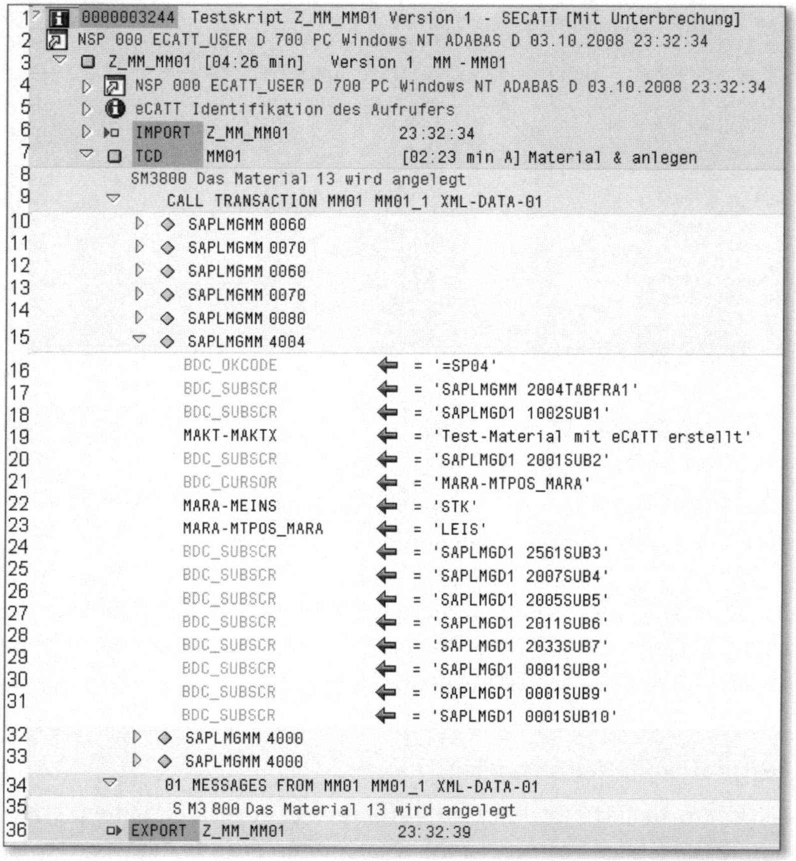

```
1   0000003244  Testskript Z_MM_MM01 Version 1 - SECATT [Mit Unterbrechung]
2   NSP 000 ECATT_USER D 700 PC Windows NT ADABAS D 03.10.2008 23:32:34
3   Z_MM_MM01 [04:26 min]   Version 1   MM - MM01
4       NSP 000 ECATT_USER D 700 PC Windows NT ADABAS D 03.10.2008 23:32:34
5       eCATT Identifikation des Aufrufers
6       IMPORT   Z_MM_MM01              23:32:34
7       TCD      MM01                   [02:23 min A] Material & anlegen
8         SM3800 Das Material 13 wird angelegt
9         CALL TRANSACTION MM01 MM01_1 XML-DATA-01
10          SAPLMGMM 0060
11          SAPLMGMM 0070
12          SAPLMGMM 0060
13          SAPLMGMM 0070
14          SAPLMGMM 0080
15          SAPLMGMM 4004
16            BDC_OKCODE     ← = '=SP04'
17            BDC_SUBSCR     ← = 'SAPLMGMM 2004TABFRA1'
18            BDC_SUBSCR     ← = 'SAPLMGD1 1002SUB1'
19            MAKT-MAKTX     ← = 'Test-Material mit eCATT erstellt'
20            BDC_SUBSCR     ← = 'SAPLMGD1 2001SUB2'
21            BDC_CURSOR     ← = 'MARA-MTPOS_MARA'
22            MARA-MEINS     ← = 'STK'
23            MARA-MTPOS_MARA ← = 'LEIS'
24            BDC_SUBSCR     ← = 'SAPLMGD1 2561SUB3'
25            BDC_SUBSCR     ← = 'SAPLMGD1 2007SUB4'
26            BDC_SUBSCR     ← = 'SAPLMGD1 2005SUB5'
27            BDC_SUBSCR     ← = 'SAPLMGD1 2011SUB6'
28            BDC_SUBSCR     ← = 'SAPLMGD1 2033SUB7'
29            BDC_SUBSCR     ← = 'SAPLMGD1 0001SUB8'
30            BDC_SUBSCR     ← = 'SAPLMGD1 0001SUB9'
31            BDC_SUBSCR     ← = 'SAPLMGD1 0001SUB10'
32          SAPLMGMM 4000
33          SAPLMGMM 4000
34        01 MESSAGES FROM MM01 MM01_1 XML-DATA-01
35        S M3 800 Das Material 13 wird angelegt
36      EXPORT  Z_MM_MM01              23:32:39
```

Abbildung 2.33 Testfallprotokoll nach hellem Abspielen

Testprotokoll dunkel abspielen

Starten Sie das Testskript gleich noch einmal, wählen Sie jetzt allerdings aus, dass es im Hintergrund abgearbeitet werden soll. Alle anderen Angaben können Sie beibehalten.

Was hat sich im Testprotokoll nach dem Abspielen im Hintergrund geändert? In Abbildung 2.34 sehen Sie, dass lediglich in der ersten Zeile die Art des Abspielens geändert wurde. Sie können erkennen, dass ein Abspielen im Hintergrund mit SECATT [OHNE UNTERBRECHUNG] gekennzeichnet wird. Daran sehen Sie später, ob ein Testskript im Vordergrund (MIT UNTERBRECHUNG) oder im Hintergrund (OHNE UNTERBRECHUNG) abgespielt wurde.

```
1  ▽  0000003212 Test Scrpt Z_MM_MM01 Version 1 - SECATT [Ohne Unterbrechung]
2  ▷  NSP 000 ECATT_USER D 700 PC Windows NT ADABAS D 03.10.2008 23:39:55
3     ▽  Z_MM_MM01 [1,887 sec]  Version   MM - MM01
4        ▷  NSP 000 ECATT_USER D 700 PC Windows NT ADABAS D 03.10.2008 23:39:55
5        ▷  eCATT Identifikation des Aufrufers
6           IMPORT Z_MM_MM01          10:50:55
7        ▽  TCD  MM01                 [0,620 sec N] Material & anlegen
8              SM3800 Das Material 15 wird angelegt
9           ▽  CALL TRANSACTION MM01 MM01_1 XML-DATA-01
10             ▷  SAPLMGMM 0060
11             ▷  SAPLMGMM 0070
12             ▷  SAPLMGMM 0060
13             ▷  SAPLMGMM 0070
14             ▷  SAPLMGMM 0080
15             ▽  SAPLMGMM 4004
16                   BDC_OKCODE         ⇐ = '/00'
17                   BDC_SUBSCR         ⇐ = 'SAPLMGMM 2004TABFRA1'
18                   BDC_SUBSCR         ⇐ = 'SAPLMGD1 1002SUB1'
19                   MAKT-MAKTX         ⇐ = 'Test-Material create eCATT'
20                   BDC_SUBSCR         ⇐ = 'SAPLMGD1 2001SUB2'
21                   BDC_CURSOR         ⇐ = 'MARA-MEINS'
22                   MARA-MEINS         ⇐ = 'PU'
23                   MARA-MTPOS_MARA    ⇐ = 'LEIS'
24                   BDC_SUBSCR         ⇐ = 'SAPLMGD1 2561SUB3'
25                   BDC_SUBSCR         ⇐ = 'SAPLMGD1 2007SUB4'
26                   BDC_SUBSCR         ⇐ = 'SAPLMGD1 2005SUB5'
27                   BDC_SUBSCR         ⇐ = 'SAPLMGD1 2011SUB6'
28                   BDC_SUBSCR         ⇐ = 'SAPLMGD1 2033SUB7'
29                   BDC_SUBSCR         ⇐ = 'SAPLMGD1 0001SUB8'
30                   BDC_SUBSCR         ⇐ = 'SAPLMGD1 0001SUB9'
31                   BDC_SUBSCR         ⇐ = 'SAPLMGD1 0001SUB10'
32             ▷  SAPLMGMM 4004
33             ▷  SAPLMGMM 4004
34             ▷  SAPLMGMM 4000
35          ▽  03 MESSAGES FROM MM01 MM01_1 XML-DATA-01
36                S M3 800 Das Material 15 wird angelegt
37          ⇨  EXPORT Z_MM_MM01          10:50:57
```

Abbildung 2.34 Testfallprotokoll – Abspielen im Hintergrund

2.4.6 Testskript parametrisieren

Nachdem Sie Ihr Testskript getestet haben, können Sie einen ersten Importparameter einfügen, um Ihr Testskript zu parametrisieren. Bitte merken Sie sich den Namen dieses Importparameters, weil Sie ihn anschließend in die Kommandoschnittstelle einbinden sollen.

1. Um einen neuen Parameter anzulegen, öffnen Sie die Registerkarte EDITOR und wählen den Button PARAMETER ANHÄNGEN (weißes Blatt, siehe Abbildung 2.35).

Neuen Parameter anlegen

2 | Grundlagen von eCATT

2. Sie erhalten daraufhin eine neue Zeile, die für die Attribute Ihres Parameters bereitsteht. Machen Sie nun folgende Angaben:

▸ Tragen Sie in die Spalte PARAMETER einen Parameternamen für Ihren Importparameter ein. In Abbildung 2.35 sehen Sie den Importparameter P_I_MAKTX. Dieser Importparameter soll zukünftig den Materialtext dynamisch übergeben.

▸ In der Spalte BESCHREIBUNG können Sie einen Text eintragen, anhand dessen Sie Ihren Parameter näher spezifizieren können.

Importparameter definieren

▸ Wählen Sie in der Spalte I/E/V den Wert I für Importparameter aus.

3. Speichern Sie Ihre Änderung.

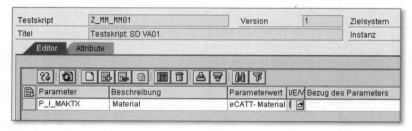

Abbildung 2.35 Einfügen eines Importparameters

Zur Kommandoschnittstelle umschalten

In der Kommandoschnittstelle befinden sich alle aufgezeichneten Dynpros. Diese enthalten Felder, die Sie parametrisieren können.

1. Um einen neuen Importparameter in Ihr Testskript einzubinden, klicken Sie bitte auf den Button PARAMETER<->KOMMANDOSCHNITTSTELLE in der Buttonleiste des Editors (siehe Abbildung 2.36). Sie können allerdings auch über den Menüpfad BEARBEITEN • PARAMETER/KOMMANDOSCHNITTSTELLEN • UMSCHALTEN gehen.

Abbildung 2.36 Button »Parameter<->Kommandoschnittstelle«

2. Die Anzeige Ihrer Parameter wird aus dem Editor entfernt. Dafür erhalten Sie die Anzeige der Kommandoschnittstelle. Es können an dieser Stelle mehrere Kommandoschnittstellen angezeigt werden und auch Referenzen auf Kommandoschnittstellen anderer Testskripts. In Abbildung 2.37 sehen Sie nur die eine Kommandoschnittstelle MM01_1.

Abbildung 2.37 Wechsel zur Kommandoschnittstelle

3. Führen Sie auf der Kommandoschnittstelle MM01_1 einen Doppelklick aus. Im gleichen Augenblick bauen sich im unteren Teil des Editors zwei neue Frames auf, die Sie in Abbildung 2.38 sehen. Das ist der Struktur-Editor. Im linken Bereich wird Ihnen die Kommandoschnittstelle MM01_1 angezeigt. Im rechten Bereich des Struktur-Editors sehen Sie den verwendeten Transaktionscode MM01 oder, wenn Sie andere Dynpro-Felder ausgewählt haben, deren Dynpro-Feldwerte.

Struktur-Editor öffnen

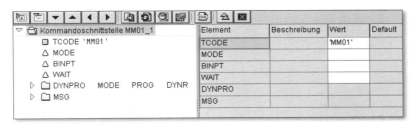

Abbildung 2.38 Kommandoschnittstelle MM01_1

Aufbau des Struktur-Editors

Die nächsten Abbildungen geben Ihnen einen Überblick darüber, welche Funktionen die Buttonleiste des Struktur-Editors besitzt.

Abbildung 2.39 zeigt Ihnen die Buttons zum EXPANDIEREN und MINIMIEREN der Dynpro-Elemente ❶. Markieren Sie zuvor ein Element der Baumstruktur, und klicken Sie anschließend auf einen dieser beiden Buttons, um Teilbäume zu expandieren oder zu minimieren.

Button des Struktur-Editors

Abbildung 2.39 Buttonleiste des Struktureditors

Unter ❷ sind vier Buttons zu sehen. Mit den ersten beiden Buttons können Sie von Dynpro zu Dynpro der Baumanzeige springen. Das sind größere Schritte als die, die Sie mit den beiden hinteren Buttons machen. Diese Buttons, VORHERGEHENDES ELEMENT und NÄCHSTES ELEMENT, bewirken, dass Sie jedes einzelne Dynpro-Element anspringen. Mit diesen beiden Buttons gehen Sie folglich in Einzelschritten durch die Kommandoschnittstelle.

| Dynpro simulieren und anzeigen | Die ❸ zeigt Ihnen den Button SIMULIEREN, mit dem Sie in die aufgezeichneten Dynpro-Masken gelangen. Über diesen Button haben Sie die Möglichkeit, Importparameter direkt in die Dynpro-Felder einzutragen. Mit dem Button DYNPRO ANZEIGEN ❹ gelangen Sie direkt in den programmierten Teil des Dynpros. Sie sehen dort das Layout des Dynpros und alle Methoden.

Wenn Sie den Button XML ANZEIGEN ❺ anklicken, erhalten Sie die XML-Struktur Ihrer Kommandoschnittstelle.

Kommandoschnittstelle aktualisieren und schließen

Schauen Sie sich nun den Button AKTUALISIEREN ❻ an. Dieser Button ist sehr wichtig und notwendig, wenn Sie beispielsweise in einem referenzierten Testskript nachträglich Import- oder Exportparameter geändert haben. Nach dem Aktualisieren wird auch die referenzierte Kommandoschnittstelle neu in Ihr Testskript geladen. Schließlich sehen Sie den Button KOMMANDOSCHNITTSTELLE SCHLIESSEN ❼, mit dem Sie die Darstellung der Kommandoschnittstelle bzw. den Struktur-Editor schließen können.

Importparameter einbinden

Nachdem Sie einen Importparameter angelegt haben, können Sie diesen in die Kommandoschnittstelle einbinden. Um in die aufgezeichnete Transaktion zu gelangen, müssen Sie den Ordner DYNPRO öffnen bzw. expandieren.

Expandieren Sie also den Ordner DYNPRO durch Anklicken des Dreiecks. Sie erhalten eine Ordnerstruktur, in der die angesprungenen Dynpros symbolisiert werden. Gekennzeichnet werden die Dynpros mit fortlaufender Nummerierung [1] bis [n]. Öffnen Sie nun den Dynpro-Ordner [1] (siehe Abbildung 2.40). Sie erhalten die Feldliste für dieses Dynpro, die alle Eingaben enthält, die Sie zur Aufnahmezeit getätigt haben. Dazu zählt beispielsweise auch der über die Tastatur ausgeführte Befehl ⏎.

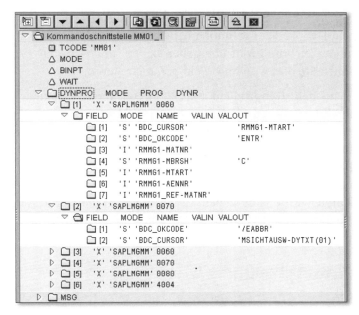

Abbildung 2.40 Dynpro-Felder in der Kommandoschnittstelle

Dynpro-Feld in Kommandoschnittstelle finden

In Abbildung 2.41 sehen Sie ein Dynpro-Feld mit der Nummer [34]. Es heißt 'MAKT-MAKTX', und sein Wert entspricht der Eingabe, die Sie zur Aufnahmezeit gemacht haben. Das ´S´ zeigt Ihnen, dass Sie an dieser Stelle noch Änderungen an Ihren Eingaben durchführen können. Das ´I´ bedeutet, dass die Transaktion die Felder selbständig versorgt. ´O´ sind Systemfelder, die Sie unberührt lassen sollten.

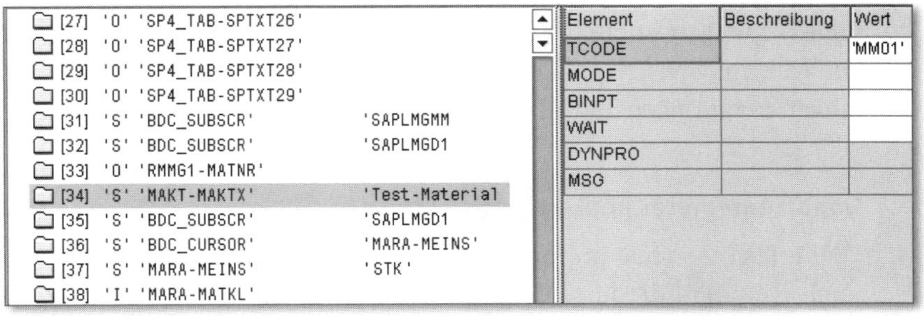

Dynpro-Feld »'S' MAKT-MAKTX«

Abbildung 2.41 Dynpro-Feld »'S' 'MAKT-MAKTX'«

2 | Grundlagen von eCATT

Dynpro-Feld in Kommandoschnittstelle parametrisieren

Wenn Sie ein Dynpro-Feld gefunden haben, das einen Wert enthält, den Sie zur Aufzeichnungszeit übergeben haben, und das vom Typ ´S´ ist, können Sie dieses Dynpro-Feld parametrisieren.

Kommando-schnittstelle parametrisieren

Führen Sie auf dem Dynpro-Feld 'MAKT-MAKTX' einen Doppelklick aus. In Abbildung 2.42 wurde dieses Dynpro-Feld markiert, es trägt die Elementnummer [34]. Nach dem Doppelklick öffnet sich rechts im Struktur-Editor eine detaillierte Ansicht des Dynpro-Feldes. Im Feld VALIN steht der von Ihnen übergebene Text. Er könnte jetzt von Ihnen geändert werden, was aber in Zukunft sehr viel Pflegeaufwand bedeuten würde. Übergeben Sie an dieser Stelle stattdessen den Importparameter mit Werten, die Sie von außen dynamisch versorgen können.

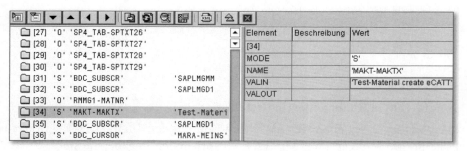

Abbildung 2.42 Werte eines Dynpro-Feldes anzeigen

Tragen Sie den von Ihnen angelegten Importparameter »P_I_MAKTX« in das Feld VALIN ein.

Wenn Sie den Namen Ihres Importparameters nicht parat oder sehr viele Importparameter angelegt haben. Können Sie Importparameter auch in die Zwischenablage kopieren. Wie das umgesetzt wird, erfahren Sie im nächsten Absatz.

Importparameter kopieren und einfügen

Wenn Sie sehr viele Importparameter angelegt haben, ist es hilfreich, noch einmal in die Liste der Parameter zu wechseln. Um einen Parameter aus Ihrer Parameterliste auszuwählen, müssen Sie den Button PARAMETER<->KOMMANDOSCHNITTSTELLE anklicken. Anschließend markieren Sie den ausgewählten Parameter.

1. Zum Kopieren des Parameternamens in die Zwischenablage verwenden Sie die Tastenkombinationen [Strg] + [C].

2. Wechseln Sie anschließend wieder in Ihre Kommandoschnittstelle. Öffnen Sie das Dynpro-Feld 'MAKT-MAKTX' mit einem Doppelklick.

3. Fügen Sie den Importparameternamen mit [Strg] + [V] in die Spalte VALIN im Struktur-Editor anstelle des bisherigen Textes ein.

Kopieren und Einfügen von Importparametern

Diese Änderung müssen Sie speichern. Sofort nach dem Speichern ändert sich in der Dynpro-Anzeige der Kommandoschnittstelle der Wert des Dynpro-Feldes 'MAKT-MAKTX'. Sie können sehen, dass der Text durch Ihren Importparameter ersetzt wurde (siehe Abbildung 2.43).

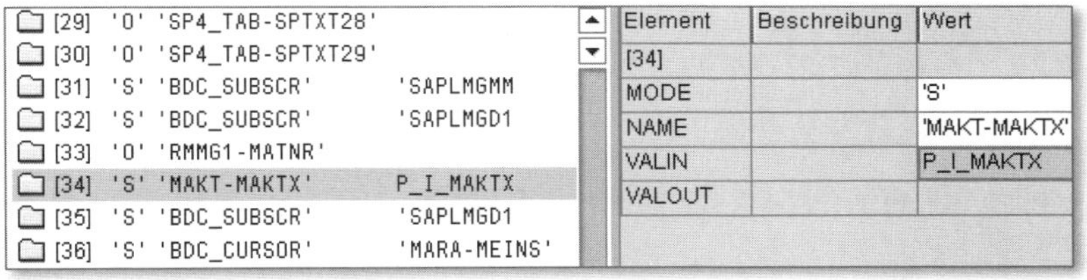

Abbildung 2.43 Übergabe des Importparameters an das Dynpro-Feld

2.4.7 Testskript testen

Nachdem Sie in die Kommandoschnittstelle des Testskripts einen Importparameter eingebunden haben, können Sie das Testskript testen.

Starten Sie Ihr Testskript noch einmal im Hintergrund. Sie erhalten ein weiteres Testfallprotokoll, in dem Sie sehen, dass bei IMPORT ein kleines Dreieck angezeigt wird. Dieses bedeutet, dass es bei diesem Lauf Importparameter gab. Öffnen Sie die Liste der Importparameter. Der Importparameter P_I_MAKTX wird mit vollständigem Wert angezeigt (siehe Abbildung 2.44). Weiter unten im Bild sehen Sie das Dynpro 'SAPLMGMM' 4004. Sie können an dieser Stelle erkennen, dass der Importparameter an das Dynpro-Feld 'MAKT-MAKTX' übergeben wurde.

2 | Grundlagen von eCATT

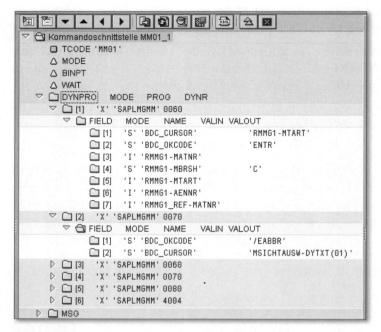

Abbildung 2.44 Testprotokoll mit Importparameter

2.4.8 Dynpro simulieren

Eine andere Möglichkeit, um Parameter an die Transaktion zu übergeben, wäre, das Dynpro zu simulieren. Dazu markieren Sie ein ausgewähltes Dynpro und wählen den Button DYNPRO SIMULIEREN (siehe Abbildung 2.45). Sie finden ihn in der Buttonleiste des Struktur-Editors, er wird durch eine Lupe symbolisiert.

Abbildung 2.45 Button »Dynpro simulieren«

Simulation starten

Nach dem Anklicken des Buttons DYNPRO SIMULIEREN gelangen Sie in die aufgezeichneten Dynpros (siehe Abbildung 2.46).

Simulierte Dynpro-Felder ohne Beschriftung Beim Simulieren eines Dynpros erhalten Sie eine Ansicht, in der leider häufig nicht alle Felder beschriftet sind, wie beispielsweise die Registerkarten (siehe Abbildung 2.47). Oft erhalten Sie auch Felder, die in Ihrem System durch Voreinstellungen ausgeblendet wurden. Konzentrieren Sie sich auf die Felder, die Sie mit Importparametern belegen wollen.

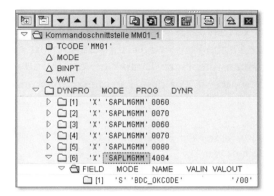

Abbildung 2.46 Dynpro simulieren

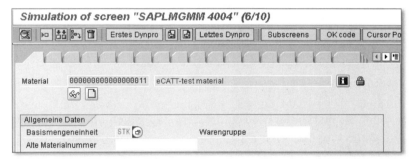

Abbildung 2.47 Simuliertes Dynpro 4004

Nächstes Dynpro anspringen

Um zum nächsten Dynpro zu gelangen, gehen Sie bitte über den Button NÄCHSTES DYNPRO, der durch ein weißes Dokument mit einem nach rechts weisenden gelben Pfeil gekennzeichnet ist (siehe Abbildung 2.48). Auf die gleiche Art und Weise können Sie auch zurückgehen und ein bereits besuchtes Dynpro anspringen.

Abbildung 2.48 Button »Nächstes Dynpro anspringen«

Importparameter zuweisen

Wenn Sie einem Dynpro-Feld einen Importparameter zuweisen möchten, können Sie das an dieser Stelle über verschiedene Wege durchführen:

- Klicken Sie doppelt auf das Dynpro-Feld, und füllen Sie das in Abbildung 2.49 gezeigte Popup-Fenster aus. Ihre Aufgabe ist es nun, einen Parameternamen und einen Parameterwert einzutragen. In Abbildung 2.49 sehen Sie vor dem Parameternamen ein kaufmännisches »&«.

[+] Dieses »&« wird automatisch vor den Parameternamen gesetzt und erscheint nicht in der Parameteranzeige.

Abbildung 2.49 Importparameter einfügen

- Oder Sie markieren das Dynpro-Feld und gehen über den Button DETAILS (Lupe).
- Als dritte Möglichkeit können Sie das Dynpro-Feld markieren und über den Button FELD PRÜFEN (zwei Pfeile, die auf zwei Kästchen zeigen) gehen – siehe Abbildung 2.50.

Abbildung 2.50 Button »Feld prüfen«

- Oder Sie markieren ein Dynpro-Feld und gehen über den Pfad BEARBEITEN • FELD VERSORGEN • IMPORTPARAMETER EINFÜGEN.

Parameterliste enthält neue Parameter

Im Anschluss an Ihre Eingaben müssen Sie die Änderungen speichern. Wenn Sie sich dann Ihre Parameterliste ansehen, stellen Sie fest, dass einige neue Parameter hinzugekommen sind. Die Bezeichnungen sind momentan allgemein gehalten, aber Sie sollten sie ändern, um Ihre Parameter später identifizieren zu können (siehe Abbildung 2.51).

Parameter	Description	Default Parameter Value	I/E/V
P_I_UNIT	Text, 40 Characters Long	PU	I
P_I_TAXKM	Text, 40 Characters Long	1	I
P_I_FIRM	Text, 40 Characters Long	0100	I
P_I_MAKTX	Material Description	eCATT-test material	I

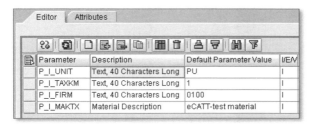

Abbildung 2.51 Parameterliste mit neuen Parametern

Neue Parameter testen

Nach Ablauf des geänderten Testskripts erhalten Sie wieder ein Testprotokoll. Öffnen Sie den Baum der Importparameter. Sie sehen, dass Ihre neuen Importparameter in den Testfall übernommen wurden (siehe Abbildung 2.52).

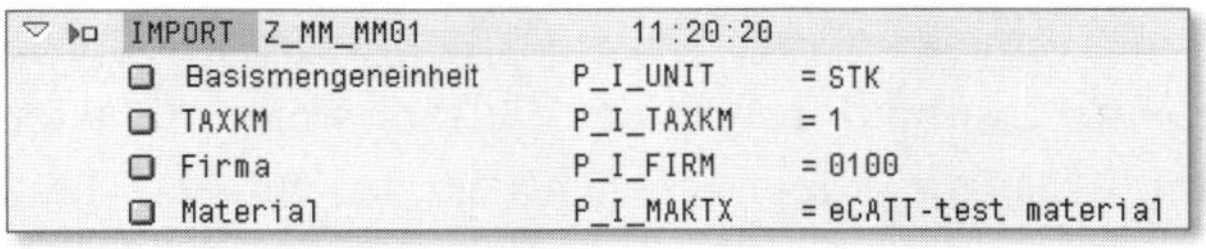

Abbildung 2.52 Importparameter im Testprotokoll

Generierte Stammdaten prüfen

Nachdem Sie das Testskript abgespielt haben, sollten in der Datenbank neue Materialien angelegt worden sein. Sie könnten nun in der Datenbank prüfen, ob Ihre Materialien korrekt angelegt wurden.

- Starten Sie die Transaktion SE11, und tragen Sie in das Feld DATENBANKTABELLE die Tabelle MARA ein. Als Selektionskriterien könnten Sie Ihren SAP-Benutzernamen und das Erstellungsdatum eintragen. In Abbildung 2.53 sehen Sie die gerade durch das eCATT-Testskript angelegten Materialien.

Transaktion SE11, »Dictionary«

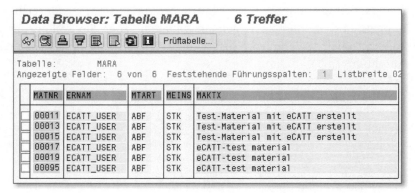

Abbildung 2.53 Anzeige der Materialien in der Tabelle »MARA«

2.4.9 Einfaches Testskript erstellen

In diesem Abschnitt lernen Sie ein relativ einfaches Testskript zu erstellen, das Sie für die Abschnitte 2.5, »Testdatencontainer«, und 2.6, »Testkonfiguration«, weiterverwenden können. Das Testskript, das Sie jetzt erstellen, soll lediglich einen übergebenen Benutzernamen verwenden und die dazugehörenden Benutzerdaten anzeigen. Die Transaktion, die Sie dafür benötigen, lautet SU01. Falls Sie keine Berechtigung für das Anzeigen Ihrer eigenen Benutzerdaten besitzen, müssten Sie eine Transaktion wählen, die Ihnen andere Daten anzeigt. Bitte führen Sie die folgenden Schritte aus, um das Testskript zu erstellen:

Anlegen eines einfachen Testskripts

1. Starten Sie die Transaktion SECATT, und tragen Sie im Feld TESTSKRIPT die Bezeichnung »Z_TS_SU01« ein. Klicken Sie auf den Button ANLEGEN.

2. Nachdem Sie die Attribute für das Testskript eingetragen haben, wechseln Sie auf die Registerkarte EDITOR. Klicken Sie nun auf den Button MUSTER, und tragen Sie im Feld TRANSAKTION »SU01« ein. Starten Sie die Aufnahme.

3. Sie erhalten die Einstiegsmaske der Transaktion SU01. An dieser Stelle müssen Sie Ihren Benutzernamen in das Feld BENUTZER eintragen und auf den ANZEIGE-Button (Brille) klicken.

4. Sie erhalten die Anzeige Ihrer Benutzerdaten. Wenn Sie an diesem Punkt angelangt sind, reicht die Aufnahme Ihrer Transaktion. Gehen Sie über den ZURÜCK-Button aus der Transaktion SU01 heraus und speichern Sie Ihr Testskript.

5. Im Befehl-Editor Ihres Testskripts finden Sie jetzt den Kommando-schnittstellen-Aufruf vor (siehe Abbildung 2.54).

Kommando-schnittstelle

Abbildung 2.54 Befehl-Editor mit eCATT-Befehl »TCD« zum Aufruf der Kommandoschnittstellen

6. Fügen Sie nun im Testskript einen neuen Importparameter P_I_UNAME ein. Als Parameterwert tragen Sie bitte Ihren Benutzernamen ein (siehe Abbildung 2.55).

Abbildung 2.55 Neuer Parameter »P_I_UNAME«

7. Als Nächstes übergeben Sie diesen Parameter an das Dynpro-Feld 'USR02-BNAME' (siehe Abbildung 2.56). Die Parametrisierung ist gelungen, wenn Sie im Struktur-Editor sehen, dass die grünen Icons vor den Elementfeldern durch blaue Dreiecke ersetzt wurden. Speichern Sie Ihr Testskript.

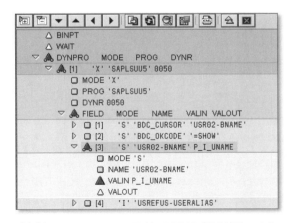

Abbildung 2.56 Dynpro-Feld »'USR02-BNAME'« mit Importparameter

Wenn Sie Ihr Testskript jetzt ausführen, erhalten Sie ein Testprotokoll ähnlich dem in Abbildung 2.57 gezeigten. Sie sehen, der Importparameter `ddic` wurde übernommen. Die Transaktion konnte erfolgreich ausgeführt werden.

Abbildung 2.57 Testprotokoll mit korrektem Importparameter

2.4.10 Fehlerhafte Importparameterwerte

Um herauszufinden, ob die Transaktion wirklich Ihren Importparameter verwendet, können Sie diesen einfach ändern. Gehen Sie dazu bitte folgendermaßen vor:

Fehlerhafter Parameterwert

1. Öffnen Sie die Parameterliste in Ihrem Testskript, und ändern Sie im Feld PARAMETERWERT Ihren Benutzernamen. Schreiben Sie einen Wert hinein, der auf jeden Fall falsch ist (siehe Abbildung 2.58).

Abbildung 2.58 Änderung des Parameterwertes

2. Starten Sie die Ausführung Ihres Testskripts erneut, und sehen Sie sich das Testprotokoll (siehe Abbildung 2.59) an.

Batchinput-Daten nicht vorhanden

Wie Sie sehen, erhalten Sie keine Ausgabe, dass der Benutzername nicht vorhanden ist. Stattdessen erscheint die häufigste eCATT-Fehlermeldung BATCHINPUT-DATEN FÜR DYNPRO SIND NICHT VORHANDEN. Hätten Sie dieses Testskript erst nach einiger Zeit abgespielt, hätten Sie vermutlich lange nach dem Fehler suchen müssen oder vielleicht sogar die Transaktion im Testskript neu aufgezeichnet. Beim Abspielen im Vordergrund erhalten Sie in der Informationsleiste die genaue Fehlermeldung.

> **Fehler beim Abspielen im Vordergrund suchen** [+]
>
> Bei Fehlern im Testprotokoll sollten Sie immer zuerst das Testskript im Vordergrund abspielen. So bekommen Sie eventuelle Fehler in der Informationsleiste oder als Meldung in einem Popup-Fenster angezeigt.

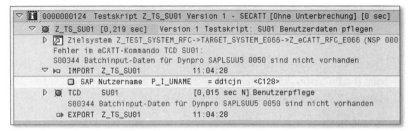

Abbildung 2.59 Fehlerhaftes Testprotokoll aufgrund eines falschen Importparameterwerts

Ändern Sie den Parameterwert wieder, damit das Testskript fehlerfrei abgespielt werden kann. Das Testskript dient als Grundlage für die beiden folgenden Abschnitte, 2.5, »Testdatencontainer«, und 2.6, »Testkonfiguration«.

2.5 Testdatencontainer

Der Testdatencontainer enthält alle zu testenden Datenvarianten. Diese können direkt aus dem Datencontainer stammen oder aus einer externen Textdatei. In diesem Abschnitt lernen Sie die Erstellung eines Testdatencontainers kennen und können anschließend selbst einige Testdatencontainer erstellen.

> In Abschnitt 2.6, »Testkonfiguration«, werden Sie diese Testdatencontai- [+]
> ner benötigen. Wenn Sie den Erläuterungen folgen möchten, sollten Sie
> also mindestens einen dieser Testdatencontainer anlegen.

2.5.1 Anlegen eines Testdatencontainers

Um einen Testdatencontainer anzulegen, müssen Sie die folgenden Schritte durchlaufen:

2 | Grundlagen von eCATT

Transaktion SECATT (eCATT-Einstieg)

1. Starten Sie die Transaktion SECATT, die Sie bereits für das Erstellen Ihres Systemdatencontainers und Ihres Testskripts verwendet haben.

2. Wählen Sie jetzt allerdings den dritten Radiobutton, TESTDATEN aus. Geben Sie Ihrem ersten Testdatencontainer einen Namen, der Ihrer Namenskonvention entspricht. In unserem Beispiel lautet die Bezeichnung Z_TD_SU01.

[+] Wie bei der Namensvergabe beim Testskript wird auch an dieser Stelle empfohlen, die Namenskonventionen aus Tabelle 2.2 zu verwenden.

3. Um den Testdatencontainer anzulegen, gehen Sie über das SAP-Menü und rufen den Pfad ECATT-OBJEKT • ANLEGEN auf oder klicken auf den ANLEGEN-Button (weißes Blatt). Legen Sie den Testdatencontainer Z_TD_SU01 an.

Testdaten-container-Attribute

4. Im Testdatencontainer öffnet sich als Erstes die Registerkarte ATTRIBUTE mit der untergeordneten Registerkarte ALLGEMEINE DATEN. Hier sollten Sie folgende Angaben machen:

   ▶ Tragen Sie bitte im Feld TITEL eine Bezeichnung für Ihren Testdatencontainer ein. Wie im Testskript wird Ihnen als VERANTWORTLICHER auch hier der angemeldete Benutzername vorgeschlagen. Als SAP-Komponente verwenden Sie das SAP-Modul, für das der Testdatencontainer eingesetzt werden soll.

   ▶ In den Angaben für das PFLEGESYSTEM tragen Sie bei SYSTEMDATENCONTAINER den von Ihnen in Abschnitt 2.3, »Systemdatencontainer«, erstellten Systemdatencontainer Z_TEST_SYSTEM_RFC ein. Als ZIELSYSTEM können Sie ein Zielsystem aus Ihrem Systemdatencontainer wie zum Beispiel TARGET_SYSTEM_E066 auswählen.

Ihre Einträge sollten nun in etwa denen in Abbildung 2.60 vergleichbar sein. Speichern Sie Ihren Testdatencontainer, indem Sie auf den SPEICHERN-Button (Diskette) klicken.

Nachdem Sie einen Testdatencontainer angelegt haben, können Sie neue Parameter anlegen oder Parameter aus einem Testskript hinzufügen.

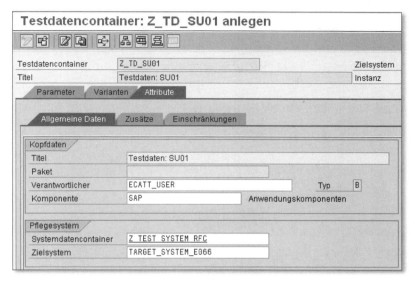

Abbildung 2.60 Allgemeine Daten im Testdatencontainer

Manuell Parameter anlegen

Manuell angelegte Parameter bergen oft die Gefahr, dass Bezeichnungen anders lauten als im Testskript; trotzdem soll hier gezeigt werden, wie Sie manuell einzelne Parameter anlegen.

Ein Grund für das manuelle Anlegen von Parametern wäre z.B., wenn Sie den Testdatencontainer für unterschiedliche Testskripts verwenden wollen und Sie im Vorfeld gleichen Parametern ermöglichen wollen, unterschiedliche Werte annehmen zu können. Sie könnten den Parametern in solchen Fällen vielleicht den Transaktionscode zur Unterscheidung mitgeben.

Gründe für manuelle Parameter

Wechseln Sie in die Registerkarte PARAMETER, und legen Sie dort einen Parameter an, indem Sie auf den Button ANLEGEN (weißes Blatt) klicken.

Parameter manuell anlegen

> **Übereinstimmende Parameternamen** [+]
>
> Die Parameternamen sollten möglichst mit den Parameternamen aus den Testskripts übereinstimmen, da Sie sonst beim Erstellen der Testkonfiguration zusätzliche Verknüpfungseinstellungen vornehmen müssten, um das Testskript zur Laufzeit mit Werten zu versorgen.

In Abbildung 2.61 sehen Sie den Parameter P_I_UNAME (SAP-Benutzername) im Testskript Z_TS_SU01. Da dieses Testskript später Daten aus dem Datencontainer erhalten soll, müssen die Parameter im Datencontainer die gleiche Bezeichnung haben wie die Parameter im Testskript.

»Default Parameterwert« eintragen

Tragen Sie außerdem einen DEFAULT PARAMETERWERT ein. In Abbildung 2.61 lautet dieser BCUSER_TEST2.

Abbildung 2.61 Parameter »P_I_UNAME« im Testskript

Parameter aus Testskript importieren

Die Möglichkeit, Parameter in einem Testdatencontainer aufzunehmen, ist die weniger fehleranfällige. Entfernen Sie für diese Übung alle bisherigen Parameter aus dem Testdatencontainer, damit dieser den Zustand annimmt, den er normalerweise zu Beginn der Pflege hat.

Parameter importieren

1. Wechseln Sie im Testdatencontainer in die Registerkarte PARAMETER. Wählen Sie anschließend im Hauptmenü den Pfad BEARBEITEN • PARAMETER IMPORTIEREN.

2. Sie erhalten ein zusätzliches Fenster mit dem Titel PARAMETER IMPORTIEREN. An dieser Stelle haben Sie die Möglichkeit auszuwählen, ob die Parameter aus einem Testskript oder aus einer Testkonfiguration importiert werden sollen.

   ▸ Wählen Sie die Option TESTSKRIPT.

   ▸ Tragen Sie in das freie Feld neben der Option TESTSKRIPT den Namen Ihres Testskripts »Z_TS_SU01« ein.

   ▸ Im Feld VERSION geben Sie bitte die Versionsnummer »1« ein, wenn Ihr Testskript noch in der ersten Version vorliegt und diese Version aktiv ist. Wenn Sie bereits weitere Versionen des Testdatencontainers erstellt haben, wählen Sie die Version, die später aktiv sein soll.

3. Klicken Sie anschließend auf den Button PARAMETER HOLEN. Sie sehen, dass daraufhin die verfügbaren Parameter aus dem Testskript angezeigt werden (siehe Abbildung 2.62).

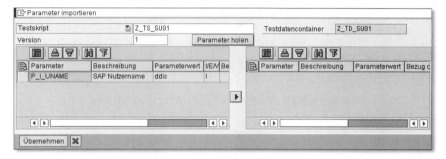

Abbildung 2.62 Modus »Parameter importieren«

4. Im nächsten Schritt klicken Sie auf den Button ANHÄNGEN, der durch einen nach rechts weisenden schwarzen Pfeil symbolisiert wird. Augenblicklich wird der Parameter im Testdatencontainer angehängt (siehe Abbildung 2.63).

Button »Parameter anhängen«

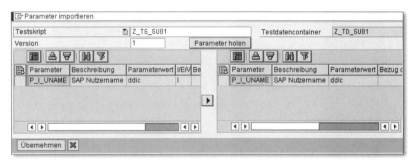

Abbildung 2.63 Angehängter Parameter im Testdatencontainer

5. Übernehmen Sie diese Einstellungen.

In Abbildung 2.64 sehen Sie die Registerkarte PARAMETER im Testdatencontainer. Ihr angehängter Parameter wird in der Parameterliste angezeigt.

Importierter Parameter

2 | Grundlagen von eCATT

Abbildung 2.64 Angehängter Parameter aus Testskript

2.5.2 Interne Varianten im Testdatencontainer

Nachdem Sie einen Parameter angelegt haben, können Sie Varianten erstellen.

Varianten erstellen Wechseln Sie in die Registerkarte VARIANTEN (siehe Abbildung 2.65). Dort sehen Sie, dass eine Default-Variante (ECATTDEFAULT) erstellt wurde, die genau einen Parameter enthält. Dieser ist der von Ihnen auf der Registerkarte PARAMETER angelegte Parameter. In der Spalte BESCHREIBUNG können Sie eine Variantenbeschreibung eintragen, oder Sie lassen das Feld frei. In der Spalte P_I_UNAME wird Ihr Vorschlagswert aus den Param<etern (siehe Registerkarte PARAMETER) gezogen und übernommen.

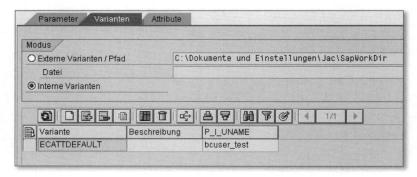

Abbildung 2.65 Varianten im Testdatencontainer

Bezeichnung für Varianten An dieser Stelle haben Sie die Möglichkeit, eigene Varianten zu erstellen. Wichtig ist dabei, dass in der Spalte VARIANTE immer ein eindeutiger Variantenname vergeben wird.

[+] Falls Sie den Datencontainer mit zwei gleichen Variantenbezeichnungen speichern, wird die letztere gnadenlos gelöscht. Leider werden Sie auf diesen Fehler nicht aufmerksam gemacht.

Interne Varianten anlegen

Interne Varianten sind Varianten, die Sie im Testdatencontainer pflegen können.

Fügen Sie eine Variante mit der Bezeichnung »TESTDATA2« ein (siehe Abbildung 2.66). Den Wert in der Spalte P_I_UNAME können Sie selbst vergeben.

Die Pflege von Varianten ist aufwendig, wenn Sie jede Variante von Hand anlegen. Sie könnten die Varianten stattdessen auch in einer Excel-Tabelle vordefinieren und in die Variantenmaske hineinkopieren.

Wenn Sie mit mehreren Datencontainern arbeiten, ist es manchmal sinnvoll, den Varianten eine Kennung zu geben, an der später im Testprotokoll erkannt werden kann, aus welchem Datencontainer die Variante stammt. Abbildung 2.66 zeigt Ihnen dazu eine Möglichkeit. Als Kennung für einen Testdatencontainer könnten Sie zum Beispiel eine Kurzbezeichnung des Testdatencontainers verwenden.

Variantenkennung

> Keine Angst vor falschen Werten! Falsche Werte führen beim Abspielen zu Fehlermeldungen im Testprotokoll, die anzeigen, welche Variante einen Fehler erzeugt hat.

[+]

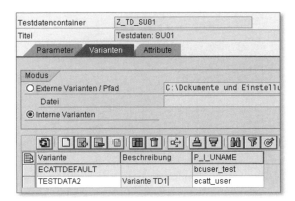

Abbildung 2.66 Von Hand angelegte zusätzliche Variante

Jetzt haben Sie eine gute Basis, um Ihren ersten Testdatencontainer zu kopieren, da er einige Varianten enthält, mit denen Sie die folgenden Schritte üben können.

Testdatencontainer kopieren

Gründe für das Kopieren eines Testdatencontainers

Wenn Sie einen Testdatencontainer aufgebaut haben, der vollständig mit Systemdaten und Varianten gepflegt wurde, lohnt es sich, diesen zu kopieren, um aus der Kopie zeitsparend einen weiteren Testdatencontainer zu erstellen.

1. Rufen Sie zum Kopieren die Einstiegsmaske der Transaktion SECATT auf.
   - Tragen Sie in das Feld TESTDATEN den vorhandenen Testdatencontainer ein.
   - Klicken Sie auf den Button KOPIEREN.

Kopieren eines Testdatenconatiners

2. Sie erhalten das Popup-Fenster KOPIEREN, in dem Sie den aktuellen Testdatencontainer im Feld VON TESTDATENCONTAINER vorgeschlagen bekommen.
   - Tragen Sie in das Feld NACH TESTDATENCONTAINER die Bezeichnung für Ihren neu kopierten Testdatencontainer ein (siehe Abbildung 2.67).
   - Bestätigen Sie Ihre Eingaben, indem Sie auf den KOPIEREN-Button (grüner Haken) klicken.

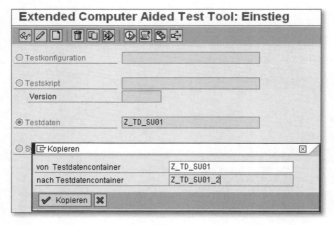

Abbildung 2.67 Kopie eines Testdatencontainers

Kopierte Varianten

Sie haben nun einen Testdatencontainer erstellt, der alle Varianten (z.B. TESTDATA2) aus dem Original-Testdatencontainer übernommen hat (siehe Abbildung 2.68).

Abbildung 2.68 Kopierter Testdatencontainer mit allen Varianten

Varianten löschen

Wenn Sie Varianten nicht mehr benötigen, können Sie diese löschen. Aber auch, wenn Sie einen Testdatencontainer kopiert haben, werden Sie feststellen, dass einige Varianten überflüssig geworden sind. Diese Varianten können Sie ebenfalls löschen.

Löschen Sie eine Variante aus dem Testdatencontainer, indem Sie die Variante markieren und anschließend einen der Button VARIANTENZEILE ENTFERNEN ❶ oder VARIANTE LÖSCHEN ❷, die in Abbildung 2.69 gezeigt werden, anklicken.

Abbildung 2.69 Buttons »Variantenzeile entfernen« und »Variante löschen«

Varianten-Parameter suchen

Für den Fall, dass Ihre Variante sehr viele Parameter enthält und Sie einen bestimmten Parameter suchen, können Sie auf den Button PARAMETER SUCHEN klicken (siehe ❸ in Abbildung 2.69). Anschließend geben Sie den gesuchten Parameter an und werden augenblicklich zur Spalte des gesuchten Parameters geführt. Diese Spalte nimmt dabei eine gelbe Färbung an.

2.5.3 Interne Varianten aus externer Datei

Sie haben im vorherigen Abschnitt einige interne Varianten erstellt. Wenn Sie diese Varianten pflegen wollten, hätten Sie zwei Möglichkeiten:

Varianten in Textdateien speichern

- Variantenpflege im Testdatencontainer
- Variantenpflege in einer externen Datei

2 | Grundlagen von eCATT

In diesem Abschnitt werden Sie die Variantenpflege mit Hilfe einer externen Datei kennenlernen.

Variante herunterladen

Um Varianten als Textdatei zu speichern, öffnen Sie den Testdatencontainer Z_TD_SU01_2.

1. Öffnen Sie die Registerkarte VARIANTEN, und wählen Sie den Menüpfad BEARBEITEN • VARIANTEN • HERUNTERLADEN.

Varianten herunterladen

2. Sie erhalten ein Dateidownload-Fenster (siehe Abbildung 2.70). An dieser Stelle haben Sie die Möglichkeit, die bestehende Default-Variante in einer Textdatei zu speichern. Am Dateinamen der Textdatei VAR_ECTD_T_TD_SU01_2 erkennen Sie, dass es sich um Varianten für einen eCATT-Datencontainer handelt und der Datencontainer T_ZD_SU01_2 heißt.

[+] **Vorgeschlagene Dateinamen beibehalten**

Sie könnten die Dateibezeichnung ändern und einen eingängigeren Namen wählen. Das ist aber nicht ratsam, wenn Sie viele Dateien speichern wollen, da Sie sonst schnell den Zusammenhang zwischen Testdatencontainer und Textdatei verlieren könnten.

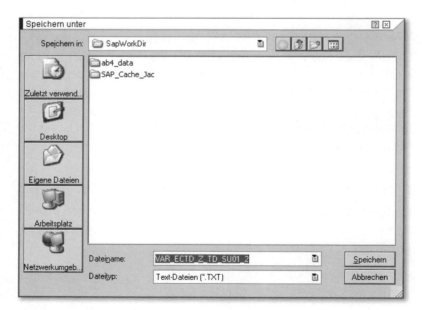

Abbildung 2.70 Variante als Textdatei speichern

Variante bearbeiten

Sie können die gespeicherte Varianten-Textdatei im Editor bearbeiten.

Öffnen Sie dazu die gespeicherte Textdatei in einem Editor (siehe Abbildung 2.71). Die erste Zeile dient als Kopfzeile und ist in der gleichen Form aufgebaut wie die internen Varianten in Ihrem Testdatencontainer. Zeilen, die mit einem Stern beginnen, sind nur Kommentarzeilen. Was bedeuten die Einträge im Editor?

Variante im Texteditor bearbeiten

- In der ersten Spalte erscheint der Variantenschlüssel. Die zweite Spalte, die in Abbildung 2.71 den Namen [DESCRIPTION] trägt, steht für die Varianten-Bezeichnung. Danach reihen sich alle Parameter auf, die Sie angelegt haben. In dieser Textdatei gibt es nur den Parameter P_I_UNAME.

- Die dritte Zeile zeigt die Standardvariante an, die Sie im Hauptregister PARAMETER angelegt haben.

Standardvariante

Gehen Sie nun folgendermaßen vor, um die Varianten zu bearbeiten:

Abbildung 2.71 Varianten-Textdatei im Editor geöffnet

1. Markieren Sie die Zeile, in der die Standardvariante enthalten ist (siehe Abbildung 2.72).

Standardvariante kopieren

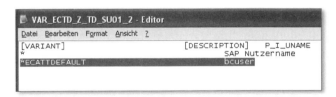

Abbildung 2.72 Standardvariante markieren

2. Anschließend kopieren Sie diese Zeile mit der Tastenkombination [Strg] + [C] in die Zwischenablage.

3. Setzen Sie den Mauszeiger unterhalb der Standardvariante ein, und fügen Sie die Zwischenablage mit der Tastenkombination [Strg] + [V] dreimal ein (siehe Abbildung 2.73). Dreimal deshalb, um genau drei Varianten zu erstellen. Sie können jedoch auch eine andere Anzahl anlegen.

Eingefügte Varianten bearbeiten

Abbildung 2.73 Standardvarianten aus Zwischenablage einfügen

4. Ändern Sie die letzten drei Standardvarianten so, dass der Stern am Zeilenanfang verschwindet, die Varianten unterschiedliche Bezeichnungen erhalten und der Parameter P_I_UNAME unterschiedliche Werte bekommt (siehe Abbildung 2.74). Speichern Sie die Textdatei. Damit haben Sie die Varianten bearbeitet und können diese nun in den Testdatencontainer hochladen.

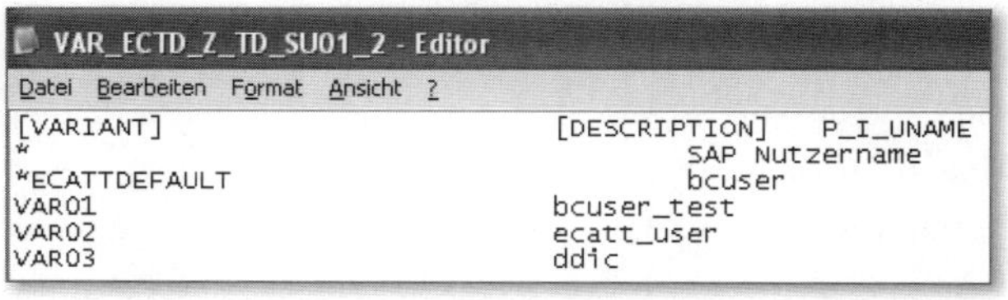

Abbildung 2.74 Standardvarianten ändern

Sie sehen, die Formatierung in einer Textdatei ist sehr umständlich, aber es ist notwendig, dass Sie diesen Arbeitsschritt sorgfältig ausführen. Eventuell können Sie Ihre Varianten später nicht hochladen, wenn Sie einen Tabstopp versehentlich entfernt oder ein zusätzliches Leerzeichen eingefügt haben.

Varianten aus Textdatei hochladen

Sobald Sie eine Varianten-Textdatei erstellt haben, können Sie die enthaltenen Varianten in Ihren Testdatencontainer hochladen.

Textdatei hochladen

1. Rufen Sie dazu den Pfad BEARBEITEN • VARIANTEN • HOCHLADEN auf. Sie erhalten ein Fenster zum Hochladen einer Datei. Wählen Sie die

Textdatei mit den geänderten Varianten (siehe Abbildung 2.75), und klicken Sie auf den Button ÖFFNEN.

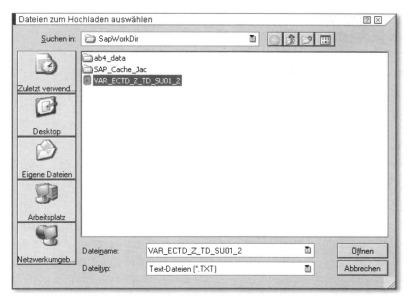

Abbildung 2.75 Variantendateien hochladen

2. Sie erhalten ein Popup-Fenster, in dem Sie gefragt werden, ob alle bereits existierenden Varianten vor dem Hochladen gelöscht werden sollen (siehe Abbildung 2.76). Bestätigen Sie diese Frage für diese Übung, indem Sie auf den Button JA klicken. Zukünftig sollten Sie jedoch prüfen, ob Sie wirklich alle bestehenden Varianten entfernen wollen.

Bestehende Varianten überschreiben

Abbildung 2.76 Rückfrage, ob Varianten erhalten bleiben sollen

3. Wie Sie in Abbildung 2.77 sehen können, wurden alle Varianten aus der Textdatei in den Datencontainer hochgeladen. Speichern Sie Ihren Testdatencontainer, und verlassen Sie ihn über den ZURÜCK-Button.

Varianten aus Textdatei

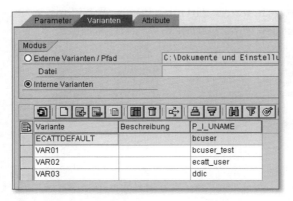

Abbildung 2.77 Varianten aus der Textdatei im Datencontainer

2.5.4 Variantendatei in Tabellenkalkulationsprogrammen

Nun werden Sie erfahren, wie Sie eine externe Textdatei mit Microsoft Excel oder OpenOffice.org Calc bearbeiten können und diese Datei – ohne vorheriges Hochladen – als externe Variantendatei verwenden können. Kopieren Sie dazu den Testdatencontainer Z_TD_SU01_2 nach Z_TD_SU01_3, wie in Abbildung 2.78 gezeigt. Am Beispiel dieses Testdatencontainers werden die folgenden Schritte vorgeführt.

Abbildung 2.78 Kopieren eines weiteren Datencontainers

Variantendatei kopieren
Kopieren Sie als Nächstes die Textdatei VAR_ECTD_Z_TD_SU01_2.txt nach VAR_ECTD_Z_TD_SU01_2b.txt, oder laden Sie die Varianten einfach erneut als Variantendatei herunter. Die kopierte Textdatei dient der folgenden Übung.

Variantendatei mit Tabellenkalkulationsprogramm öffnen

Tabellenkalkulationsprogramm wählen
Um eine Variantendatei mit einem Tabellenkalkulationsprogramm zu bearbeiten, muss sie zuvor explizit von einem ausgewählten Programm geöffnet werden. Markieren Sie dafür Ihre Textdatei im Explorer, und drücken Sie auf die rechte Maustaste, so dass sich das

Kontextmenü öffnet. Wählen Sie den Menüpfad ÖFFNEN MIT • MICROSOFT OFFICE EXCEL oder ÖFFNEN MIT • OPENOFFICE CALC.

Bei beiden Programmen erhalten Sie eine Auswahlmaske mit unterschiedlichen Einstellungsmöglichkeiten, wie das Textdokument beim Öffnen formatiert werden soll (siehe Abbildung 2.79 und Abbildung 2.80).

Formatierung angeben

Wenn Sie beide Abbildungen vergleichen, werden Sie feststellen, dass in Abbildung 2.80 die Spalte [DESCRIPTION] bzw. BEZEICHNUNG nicht separat ausgewiesen wurde. Das ist ein Fehler, der bei Microsoft Office Excel leider häufiger auftritt. Jede Spalte muss auch in der Tabellenkalkulation für sich alleine bearbeitbar sein. Versuchen Sie das Öffnen so lange, bis alle Spalten im Feld DATENVORSCHAU separiert wurden.

Spaltentrennung beachten!

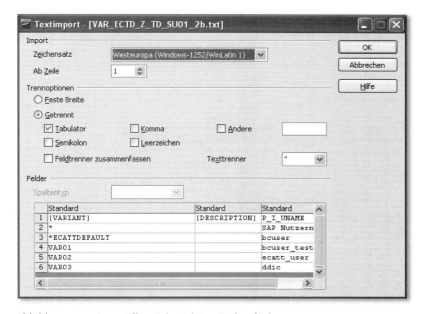

Abbildung 2.79 OpenOffice Calc: richtige Spaltenfindung

> **Spalten einzeln darstellen** [+]
>
> Achten Sie bitte unbedingt darauf, dass alle Spalten einzeln gefunden und dargestellt werden. In der Tabellenkalkulation muss jede Spalte mit eigenen Werten belegbar sein. Andernfalls können die Varianten nachträglich nicht hochgeladen werden.

Abbildung 2.80 Microsoft Office Excel: falsche Spaltenfindung

Einfachere Variantenpflege

Die Tabelle in Abbildung 2.81 zeigt Varianten und Parameter in übersichtlicher Form und ist empfehlenswerter als die Formatierung in einer Textdatei.

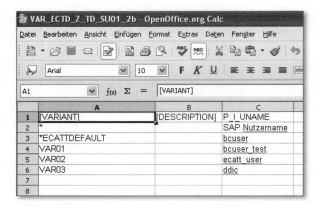

Abbildung 2.81 Übersichtliche Variantendarstellung

Variantendatei im Tabellenkalkulationsprogramm bearbeiten

Sobald Sie die Variantendatei in einem Tabellenkalkulationsprogramm geöffnet haben, können Sie mit der Pflege der Varianten beginnen.

Ändern Sie die Werte in den Spalten VARIANT und P_I_UNAME. In Abbildung 2.82 sehen Sie, dass die Varianten von VAR01 in VAR001 und die Benutzernamen geändert wurden. Die neuen Variantenbezeichnungen sollten in dieser Übung anders lauten als die ursprünglichen. Grund dafür ist, dass im Testdatencontainer jede Variante eine eindeutige Bezeichnung benötigt. Bei gleichen Variantenbezeichnungen wird die zuletzt eingefügte Variante gelöscht.

Varianten ändern

	A	B	C
1	[VARIANT]	[DESCRIPTION]	P_I_UNAME
2	*		SAP Nutzername
3	*ECATTDEFAULT		SAPCPIC
4	VAR001		GAST
5	VAR002		TMSADM
6			

Abbildung 2.82 Änderung der Varianten

Variantendatei hochladen

Sie können die Variantendatei, die Sie im Editor oder mit Excel bearbeitet haben, in Ihrem Testdatencontainer hochladen.

1. Wechseln Sie wieder in Ihren Testdatencontainer Z_TD_SU01_2, und laden Sie dort die Variantendatei hoch. Löschen Sie die bestehenden Varianten bitte nicht.

2. Sie sehen in Abbildung 2.83, dass Sie die Varianten aus unterschiedlichen Dateien hochladen und in den Testdatencontainer einbinden können. Jedoch müssen die Bezeichnungen der Varianten unterschiedlich und eindeutig sein.

Varianten aus zwei Dateien

Variante	Beschreibung	P_I_UNAME
ECATTDEFAULT		bcuser
VAR01		bcuser_test
VAR02		ecatt_user
VAR03		ddic
VAR001		GAST
VAR002		TMSADM

Abbildung 2.83 Varianten aus zwei unterschiedlichen Textdateien

3. Fügen Sie für alle Varianten noch eine Beschreibung hinzu, wenn Sie die Bezeichnungen nicht bereits in der Variantendatei gepflegt

Variantenbeschreibungen eintragen

haben. Das bringt Ihnen später in der Testkonfiguration den Vorteil, dass Sie Varianten aus unterschiedlichen Datencontainern mischen können und trotzdem wissen, woher die Datenvarianten stammen (siehe Abbildung 2.84).

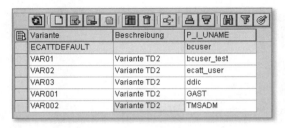

Abbildung 2.84 Variantenbeschreibung

2.5.5 Externe Varianten aus externer Datei

Varianten aus externer Datei verwenden

Wenn Sie die Varianten immer außerhalb des Datencontainers aufbewahren möchten, gehen Sie so vor:

1. Tragen Sie in das Feld DATEI eine der gerade erstellten Textdateien ein.

2. Öffnen Sie den Testdatencontainer Z_TD_SU01_3, den Sie zuvor vom Testdatencontainer Z_TD_SU01_2 kopiert haben. Entfernen Sie alle Varianten.

3. Kopieren Sie außerdem die Textdatei VAR_ECTD_Z_TD_SU01_2.txt nach VAR_ECTD_Z_TD_SU01_3.txt.

Externe Variantendatei angeben

4. Tragen Sie den Dateinamen der Textdatei in das Feld DATEI ein (siehe Abbildung 2.85), und markieren Sie den Radiobutton EXTERNE VARIANTEN/PFAD. Speichern Sie anschließend die Änderung, und verlassen Sie den Testdatencontainer.

Externe Variantendatei pflegen

5. Zum Schluss ändern Sie noch den Inhalt der Textdatei VAR_ECTD_Z_TD_SU01_3.TXT (siehe Abbildung 2.86) mit einem Tabellenkalkulationsprogramm oder mit dem Editor. Tragen Sie bitte in der Spalte DESCRIPTION eine Bezeichnung ein, an der Sie später erkennen, aus welchem Datencontainer die Varianten stammen. Sie können zum Beispiel »Variante TD3« als Beschreibung eintragen.

Sie haben in diesem Abschnitt eine Variantendatei überarbeitet und diese als externe Variante in Ihren Testdatencontainer eingebunden. Diese Möglichkeit, Varianten zu verwenden, ist die beste, weil die Variantendateien von anderen Mitarbeitern oder Kunden einfach außerhalb von SAP gepflegt werden können. Sie selbst werden dadurch in Ihrer eCATT-Arbeit entlastet. Für Fehler in den Variantendateien sind nicht Sie, sondern die Ersteller der Dateien verantwortlich.

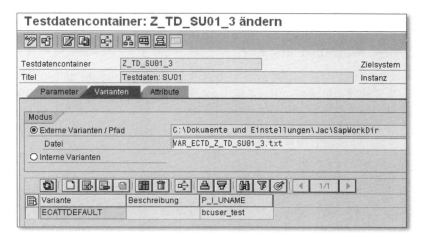

Abbildung 2.85 Externe Variantendatei einbinden

Abbildung 2.86 Änderung in der externen Textdatei

Geben Sie Ihren Mitarbeitern jeweils eine Variantendatei mit einer bereits funktionierenden Variante als Musterdatei vor. Wenn sich die Mitarbeiter an Ihre Musterdatei halten, ersparen Sie sich nachträglichen Pflegeaufwand.

> **Testdatencontainer sind Testskript-unspezifisch** [+]
>
> Ein Testdatencontainer muss nicht nur für ein bestimmtes Testskript vorgesehen sein. Sie könnten in Ihrer Entwicklungsumgebung beispielsweise einen Testdatencontainer erstellen, der alle Anmeldedaten oder alle statischen Firmendaten enthält. Sie werden in Abschnitt 2.6, »Testkonfiguration«, sehen, wie Varianten aus verschiedenen Datencontainern miteinander verwendet werden können.

2.5.6 Pfadänderung für externe Variantendatei

Wenn Ihre Textdateien oder die Ihrer eCATT-Anwender immer in einem bestimmten Verzeichnis liegen, das nicht das SAP-Standardverzeichnis ist, müssen Sie den Pfad anpassen.

Pfad für externe Variantendatei

1. Dazu wählen Sie den Pfad HILFSMITTEL • EINSTELLUNGEN im Hauptmenü. Sie erhalten das Fenster BENUTZERSPEZIFISCHE EINSTELLUNGEN (siehe Abbildung 2.87).

2. Öffnen Sie die Registerkarte ECATT und dort die untergeordnete Registerkarte EXTERN. Tragen Sie in der Feldgruppe PFADE FÜR UPLOAD/DOWNLOAD im Feld VARIANTEN den gewünschten Pfad ein. Schließen Sie das Fenster BENUTZERSPEZIFISCHE EINSTELLUNGEN.

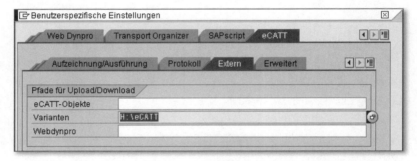

Abbildung 2.87 Änderung der benutzerspezifischen Einstellungen, um den Upload/Download-Pfad anzupassen

Variantendatei eintragen

Wie Sie in Abbildung 2.88 sehen können, ist der Feldinhalt bei EXTERNE VARIANTEN / PFAD im Testdatencontainer geändert worden. Die im Feld DATEI angezeigte Textdatei enthält die externen Varianten.

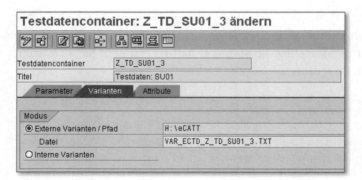

Abbildung 2.88 Geänderter Pfad

> **Pfadänderung wird generell übernommen** [+]
> Wenn Sie den Pfad im Fenster BENUTZERSPEZIFISCHE EINSTELLUNGEN ändern, gilt der geänderte Pfad auch für alle anderen eCATT-Objekte, z.B. für die Testkonfigurationen, die externe Varianten verwenden.

2.5.7 Verwendungsnachweis Testdatencontainer

Sie haben die Möglichkeit, einen Verwendungsnachweis für einen gerade geöffneten Testdatencontainer zu erstellen.

Wählen Sie dazu im Hauptmenü den Pfad HILFSMITTEL • VERWENDUNGSNACHWEIS • TESTDATENCONTAINER. Sie erhalten ein Auswahlfenster, in dem bereits die Checkbox TESTKONFIGURATIONEN markiert wurde (siehe Abbildung 2.89). Starten Sie die Suche, indem Sie auf den AUSFÜHREN-Button klicken.

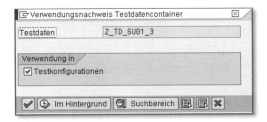

Abbildung 2.89 Auswahlfenster »Verwendungsnachweis Testdatencontainer«

Sie erhalten die Ergebnisliste zum Verwendungsnachweis (siehe Abbildung 2.90). Sie könnten nun Testkonfigurationen auswählen und über den Button DETAILS (Brille) näher betrachten.

Verwendungsnachweis anzeigen

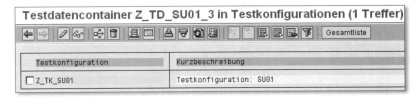

Abbildung 2.90 Ergebnisliste »Verwendungsnachweis«

Der Verwendungsnachweis zeigt Ihnen, in welchen Testkonfigurationen ein bestimmter Testdatencontainer enthalten ist. Bevor Sie einen Testdatencontainer ändern, sollten Sie prüfen, ob dieser verwendet wird. Für den Fall, dass Sie Parameter im Testdatencontainer entfernen, könnte es beim Abspielen der Testkonfiguration zu Fehlern kommen, wenn diese bestimmte Parameter erwartet.

2.6 Testkonfiguration

Systemdatencontainer, Testskript und Testdaten

In der Testkonfiguration laufen die zuvor genannten Objekte (Systemdatencontainer, Testskript und eventuell Testdaten) zusammen (siehe Abbildung 2.91).

Falls Sie keinen Testdatencontainer angeben wollen, werden die Standardvarianten aus den Testskripts verwendet. Außerdem haben Sie die Möglichkeit, Testvarianten direkt in der Testkonfiguration zu erstellen, wenn Sie auf einen Testdatencontainer verzichten möchten.

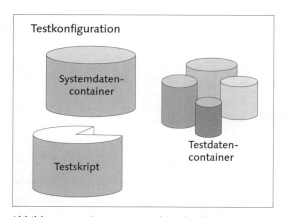

Abbildung 2.91 Zusammenspiel Testkonfiguration, Systemdatencontainer, Testskript und Testdatencontainer

[+] Als Beispiel-Testskript dient Z_TS_SU01 mit der Transaktion SU01 (Benutzerdaten pflegen), das Sie in Abschnitt 2.4, »Testskript«, angelegt haben.

2.6.1 Testkonfiguration anlegen

Transaktion SECATT (eCATT-Einstieg)

Um eine Testkonfiguration anzulegen, starten Sie zuallererst die Transaktion SECATT und führen die folgenden Schritte aus:

1. Tragen Sie in das Feld TESTKONFIGURATION die Bezeichnung für Ihre Testkonfiguration ein (Abbildung 2.92), und klicken Sie auf den Button ANLEGEN (weißes Blatt). Als Bezeichnung könnten Sie

die Namenskonvention Z_TK_<MODUL>_<TRANSAKTION>, (siehe Tabelle 2.2 in Abschnitt 2.1.3, »Namenskonventionen«) verwenden.

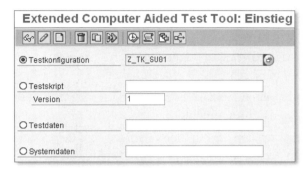

Abbildung 2.92 Einstieg Testkonfiguration

2. Sie gelangen in die Registerkarte ATTRIBUTE. Auf dieser sehen Sie die untergeordnete Registerkarte ALLGEMEINE DATEN (siehe Abbildung 2.93). Dort machen Sie bitte folgende Angaben:

Attribute der Testkonfiguration

- In das Feld TITEL geben Sie eine Bezeichnung für Ihre Testkonfiguration ein.

- Im Feld KOMPONENTE tragen Sie entweder das jeweilige SAP-Modul ein, zu dem die Transaktion gehört, oder Sie wählen SAP.

- Ihr angemeldeter Benutzername wird Ihnen im Feld VERANTWORTLICHER bereits vorgeschlagen.

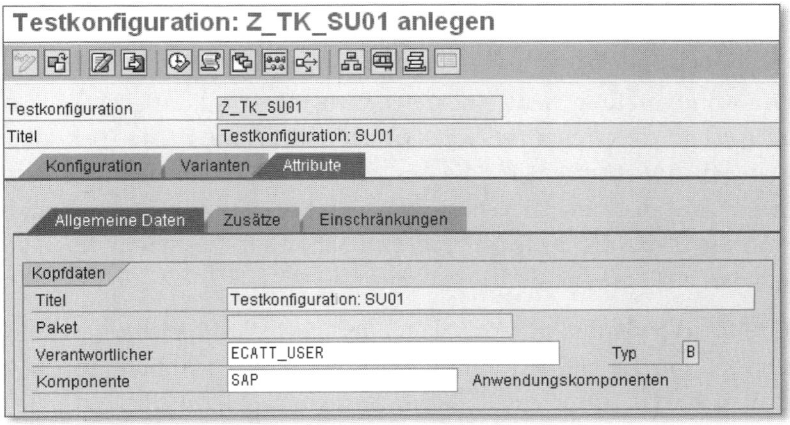

Abbildung 2.93 Registerkarte »Attribute« der Testkonfiguration

Testkonfiguration konfigurieren

Nachdem Sie die Attribute auf der Registerkarte ATTRIBUTE eingetragen haben, können Sie die Testkonfiguration konfigurieren.

Konfiguration Öffnen Sie dazu die Registerkarte KONFIGURATION, in der Sie folgende Daten eintragen müssen:

- Im Feld SYSTEMDATENCONTAINER tragen Sie Ihren Systemdatencontainer ein, den Sie in Abschnitt 2.3 erstellt haben.
- Im Feld TESTSKRIPT geben Sie das Testskript an, das Sie mit dieser Testkonfiguration ausführen möchten.
- Im Feld ZIELSYSTEM wählen Sie ein Zielsystem aus, auf dem Sie die Transaktion SU01 testen können, bzw. ein System, auf dem Sie zumindest die Berechtigung haben, Ihre eigenen Benutzerdaten anzusehen (siehe Abbildung 2.94).

Abbildung 2.94 Registerkarte »Konfiguration«

Die Konfiguration dient einerseits dazu, der Testkonfiguration das Zielsystem bekanntzumachen. Andererseits muss das Testskript angegeben werden, damit die Testkonfiguration den richtigen Testfall abspielen kann. Die Pflege von Testdaten in der Testkonfiguration dient dazu, ein Gesamtpaket zu schnüren, bestehend aus Systemdaten, Testskript und Testdaten.

Testkonfiguration ausführen Ihre Testkonfiguration wäre damit fertiggestellt. Speichern Sie sie, und klicken Sie auf den Button AUSFÜHREN (siehe Abbildung 2.95). Prüfen Sie das Testprotokoll. Wenn Sie keine Fehlermeldung erhalten haben, können Sie wieder in Ihre Testkonfiguration zurückwechseln.

Abbildung 2.95 Button »Ausführen«

2.6.2 Interne Varianten aus einem Testdatencontainer

Sie können der Testkonfiguration verschiedene Varianten anhängen. Dazu haben Sie folgende Möglichkeiten:

Verschiedene Varianten verwenden

- Varianten aus Testdatencontainern anhängen
- Testkonfigurations-interne Varianten anhängen
- externe Variantendatei verwenden

Im Folgenden wird Ihnen die Möglichkeit vorgestellt, Varianten aus einem Testdatencontainer zu verwenden. Gehen Sie folgendermaßen vor:

1. Bleiben Sie in der Registerkarte KONFIGURATION. Im unteren Teil dieser Registerkarte befindet sich die Feldgruppe TESTDATEN. Klicken Sie auf den Button ZEILE ANHÄNGEN (weißes Blatt, siehe Abbildung 2.96). Sie erhalten eine neue Zeile in der Feldgruppe TESTDATEN.

Testdatencontainer anhängen

2. Füllen Sie die Feldgruppe TESTDATEN folgendermaßen aus:
   - Tragen Sie in der Spalte ALIAS eine Kennung für Ihren Testdatencontainer ein.
   - In der Spalte OBJEKTNAME geben Sie bitte den richtigen Namen Ihres Testdatencontainers an. Nachdem Sie mit ⏎ bestätigt haben, wird die Spalte TITEL automatisch gefüllt.

3. Tragen Sie alle Testdatencontainer ein, die für das Testskript Z_TS_SU01 vorgesehen sind (siehe Abbildung 2.96).

Testdatencontainer eintragen

Alias	Objektname	Titel	Extern	Dateiname Externe Varianten
TD1	Z_TD_SU01	Testdaten: SU01	☐	
TD2	Z_TD_SU01_2	Testdaten: SU01	☐	VAR_ECTD_Z_TD_SU01_3.txt
TD3	Z_TD_SU01_3	Testdaten: SU01	☑	VAR_ECTD_Z_TD_SU01_3.txt

Abbildung 2.96 Testdatencontainer eintragen

Sie haben in diesem Abschnitt Ihre Testdatencontainer in die Testkonfiguration eingebunden. Durch das Einbinden können alle Varianten aus den Testdatencontainern in der Testkonfiguration verwendet werden.

2.6.3 Interne Varianten der Testkonfiguration

In diesem Abschnitt geht es darum, in Ihrer Testkonfiguration interne Varianten zu erstellen.

Interne und externe Varianten

Befassen wir uns zunächst mit einer Begriffsklärung. Was genau versteht man unter *internen* und *externen* Varianten der Testkonfiguration?

- **Interne Varianten**
  Interne Varianten sind Testdaten, die Ihnen aus einem eCATT-Objekt zur Verfügung gestellt werden. Sie können aus einem Testdatencontainer oder direkt aus der Testkonfiguration stammen.

- **Externe Varianten**
  Im Gegensatz dazu stammen externe Varianten aus externen Dateien, die Sie zuvor außerhalb von SAP erstellt haben. Sie laden bei externen Varianten die Daten nicht in die Testkonfiguration, sondern geben nur den Dateipfad an.

Um interne Varianten anzuhängen, wechseln Sie bitte auf die Registerkarte VARIANTEN. Sie sehen in Abbildung 2.97, dass es nur eine Standardvariante gibt, und zwar die aus dem Testskript.

[+] Würden Sie den Namen des Importparameters im Testskript ändern, würde sich an dieser Stelle auch die Bezeichnung der dritten Spalte ändern.

Aktivieren Sie nun den Radiobutton INTERNE VARIANTEN. Jetzt können Sie der Testkonfiguration Varianten anhängen. Folgende Möglichkeiten haben Sie dazu:

- Sie können Varianten direkt in der Testkonfiguration erstellen.
- Sie können Varianten aus einem Testdatencontainer verwenden.
- Sie laden Varianten aus einer Variantendatei hoch.

Mit Hilfe dieser Varianten haben Sie die Möglichkeit, die Werte vor dem Abspielen anzupassen.

Der Radiobutton EXTERNE VARIANTEN / PFAD muss aktiviert werden, wenn Sie eine Datei von einem anderen Speicherort zur Laufzeit laden möchten.

Externe Varianten aus externen Dateien

> Die externen Varianten können Sie in der Testkonfiguration nicht anpassen, sie müssen in der externen Datei geändert werden.

[+]

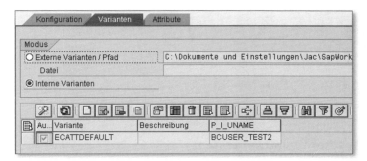

Abbildung 2.97 Registerkarte »Varianten«

Interne Variante erstellen

Sie hängen neue Varianten in der Testkonfiguration an, indem Sie auf den Button VARIANTE ANHÄNGEN klicken (weißes Blatt, siehe Abbildung 2.97). Augenblicklich erhalten Sie neue Zeilen, in die Sie Ihre manuell zu erstellenden Varianten eintragen können.

Interne Variante pflegen

Bei der Pflege Ihrer internen Varianten müssen Sie darauf achten, dass jede Variante eine eigene Variantenkennung bzw. einen Variantenschlüssel besitzt. Folgende Spalten müssen Sie für Ihre internen Variante ausfüllen:

Eigene Variantenkennung pro Variante

- Die Variantenkennung befindet sich in der Spalte VARIANTE.
- Die Spalte BESCHREIBUNG bezieht sich nur auf die Variante, nicht auf deren Parameter. Wenn Sie der Variante eine Bezeichnung mitgeben möchten, können Sie das an dieser Stelle tun.
- Alle folgenden Spalten sind Importparameterspalten. In Abbildung 2.98 sehen Sie die Importparameterspalte P_I_UNAME.

2 | Grundlagen von eCATT

Spalte »Ausführen« Setzen Sie den Haken in der Spalte mit der Bezeichnung AUSFÜHREN nur bei einer Ihrer Varianten. In Abbildung 2.98 sehen Sie, dass nur die interne Variante VAR01 einen Haken in der Spalte AUSFÜHREN erhalten hat.

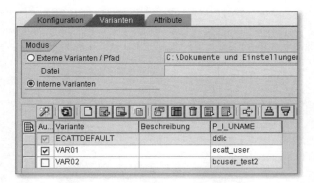

Abbildung 2.98 Manuell neue Varianten erstellen

2.6.4 Testkonfiguration testen

In diesem Abschnitt wird gezeigt, wie Sie die Testkonfiguration abspielen und testen können. Zuerst müssen Sie dafür jedoch die Startoptionen definieren. Nach dem Abspielen erhalten Sie, genau wie beim Abspielen des Testskripts, ein Testprotokoll.

Startoptionen definieren

Testskripts pro Variante einmal abspielen Beim Abspielen der Testkonfiguration wird das Testskript für jede Variante genau einmal abgespielt. Bei zwei Varianten wird das Testskript also zweimal gestartet. Da die Standardzeile zum Ausführen bereits markiert und nicht eingabebereit ist, würde auch diese Variante abgespielt werden, wenn Sie die Startoptionen nicht ändern.

1. Klicken Sie jetzt auf den Button AUSFÜHREN. Sie erhalten die Startoptionen der Testkonfiguration und befinden sich nun auf der Registerkarte ALLGEMEIN. Wie beim Testskript müssen Sie auch hier angeben, welches Fehlverhalten verwendet werden soll.

2. In Abbildung 2.99 sehen Sie, dass das Fehlverhalten S KEIN ABBRUCH, WEITER MIT NÄCHSTEM SKRIPTKOMMANDO ausgewählt wurde. Das bedeutet, es soll keinen Abbruch geben, wenn ein Fehler in der Transaktion auftritt. Bitte wählen Sie dieses Fehlverhalten auch.

3. In der Feldgruppe SYSTEMDATEN müssen Sie folgende Daten eintragen:

    Registerkarte
    »Allgemein«

    ▸ Im Feld SYSTEMDATEN tragen Sie Ihren Systemdatencontainer »Z_TEST_SYSTEM_RFC« ein.

    ▸ Im Feld ZIELSYSTEM tragen Sie Ihr bisher verwendetes Zielsystem »TARGET_SYSTEM_E066« ein (siehe Abbildung 2.99).

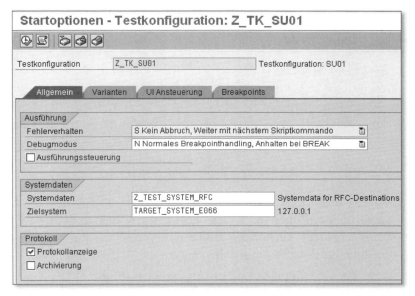

Abbildung 2.99 Startoptionen – Registerkarte »Allgemein«

4. Wechseln Sie anschließend in die Registerkarte VARIANTEN (siehe Abbildung 2.100). Sie sehen im unteren Teil die Feldgruppe AUSWAHL INTERNER VARIANTEN.

    Registerkarte
    »Varianten«

    ▸ Genau wie in Ihrer Vorauswahl wurde nur die Variante VAR01 markiert.

    ▸ An dieser Stelle haben Sie die Möglichkeit, die Standardvariante ECATTDEFAULT aus der Ausführung auszuschließen, indem Sie den Haken in der Spalte Ausführen entfernen.

5. Bitte entfernen Sie den Haken für die Standardvarianten. Sie sollten jetzt nur noch einen Haken für eine Ihrer Varianten stehenlassen.

2 | Grundlagen von eCATT

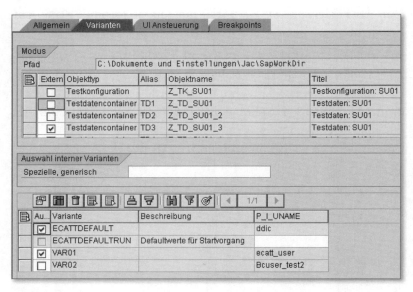

Abbildung 2.100 Registerkarte »Varianten«

Registerkarte
»UI Ansteuerung«

6. Wechseln Sie jetzt bitte in die Registerkarte UI ANSTEUERUNG. Sicher kommt Ihnen auch diese Registerkarte bekannt vor. Auch beim Testskript mussten Sie auf dieser Registerkarte Einstellungen vornehmen. Jetzt ist jedoch die Feldgruppe TCD wichtig.

- Wählen Sie im Feld STARTMODUS FÜR KOMMANDO TCD aus, wie Ihr Testskript abgespielt werden soll. In Abbildung 2.101 wurde der STARTMODUS FÜR KOMMANDO TCD mit der Option: N DUNKEL ABSPIELEN, SYNCHRON LOKAL ausgewählt.
- Alle anderen Voreinstellungen können Sie so belassen.

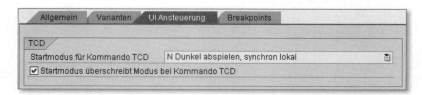

Abbildung 2.101 Registerkarte »UI Ansteuerung«

Testprotokoll

Testkonfiguration testen

Führen Sie die Testkonfiguration aus, nachdem Sie eine interne Variante erstellt haben. Beachten Sie bitte, dass Sie auf der Registerkarte

VARIANTEN der Startoptionen nur die interne Variante VAR01 markiert haben.

Sie erhalten nach kurzer Zeit das Testprotokoll (siehe Abbildung 2.102), in dem Sie sehen, dass nur die Variante `VAR01` mit dem Parameterwert `ecatt_user` ausgeführt wurde. Hätten Sie jetzt ein Testskript ausgeführt, das Stammdaten anlegt, so hätten Sie durch die Ausführung einen neuen Stammdatensatz generiert.

```
▽ 📄 0000000146 Testkonfig. Z_TK_SU01 - SECATT [Ohne Unterbrechung] [0 sec]
  ▽ 📂 Z_TK_SU01  Testkonfiguration: SU01
    ▷ 📄 Zielsystem Z_TEST_SYSTEM_RFC->TARGET_SYSTEM_E066->Z_eCATT_RFC_E066 (NSP
      📇 Systemdaten     Z_TEST_SYSTEM_RFC
    ▷ 📋 Testdaten
    ▽ ⬚ Z_TS_SU01 [0,218 sec]   Version 1 Variante VAR01 INT_VAR_TEXT
      ▽ ▶ IMPORT  VAR01                   09:10:44
          ⬚ SAP Nutzername  P_I_UNAME    = ecatt_user  <C128>
      ▷ ⬚ TCD      SU01                  [0,047 sec N] Benutzerpflege
        ▶ EXPORT  VAR01                   09:10:44
```

Abbildung 2.102 Testprotokoll mit einer Variante

Testen Sie Ihre Testkonfiguration anschließend mit unterschiedlichen Varianten, und vergleichen Sie die Testprotokolle.

Testdatencontainer werden nicht abgespielt	[+]
Es werden nur interne Varianten der Testkonfiguration abgespielt. Eingebundene Testdatencontainer werden beim Abspielen noch nicht beachtet.	

2.6.5 Variantenpflege-Assistent

Wenn Sie Varianten aus Ihren Testdatencontainern verwenden möchten, müssen Sie den Variantenpflege-Assistenten einsetzen. Sie können ihn starten, wenn Sie die Registerkarte VARIANTEN öffnen und in der Buttonleiste den Button VARIANTENPFLEGE-ASSISTENT anklicken (siehe Abbildung 2.103). Der Button wird durch eine Art Zauberstab symbolisiert.

Starten Sie den Variantenpflege-Assistenten, indem Sie auf den entsprechenden Button klicken.

Abbildung 2.103 Button »Variantenpflege-Assistent«

Aufbau des Variantenpflege-Assistenten

Nach dem Öffnen des Variantenpflege-Assistenten erhalten Sie eine geänderte Oberfläche an der Stelle, an der sich zuvor Ihre Testkonfiguration befunden hatte (siehe Abbildung 2.104).

- **Oberer Bereich**
  Im oberen Bereich befindet sich die Buttonleiste des Variantenpflege-Assistenten.

- **Links unten**
  Links unten wird der ausgewählte Datencontainer angezeigt. Wurde noch nichts ausgewählt, wird standardmäßig der Datencontainer angezeigt, der in der Testkonfiguration als Erster eingebunden wurde.

- **Rechts unten**
  Rechts unten befinden sich die bisherigen Varianten des Testdatencontainers. Sie sehen, dass die Varianten VAR01 und VAR02 bereits angezeigt werden.

Der zurzeit angezeigte Testdatencontainer hat den Namen Z_TD_SU01 und trägt den Alias TD1. Dieser Testdatencontainer besitzt die Standardvariante ECATTDEFAULT und eine Variante mit der Bezeichnung TESTDATA2.

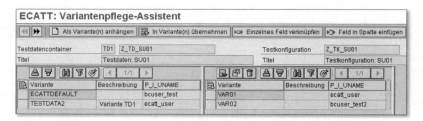

Abbildung 2.104 Fenster »ECATT: Variantenpflege-Assistent«

Buttons des Variantenpflege-Assistenten

Abbildung 2.105 zeigt Ihnen die wichtigsten Buttons des Variantenpflege-Assistenten. Diese Buttons werden Sie sehr oft für die Pflege Ihrer Testkonfiguration verwenden.

Nächster und vorheriger Testdatencontainer

Unter ❶ sehen Sie die Buttons NÄCHSTER TESTDATENCONTAINER und VORHERIGER TESTDATENCONTAINER. Wie Sie erkennen, ist der Button VORHERIGER TESTDATENCONTAINER noch grau. Der Grund dafür ist, dass Sie sich im ersten Testdatencontainer befinden und es keinen vorherigen Testdatencontainer gibt. Wenn Sie insgesamt nur einen Testdatencontainer in Ihrer Testkonfiguration eingetragen haben, werden beide Buttons grau sein, da Sie nicht zwischen den Testdatencontainern wechseln brauchen.

Abbildung 2.105 Buttons des Variantenpflege-Assistenten

Die ❷ zeigt Ihnen den Button ALS VARIANTE(N) ANHÄNGEN. Wenn Sie im Testdatencontainer eine Variante markiert haben und diesen Button anklicken, wird die Variante als Variante in den Testdatencontainer aufgenommen. Wenn Sie ein und dieselbe Variante mehrfach aufnehmen, wird eine fortlaufende Nummer an den Variantennamen angehängt.

Button »Als Variante anhängen«

Unter ❸ sehen Sie den Button EINZELNES FELD VERKNÜPFEN. Er dient der Verknüpfung der richtigen Parameter. Wenn Sie zum Beispiel in Ihrem Testdatencontainer für die gleiche Sache andere Parameternamen als in der Testkonfiguration vergeben haben, wird die Testdatenkonfiguration Ihre Parameter nicht zuordnen können. Sie müssten in diesem Fall zuerst das Feld im Testdatencontainer markieren und danach das noch ungefüllte bzw. nicht gefundene Feld in der Testkonfiguration. Anschließend klicken Sie auf den Button EINZELNES FELD VERKNÜPFEN. Sofort wird in der Testkonfiguration ein Wert in das leere Feld getragen.

Button »Einzelnes Feld verknüpfen«

> Wenn Sie die Felder leer lassen würden, würden zur Laufzeit die Standard-Importparameterwerte aus dem Testskript verwendet werden.

[+]

Unter ❹ sehen Sie den Button FELD IN SPALTE EINFÜGEN. Angenommen, Sie möchten, dass ein einziger Wert in allen Varianten verwendet wird, dann können Sie die Parameterspalte in der Testkonfiguration markieren, danach den einen Wert im Testdatencontainer ebenfalls markieren und anschließend den Button FELD IN SPALTE EINFÜGEN anklicken.

Button »Feld in Spalte einfügen«

Datencontainer wechseln

Wenn Sie sich im Variantenpflege-Assistenten befinden, können Sie Varianten aus allen Testdatencontainern verwenden, die Sie in die

Testdatencontainer in Testkonfiguration

Testkonfiguration eingebunden haben; in diesem Beispiel haben Sie drei Testdatencontainer eingebunden. In Abbildung 2.106 sehen Sie die drei Testdatencontainer dieser Testkonfiguration. Für jeden Testdatencontainer steht in der ersten Spalte ein Aliasname.

Abbildung 2.106 Testdatencontainer in Ihrer Testdatenkonfiguration

Um im Variantenpflege-Assistenten von einem Testdatencontainer zum vorherigen oder nächsten zu springen, müssen Sie den Button NÄCHSTER TESTDATENCONTAINER oder VORHERIGER TESTDATENCONTAINER anklicken.

[+] Beim Start des Variantenpflege-Assistenten befinden Sie sich immer in dem Testdatencontainer, der in Ihren Testdaten an oberster Stelle steht.

Nächster Testdatencontainer

Klicken Sie z.B. auf den Button NÄCHSTER TESTDATENCONTAINER. Sie gelangen sofort in den Testdatencontainer Z_TD_SU01_2 mit dem Alias TD2 (siehe Abbildung 2.107). Sie sehen, dass nun die Doppelpfeile beider Buttons schwarz sind, weil der zweite Testdatencontainer einen Vorgänger und einen Nachfolger besitzt.

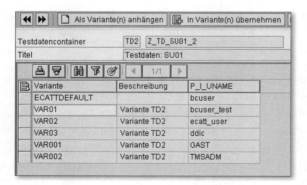

Abbildung 2.107 Testdatencontainer 2 anzeigen

Klicken Sie nun abermals auf den Button NÄCHSTER TESTDATEN-
CONTAINER. Sie gelangen in die Ansicht des Testdatencontainers Z_
TD_SU01_3 mit dem Alias TD3 (siehe Abbildung 2.108).

Sie sehen anschließend, dass der Button NÄCHSTER TESTDATENCON-
TAINER nun graue Doppelpfeile besitzt. Grund dafür ist, dass es keinen nachfolgenden Testdatencontainer mehr gibt. Der Button ist
somit deaktiviert.

Letzter Testdaten-
container

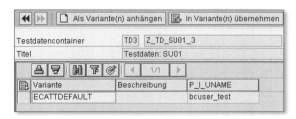

Abbildung 2.108 Testdatencontainer 3 anzeigen

Varianten anhängen

In diesem Abschnitt werden Sie einige Varianten aus unterschiedlichen Testdatencontainern auswählen und den Varianten der Testkonfiguration hinzufügen.

1. Wechseln Sie in den Testdatencontainer Z_TD_SU01 mit dem
   Alias TD1, indem Sie ihn über die Buttons NÄCHSTER TESTDATEN-
   CONTAINER und VORHERIGER TESTDATENCONTAINER suchen.

2. Markieren Sie eine Variante im Testdatencontainer Z_TD_SU01
   (siehe Abbildung 2.109), indem Sie die Zelle am Zeilenanfang anklicken. Die ausgewählte Zeile wird durch eine gelbe Färbung markiert.

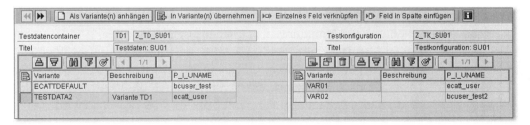

Abbildung 2.109 Variante im Testdatencontainer markieren

2 | Grundlagen von eCATT

Button »Als Variante(n) anhängen«

3. Als Nächstes klicken Sie auf den Button ALS VARIANTE(N) ANHÄNGEN. Augenblicklich wird diese Variante in die Varianten der Testkonfiguration aufgenommen (siehe Abbildung 2.110).

Die Spalte P_I_UNAME erhält den Parameterwert P_I_UNAME(TD1, TESTDATA2). Das bedeutet, dass der Importparameter P_I_UNAME durch die Variante TESTDATA2 aus dem Testdatencontainer TD1 versorgt wird. Würde der Importparameter im Testdatencontainer eine andere Bezeichnung tragen als in der Testkonfiguration, bliebe das Wertefeld bei P_I_UNAME leer.

[+] **Parameternamen müssen identisch sein**

Der Importparameterwert in der Testkonfiguration wird nur automatisch mit Werten aus dem Testdatencontainer gefüllt, wenn die Importparameterbezeichnungen identisch sind.

Abbildung 2.110 Als Variante anhängen

Varianten abspielen

Nachdem Sie eine neue Variante aus dem Testdatencontainer in der Testkonfiguration angehängt haben, können Sie diese Variante der Testkonfiguration jetzt prüfen.

Verlassen Sie dazu den Variantenpflege-Assistenten, damit Sie wieder auf die Registerkarte VARIANTEN der Testkonfiguration gelangen.

Ausgewählte Varianten abspielen

Wie Sie in Abbildung 2.111 sehen, ist die Variante TESTDATA2 aus dem Testdatencontainer Z_TD_SU01 als dritte Variante angefügt worden. Der Wert des Parameters lautet P_I_UNAME(TD1, TESTDATA2) und besagt, dass der Parameter P_I_UNAME durch die Variante TESTDATA2 aus dem Testdatencontainer mit dem Alias TD1 gezogen wird.

> **Parameternamen prüfen** [+]
>
> Wenn bei Ihnen die Felder in den Spalten der Importparameter nicht gefüllt wurden, stimmen die Parameterbezeichnungen im Testdatencontainer und in der Testkonfiguration nicht überein. Beim Abspielen werden dann nur die Standardwerte aus dem Testskript verwendet.

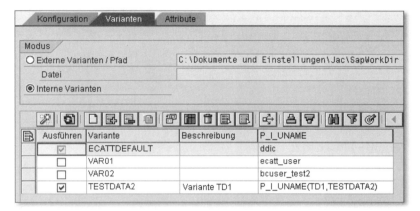

Abbildung 2.111 Dritte Variante aus dem Testdatencontainer

Starten Sie jetzt die Testkonfiguration, indem Sie auf den AUSFÜHREN-Button klicken. Belassen Sie den Haken zum Ausführen auch in der Standardvariante.

Sie erhalten ein Testprotokoll, in dem die Variante TESTDATA2 korrekt abgespielt wurde (siehe Abbildung 2.112). Expandieren Sie die Baumstruktur des Testfalls, bei dem Sie den Hinweis VARIANTE TESTDATA2 erkennen.

Abgespielte Variante im Testprotokoll

Sie sehen, dass der Testfall genauso abgespielt wurde wie vorher. Nur der Hinweis auf die Variante zeigt Ihnen im Nachhinein, um welche Variante es sich beim Abspielen gehandelt hat.

> Bei großen Datenmengen und einigen Fehlern können Sie so anhand der Variantenbezeichnung schnell die fehlerhaften Varianten herausfinden. [+]

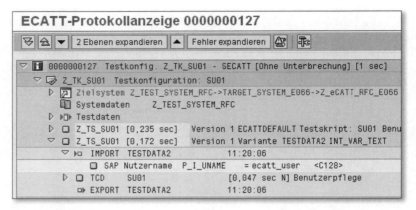

Abbildung 2.112 Testprotokoll mit Variante aus dem Testdatencontainer

Varianten löschen

Wenn Sie eine Variante löschen müssen, können Sie dazu den Button VARIANTE LÖSCHEN (Mülltonne, siehe Abbildung 2.113) verwenden.

Markierte Variante löschen

Löschen Sie nun Ihre Variante TESTDATA2 aus der Liste der Varianten. Markieren Sie dazu diese Variante (siehe Abbildung 2.113), und klicken Sie danach auf den Button VARIANTE LÖSCHEN.

Abbildung 2.113 Variante löschen

Varianten aus Testdatencontainern anpassen

Nachfolgend wird gezeigt, wie Sie einzelne Felder oder Spalten aus einem Testdatencontainer mit Feldern oder Spalten in Varianten der Testkonfiguration verknüpfen können. Zuvor müssen Sie jedoch einen neuen Testdatencontainer für die zu testenden Verknüpfungen modifizieren.

Testdatencontainer kopieren

1. Kopieren Sie zuvor mit Hilfe der Transaktion SECATT den Testdatencontainer Z_TD_SU01_3 nach Z_TD_SU01_4 (siehe Abbildung 2.114).

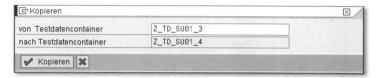

Abbildung 2.114 Testdatencontainer kopieren

2. Bearbeiten Sie Ihren neuen Testdatencontainer Z_TD_SU01_4. Ändern Sie den Importparameter P_I_UNAME in P_I_USERNAME (siehe Abbildung 2.115).

Testdatencontainer-Parameter ändern

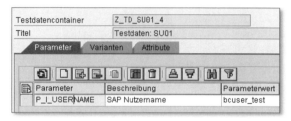

Abbildung 2.115 Parameternamen ändern

3. Wechseln Sie in die Registerkarte VARIANTEN, und fügen Sie eine interne Variante VARTD4_1 ein (siehe Abbildung 2.116). Speichern Sie Ihren Testdatencontainer, und verlassen Sie ihn anschließend.

Interne Variante erstellen

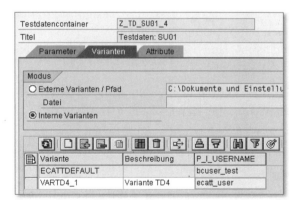

Abbildung 2.116 Interne Variante anlegen

4. Wechseln Sie nun wieder in Ihre Testkonfiguration Z_TK_SU01, und fügen Sie in der Feldgruppe TESTDATEN diesen neuen Testdatencontainer Z_TD_SU01_4 hinzu. Dieser soll den Alias TD4 erhalten (siehe Abbildung 2.117).

Testdatencontainer aufnehmen

2 | Grundlagen von eCATT

Abbildung 2.117 Testdatencontainer TD4 hinzugefügt

Variantenpflege-Assistenten verwenden

5. Starten Sie den Variantenpflege-Assistenten, und löschen Sie alle bisherigen Varianten der Testkonfiguration (siehe Abbildung 2.118).

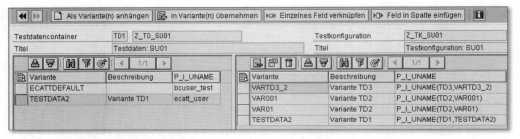

Abbildung 2.118 Zu löschende Varianten der Testkonfiguration

Sie haben nun den Testdatencontainer Z_TD_SU01_4 erstellt, in dem der Importparameter P_I_USERNAME lautet. Ihre Testkonfiguration Z_TK_SU01 enthält einen Importparameter namens P_I_UNAME. Diese beiden Parameter sind vom Namen her offensichtlich nicht identisch.

In den nächsten beiden Abschnitten werden Sie Möglichkeiten kennenlernen, diesen Unterschied bei der Erstellung von Varianten in der Testkonfiguration zu umgehen.

Einzelnes Feld verknüpfen

Im Folgenden wird gezeigt, wie Sie einzelne Felder aus dem Testdatencontainer mit Feldern in der Testkonfiguration verknüpfen können.

1. Öffnen Sie den Variantenpflege-Assistenten, und stellen Sie über die Buttons NÄCHSTER TESTDATENCONTAINER oder VORHERIGER TESTDATENCONTAINER den Testdatencontainer mit dem Alias TD4

ein. Sie sehen in Abbildung 2.119, dass die Variante VARTD4_1 aus dem Testdatencontainer angezeigt wird. Bitte beachten Sie nun, dass der Importparametername P_I_USERNAME aus dem Testdatencontainer TD4 nicht mit dem Importparameternamen P_I_UNAME aus der Testkonfiguration übereinstimmt.

> [+] Falls diese beiden Felder bei Ihnen übereinstimmen, müssen Sie den Testdatencontainer noch einmal anpassen. Es soll in diesem Beispiel gezeigt werden, wie man diesen Unterschied außer Kraft setzen kann.

2. Markieren Sie bitte eine Variante aus dem Testdatencontainer TD4, und hängen Sie diese als Variante an, indem Sie auf den Button ALS VARIANTE(N) ANHÄNGEN klicken. In Abbildung 2.119 sehen Sie, dass der Wert für den Importparameter P_I_UNAME nicht gefüllt wurde. Das liegt an den unterschiedlichen Parameternamen.

Ungleiche Variante anhängen

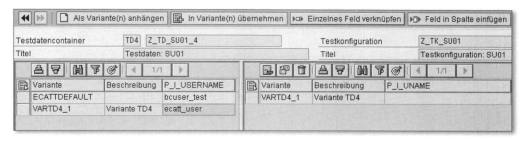

Abbildung 2.119 Fehlender Wert bei Importparameter »P_I_UNAME«

3. Markieren Sie nun den Importparameterwert ecatt_user des Testdatencontainers TD4 und das leere Feld für den Importparameter in der Testkonfiguration. Klicken Sie anschließend auf den Button EINZELNES FELD VERKNÜPFEN.

4. Sie sehen in Abbildung 2.120, dass der Importparameterwert der Testkonfiguration nun ordnungsgemäß mit einem Wert aus dem Testdatencontainer nach folgendem Schema verknüpft wurde: <PARAMETERWERT>(<TESTDATEN-ALIAS>,<TESTDATEN-VARIANTE>).

Button »Einzelnes Feld verknüpfen«

2 | Grundlagen von eCATT

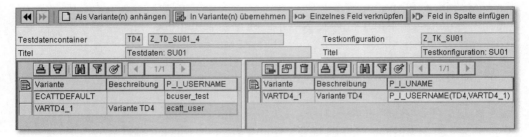

Abbildung 2.120 Button »Einzelnes Feld verknüpfen«

Feld in gesamte Spalte einfügen

In diesem Abschnitt wird gezeigt, wie Sie einen ausgewählten Wert aus einem Testdatencontainer einer ganzen Spalte in der Testkonfiguration hinzufügen können.

1. Hängen Sie im Variantenpflege-Assistenten mehrmals die Variante VARTD4_1 als Variante in der Testkonfiguration Z_TK_SU01 an. Da die Parameternamen ungleich sind, bleibt die Parameterwertspalte in der Testkonfiguration leer.

Fehlerhafte Spalte markieren

2. Markieren Sie den Importparameterwert ecatt_user im Testdatencontainer TD4. Dieser Wert soll an alle Varianten übergeben werden. Markieren Sie anschließend in der Testdatenkonfiguration Z_TK_SU01 die Spalte, die den Importparameterwert ecatt_user übernehmen soll (siehe Abbildung 2.121).

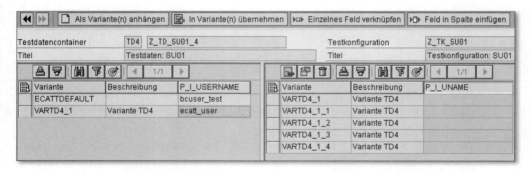

Abbildung 2.121 Importparameterwert und Spalte auswählen

Feld in Spalte einfügen

3. Klicken Sie auf den Button FELD IN SPALTE EINFÜGEN, um den Importparameterwert ecatt_user an alle Varianten der Testkonfiguration zu übergeben (siehe Abbildung 2.122). Speichern Sie Ihre Änderung.

Testkonfiguration | **2.6**

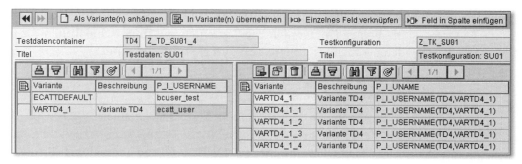

Abbildung 2.122 Alle Varianten mit gleichem Wert

In der Registerkarte VARIANTEN der Testkonfiguration sehen Sie die gerade erzeugten Varianten (siehe Abbildung 2.123).

Anzeige der Varianten

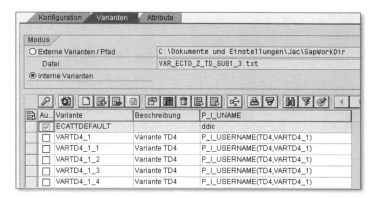

Abbildung 2.123 Registerkarte »Varianten«

Führen Sie die Testkonfiguration jetzt aus. Wie zu erwarten war, werden alle Varianten fehlerfrei abgespielt (siehe Abbildung 2.124).

Fehlerfreie Variante

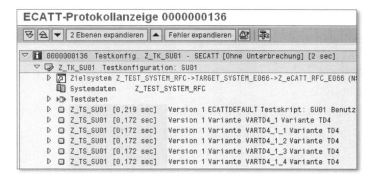

Abbildung 2.124 Fehlerfreies Abspielen aller Varianten

2.6.6 Varianten aus mehreren Testdatencontainern

Im Folgenden werden Sie Varianten aus unterschiedlichen Testdatencontainern in Ihre Testkonfiguration aufnehmen.

Varianten aufnehmen

Varianten aus Testdatencontainer aufnehmen

1. Wechseln Sie zuerst in den Testdatencontainer Z_TD_SU01_2, indem Sie auf den Button NÄCHSTER TESTDATENCONTAINER klicken. Markieren Sie eine oder zwei Varianten, und übernehmen Sie diese in die Varianten der Testkonfiguration, indem Sie den Button ALS VARIANTE(N) ANHÄNGEN anklicken (siehe Abbildung 2.125).

[+] Merken Sie sich die Variante VAR001 mit dem Importparameterwert GAST. Da es keinen SAP-Benutzernamen GAST in diesem System gibt, wird diese Variante später auf Fehler laufen.

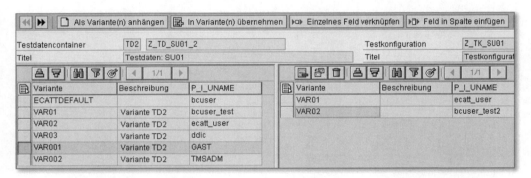

Abbildung 2.125 Variante aus Testdatencontainer »Z_TD_SU01_2« anhängen

2. Wechseln Sie anschließend in den Testdatencontainer Z_TD_SU01_3, und übernehmen Sie auch dort eine Variante in die Testkonfiguration.

3. Zum Schluss wechseln Sie in den Testdatencontainer Z_TD_SU01 und hängen auch aus diesem Testdatencontainer eine Variante an. In Abbildung 2.126 sehen Sie folgende neue Varianten in der Testkonfiguration:

Varianten aus unterschiedlichen Testdatencontainern

- VARTD3_2 aus dem Testdatencontainer Z_TD_SU01_3
- VAR001 aus dem Testdatencontainer Z_TD_SU01_2
- VAR01 ebenfalls aus dem Testdatencontainer Z_TD_SU01_2 und
- TESTDATA2 aus dem Testdatencontainer Z_TD_SU01

4. Speichern Sie die Änderungen, und verlassen Sie den Variantenpflege-Assistenten.

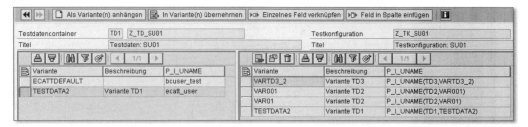

Abbildung 2.126 Vier unterschiedliche Varianten aus drei verschiedenen Testdatencontainern

Varianten abspielen

Nach dem Speichern der Varianten und dem Verlassen des Variantenpflege-Assistenten gelangen Sie wieder in die Registerkarte VARIANTEN Ihrer Testkonfiguration (siehe Abbildung 2.127). Aktivieren Sie nun in den Startoptionen alle Varianten, und führen Sie die Testkonfiguration aus.

Alle Varianten aktivieren

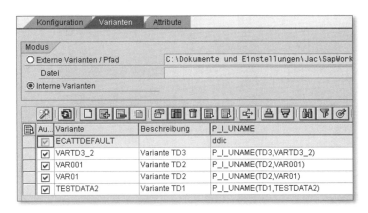

Abbildung 2.127 Registerkarte »Varianten« mit Varianten

Testprotokoll mit Varianten

Sie erhalten nach dem Abspielen ein Testprotokoll, das dem aus Abbildung 2.128 ähnelt.

Alle Varianten können fehlerfrei abgespielt werden außer der Variante VAR001, die Sie sich gemerkt hatten. Sie wissen, dass diese Vari-

2 | Grundlagen von eCATT

ante als Importparameter den Wert GAST besitzt und dass es in diesem System noch keinen SAP-Benutzernamen GAST gibt.

Testprotokoll mit fehlerhafter Variante
Eigentlich hätte die Fehlermeldung im Testprotokoll etwa so lauten müssen: DER BENUTZER GAST KANN NICHT GEFUNDEN WERDEN. Leider sind die meisten eCATT-Fehlermeldungen oft nicht sehr aussagekräftig und werden eher der Fehlermeldung in Abbildung 2.128 (BATCH-INPUT-DATEN FÜR DYNPRO NICHT VORHANDEN) ähneln.

[+] **Abspielen im Vordergrund**

Um die Gründe für echte Fehlermeldungen herauszufinden, spielen Sie bitte nur die fehlerhafte Variante im Vordergrund ab. Die Fehlermeldungen erhalten Sie dann zur Laufzeit in der Statusleiste oder in einer MessageBox.

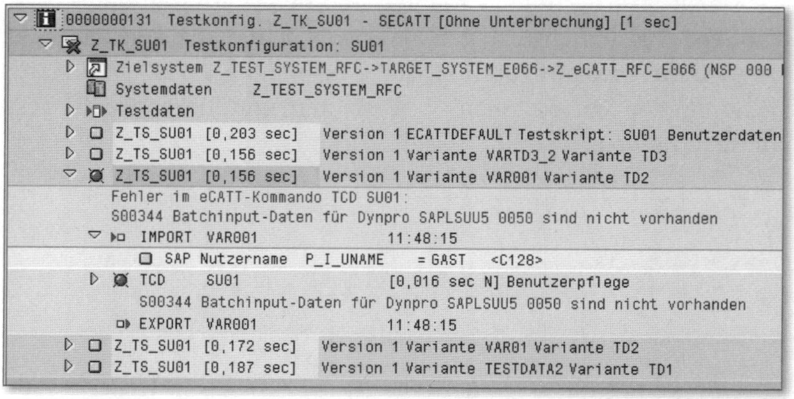

Abbildung 2.128 Batchinput-Daten fehlen aufgrund fehlerhafter Variante

2.6.7 Externe Variantendatei verwenden

In Abschnitt 2.5, »Testdatencontainer«, haben Sie Ihren Testdatencontainer Z_TD_SU01_3 als Textdatei heruntergeladen. Falls Sie diesen Schritt noch nicht durchgeführt haben, müssten Sie nun Ihren Testdatencontainer Z_TD_SU01_3 öffnen. Danach gehen Sie bitte über den Pfad BEARBEITEN • VARIANTEN • HERUNTERLADEN. Damit laden Sie die Varianten als Textdatei VAR_ECTD_Z_TD_SU01_3.TXT herunter. Gehen Sie dann auf folgende Weise vor:

Externe Datei prüfen
1. Öffnen Sie die Textdatei VAR_ECTD_Z_TD_SU01_3.TXT, und prüfen Sie den Inhalt. Sie sehen in Abbildung 2.129, dass die Variante VarTD3_1 als Importparameter den Wert GAST besitzt. Da es den

SAP-Benutzernamen GAST in diesem System nicht gibt, wird diese Variante auf Fehler laufen.

Abbildung 2.129 Externe Variantendatei »VAR_ECTD_Z_TD_SU01_3«

2. Ändern Sie in der Registerkarte VARIANTEN Ihrer Testkonfiguration die Auswahl der Radiobuttons. Klicken Sie auf den Radiobutton EXTERNE VARIANTEN/PFAD, und tragen Sie anschließend in das Feld Datei den Dateinamen Ihrer Variantendatei ein (siehe Abbildung 2.130).

Externen Dateipfad angeben

Achten Sie bitte darauf, dass die externe Variantendatei unter dem angegebenen Pfad abgelegt ist. Andernfalls müssten Sie den Pfad ändern.

[+]

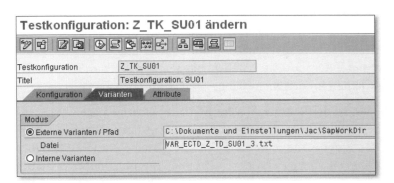

Abbildung 2.130 Zuweisen einer externen Variantendatei

3. Führen Sie Ihre Testkonfiguration aus. In Abbildung 2.131 sehen Sie, dass beide Varianten der Textdatei abgespielt wurden.

Genau wie bei den internen Varianten erhalten Sie auch bei externen Varianten eine Fehlermeldung im Testprotokoll, wenn ein Variantenimportparameter fehlerhaft ist. Da die Variante VarTD3_1 den Importparameterwert GAST besitzt, konnte die Transaktion SU01 nicht ausgeführt werden. Einen Benutzernamen GAST gibt es nicht.

Fehlerhafte Variante aus externer Datei

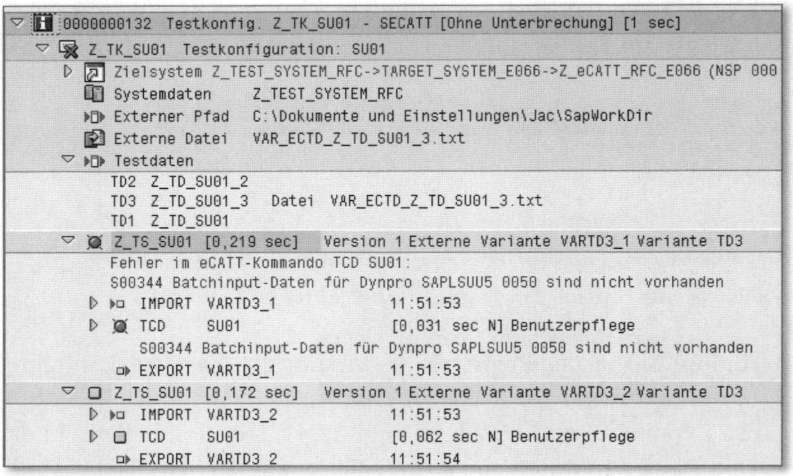

```
▽ 🛈 0000000132 Testkonfig. Z_TK_SU01 - SECATT [Ohne Unterbrechung] [1 sec]
   ▽ 🗟 Z_TK_SU01  Testkonfiguration: SU01
     ▷ 🗐 Zielsystem Z_TEST_SYSTEM_RFC->TARGET_SYSTEM_E066->Z_eCATT_RFC_E066 (NSP 000
        🛢 Systemdaten    Z_TEST_SYSTEM_RFC
        ▶🗋 Externer Pfad  C:\Dokumente und Einstellungen\Jac\SapWorkDir
        📄 Externe Datei   VAR_ECTD_Z_TD_SU01_3.txt
     ▽ ▶🗋 Testdaten
           TD2  Z_TD_SU01_2
           TD3  Z_TD_SU01_3   Datei  VAR_ECTD_Z_TD_SU01_3.txt
           TD1  Z_TD_SU01
     ▽ ⚙ Z_TS_SU01 [0,219 sec]   Version 1 Externe Variante VARTD3_1 Variante TD3
           Fehler im eCATT-Kommando TCD SU01:
           S00344 Batchinput-Daten für Dynpro SAPLSUU5 0050 sind nicht vorhanden
        ▷ ▶🗋 IMPORT  VARTD3_1                11:51:53
        ▷ ⚙ TCD     SU01                    [0,031 sec N] Benutzerpflege
              S00344 Batchinput-Daten für Dynpro SAPLSUU5 0050 sind nicht vorhanden
           ◻ EXPORT  VARTD3_1                11:51:53
     ▽ ☐ Z_TS_SU01 [0,172 sec]   Version 1 Externe Variante VARTD3_2 Variante TD3
        ▷ ▶🗋 IMPORT  VARTD3_2                11:51:53
        ▷ ☐ TCD     SU01                    [0,062 sec N] Benutzerpflege
           ◻ EXPORT  VARTD3_2                11:51:54
```

Abbildung 2.131 Fehler bei externen Varianten

Fehlerhafte Variantendatei bearbeiten

Sie sehen, dass die externe Datei im Testprotokoll mit der genauen Pfadangabe namentlich genannt wird. Wenn Sie nun eine Fehlermeldung im Testprotokoll erhalten haben, können Sie gezielt in dieser externen Datei nach Fehlern suchen. Sie hätten zum Beispiel auch die Möglichkeit, die fehlerfreien Varianten in einer separaten Datei zwischenzeitlich zu speichern und nur die fehlerhafte Variante in der genannten externen Datei stehenzulassen. Dadurch müssten nicht alle Varianten immer wieder abgespielt werden.

Sie haben in den letzten Abschnitten alle wichtigen Elemente zum Erstellen eines Testfalls kennengelernt. Sie haben einen Systemdatencontainer erzeugt, der alle Ihre Zielsysteme enthält. Sie haben Testskripts entwickelt und deren Parametrisierung geübt. Sie haben außerdem Testdatencontainer erstellt, die mit internen und externen Varianten arbeiten. Zum Schluss haben Sie das eCATT-Objekt Testkonfiguration kennengelernt. Dieses benötigt die zuvor erstellen eCATT-Objekte Systemdatencontainer, Testskript und Testdatencontainer. Wenn es in Kapitel 3, »Organisation und Planung von Testfällen«, um den Testkatalog geht, werden Sie erfahren, dass Testfälle über die Testkonfiguration im Testkatalog eingebunden werden. Im nächsten Abschnitt werden Sie einige Grundlagen zum Testprotokoll kennenlernen.

2.7 Testprotokoll

In diesem Abschnitt erhalten Sie Details zum Aufruf und zum Aufbau eines Testprotokolls. Am Ende dieses Abschnitts werden Sie einige fehlerhafte Testprotokolle sehen und deren mögliche Ursachen und Fehlerbehebung kennenlernen. Außerdem wird gezeigt, wie Sie das Verfalldatum eines Testprotokolls ändern können. Beginnen werden wir diesen Abschnitt mit dem Aufrufen Ihrer Testprotokolle.

2.7.1 Aufruf von Testprotokollen

Testprotokolle werden zur Laufzeit eines Testfalls generiert und Ihnen im Anschluss an die Laufzeit angezeigt. Sie gelangen zu Ihren bisher generierten Testprotokollen, wenn Sie die Transaktion SECATT starten und über den Pfad SPRINGEN • PROTOKOLLE gehen.

Transaktion SECATT

Oder Sie klicken den Button PROTOKOLLE (siehe Abbildung 2.132) an. Diesen Button finden Sie auch in Ihren Testskripts, über ihn können Sie die Testprotokolle direkt anspringen.

Abbildung 2.132 Button »Protokolle«

Sie gelangen so in die ECATT-PROTOKOLLAUSWAHL (siehe Abbildung 2.133). In dieser Eingabemaske haben Sie mehrere Möglichkeiten der Filterung bzw. der Selektion. Nachfolgend erhalten Sie einen kurzen Überblick über die Selektionsmöglichkeiten:

▶ **Laufende Vorgangsnummer**
In das Feld LFD. VORGANGSNUMMER tragen Sie z. B. eine gesuchte Testprotokollnummer ein.

▶ **Starter**
In das Feld STARTER können Sie den Benutzernamen eines Testausführers eintragen.

▶ **Startdatum**
In dem Feld STARTDATUM tragen Sie ein exaktes Datum oder ein Zeitintervall ein, in dem Testprotokolle entstanden sind.

2 | Grundlagen von eCATT

▶ **Testkonfiguration**
Tragen Sie in das Feld TESTKONFIGURATION den Namen einer ausgewählten Testkonfiguration ein.

▶ **Variante**
In das Feld VARIANTE können Sie ausgewählte Varianten eintragen.

Eingabemaske »ECATT-Protokollauswahl«

Die Auflistung der Testprotokolle wird von Ihren Selektionen abhängig gemacht. Das ist sinnvoll, weil Sie sonst zu viele Testprotokolle angezeigt bekommen würden. Tragen Sie bitte in das Feld LFD. VORGANGSNUMMER nur eine Nummer für ein Testprotokoll ein, und führen Sie anschließend die Suche aus, indem Sie auf den AUSFÜHREN-Button klicken.

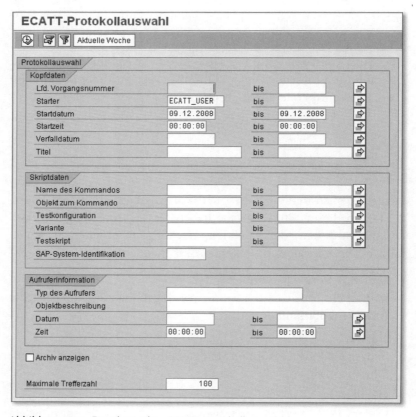

Abbildung 2.133 Eingabemaske »ECATT-Protokollauswahl«

Sie erhalten eine Auflistung der ermittelten Testprotokolle, die der Selektion entsprachen. In Abbildung 2.134 sehen Sie, dass genau ein Testprotokoll gefunden wurde. Die Auflistung der Testprotokolle entspricht einer Tabelle mit folgenden Spalten:

Liste der Testprotokolle

- **Status**
  Die Spalte STATUS zeigt ein Ampel-Icon. Ein grünes Icon steht für ein fehlerfreies Testprotokoll, ein rotes Icon zeigt an, dass das Testprotokoll fehlerhaft war.

- **Vorgangsnummer**
  Die Spalte VORGANGSNR steht für die laufende Vorgangsnummer und zeigt die Nummer des Testprotokolls an.

- **Starter**
  Die Spalte STARTER zeigt den SAP-Benutzernamen des Ausführers an.

- **Startdatum**
  Die Spalte STARTDATUM enthält das Datum des Tages, an dem das Testprotokoll entstanden ist.

- **Startzeit**
  Die Spalte STARTZEIT zeigt Ihnen die Uhrzeit an, zu der das Testprotokoll entstanden ist.

- **Endedatum**
  Die Spalte ENDEDATUM enthält das Datum des Tages, an dem der Testfall beendet wurde.

- **Endezeit**
  Die Spalte ENDEZEIT zeigt die Uhrzeit an, zu der der Testfall beendet wurde.

- **Verfall**
  Die Spalte VERFALL STEHT FÜR das VERFALLSDATUM und zeigt das Datum des Tages an, an dem das Testprotokoll verfällt bzw. gelöscht wird. Diese Spalte können Sie nachträglich ändern, so dass der Verfall erst später stattfindet.

- **Anzahl**
  Die Spalte ANZ. enthält die Anzahl der Testfälle und gibt an, wie viele Testfälle das Testprotokoll aufgenommen hat.

2 | Grundlagen von eCATT

▶ **Error**
In der Spalte ERR. steht die Anzahl der fehlerhaften Testfälle.

▶ **Nicht ausgeführt**
Die Spalte N.A. steht für die Anzahl nicht ausgeführter Testfälle.

▶ **Bis**
Wenn ein Testprotokoll wegen eines Abbruchs nicht vollständig aufgenommen werden konnte, wird in diese Spalte die Nummer des gerade noch abgeschlossenen Testfalls eingetragen.

▶ **Ohne Unterbrechung**
Die Spalte O.U. steht für »Ohne Unterbrechung«. Das bedeutet, dass der Testfall im Hintergrund abgespielt wurde. Diese Spalte enthält eine Checkbox, die aktiviert ist, wenn es keine Unterbrechung gegeben hat. Wenn Sie den Testfall dagegen im Vordergrund abgespielt haben, wird es zwangsläufig Unterbrechungen gegeben haben. In diesem Fall wäre die Checkbox nicht aktiviert bzw. der Haken nicht gesetzt.

▶ **Titel**
Die Spalte TITEL zeigt die Bezeichnung des eCATT-Objektes an, das Sie abgespielt haben. Das kann ein Testskript oder eine Testkonfiguration sein.

▶ **Archiv**
Die Spalte ARCHIV zeigt an, ob ein Archivierungsflag gesetzt wurde.

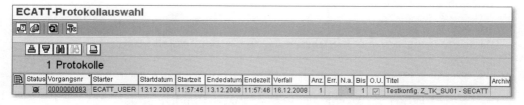

Abbildung 2.134 Auflistung der Protokollauswahl

2.7.2 Aufbau eines Testprotokolls

In diesem Abschnitt lernen Sie, wie ein Testprotokoll aufgebaut ist.

Kopfbereich mit Buttonleiste

Protokolltitel mit Nummer In Abbildung 2.135 sehen Sie den Titel des Protokolls mit der Protokollnummer. Wenn Sie dieses Protokoll zu einem späteren Zeitpunkt auswerten möchten, benötigen Sie diese Nummer, um das richtige Testprotokoll zu finden. Geben Sie diese Protokollnummer immer in das Feld LFD. VORGANGSNUMMER ein.

Abbildung 2.135 Protokolltitel mit Protokollnummer

In Abbildung 2.136 sehen Sie die Buttons, mit denen Sie Teile des Testprotokolls minimieren (schließen) oder expandieren (öffnen). Das Expandieren von Teilknoten bzw. Unterknoten ist möglich, indem Sie einen ausgewählten Knoten markieren und anschließend auf den Button EXPANDIEREN klicken.

Expandieren und Minimieren

Minimieren ist nicht auf Knotenebene möglich	[+]
Das Minimieren ist leider nicht auf Knotenebene möglich. Sobald Sie auf den Button MINIMIEREN klicken, schließt sich der gesamte Testprotokollbaum. Eventuell wird diese Funktion in einem späteren Release geändert werden, bei SAP NetWeaver 7.0 funktionierte das Minimieren einzelner Unterknoten leider noch nicht.	

Abbildung 2.136 Buttons »Expandieren« und »Minimieren«

Ausführungsdetails des Testprotokolls

In diesem Unterabschnitt lernen Sie die Ausführungsdetails eines Testprotokolls kennen.

▶ **Testprotokollnummer**
Die erste Zeile im Testprotokoll zeigt Ihnen, welche Nummer das Testprotokoll hat bzw. das wie vielte Testprotokoll auf diesem System generiert wurde. In Abbildung 2.137 sehen Sie, dass es sich um das 54. Testprotokoll handelt. Die Nummer stimmt immer mit der Nummer im Titel überein.

2 | Grundlagen von eCATT

▶ **eCATT-Objekt**

Neben der Testprotokollnummer erscheint das eCATT-Objekt, durch dessen Lauf das Protokoll entstanden ist. In Abbildung 2.137 sehen Sie, dass es sich um ein Testskript mit der Bezeichnung ZTS_JN_WCODES handelt. Von diesem Testskript wurde die 1. Version abgespielt. Dabei gab es keine Unterbrechungen, was Sie an dem Zusatz SECATT [OHNE UNTERBRECHUNG] erkennen. Ohne Unterbrechung bedeutet, das Testskript wurde im Hintergrund abgespielt. Wenn Sie ein Testskript im Vordergrund abspielen, werden Eingaben von Ihnen gefordert. Diese Eingaben werden als Unterbrechung gekennzeichnet. An dem Zusatz SECATT erkennen Sie, aus welcher Transaktion heraus das Testskript gestartet wurde.

Details zum Testprotokoll

▶ **Details**

Wenn Sie den Knoten unterhalb der Protokollnummer öffnen, erfahren Sie Details zum ausführenden User, zum Betriebssystem und zum SAP-Release, und Sie erhalten das Datum und die Uhrzeit des Testlaufs. Sie erkennen, dass das Testskript auf dem Release SAP NetWeaver BW 7.0 (ehemal SAP NetWeaver BI 7.0) und um 19:00:01 Uhr ausgeführt wurde. Das Betriebssystem war Windows NT, und der ausführende User hatte die Kennung BCUSER.

Abbildung 2.137 Testprotokollkopf mit Informationen zum Release

Startprofil des Testprotokolls

Auflistung der Startoptionen

Expandieren Sie den Knoten STARTPROFIL (siehe Abbildung 2.138). Im Startprofil sehen Sie alle von Ihnen eingetragenen Startparameter. Interessant sind für Sie an dieser Stelle die Angaben zum Systemdatencontainer und zum Zielsystem. Anhand dieser beiden Angaben können Sie nachträglich feststellen, auf welchem System sich das Testskript fehlerfrei oder fehlerhaft verhalten hat.

Testprotokoll | 2.7

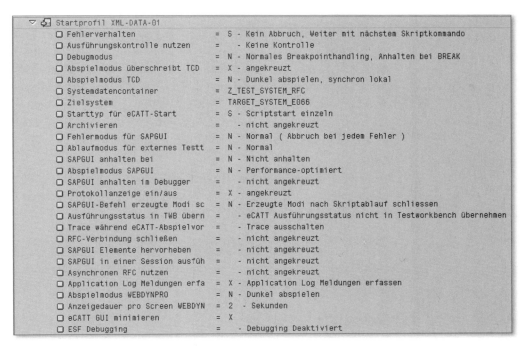

Abbildung 2.138 Startprofil des Testprotokolls

Abgearbeitete Befehle

Abbildung 2.139 enthält den für Sie wichtigsten Teil eines Testprotokolls. Die Abbildung wurde mit einer fortlaufenden Zahl für die Zeilennummer versehen. Nachfolgend erhalten Sie für alle wichtigen Zeilen eine Erläuterung:

▶ **Zeile 1**
Die erste Zeile trägt die Bezeichnung Ihres Testskripts, im Beispiel ZTS_JN_WCODES. Sie sehen, dass ein grünes Icon vor der Bezeichnung angezeigt wird. Grün steht im Testprotokoll immer für fehlerfreien Ablauf. Das Testskript ZTS_JN_WCODES konnte fehlerfrei abgespielt werden.

Grünes Icon für fehlerfreie Abarbeitung

Farbe der Icons [+]

Grüne Icons stehen im Testprotokoll immer für einen fehlerfreien Ablauf des betreffenden Unterknotens, rote Icons für einen fehlerhaften Ablauf.

179

Systemdaten und Zielsystem

▶ **Zeile 2 bis 7**

Die Zeilen 2 bis 7 zeigen Ihnen das Zielsystem, auf dem der Testfall abgespielt wurde. Für Sie ist die Zeile 2 die wichtigste dieser sechs Zeilen, weil sie Ihnen Aufschluss darüber gibt, welchen Systemdatencontainer (im Beispiel Z_TEST_SYSTEM_RFC) und welches Zielsystem (im Beispiel TARGET_SYSTEM_E066) Sie verwendet haben. Sie sehen, dass Ihr Zielsystem TARGET_SYSTEM_E066 auf die RFC-Verbindung Z_eCATT_RFC_E066 zugreift.

Importparameter

▶ **Zeile 8**

In Zeile 8 sehen Sie den Unterknoten IMPORT ZTS_JN_WCODES. Diese Bezeichnung besagt, dass es sich um die Importparameter für das Testskript ZTS_JN_WCODES handelt.

[+] **Importparameter**

Importparameter stehen immer im Unterknoten IMPORT <Testskriptname>.

▶ **Zeile 9 bis 11**

In Abbildung 2.139 sehen Sie die drei Importparameter P_I_WAERS_LOW, P_I_WAERS_HIGH und P_I_SPRAS in den Zeilen 9, 10 und 11. Alle drei Importparameter haben einen Wert mitgegeben bekommen. Für den Importparameter P_I_WAERS_LOW ist beispielsweise der Wert EUR bzw. Euro übergeben worden.

Kommentare im Testprotokoll

▶ **Zeile 12**

In Zeile 12 sehen Sie einen Kommentar bzw. einen Befehl, der auskommentiert wurde.

[+] **Kommentare**

Sie erkennen Kommentare an einem Stern am Zeilenanfang.

▶ **Zeile 13**

In Zeile 13 sehen Sie den Befehl TCD ZT_JN_WCODES, der die Kommandoschnittstelle aufruft.

Start-Dynpro

▶ **Zeile 15**

In Zeile 15 sehen Sie das Start-Dynpro 1000 für das ABAP-Programm ZJN_TCURC. Dieses Start-Dynpro kann mit Eingabewerten versorgt werden.

2.7 | Testprotokoll

▶ **Zeile 18 bis 20**
Die Eingabefelder für das Start-Dynpro finden Sie in den Zeilen 18, 19 und 20. Das Feld SO_WAERS-LOW steht für das Select-Options-Feld WÄHRUNGSCODE-VON. Ihr Importparameter P_I_WAERS_LOW wurde an dieses Feld ordnungsgemäß übergeben.

Übergabe Importparameter

Der Transaktion wurde also ein Intervall übergeben, das die Werte EUR bis HDK umfasste. Dem Eingabefeld SO_SPRAS-LOW gab der Aufrufende den Wert DE für Deutsch mit.

> **»LOW« und »HIGH«**
> LOW steht immer für den Beginn eines Intervalls und HIGH für das Ende eines Intervalls.

[+]

▶ **Zeile 22**
In Zeile 22 sehen Sie, dass zur Testskript-Aufnahmezeit an dieser Stelle der ZURÜCK-Button gedrückt wurde.

Button-Aktionen

▶ **Unterknoten »Export«**
Im Unterknoten Export gibt es in diesem Testprotokoll keine Parameter. Das aufgerufene Testskript besitzt deshalb keine Exportparameter.

Exportparameter

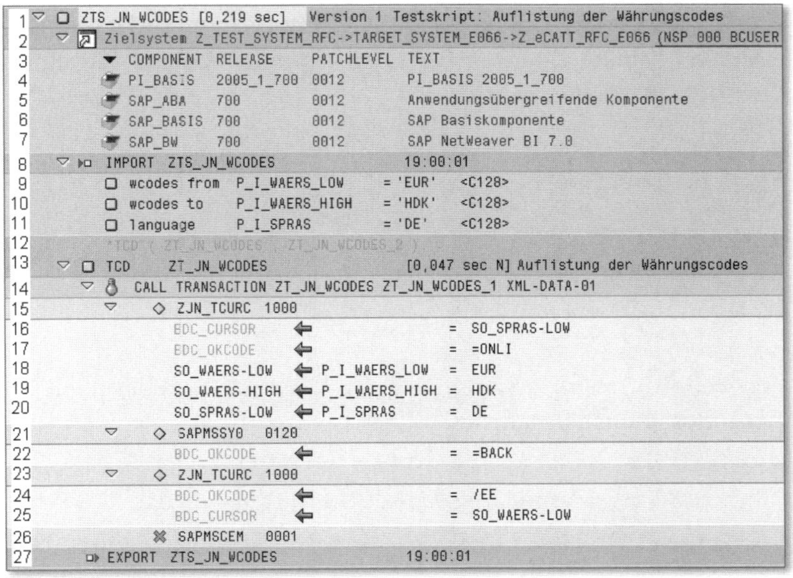

```
 1  ZTS_JN_WCODES [0,219 sec]  Version 1 Testskript: Auflistung der Währungscodes
 2    Zielsystem Z_TEST_SYSTEM_RFC->TARGET_SYSTEM_E066->Z_eCATT_RFC_E066 (NSP 000 BCUSER
 3     COMPONENT   RELEASE    PATCHLEVEL  TEXT
 4      PI_BASIS    2005_1_700  0012       PI_BASIS 2005_1_700
 5      SAP_ABA     700         0012       Anwendungsübergreifende Komponente
 6      SAP_BASIS   700         0012       SAP Basiskomponente
 7      SAP_BW      700         0012       SAP NetWeaver BI 7.0
 8    IMPORT ZTS_JN_WCODES                 19:00:01
 9        wcodes from   P_I_WAERS_LOW   = 'EUR'   <C128>
10        wcodes to     P_I_WAERS_HIGH  = 'HDK'   <C128>
11        language      P_I_SPRAS       = 'DE'    <C128>
12        'TCD ( ZTS_JN_WCODES , ZTS_JN_WCODES_2 )
13    TCD     ZT_JN_WCODES              [0,047 sec N] Auflistung der Währungscodes
14      CALL TRANSACTION ZT_JN_WCODES ZT_JN_WCODES_1 XML-DATA-01
15        ZJN_TCURC 1000
16          EDC_CURSOR                        = SO_SPRAS-LOW
17          EDC_OKCODE                        = =ONLI
18          SO_WAERS-LOW    P_I_WAERS_LOW    = EUR
19          SO_WAERS-HIGH   P_I_WAERS_HIGH   = HDK
20          SO_SPRAS-LOW    P_I_SPRAS        = DE
21        SAPMSSY0 0120
22          BDC_OKCODE                        = =BACK
23        ZJN_TCURC 1000
24          BDC_OKCODE                        = /EE
25          BDC_CURSOR                        = SO_WAERS-LOW
26        SAPMSCEM 0001
27    EXPORT ZTS_JN_WCODES                 19:00:01
```

Abbildung 2.139 Testprotokoll mit Importparametern

2 | Grundlagen von eCATT

Varianten im Testprotokoll

In Abbildung 2.140 sehen Sie ein Testprotokoll, das durch den Testlauf einer Testkonfiguration generiert wurde. Die Testkonfiguration besaß zur Standardvariante noch zwei zusätzliche Varianten.

- **Testkonfiguration**
  Sie sehen in der ersten Zeile direkt hinter der Testprotokollnummer die Bezeichnung TESTKONFIG., die für Testkonfiguration steht. Außerdem sehen Sie dort, dass die Testkonfiguration im Vordergrund, also MIT UNTERBRECHUNGEN abgespielt wurde.

- **Varianten**
  Die Testkonfiguration wurde mit drei Varianten abgespielt. Sie sehen die Aufrufe der Transaktion Z_TS_SU01 in den Zeilen 6, 12 und 17. In den letzten beiden Zeilen stehen am Zeilenende auch die Variantenbezeichnungen VAR01 und VAR02.

- **Importparameter**
  Die Zeilen 8, 14 und 19 enthalten die übergebenen Importparameter. Es wurde immer der Importparameter P_I_UNAME mit einem Wert versorgt.

- **Systemmeldung**
  In Zeile 10 sehen Sie die Systemmeldung S01052 ADRESSE NICHT GEPFLEGT. Diese Meldung dient nur als Information, sie ist kein Fehler. Bei Fehlermeldungen wird der gesamte Teilbaum mit einem roten Icon gekennzeichnet.

```
1  0000000126 Testkonfig. Z_TK_SU01 - SECATT [Mit Unterbrechung] [8 sec]
2    Z_TK_SU01  Testkonfiguration: SU01
3      Zielsystem Z_TEST_SYSTEM_RFC->TARGET_SYSTEM_E066->Z_eCATT_RFC_E066
4      Systemdaten    Z_TEST_SYSTEM_RFC
5      Testdaten
6      Z_TS_SU01 [3,250 sec]  Version 1 ECATTDEFAULT Testskript: SU01 Benu
7         IMPORT  ECATTDEFAULT          11:07:45
8           SAP Nutzername  P_I_UNAME   = ddic      <C128>
9         TCD    SU01                   [3,094 sec A] Benutzerpflege
10           S01052 Adresse nicht gepflegt.
11         EXPORT  ECATTDEFAULT          11:07:48
12      Z_TS_SU01 [1,719 sec]  Version 1 Variante VAR01 INT_VAR_TEXT
13         IMPORT  VAR01                 11:07:48
14           SAP Nutzername  P_I_UNAME   = ecatt_user <C128>
15         TCD    SU01                   [1,609 sec A] Benutzerpflege
16         EXPORT  VAR01                 11:07:50
17      Z_TS_SU01 [2,047 sec]  Version 1 Variante VAR02 INT_VAR_TEXT
18         IMPORT  VAR02                 11:07:50
19           SAP Nutzername  P_I_UNAME   = bcuser_test2 <C128>
20         TCD    SU01                   [1,938 sec A] Benutzerpflege
21         EXPORT  VAR02                 11:07:52
```

Abbildung 2.140 Testprotokoll nach Ablauf einer Testkonfiguration mit drei Varianten

2.7.3 Fehlerhafte Testprotokolle

In diesem Abschnitt werden einige fehlerhafte Testprotokolle vorgestellt und mögliche Ursachen genannt.

Fehlende Freigabe in Tabelle T000

Abbildung 2.141 zeigt Ihnen ein mögliches Testprotokoll, das Sie erhalten, wenn Ihnen die Berechtigungen fehlen, auf einem bestimmten System und Mandanten Testskripts auszuführen. — Problem

Sie lösen das Problem, indem Sie einen Eintrag in der Tabelle T000 ändern. Erlauben Sie das Ausführen von eCATT und CATT auf allen Systemen, die Sie testen wollen. Setzen Sie in das Tabellenfeld CCI-MAILDIS ein »X«, damit die Ausführung erlaubt wird. — Lösung

Abbildung 2.141 Fehlerhaftes Testprotokoll aufgrund fehlender Freigabe in Tabelle T000

Fehlende RFC-Verbindung

Ein weiterer Fehler, der zu Beginn der Arbeit mit eCATT auftreten kann, ist der in Abbildung 2.142 gezeigte. Im Testskript wurde ein Zielsystem angegeben, das jedoch noch nicht im ausgewählten Systemdatencontainer enthalten ist. Im Testprotokoll wird an sehr früher Stelle bereits ein Fehler angezeigt, weil das Testskript den Ausführungsort nicht erreichen kann. Sie müssen als Erstes Ihren Systemdatencontainer öffnen und dort die fehlende Zielverbindung eintragen. — Problem

Falls Ihnen bereits die RFC-Verbindung fehlt, können Sie mit der Transaktion SM59 eine eigene RFC-Verbindung erstellen. Als Verbindungstyp tragen Sie eine »3« für ABAP-Verbindung ein. Im Feld ZIEL-MASCHINE geben Sie »localhost« ein, wenn Sie lokal testen wollen. Andernfalls benötigen Sie die Systemkennung für das angestrebte Zielsystem. — Lösung

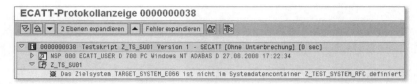

Abbildung 2.142 Fehlerhaftes Protokoll aufgrund fehlenden Zielsystems

Fehlendes Testskript

Problem In Abbildung 2.143 wird Ihnen ein weiterer Fehler demonstriert. Sie sehen, es handelt sich bei diesem Testprotokoll um das Ablaufergebnis einer Testkonfiguration und nicht um ein Testskript. Die Testkonfiguration heißt Z_TK_SD_VA01_VF01. Sie wurde aus der Transaktion STWB_1 gestartet. Der Aufruf geschah in der Bibliothek. Bei diesem Testprotokoll wird in der letzten Zeile ein rotes Icon angezeigt, hinter dem der beschreibende Fehlertext Es WURDE KEIN TESTSKRIPT ANGEGEBEN steht.

Lösung Der Grund für diesen Fehler ist, dass kein Testskript in die Testkonfiguration eingetragen worden ist. Sie müssen einer Testkonfiguration immer ein Testskript zur Ausführung mitgeben.

Abbildung 2.143 Fehlerhaftes Testprotokoll aufgrund fehlenden Testskripts

2.7.4 Verfalldatum für Testprotokolle ändern

Es kann vorkommen, dass Sie einige Testprotokolle länger benötigen als andere. Damit diese nicht gelöscht werden, haben Sie die Möglichkeit, das Verfalldatum eines Testprotokolls zu erhöhen. Nachfolgend wird das Ändern des Verfalldatums demonstriert. Den Button, den Sie anklicken müssen, um ein Verfalldatum zu ändern, zeigt Abbildung 2.144.

Abbildung 2.144 Button »Verlaufsdatum ändern«

1. Öffnen Sie nun die Protokollauswahl, und markieren Sie die Zeile, in der Sie das Verfalldatum ändern wollen.
2. Sie erhalten das Popup-Fenster DATUMSÄNDERUNG (siehe Abbildung 2.145). Im Feld VERFALLDATUM wird das gegenwärtige Verfalldatum vorgeschlagen. Ändern Sie das Datum in diesem Feld.

Popup-Fenster »Datumsänderung«

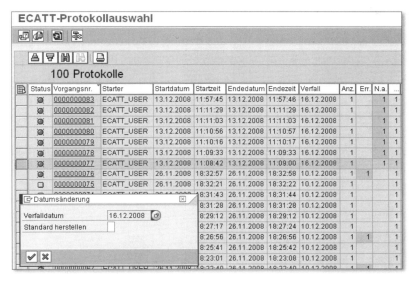

Abbildung 2.145 Verfalldatum ändern

3. Bestätigen Sie Ihre Änderung, indem Sie auf den BESTÄTIGEN-Button (grüner Haken) klicken. In der Protokollauswahl wird nun für das ausgewählte Testprotokoll ein neues Verfalldatum angezeigt (siehe Abbildung 2.146).

Geändertes Verfalldatum

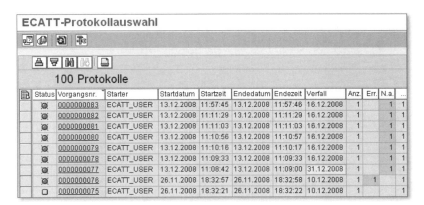

Abbildung 2.146 Geänderter Verfall für ein Testprotokoll

2.8 Fazit

Sie sind nach dem Studium dieses Kapitels erste Schritte mit eCATT gegangen. Sie haben einen Systemdatencontainer erstellt, in dem die notwendigen RFC-Verbindungen gekapselt wurden. Sie haben gelernt, wie Sie ein Testskript erstellen und ausführen können. Sie haben Testdatencontainer erstellt und auf unterschiedliche Weise mit Varianten versorgt. Anschließend haben Sie eine Testkonfiguration erstellt und dieser ein Testskript, Varianten aus den Testdatencontainern und eine RFC-Verbindung aus Ihrem Systemdatencontainer mitgegeben.

Bedeutung der Testkonfiguration für Testkataloge

Die Testkonfiguration ist ein wichtiges Element, das Sie für die Testkataloge in Kapitel 3, »Organisation und Planung von Testfällen«, benötigen. Nur wenn Sie die Testkonfiguration fehlerfrei erstellt haben, werden Ihre Testkataloge ebenfalls fehlerfrei arbeiten können. Zum Schluss haben Sie den Aufruf und den Aufbau eines Testprotokolls kennengelernt.

2.9 Transaktionsübersicht

Systemdatencontainer einrichten	▶ Transaktion SECATT (eCATT-Einstieg)
	   ▶ RFC-Verbindungen einbinden
	▶ Transaktion SM59 (RFC-Verbindung pflegen)
	   ▶ RFC-Verbindungen einrichten

Testskript erstellen	▶ Transaktion SECATT (eCATT-Einstieg)
	   ▶ Testskript erstellen
	   ▶ Testskript parametrisieren

Testdatencontainer erstellen	▶ Transaktion SECATT (eCATT-Einstieg)
	   ▶ Testdatencontainer erstellen
	   ▶ interne und externe Varianten pflegen

Testkonfiguration erstellen	▶ Transaktion SECATT (eCATT-Einstieg)
	   ▶ Testkonfiguration erstellen
	   ▶ Systemdatencontainer einbinden
	   ▶ Testskript einbinden
	   ▶ interne Varianten pflegen
	   ▶ Variantenpflege-Assistent für Varianten aus Testdatencontainer
	   ▶ externe Varianten aus Variantendatei

Testprotokoll anzeigen	▶ Transaktion SECATT (eCATT-Einstieg)
	   ▶ Testprotokolle auswählen
	   ▶ Verfalldatum ändern

Gleiche Produkte, z.B. Bücher, werden oft in Katalogen zusammengefasst. Das gleiche Prinzip gilt für einen Testkatalog, in dem eCATT-Testfälle angeordnet werden. Welche Teile des Katalogs jedoch zum Einsatz kommen, bestimmt die Planung der Testfälle.

3 Organisation und Planung von Testfällen

Um eine bestimmte Anzahl von Testfällen regelmäßig kontrolliert ablaufen zu lassen, eignet sich der Aufbau eines *Testkatalogs*. In den folgenden Abschnitten lernen Sie, an welcher Stelle im SAP-Menü Sie die Katalogverwaltung finden, wie Sie sich strukturiert einen eigenen Testkatalog aufbauen, diesen starten und die Ergebnisse auswerten. Darüber hinaus erhalten Sie spezielle Hinweise für das Arbeiten mit einem Testkatalog.

Im Anschluss an den Testkatalog lernen Sie die Möglichkeit kennen, die *Bibliothek* für Ihre Tests einzusetzen. Die Bibliothek enthält bereits die auf Ihrem System implementierten Modul-Komponenten, in die Sie Ihre Testfälle integrieren können.

Zum Schluss werden Sie mit dem sehr interessanten Thema der *Testplanung* vertraut gemacht. Sie erstellen einen eigenen Testplan und ein eigenes Testpaket. Diesem Testpaket werden Sie Tester zuordnen und die Tests im Status-Infosystem überwachen. Sie können die Möglichkeit nutzen, eigene Statuswerte für Ihre Testfälle anzulegen. Außerdem werden Sie komplexe Testberichte mit MS Office Word generieren.

3.1 Testkatalog

Stellen Sie sich vor, Sie öffnen per Mausklick Ihren Arbeitsplatz oder Ihren Explorer. Sie sehen dort Laufwerke und Ordner mit Unterordnern. Wenn Sie sich durch die Ordner hindurchhangeln, finden Sie

Aufbau eines Testkatalogs

3 | Organisation und Planung von Testfällen

an bestimmten Stellen immer wieder Dateien, die in Unterordnern abgelegt bzw. abgespeichert wurden. Diese Dateien können Sie ansehen oder ausführen.

In einem Testkatalog sieht es ähnlich aus. Ein gut strukturierter Testkatalog besitzt Ordner und Unterordner, in denen sich Ihre Testkonfigurationen mit Testfällen befinden. Im Bedarfsfall könnten Sie beispielsweise darauf verzichten, den gesamten Testkatalog ablaufen zu lassen und nur einzelne Unterordner zu Testzwecken abspielen. In diesem Abschnitt werden Sie mit dem Testkatalog im Allgemeinen vertraut gemacht.

3.1.1 Grundlagen

Zunächst sollen Ihnen die Grundlagen des Testkatalogs erläutert werden, d.h., Sie werden die Testkatalogverwaltung kennenlernen und einen eigenen Testkatalog anlegen. Diesen Testkatalog können Sie anschließend der Liste Ihrer Favoriten hinzufügen, damit Sie bei jedem Start der Testkatalogverwaltung Ihre Testkataloge angeboten bekommen.

Testkatalogverwaltung starten

Transaktion STWB_1, »Einstieg in die Testkatalogverwaltung«

Um einen neuen Testkatalog zu erstellen, öffnen Sie bitte das SAP-Menü (siehe Abbildung 3.1) und folgen dem Pfad SAP MENÜ • WERKZEUGE • ABAP WORKBENCH • TEST • TEST WORKBENCH • TEST ORGANIZER • STWB_1. Oder rufen Sie die Transaktion STWB_1 auf, um die Testkatalogverwaltung zu starten.

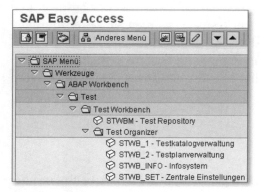

Abbildung 3.1 Einstieg »Test Organizer«

Nachdem Sie die Transaktion STWB_1 gestartet haben, gelangen Sie in die Testkatalogverwaltung des Test Organizers (siehe Abbildung 3.2).

Neuer oder vorhandener Katalog [+]

Sie haben an dieser Stelle die Möglichkeit, einen bereits vorhandenen Testkatalog auszuwählen oder einen neuen Testkatalog zu erstellen.

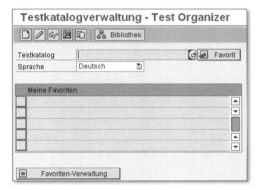

Abbildung 3.2 Eingabemaske »Testkatalogverwaltung – Test Organizer«

Nachdem Sie die Transaktion STWB_1 gestartet haben, können Sie einen neuen Testkatalog anlegen. Wählen Sie dazu im Hauptmenü den Pfad TESTKATALOG • ANLEGEN, oder drücken Sie den Button ANLEGEN (weißes Dokument, siehe Abbildung 3.2).

Testkatalog anlegen

Testkatalogattribute

Nachdem Sie den ANLEGEN-Button in der Testkatalogverwaltung angeklickt haben, erhalten Sie die Eingabemaske für die TESTKATALOGATTRIBUTE des neuen Testkatalogs (siehe Abbildung 3.3).

Tragen Sie nun eine Bezeichnung für den neuen Testkatalog in das Feld TITEL ein, um dem Katalog einen Namen zu geben.

Als Teil der Katalogbezeichnung eignet sich das SAP-Modul, damit Sie die [+]
Kataloge zukünftig bei Ihrer Auswahl unterscheiden können.

In Abbildung 3.3 sehen Sie anhand des Titels, dass der Testkatalog für das SAP-Modul SD eingerichtet wird. Dieser Testkatalog soll alle Testkonfigurationen enthalten, in denen Sie Testskripts mit aufgezeichneten SD-Transaktionen eingetragen haben. Nehmen Sie nun folgende Angaben vor:

Registerkarte »Allgemeine Daten«

1. In der Registerkarte ALLGEMEINE DATEN tragen Sie bitte die SAP-Komponente ein (siehe Abbildung 3.3). Als Komponente wurde hier allgemein SAP gewählt, damit in diesen Katalog modulübergreifende Testbausteine eingebunden werden können. Beispielsweise könnte ein gerade in MM angelegtes Material in einer Folgetransaktion im Modul SD in einer Rechnung fakturiert werden. Sie können selbstverständlich auch eine spezielle SAP-Komponente für den Testkatalog wählen und trotzdem Testfälle mit Transaktionen anderer SAP-Komponenten einbinden. Wenn Sie jedoch die Testfälle bestimmter SAP-Komponenten, zum Beispiel MM, einem Testkatalog zuweisen, der ebenfalls der SAP-Komponente MM zugeordnet wurde, bleiben Ihre Testkataloge übersichtlicher.

[+] Die Zusammenstellung Ihrer Testkataloge muss nicht modulabhängig sein. Falls Sie für einen Geschäftsprozess Transaktionen aus unterschiedlichen Modulen benötigen, könnten Sie einen Testkatalog nach Ihren Vorstellungen modellieren.

Übersichtlicher bleibt es, wenn Sie Transaktionen eines Moduls einem Testkatalog zuweisen, der einer SAP-Komponente zugeordnet wurde, die wiederum dem SAP-Modul der Testfälle entspricht.

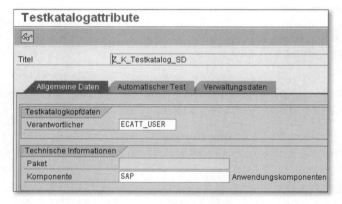

Abbildung 3.3 Eingabemaske »Testkatalogattribute«

Registerkarte »Automatischer Test«

2. Wechseln Sie in die Registerkarte AUTOMATISCHER TEST (siehe Abbildung 3.4). Auf dieser Registerkarte nehmen Sie bitte die folgenden eCATT-Einstellungen vor:

- In das Feld SYSTEMDATEN tragen Sie die Bezeichnung Ihres Systemdatencontainers ein.
- In das Feld ZIELSYSTEM tragen Sie ein Zielsystem aus Ihrem Systemdatencontainer ein. Geben Sie dabei das Zielsystem an, auf dem Sie standardmäßig Ihre Testfälle testen werden.

In Abbildung 3.4 sehen Sie, dass der Systemdatencontainer Z_TEST_SYSTEM_RFC, den Sie in Kapitel 2, »Grundlagen von eCATT«, erstellt haben, in das Feld SYSTEMDATEN eingetragen wurde.

Abbildung 3.4 Systemdaten und Zielsystem im Testkatalog

Testkatalog speichern

Sobald Sie alle Attribute eines neuen Testkatalogs eingetragen haben, können Sie ihn speichern, indem Sie den SPEICHERN-Button anklicken (Diskette).

Sie erhalten im Anschluss an das Speichern das Dialogfenster OBJEKTKATALOGEINTRAG ANLEGEN (siehe Abbildung 3.5). Tragen Sie in diesem Fenster im Feld PAKET das Paket ein, in das Ihr Testkatalog gespeichert werden soll.

Speichern Sie den Testkatalog im sich öffnenden Fenster OBJEKTKATALOGEINTRAG ANLEGEN als LOKALES OBJEKT (siehe Abbildung 3.5).

Speicherung als lokales Objekt

[+] Das Speichern in einem Paket wäre notwendig, wenn Sie den Testkatalog in andere Systeme transportieren wollten. Das könnte vielleicht der Fall sein, wenn Sie bereits während der Entwicklung des Testkatalogs wissen, dass Sie demnächst ein neues Entwicklungssystem erhalten werden, oder wenn Sie für Kunden einen Testkatalog erstellt haben.

3 | Organisation und Planung von Testfällen

Abbildung 3.5 Speichern des Testkatalogs als lokales Objekt

Registerkarte »Verwaltungsdaten«

In der Registerkarte VERWALTUNGSDATEN (siehe Abbildung 3.6) können Sie die Daten zur Erstellung einsehen. Sie erhalten dort eine zweispaltige Darstellung.

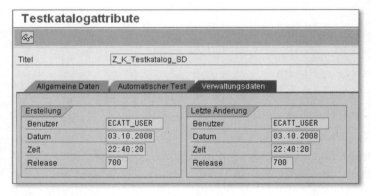

Abbildung 3.6 Registerkarte »Verwaltungsdaten«

Spalte »Erstellung«
- Die linke Spalte trägt die Bezeichnung ERSTELLUNG.
  - Sie zeigt Ihnen im Feld BENUTZER, wer den Testkatalog angelegt hat.
  - In den Feldern DATUM und ZEIT sehen Sie das Erstellungsdatum und die Erstellungsuhrzeit.
  - Im Feld RELEASE sehen Sie das Basis-Release, das zur Erstellungszeit auf dem System installiert war.

Testkatalog | **3.1**

▶ Die rechte Spalte trägt die Bezeichnung LETZTE ÄNDERUNG.   Spalte
»Letzte Änderung«
 ▶ Sie zeigt Ihnen im Feld BENUTZER, wer den Testkatalog zuletzt geändert hat.
 ▶ In den Feldern DATUM und ZEIT sehen Sie das Datum und die Uhrzeit der letzten Änderung.
 ▶ Im Feld RELEASE sehen Sie das Basis-Release, das zur Erstellungszeit auf dem System installiert war.

Favoriten einrichten

Nachdem Sie Ihren ersten Testkatalog gespeichert haben, gelangen Sie wieder in den Einstieg der Testkatalogverwaltung (siehe Abbildung 3.7). Ihr gerade neu angelegter Testkatalog wird Ihnen in der Liste MEINE FAVORITEN vorgeschlagen.

Favoriten sind Einträge, die sich das System merkt. Wenn Sie   Favoriten
bestimmte Testkataloge oft verwenden, können Sie diese als Favoriten abspeichern, um so schneller an Ihre Testkataloge zu gelangen. Die Liste der Favoriten wird Ihnen immer angezeigt, wenn Sie angemeldet sind. Testkataloge, die nicht zu Ihren Favoriten gehören, müssen über die Suchfunktion gefunden werden.

1. Um Ihren neuen Testkatalog dauerhaft in die Favoritenliste aufzunehmen, klicken Sie den Button FAVORITEN-VERWALTUNG an.   Meine Favoriten

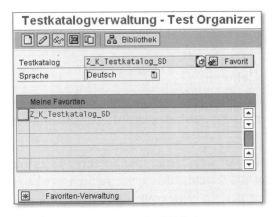

Abbildung 3.7 Einstiegsmaske STWB_1

2. Es öffnet sich das Popup-Fenster FAVORITEN VERWALTEN (siehe Abbildung 3.8). Ihr Testkatalog wird in der Spalte TITEL als Vorschlag angeboten.

Abbildung 3.8 Popup-Fenster »Favoriten verwalten«

Favorit markieren
3. Markieren Sie die Zeile, in der Ihr Testkatalog steht, indem Sie das Kästchen vor dem Testkatalog anklicken. Die Zeile färbt sich dadurch gelb.

Favorit hinzufügen
4. Wählen Sie danach den Button FAVORIT HINZUFÜGEN (siehe Abbildung 3.9) aus.

Abbildung 3.9 Button »Favorit hinzufügen«

5. Anschließend verlassen Sie die Favoriten-Verwaltung, indem Sie auf den BESTÄTIGEN-Button (grüner Haken) klicken.

3.1.2 Testkatalog modellieren

Um in den Änderungsmodus Ihres Testkatalogs zu gelangen, müssen Sie im Einstiegsbildschirm der Testkatalogverwaltung den Button ÄNDERN (Bleistift) anklicken.

Sie gelangen anschließend in den Änderungsmodus Ihres Testkatalogs. Abbildung 3.10 zeigt die Struktur des neu erstellten Testkatalogs. Sie sehen, die Struktur besteht bisher nur aus dem Startknoten, der vom Namen her dem Titel des Testkatalogs entspricht.

Sie haben nun die Möglichkeit, diesen Testkatalog zu erweitern.

Abbildung 3.10 Struktur des Testkatalogs im Änderungsmodus

Unterknoten einfügen

Die Testkataloge sollen Testfälle enthalten, die zu einem bestimmten Thema oder zu einem bestimmten SAP-Modul gehören. Um diese Testfälle zu strukturieren, können Sie Testkataloge mit Unterknoten versehen. Diese Unterknoten können verschiedene Eigenschaften annehmen. Einige Unterknoten könnten z. B. nur Text enthalten, dem Sie entnehmen könnten, welche Testfälle unter diesem Unterknoten abgelegt wurden. Diese Unterknoten werden Gliederungsknoten genannt. Andere Unterknoten enthalten die konkreten Testkonfigurationen.

> **Unterknoten** [+]
>
> Unterknoten können verschiedene Eigenschaften annehmen, es kann sich bei ihnen um Textelemente oder konkrete Testfälle handeln.
>
> ▸ Textelemente dienen dazu, dem Testkatalog eine Struktur zu geben bzw. die Testfälle zu strukturieren.
>
> ▸ Ausführbare Unterknoten sind Unterknoten, die Testkonfigurationen enthalten und für sich allein abgespielt werden können.

Unterknoten können außerdem geschachtelt werden. Wie Sie Unterknoten in Ihren Testkatalog einbinden und ihnen die richtigen Eigenschaften zuweisen, sehen Sie in den folgenden Abschnitten.

Unterknoten als Gliederungsknoten

In diesem Abschnitt geht es darum, Ihren Testkatalog mittels Gliederungsknoten zu strukturieren. Gehen Sie dazu folgendermaßen vor:

1. Um in Ihren neuen Testkatalog einen Gliederungsknoten einzufügen, klicken Sie den Button mit der Aufschrift ALS UNTERKNOTEN an (siehe Abbildung 3.10). Es öffnet sich die Eingabemaske KNOTEN EINFÜGEN, mit der Sie Unterknoten einfügen können (siehe Abbildung 3.11).

Button »Als Unterknoten«

3 | Organisation und Planung von Testfällen

Radiobutton »Gliederungsknoten«

2. Wählen Sie in der Eingabemaske als Erstes den Radiobutton GLIEDERUNGSKNOTEN, um ein Textelement einzutragen. Geben Sie einen Text in das Eingabefeld KURZTEXT (siehe Abbildung 3.11) ein, im Beispiel lautet der eingetragene Text »Kundenauftrag anlegen und fakturieren«.

Unter diesem Gliederungsknoten können Sie alle Testkonfigurationen anordnen, die in diesen Geschäftsprozess fallen, beispielsweise nicht nur das reine Anlegen, sondern auch Stornierungen, Anzeigen und Ändern.

3. Bestätigen Sie Ihre Eingaben, indem Sie auf den BESTÄTIGEN-Button (grüner Haken) klicken.

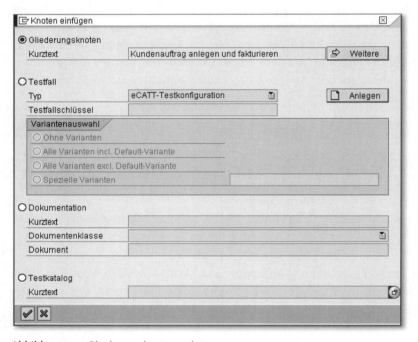

Abbildung 3.11 Gliederungsknoten anlegen

Testkatalog mit Gliederungsknoten

Sie sehen in Abbildung 3.12, dass Ihr Testkatalog einen neuen Gliederungsknoten erhalten hat. Vor dem Startknoten befindet sich nun ein kleines Dreieck, das Ihnen anzeigt, dass dieser Knoten Unterelemente besitzt. Sie können die Struktur dieses Knotens einsehen bzw. expandieren und minimieren, indem Sie das Dreieck anklicken.

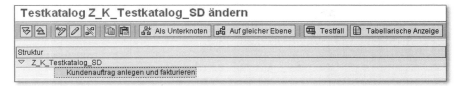

Abbildung 3.12 Neuer Gliederungsknoten im Testkatalog

Unterknoten als Testfall

In diesem Abschnitt werden Sie einen Unterknoten einfügen, der einen Testfall enthält. Mit Testfall ist hier die Testkonfiguration gemeint. Ein Testskript können Sie dem Testkatalog nicht zuweisen. Unterknoten, die Testfälle beinhalten, sind ausführbar und können für sich allein abgespielt werden.

> **Ausführbare Unterknoten anordnen** [+]
>
> Markieren Sie vor dem Anlegen eines neuen ausführbaren Unterknotens immer den Gliederungsknoten, unter dem der ausführbare Unterknoten stehen soll.

1. Um einen Unterknoten einzufügen, der einen Testfall beinhaltet, klicken Sie den Button mit der Aufschrift ALS UNTERKNOTEN an. Sie erhalten wieder die Eingabemaske KNOTEN EINFÜGEN, in die Sie die Eigenschaften des neuen Unterknotens eintragen müssen.

2. Wählen Sie den Radiobutton TESTFALL (siehe Abbildung 3.13). Tragen Sie folgende Daten zu Ihrem neuen Unterknoten ein:

   ▶ Im Feld TYP wird Ihnen eine Auswahlliste angeboten. Wählen Sie ECATT-TESTKONFIGURATION aus.

   ▶ Im Feld TESTFALLSCHLÜSSEL tragen Sie die gewünschte Testkonfiguration ein.

   Radiobutton »Testfall«

3. Bestätigen Sie Ihre Eingaben, indem Sie auf den BESTÄTIGEN-Button klicken. Die Bezeichnung des ausführbaren Unterknotens lautet automatisch TESTKONFIGURATION. Es wäre deshalb sehr unübersichtlich, wenn Sie auf Gliederungsknoten verzichten würden.

Sie gelangen wieder zurück in den Testkatalog. Sie sehen, der neue Unterknoten, den Sie gerade erstellt haben, wird im Testkatalog angezeigt (siehe Abbildung 3.14). Er wird durch drei neue Icons gekennzeichnet. Diese Icons zeigen Ihnen, dass der Unterknoten einen ausführbaren Testfall enthält. Wenn Sie diesen Unterknoten für sich allein abspielen wollten, könnten Sie nun auf das mittlere Icon (Schraubzwinge) klicken.

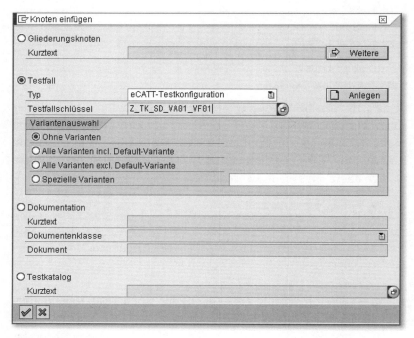

Abbildung 3.13 Radiobutton »Testfall«

Icon »Testkonfiguration«
Das erste Icon zeigt Ihnen, dass es sich um eine eCATT-Testkonfiguration handelt. Das dritte Icon gibt Ihnen die Möglichkeit, Änderungen an der Testkonfiguration durchzuführen. Wenn Sie dieses dritte Icon anklicken, springen Sie direkt in den Änderungsmodus der Testkonfiguration.

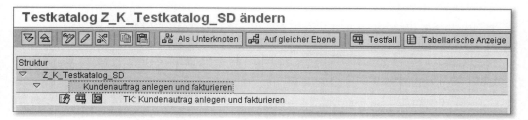

Abbildung 3.14 Ausführbarer Unterknoten im Testkatalog

Unterknoten auf gleicher Ebene

Sie haben die Möglichkeit, in Ihrem Testkatalog auch Unterknoten auf gleicher Ebene einzufügen. Wenn Sie beispielsweise einen Gliederungsknoten angelegt haben, können Sie mehrere ausführbare Unterknoten unter diesem Gliederungsknoten anhängen. Alle diese ausführbaren Unterknoten befinden sich dadurch auf gleicher Ebene.

1. Um einen Unterknoten auf gleicher Ebene anzulegen, markieren Sie zuerst den Unterknoten, auf dessen Ebene der neue Unterknoten angelegt werden soll. Anschließend klicken Sie den Button AUF GLEICHER EBENE an (siehe Abbildung 3.14).

2. Sie erhalten wieder die Eingabemaske KNOTEN EINFÜGEN (siehe Abbildung 3.15). Der Unterknoten auf gleicher Ebene sollte ebenfalls durch einen Gliederungsknoten strukturiert werden. Fügen Sie deshalb zuerst wieder einen Gliederungsknoten ein.

3. Bestätigen Sie Ihren eingegebenen Kurztext, indem Sie auf den BESTÄTIGEN-Button klicken.

Button »Auf gleicher Ebene«

Abbildung 3.15 Gliederungsknoten auf gleicher Ebene

Nach der Änderung gelangen Sie zurück in Ihren Testkatalog, der sich im Änderungsmodus befindet. In Abbildung 3.16 sehen Sie, dass sich der neue Gliederungsknoten auf gleicher Ebene befindet wie der Gliederungsknoten mit dem Kurztext KUNDENAUFTRAG ANLEGEN UND FAKTURIEREN.

Fügen Sie zu Testzwecken weitere untergeordnete Gliederungsknoten ein. In Abbildung 3.17 sehen Sie, dass zwei weitere Gliederungsknoten mit dem Kurztext KUNDEN und MATERIAL hinzugekommen sind, die dem Gliederungsknoten STAMMDATEN untergeordnet wurden.

Gliederungsknoten im Testkatalog

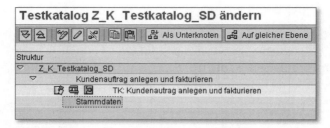

Abbildung 3.16 Neuer Gliederungsknoten gleicher Ebene

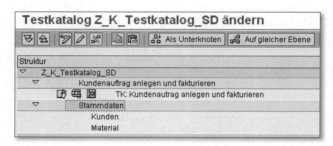

Abbildung 3.17 Weitere Gliederungsknoten

Unterknoten expandieren und komprimieren

Wenn Sie einen umfangreich strukturierten Testkatalog erstellt haben, bietet es sich oft an, nur einzelne Teilbäume zu expandieren bzw. zu öffnen oder zu komprimieren bzw. zu schließen.

Buttons »Alles expandieren« und »Alles komprimieren«
Um Ihre Unterknoten zu expandieren oder zu komprimieren, können Sie die Buttons ALLES EXPANDIEREN und ALLES KOMPRIMIEREN (siehe Abbildung 3.18) anklicken.

Abbildung 3.18 Expandieren und Komprimieren von Teilbäumen

Abbildung 3.19 zeigt Ihnen einen komprimierten bzw. geschlossenen Testkatalog.

[+] »Alles komprimieren« schließt alle

Sie können einzelne Teilbäume expandieren. Wenn Sie allerdings einen Unterknoten markieren und den Button ALLES KOMPRIMIEREN anklicken, wird leider nicht nur dieser Unterknoten geschlossen, sondern der ganze Testkatalogbaum (siehe Abbildung 3.19).

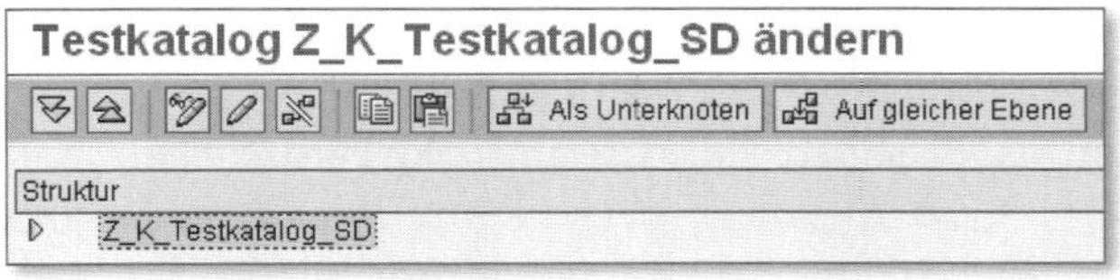

Testkatalog | **3.1**

![Testkatalog Z_K_Testkatalog_SD ändern - Struktur mit geschlossenem Knoten Z_K_Testkatalog_SD]

Abbildung 3.19 Geschlossener Testkatalog

3.1.3 Testkatalog ausführen

In diesem Abschnitt werden die notwendigen Schritte erläutert, um den Testkatalog oder auch nur einzelne Bereiche des Testkatalogs auszuführen. Zu Beginn müssen Sie die Startoptionen definieren, danach können Sie den Testkatalog ausführen, und zum Schluss erhalten Sie wieder ein Testprotokoll.

Startoptionen definieren

Sie können den gesamten Testkatalog, also alle Teilbäume mit Testkonfigurationen, auf einmal abspielen. Das ist immer dann sinnvoll, wenn Sie Testkataloge für unterschiedliche Module erstellt haben und beispielsweise nach dem Einspielen neuer Patches ein schnelles Testergebnis erzielen möchten.

Das Abspielen einzelner Teilbäume ist dann sinnvoll, wenn Sie Testfälle im Vordergrund abspielen müssen, um Fehler aufzuspüren. Gehen Sie hierbei folgendermaßen vor:

1. Markieren Sie einen ausführbaren Unterknoten (siehe Abbildung 3.20) im Testkatalog.

    Unterknoten markieren

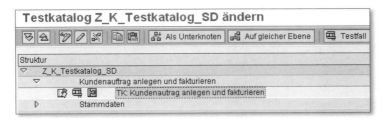

Abbildung 3.20 Testkonfiguration markieren

2. Anschließend klicken Sie den Button TESTFALL (Schraubzwinge, siehe Abbildung 3.20) an. Sie erhalten die Eingabemasken, um die STARTOPTIONEN – ECATT zu definieren.

    Button »Testfall«

3 | Organisation und Planung von Testfällen

3. Beginnen Sie in der Registerkarte ALLGEMEIN. Wählen Sie bitte in der Feldgruppe AUSFÜHRUNG das Fehlerverhalten aus.

Feld »Fehlerverhalten«

▶ In Abbildung 3.21 sehen Sie, dass im Feld FEHLERVERHALTEN die Option S KEIN ABBRUCH, WEITER MIT NÄCHSTEM SKRIPTKOMMANDO ausgewählt wurde. Diese Auswahl bewirkt, dass der Testfall im Fehlerfall nicht abgebrochen, sondern komplett abgespielt wird. Sie werden anschließend also alle Fehler angezeigt bekommen und nicht nur den ersten.

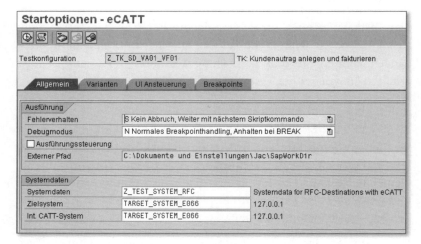

Abbildung 3.21 »Startoptionen – eCATT«: Allgemeine Daten

[+] Mögliche Eingaben im Feld »Fehlerverhalten«

Neben der Option, die Abbildung 3.21 darstellt, können Sie folgende Fehlerverhalten auswählen:

▶ V ABBRUCH, WEITER MIT NÄCHSTER VARIANTE
  Diese Option bewirkt, dass die fehlerhafte Variante nicht weiter ausgeführt wird, sondern mit der nächsten fortgefahren wird.

▶ T ABBRUCH, WEITER MIT NÄCHSTER TESTKONFIGURATION
  Diese Option bewirkt, dass die fehlerhafte Testkonfiguration nicht weiter ausgeführt wird, sondern mit der nächsten Testkonfiguration weitergearbeitet wird.

▶ X ABBRUCH DES STARTVORGANGS
  Diese Option bewirkt, dass der gesamte Test beim Auftreten eines Fehlers abgebrochen wird.

4. Im Feld DEBUGMODUS bestimmen Sie, ob der Testfall bei einem Breakpoint angehalten werden soll. In Abbildung 3.21 sehen Sie bei DEBUGMODUS den Eintrag N NORMALES BREAKPOINTHANDLING, ANHALTEN BEI BREAK. Das bedeutet, dass jeder Breakpoint manuellen Eingriff verlangt. Diese Option sollte deshalb bei Massendatenverarbeitung oder Massentests nicht verwendet werden, wenn Sie sich nicht ganz sicher sind, dass keine Breakpoints gesetzt wurden. Wählen Sie stattdessen die Option BREAKPOINTS IGNORIEREN.

Feld »Debugmodus«

Mögliche Eingaben im Feld »Debugmodus«

Neben der Option, die Abbildung 3.21 darstellt, können Sie folgende Debugmodi auswählen:

- ▶ D AUSFÜHREN MIT SOFORTIGEM DEBUGGING
  Diese Option bewirkt, dass die Ausführung sofort im Debugmodus gestartet wird. Sie können die gesamte Ausführung im Debugmodus verfolgen und Änderungen der Parameterwerte vornehmen.

- ▶ E ANHALTEN BEI AUFGETRETENEM FEHLER
  Diese Option bewirkt, dass die Ausführung im Fehlerfall stoppt und in den Debugmodus springt. Tritt kein Fehler auf, wird der Testfall ohne Anhalten beendet.

- ▶ I BREAKPOINTS IGNORIEREN (STANDARD BEI MASSENSTART)
  Diese Option bewirkt, dass alle Breakpoints zur Laufzeit des Testfalls ignoriert werden.

[+]

---

5. In der Feldgruppe SYSTEMDATEN müssen Sie im Feld SYSTEMDATEN einen Systemdatencontainer eintragen. Im Feld ZIELSYSTEM müssen Sie das Zielsystem eintragen, auf dem der Testfall ausgeführt werden soll.

Feldgruppe »Systemdaten«

Wählen Sie beim Testen möglichst immer Ihr bisheriges Zielsystem aus, auf dem Sie zuvor die Testfälle fehlerfrei testen konnten. Wenn Sie beim Testen der Unterknoten keinen Fehler erhalten, können Sie auch andere Zielsysteme verwenden. Würden Sie sofort ein anderes Zielsystem auswählen, könnte es sein, dass Sie erst einige Zeit mit neuen Fehlermeldungen und der Fehlerbehebung verbringen müssten.

[+]

---

6. Die Registerkarte VARIANTEN kann vom Testkatalog aus nicht gepflegt werden. Die Varianten sind nur von der Testkonfiguration aus pflegbar. Im Testkatalog selbst wird nur die Standardvariante abgespielt.

Varianten ausführen

3 | Organisation und Planung von Testfällen

Registerkarte »UI Ansteuerung«

7. Wechseln Sie in die Registerkarte UI ANSTEUERUNG (siehe Abbildung 3.22).

   ▶ In der Feldgruppe TCD müssen Sie den Startmodus auswählen, wenn Sie Ihre Testskripts mit dem eCATT-Befehl TCD aufgenommen haben. In Abbildung 3.22 wurde die Option N DUNKEL ABSPIELEN, SYNCHRON LOKAL ausgewählt. Diese Option ist sinnvoll, wenn Sie den gesamten Testkatalog abspielen wollen, denn ein Abspielen im Vordergrund kann bei einem umfangreichen Testkatalog sehr zeitaufwendig sein.

   ▶ Alle anderen Angaben werden vorgegeben und können so übernommen werden.

Abbildung 3.22 »Startoptionen – eCATT«: Registerkarte »UI Ansteuerung«

Registerkarte »Breakpoints«

8. In der Registerkarte BREAKPOINTS (siehe Abbildung 3.23) können Sie Breakpoints kontrollieren. Breakpoints sind Haltepunkte, die Sie im Testskript im Befehl-Editor setzen können, um an bestimmten Stellen die Parameterwerte zur Laufzeit zu prüfen. Wie Sie Breakpoints im Testskript setzen können, wird in Kapitel 4, »Entwicklung mit eCATT«, erläutert.

9. Wenn Ihre Registerkarte BREAKPOINTS keine Breakpoints anzeigt, müssen Sie keine Eingaben tätigen. Andernfalls haben Sie an dieser Stelle die Möglichkeit, einzelne Breakpoints zu deaktivieren. Wenn Sie ausschließen wollen, dass ein bestimmter Breakpoint zur Laufzeit angesprungen wird und dadurch die Ausführung anhält und auf eine manuelle Eingabe wartet, müssen Sie einen Haken in der Spalte INAKTIV setzen und das Testskript mit genauer Zeile angeben.

10. Wenn ein oder mehrere Testskripts, die Ihre Testkonfiguration aufruft, Breakpoints besitzen, erhalten Sie in dieser Registerkarte alle Breakpoints angezeigt.

Breakpoints deaktivieren

11. Für dieses Beispiel wurde im Testskript Z_TS_SU01 ein Breakpoint gesetzt. Durch den Breakpoint soll das Testskript anhalten, wenn die Abarbeitung zur Zeile 9 gelangt. Der Befehl, der einen

Breakpoint auslöst, lautet ENDMESSAGE (E_MSG_1). Sie könnten an dieser Stelle prüfen, ob das Testskript eine letzte Meldung generiert hat. Im Beispiel wurde dieser Breakpoint deaktiviert.

Abbildung 3.23 »Startoptionen – eCATT«: Registerkarte »Breakpoints«

Startoptionen sichern

Um Ihre Einstellungen zu den STARTOPTIONEN – ECATT zu sichern, wählen Sie bitte den Button EINSTELLUNGEN SICHERN (siehe Abbildung 3.24). Dadurch werden alle Eingaben z.B. zum Systemdatencontainer, zum Zielsystem oder zum Fehlerverhalten gespeichert und sind später abrufbar.

Button »Einstellungen sichern«

Abbildung 3.24 Button »Einstellungen sichern«

Nach dem Speichern wird in der Statusleiste die Meldung angezeigt, dass die Startprofilwerte für Ihren Nutzer gesichert wurden (siehe Abbildung 3.25).

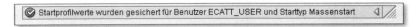

Abbildung 3.25 Meldung: Persönliche Einstellungen gespeichert

Startoptionen laden

Um zu einem späteren Zeitpunkt Ihre Startprofilwerte zu laden, klicken Sie bitte den Button EINSTELLUNGEN LADEN (siehe Abbildung 3.26) an.

Button »Einstellungen laden«

Abbildung 3.26 Button »Einstellungen laden«

Nach dem Anklicken dieses Buttons werden Ihre Einstellungen aufgerufen, und Sie erhalten in der Statusleiste die Meldung, dass das Startprofil geladen wurde (siehe Abbildung 3.27).

Abbildung 3.27 Meldung: Standard-Startprofi geladen

Testkatalog ausführen

Button »Testkatalog ausführen« Nachdem Sie die Startoptionen eingerichtet haben, können Sie den Button TESTKATALOG AUSFÜHREN anklicken (siehe Abbildung 3.28). Er ist mit einer Uhr und einem grünen Haken gekennzeichnet. Anschließend wird der von Ihnen markierte Unterknoten ausgeführt.

Abbildung 3.28 Button »Testkatalog ausführen«

Testprotokoll

Sobald Sie den Button TESTKATALOG AUSFÜHREN angeklickt haben, werden alle Unterknoten ausgeführt, die zuvor von Ihnen markiert worden sind. Anschließend erhalten Sie ein Testprotokoll. In Abbildung 3.29 sehen Sie einen Ausschnitt daraus. Dieser zeigt Ihnen, dass die Testkonfiguration einen Testbaustein enthält und durch die Ausführung alle Einzeltransaktionen durchlaufen wurden.

Transaktion STWB_1 Wenn Sie ein Testprotokoll erhalten, das durch das Abspielen aus dem Testkatalog entstanden ist, werden Sie im Kopf des Testprotokolls sehen, dass die ausführende Transaktion bei einem Testkatalog immer STWB_1 ist.

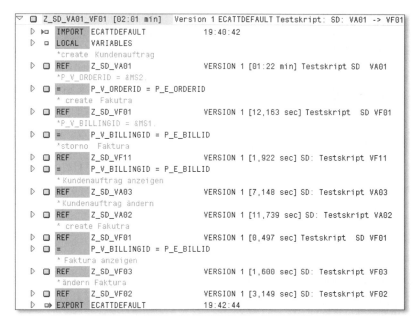

Abbildung 3.29 Testprotokoll

3.1.4 Tabellarische Anzeige

Nicht immer ist die standardmäßige Katalogansicht als Baumstruktur geeignet. Sie könnten konkrete Details auf einen Blick sehen wollen, z.B. welche Testkonfiguration in einen Unterknoten eingebettet wurde oder wer der Verantwortliche für einen Testfall ist.

Um von der Standardansicht in die tabellarische Anzeige zu wechseln, klicken Sie auf den Button TABELLARISCHE ANZEIGE (siehe Abbildung 3.30).

Button »Tabellarische Anzeige«

Abbildung 3.30 Button »Tabellarische Anzeige«

Ihre Katalogansicht wechselt daraufhin von der Baumstruktur in die tabellarische Ansicht. Abbildung 3.31 zeigt Ihnen diese tabellarische Ansicht. Für Sie sind die folgenden Spalten von besonderer Bedeutung, gleichwohl es weit mehr Spalten zur Ansicht gibt:

3 | Organisation und Planung von Testfällen

Tabellarische Anzeige des Testkatalogs

- In der Spalte ORDNER sehen Sie, ob es sich um einen Gliederungsknoten bzw. Ordner handelt. Wenn kein Ordner-Icon angezeigt wird, handelt es sich nicht um einen Knoten, der Unterknoten besitzt.

- In der Spalte TITEL stehen die Bezeichnungen der Knoten und Testfälle.

- Die Spalte TYP gibt den Typ des Katalog-Elementes an. In der ersten Zeile sehen Sie den Typ KATALOG. In der dritten Zeile sehen Sie den Typ AUSFÜHRBARE TESTKONFIGURATION.

- Die Spalte TESTFALL zeigt Ihnen die Namen der Testkonfigurationen an. Sie finden die gesuchten Bezeichnungen immer in dieser Spalte.

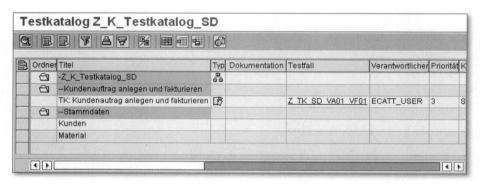

Abbildung 3.31 Tabellarische Anzeige des Testkatalogs

Spaltenlayout ändern

Sie haben in der tabellarischen Ansicht die Möglichkeit, Spalten ein- oder auszublenden oder die Reihenfolge der Spalten zu verändern.

Button »Layout erstellen«

Um die umfangreiche tabellarische Ansicht auf Ihre Bedürfnisse abzuspecken, können Sie sich ein eigenes Layout erstellen. Ein Layout enthält nur ausgewählte Spalten und ist deshalb für den jeweiligen Benutzer meist übersichtlicher. Abbildung 3.32 zeigt Ihnen den Button LAYOUT ERSTELLEN, mit dem Sie ein eigenes Layout anlegen können. Klicken Sie auf diesen Button.

Auswahlmaske »Layout ändern«

Sie erhalten die Auswahlmaske LAYOUT ÄNDERN (siehe Abbildung 3.33). Geöffnet ist die Registerkarte SPALTENAUSWAHL. Im linken Teil befindet sich die Auswahlliste ANGEZEIGTE SPALTEN, in der alle Spalten aufgelistet sind, die derzeit in Ihrer tabellarischen Ansicht angezeigt werden.

Abbildung 3.32 Button »Layout erstellen«

Im rechten Teil befindet sich die Auswahlliste SPALTENVORRAT, die Ihnen zusätzliche Spalten anbietet, die Sie bisher noch nicht in der tabellarischen Anzeige sehen konnten.

Abbildung 3.33 Auswahlmaske »Layout ändern«

Um nun eine oder mehrere Spalten aus der tabellarischen Ansicht zu entfernen, gehen Sie folgendermaßen vor:

Spaltenauswahl ändern

1. Markieren Sie die entsprechenden Spalten im Bereich ANGEZEIGTE SPALTEN.
2. Klicken Sie auf den Button SELEKTIERTE FELDER AUSBLENDEN, der durch ein schwarzes Dreieck mit Pfeilrichtung nach rechts gekennzeichnet ist (siehe Abbildung 3.34).

Sie sehen, dass die markierten Spalten vom linken Bereich (ANGEZEIGTE SPALTEN) in den rechten Bereich (SPALTENVORRAT) wandern.

3 | Organisation und Planung von Testfällen

Reihenfolge ändern Die Reihenfolge der angezeigten Spalten können Sie mit den Buttons AUFWÄRTS und ABWÄRTS ändern. Markieren Sie dazu eine Spalte, und ändern Sie deren Position in der Auswahlliste ANGEZEIGTE SPALTEN.

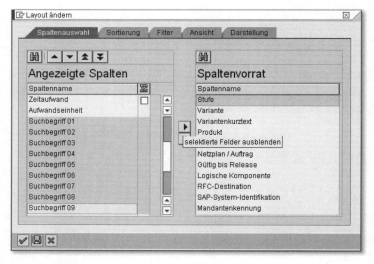

Abbildung 3.34 Angezeigte Spalten ausblenden

Sie haben außerdem die Möglichkeit, direkt in der tabellarischen Ansicht Spalten auszublenden. Dazu müssen Sie mit der rechten Maustaste auf den entsprechenden Spaltenkopf klicken. Es öffnet sich daraufhin ein Kontextmenü. Klicken Sie darin auf AUSBLENDEN.

Layout-Änderungen der Spalten sichern (Layout-Variante anlegen)

Nachdem Sie die Spaltenanzeige geändert haben, müssen Sie die Änderung des Layouts speichern. Ohne das Speichern würde die Anzeige der tabellarischen Anzeige nicht verändert werden. Beim Speichern haben Sie die Möglichkeit, das neue Layout der Spalten für Ihre aktuell angemeldete Sitzung zu sichern. Beim Speichern entsteht eine Layout-Variante.

1. Um eine Layout-Variante zu erstellen, klicken Sie den Button SPEICHERN (Diskette) an.

Eingabemaske »Layout sichern«
2. Sie erhalten die Eingabemaske LAYOUT SICHERN. Nehmen Sie hier folgende Veränderungen vor:

> Tragen Sie in das Feld LAYOUT SICHERN eine Bezeichnung ein, an der Sie Ihr Layout später erkennen (siehe Abbildung 3.35).

▶ Tragen Sie in das Feld BEZEICHNUNG einen beschreibenden Text ein, der die Bedeutung Ihres Layouts kurz erklärt.

3. Sichern Sie Ihr neues Layout, indem Sie auf den Button BESTÄTIGEN (grüner Haken) klicken. Das neue Layout wird nun in die tabellarische Anzeige übernommen.

Abbildung 3.35 Layout speichern

4. Ihr neues Layout erscheint nun in der Liste aller bisher erstellten Layout-Varianten (siehe Abbildung 3.36). Wie Sie sehen, wurde in unserem Beispiel bislang nur die Layout-Variante ECATT_TK angelegt.

Liste aller Layout-Varianten

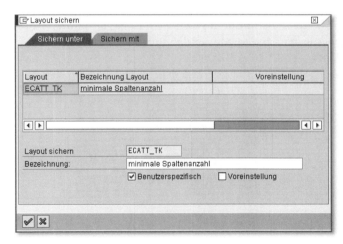

Abbildung 3.36 Liste der Layouts

5. Verlassen Sie die Eingabemaske, indem Sie auf den Button BESTÄTIGEN klicken.

Layout in der tabellarischen Ansicht sichern und laden

Wenn Sie sich in der tabellarischen Ansicht befinden, können Sie Layout-Einstellungen auch direkt dort vornehmen. Klicken Sie mit der rechten Maustaste auf die Spaltenköpfe, damit sich das Kontextmenü öffnet. Sie können über dieses Kontextmenü Spalten aus- und einblenden, fixieren, sortieren, filtern und Summen bilden.

Buttons »Layout sichern« und »Layout laden«
Wenn Sie an dieser Stelle Änderungen am Layout vorgenommen haben, müssen Sie das Layout über den Button LAYOUT SICHERN speichern (siehe ❶ in Abbildung 3.37). Dadurch wird eine neue Layout-Variante angelegt. Um eine bereits gespeicherte Layout-Variante auszuwählen, klicken Sie auf den Button LAYOUT LADEN ❷.

Abbildung 3.37 Buttons »Layout sichern« und »Layout laden«

Nachdem Sie ein Layout erstellt haben, können Sie es zukünftig für die tabellarische Anzeige verwenden.

Auswahlfenster »Layout auswählen«
1. Um ein Layout auszuwählen, klicken Sie den Button LAYOUT LADEN AN. Sie erhalten das Auswahlfenster LAYOUT AUSWÄHLEN (siehe Abbildung 3.38).
2. Markieren Sie die Zeile mit dem gewünschten Layout, und bestätigen Sie Ihre Auswahl, indem Sie auf den Button BESTÄTIGEN klicken.

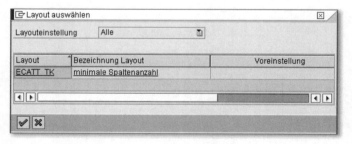

Abbildung 3.38 Auswahlfenster »Layout auswählen«

Geänderte Spaltenabfolge
Nachdem Sie ein neues Layout ausgewählt haben, wird die tabellarische Anzeige in der geänderten Spaltenabfolge dargestellt. Sie sehen

in Abbildung 3.39, dass die tabellarische Ansicht jetzt weniger Spalten besitzt und sogar der Scrollbalken verschwunden ist.

Testkatalog Z_K_Testkatalog_SD							
Ordner	Titel	Typ	Testfall	Verantwortlicher	Priorität	Komponente	Aufwand	Zähler
	-Z_K_Testkatalog_SD						0,000	0
	--Kundenauftrag anlegen und fakturieren						0,000	0
	TK: Kundenautrag anlegen und fakturieren		Z_TK_SD_VA01_VF01	ECATT_USER	3	SAP	0,000	1
	--Stammdaten						0,000	0
	Kunden						0,000	0
	Material						0,000	0
								1

Abbildung 3.39 Tabellarische Anzeige mit geändertem Layout

3.1.5 Weitere Funktionen des Testkatalogs

In diesem Abschnitt werden Sie sehen, wie Sie die vorhandene Katalogstruktur verändern und bearbeiten können, etwa indem Sie Knoten löschen, kopieren oder sich Details anzeigen lassen. Zunächst lernen Sie jedoch, wie Sie den Testkatalog exportieren können, um ihn extern zu bearbeiten, oder wie Sie ihn versenden können.

Testkatalog exportieren

Manchmal ist es notwendig, die Struktur des Testkatalogs zu exportieren oder als E-Mail zu versenden. Mit dem Button SEITENANSICHT ÖFFNEN (siehe Abbildung 3.40) können Sie von der tabellarischen Anzeige des Testkatalogs in die Seitenansicht wechseln.

Button »Seitenansicht öffnen«

Seitenansicht	[+]
Nur aus der Seitenansicht heraus können Sie die Struktur des Testkatalogs als E-Mail verschicken oder sie in verschiedenen Dateiformaten (z.B. Excel) abspeichern.	

Abbildung 3.40 Button »Seitenansicht öffnen«

Um die Struktur des Testkatalogs zu exportieren, gehen Sie folgendermaßen vor:

1. Klicken Sie den Button SEITENANSICHT ÖFFNEN an. In Abbildung 3.41 sehen Sie die Seitenansicht des Testkatalogs.

Ordner	Titel	Typ	Testfall	Verantwortlicher	Priorität	Komponente	Aufwand	Zähler
	-Z_K_Testkatalog_SD						0,000	0
	—Kundenauftrag anlegen und fakturieren						0,000	0
	TK: Kundenautrag anlegen und fakturieren		Z_TK_SD_VA01_VF01	ECATT_USER	3	SAP	0,000	1
	—Stammdaten						0,000	0
	Kunden						0,000	0
	Material						0,000	0
*								1

Abbildung 3.41 Seitenansicht des Testkatalogs

2. Anschließend gehen Sie über den Pfad LISTE • EXPORTIEREN im SAP-Menü. Wählen Sie aus folgenden möglichen Optionen die gewünschte aus:
   - Textverarbeitung
   - Tabellenkalkulation
   - Lokale Datei

3. Um die Struktur des Testkatalogs zu versenden, gehen Sie über den Pfad LISTE • SENDEN AN im Hauptmenü. Wählen Sie dann aus den zwei möglichen Menüpunkten die gewünschte Funktion aus:
   - Mail-Empfänger
   - Mappe

Wenn Sie einen Testkatalog an einen E-Mail-Empfänger senden, erhält dieser als Mail-Anhang Ihre Ansicht des Testkatalogs. Wenn Sie den Testkatalog herunterladen, haben Sie die Möglichkeit, ihn lokal zu bearbeiten.

Details ausgewählter Unterknoten

Button »Details anzeigen« Um alle Details eines ausgewählten Knotens anzusehen, klicken Sie nach dem Markieren des gewünschten Knotens auf den Button DETAILS ANZEIGEN (siehe Abbildung 3.42).

Abbildung 3.42 Button »Details anzeigen«

Sie sehen in Abbildung 3.43, dass die dritte Zeile, in der die Testkonfiguration angezeigt wird, markiert wurde.

Testkatalog | 3.1

Ordner	Titel	Typ	Testfall	Verantwortlicher	Priorität	Komponente	Aufwand	Σ Zähler
	-Z_K_Testkatalog_SD	品					0,000	0
	--Kundenauftrag anlegen und fakturieren						0,000	0
	TK: Kundenautrag anlegen und fakturieren		Z_TK_SD_VA01_VF01	ECATT_USER	3	SAP	0,000	1
	--Stammdaten						0,000	0
	Kunden						0,000	0
	Material						0,000	0
								1

Abbildung 3.43 Markieren eines Unterknotens im Testkatalog

Nachdem Sie den Button DETAILS ANZEIGEN gedrückt haben, erhalten Sie anschließend alle Details des ausgewählten Knotens. In Abbildung 3.44 sehen Sie die Details zum Unterknoten mit dem Titel TK: KUNDENAUFTRAG ANLEGEN UND FAKTURIEREN. Dieser Unterknoten ist vom Typ TESTFALL.

Details »Testfall«

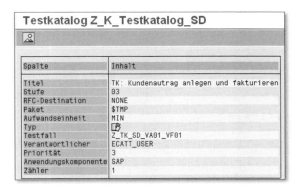

Abbildung 3.44 Ausgewählte Details des Knotens

Sie können sich über diesen Weg die Details aller Unterknoten anzeigen lassen.

Katalogansicht mit Schlüsseln

Sie haben auch die Möglichkeit, die technischen Bezeichnungen bereits in der Ansicht des Testkatalogs einzublenden. Um die Titel und Schlüssel der Testkonfigurationen einzublenden, wählen Sie bitte den Pfad ANSICHT • HIERARCHIEDARSTELLUNG • TITEL UND SCHLÜSSEL im Hauptmenü.

Spalte »Technische Schlüssel«
In Abbildung 3.45 sehen Sie, dass eine zusätzliche Spalte eingeblendet wurde. Die Spalte trägt die Bezeichnung TECHNISCHE SCHLÜSSEL. In dieser Spalte werden ab sofort die Schlüssel aller Testkonfigurationen angezeigt, die in dem jeweiligen Unterknoten eingebunden sind.

Abbildung 3.45 Anzeige des Testkatalogs mit technischem Schlüssel

Unterknoten kopieren

Button »Kopieren«
Sie können komplette Teilbäume Ihres Testkatalogs kopieren und diese mit wenigen Änderungen für andere Testkonfigurationen anpassen. Um diese zeitsparende Option zu nutzen, markieren Sie bitte den gewünschten Knoten und klicken auf den Button KOPIEREN (siehe Abbildung 3.46).

Abbildung 3.46 Unterknoten kopieren

Gleichrangig oder untergeordnet anlegen
Anschließend müssen Sie auswählen, ob der kopierte Teilbaum bzw. der Knoten GLEICHRANGIG oder UNTERGEORDNET angelegt werden soll. In Abbildung 3.47 sehen Sie, dass der neue Knoten gleichrangig angeordnet werden soll. Bestätigen Sie Ihre Auswahl, indem Sie auf den Button BESTÄTIGEN klicken.

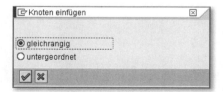

Abbildung 3.47 Knoten gleichrangig kopieren

Testkatalog | **3.1**

In Ihrem Testkatalog gibt es nun eine Kopie des ausgewählten Knotens. In Abbildung 3.48 sehen Sie, dass der Knoten STAMMDATEN auf gleicher Ebene kopiert wurde.

Kopie eines Teilbaums

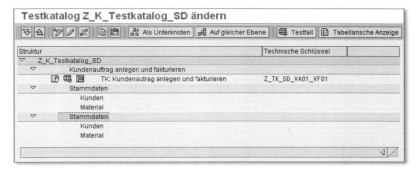

Abbildung 3.48 Kopierter Knoten auf gleicher Ebene

Unterknoten löschen

Um einen Unterknoten aus dem Testkatalog zu löschen, markieren Sie den zu löschenden Unterknoten und klicken den Button KNOTEN LÖSCHEN an (siehe Abbildung 3.49).

Abbildung 3.49 Button »Knoten löschen«

In Abbildung 3.50 sehen Sie, dass der Unterknoten KUNDEN gelöscht wurde. Diese Information erhalten Sie auch als Meldung in der Statusleiste, wie Sie am unteren Bildrand der Abbildung erkennen.

Statusmeldung zu gelöschten Knoten

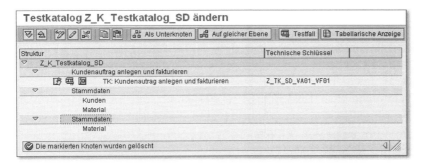

Abbildung 3.50 Knoten löschen

Sie haben in diesem Abschnitt einen Testkatalog erstellt. Sie haben gelernt, wie Sie einen Testkatalog durch Gliederungsknoten strukturieren können. Außerdem haben Sie gesehen, wie Sie Testkonfigurationen in einen Testkatalog einbinden können. Diese Schritte sind die wichtigsten, um Testkataloge für eine spätere Testplanung zu verwenden.

Sie haben als Nächstes einige Funktionen kennengelernt, mit denen Sie zwar nicht oft arbeiten werden, die Ihnen jedoch die Arbeit manchmal erleichtern können. Sie haben beispielsweise gesehen, wie Sie Knoten kopieren, Layout-Varianten anlegen oder Testkataloge verschicken können. Eine Layout-Variante werden Sie vielleicht zu Beginn Ihrer Arbeit einrichten und dann zukünftig verwenden. Aber sobald unterschiedliche Anforderungen für ein Layout auftreten, benötigen Sie unterschiedliche Varianten. In einem Layout wollen Sie vielleicht weniger Spalten und in einem anderen Layout einen Filter setzen. Sie haben nach dem Studium dieses Abschnitts die Fähigkeit, einen Testkatalog optimal einzurichten.

3.2 Bibliothek

In diesem Abschnitt wird Ihnen die Bibliothek vorgestellt. Sie befindet sich wie der Testkatalog in der Testkatalogverwaltung. In der Bibliothek sind alle auf dem System installierten SAP-Module und SAP-Komponenten aufgelistet. Unter den SAP-Komponenten finden Sie Ihre bereits erstellten Testkataloge, wenn Sie diese einer bestimmten SAP- Komponente zugeordnet haben.

[zB] Sie können das prüfen, indem Sie die Attribute Ihres Testkatalogs ändern. Tragen Sie dazu auf der Registerkarte ALLGEMEIN eine andere SAP-Komponente ein. Sie werden sehen, dass Ihr Testkatalog anschließend unter einem anderen Teilbaum in der Bibliothek angeordnet wird.

Testkataloge unter SAP-Komponenten angeordnet

Wenn Sie Ihre Testkataloge immer konkreten SAP-Komponenten zuordnen, könnte die Bibliothek zum Beispiel ein geeignetes Mittel sein, um zu prüfen, ob Sie alle Themen eines SAP-Moduls mit Testfällen abgedeckt haben.

In diesem Abschnitt werden Sie mit den Grundlagen der Bibliothek vertraut gemacht. Anschließend werden Sie direkt aus der Bibliothek einen Testkatalog erstellen und verschiedene Funktionen kennenlernen, um die Bibliothek zu nutzen.

3.2.1 Grundlagen

SAP bietet die Bibliothek in der Testkatalogverwaltung an. Diese Bibliothek hält bereits eine sehr gute Komponentenstruktur für Sie bereit, jedoch werden zu ihr keine konkreten Testfälle von SAP geliefert. Das ist die Stelle, an der Sie die Bibliothek mit Ihren Testfällen erweitern können. Sie behalten durch die Bibliothek den genauen Überblick, welche SAP-Komponenten von Ihnen bereits mit Testfällen versorgt wurden.

Jeder Testkatalog muss einer SAP-Komponente zugeordnet werden. Sie mussten diese Komponente auf der Registerkarte ALLGEMEIN eintragen. Anhand dieser SAP-Komponente wird in der Bibliothek automatisch entschieden, unter welchem Komponenten-Teilbaum der Testkatalog angeordnet wird.

Bibliothek öffnen

Um die Bibliothek zu öffnen, müssen Sie die Transaktion STWB_1 starten. Sie gelangen in den Einstiegsbildschirm der Testkatalogverwaltung (siehe Abbildung 3.51).

Transaktion STWB_1, »Bibliothek starten«

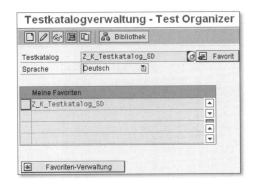

Abbildung 3.51 Einstiegsbildschirm »Testkatalogverwaltung«

Klicken Sie nun auf den Button BIBLIOTHEK, um die Bibliothek zu starten. Sie gelangen direkt in diese hinein.

Von hier aus können Sie den Hauptknoten der Bibliothek oder die Unterknoten dieses Hauptknotens expandieren. Klicken Sie das Drei-

Ansicht »Test Organizer: Bibliothek«

eck vor dem Knoten BIBLIOTHEK AN. SIE SEHEN, ES öffnet sich die erste Unterebene dieses Knotens, jedoch nicht komplett. Sie sehen zudem, dass die Unterebene von BIBLIOTHEK SAP lautet (siehe Abbildung 3.52).

Abbildung 3.52 Bibliothek mit geöffneter erster Unterebene

Button »Alles expandieren«

Um einen gesamten Unterknoten zu öffnen bzw. zu expandieren, markieren Sie bitte einen ausgewählten Knoten und klicken auf die Buttons ALLES EXPANDIEREN bzw. ALLES KOMPRIMIEREN (die beiden Buttons mit den Pfeilen, links oben in Abbildung 3.53).

In Abbildung 3.53 wurde zuerst der Knoten SAP markiert und expandiert. Anschließend wurde der Knoten Z_K_TESTKATALOG_SD markiert und expandiert. Sie sehen, dass dieser Knoten Ihr zuvor erstellter Testkatalog ist und in den Unterknoten SAP der Bibliothek aufgenommen wurde.

Installierte SAP-Module

Weiterhin sehen Sie, dass der Unterknoten SAP der Bibliothek bereits mehrere Unterknoten für die auf dem System installierten SAP-Module bereithält.

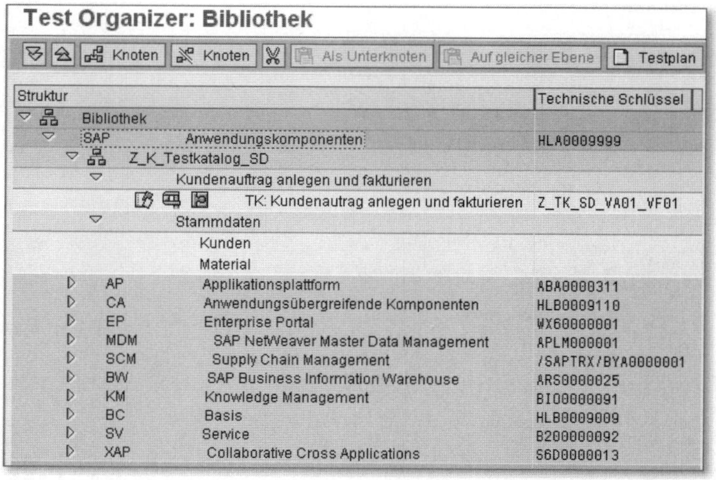

Abbildung 3.53 Geöffnete Bibliothek mit Knoten zu einigen SAP-Modulen

> **Bibliothek komprimieren** [+]
>
> Das Expandieren funktioniert auf Knotenebene. Sie können einzelne Knoten markieren und expandieren bzw. öffnen.
>
> Das Komprimieren funktioniert leider nicht auf Knotenebene. Mit einem Klick auf den Button ALLES KOMPRIMIEREN wird stets der gesamte Testkatalog geschlossen/minimiert/komprimiert. Zum Komprimieren einzelner Knoten darf nur das kleine Dreieck vor dem Knoten verwendet werden.

Testkatalog in Bibliothek einfügen

Sie haben nun die Möglichkeit, neue Testkataloge in die Bibliothek einzubinden. Alle Testkataloge, die einer konkreten SAP-Komponente zugeordnet wurden, können Sie nur »umhängen«, wenn Sie den Button KNOTEN LÖSCHEN anklicken. Anschließend könnten Sie den Testkatalog an anderer Stelle in der Bibliothek anhängen, wenn Sie den Button KNOTEN EINFÜGEN anklicken.

Button »Knoten löschen«

Um einen Testkatalog einzubinden, markieren Sie bitte einen ausgewählten SAP-Komponenten-Unterknoten, unter den der neue Testkatalog eingefügt werden soll. Klicken Sie anschließend den Button KNOTEN EINFÜGEN an. In diesem Beispiel wurde der Knoten STAMMDATEN markiert, um einen neuen Testkatalog unter diesem Knoten abzulegen.

Button »Knoten einfügen«

> Wenn Sie einen bestehenden Testkatalog einbinden wollen, klicken Sie auf den Button KNOTEN SUCHEN (Fernglas). Sie können anschließend Ihren Testkatalog suchen und auswählen. Sobald Sie einen Testkatalog in der Bibliothek »umgehangen« haben, wird auch im Testkatalog die SAP-Komponente geändert.

[+]

In diesem Beispiel soll ein neuer Testkatalog angelegt werden. In Abbildung 3.54 sehen Sie, dass Sie in die Eingabemaske für die Testkatalogattribute geleitet werden. Sie befinden sich in der Registerkarte VERWALTUNGSDATEN. Ihre einzige Aufgabe an dieser Stelle ist es, dem neuen Testkatalog einen Titel zu geben.

Testkatalogattribute pflegen

Tragen Sie in das Feld TITEL eine sprechende Bezeichnung für den neuen Testkatalog ein, z.B. »Test Testkatalog«. Der Testkatalog, den Sie gerade erstellt haben, ist noch leer. Er dient Ihnen als Hülle, Sie können so einige Testkataloge im Vorfeld planen und im nächsten Schritt mit Testfällen erweitern.

Feld »Titel«

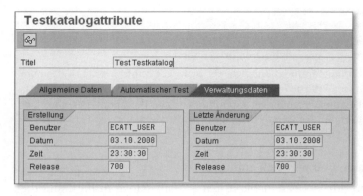

Abbildung 3.54 Neuer Testkatalog als Knoten

Speichern Sie Ihre Eingabe, indem Sie auf den Button SICHERN klicken. Sie gelangen anschließend wieder in die Ansicht der Bibliothek. Wie Sie in Abbildung 3.55 sehen können, wird der gerade von Ihnen erstellte Testkatalog TEST TESTKATALOG nun unter dem Knoten STAMMDATEN angezeigt.

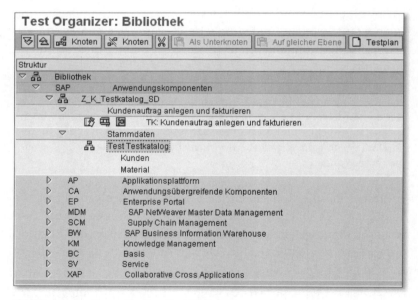

Abbildung 3.55 Neuer Knoten »Test Testkatalog«

> **Modulbezeichnung in Testkatalog-Titel aufnehmen** [+]
>
> Grundsätzlich ist es sinnvoll, die Titel für Ihre Testkataloge mit dem SAP-Modul zu beginnen. Die Testkataloge müssen bei der Erstellung als SAP-Komponente ebenfalls das SAP-Modul übergeben bekommen. Wenn Sie sich bei den Attributen Ihres Testkatalogs für eine andere SAP-Komponente entscheiden, wird Ihr neuer Testkatalog auch in der Bibliothek an eine andere SAP-Komponente angehängt. Die Bezeichnung des Testkatalogs würde danach nicht mehr zum Unterknoten in der Bibliothek passen.

Absprung in Testkatalog

Aus der Bibliothek heraus können Sie jeden einzelnen Testkatalog anspringen.

Führen Sie dazu auf einem beliebigen Testkatalog in der Bibliothek einen Doppelklick aus. Sie werden automatisch in den Änderungsmodus des angeklickten Testkatalogs geführt (siehe Abbildung 3.56). Jetzt hätten Sie die Möglichkeit, diesen Testkatalog nach Ihren Vorstellungen zu erweitern. Sie könnten beispielsweise einige Gliederungsknoten und Testkonfigurationen als Unterknoten einfügen.

Testkatalog anspringen

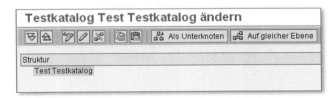

Abbildung 3.56 Sprung in den Testkatalog

Verlassen Sie den Testkatalog über den Button TESTKATALOG VERLASSEN. Sie gelangen wieder in die Bibliothek.

3.2.2 SAP-Anwendungskomponenten

SAP-Systeme sollen Anwendern helfen, ihre Geschäftsprozesse auszuführen. Zum Beispiel gibt es den Geschäftsprozess »Material anlegen«. Dieser Geschäftsprozess ist nur ausführbar, wenn auf dem jeweiligen SAP-System das SAP-Modul MM (Materialwirtschaft) installiert wurde. Wenn dies bei Ihnen der Fall ist und Sie sich die Bibliothek auf Ihrem System ansehen, werden Sie feststellen, dass die SAP-Komponente MM unter dem Knoten ANWENDUNGSKOMPONENTEN enthalten ist. Wenn Sie diesen oder einen anderen Komponentenknoten öffnen, sehen Sie weitere untergeordnete SAP-Komponenten. Sobald Sie einem Testkatalog eine SAP-Komponente zuordnen, wird er automatisch in dieser Bibliothek an die jeweilige Anwendungskomponente angehängt.

Im Folgenden wird dazu ein Beispiel gezeigt. Als Beispielkomponente soll BC (Basis) dienen, weil diese auf jedem SAP-System vorhanden sein sollte.

SAP-Anwendungskomponente »BC Basis«

Die SAP-Komponente BC steht für *Basis und Basisdienste*. Sie enthält die komplette Funktionalität, die zum Beispiel ein Systemadministrator, ein ABAP-Programmierer oder ein Datenbankadministrator benötigen. Und selbst die Funktionen der Test Workbench sind in der SAP-Komponente BC enthalten. Die Anwendungskomponente für die Test Workbench lautet zum Beispiel BC-TWB.

Wie Sie schon wissen, sind die eigentlichen Transaktionen nicht in der Bibliothek hinterlegt. Sie haben aber an dieser Stelle dafür die Möglichkeit, eigene Testfälle zu hinterlegen.

Unterknoten »BC Basis«

Öffnen Sie nun den Unterknoten BC BASIS (siehe Abbildung 3.57). Die markierte SAP-Komponente BC-ABA-LI steht für die LISTVERARBEITUNG. An dieser Stelle könnten Sie Testfälle einbinden, die irgendeine Art von Listverarbeitung testen.

Testkatalog für »BC Basis« einfügen

Die Knoten der SAP-ANWENDUNGSKOMPONENTEN können Sie um Testfälle erweitern.

Neuen Testkatalog anlegen oder bestehenden suchen

1. Markieren Sie beispielsweise den Knoten BC-ABA-LI aus den SAP-ANWENDUNGSKOMPONENTEN. Klicken Sie danach auf den Button KNOTEN, um einen neuen Unterknoten an der markierten Stelle einzufügen.

2. Sie erhalten das Popup-Fenster VERWEIS ERSTELLEN (siehe Abbildung 3.58). An dieser Stelle können Sie einen bereits erstellten Testkatalog suchen und auswählen. Oder Sie erstellen einen neuen Testkatalog, indem Sie auf den Button TESTKATALOG klicken.

Bibliothek | **3.2**

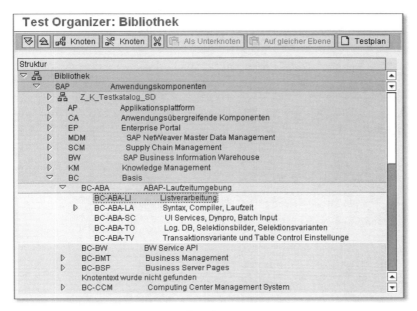

Abbildung 3.57 Expandierte Anwendungskomponente »BC Basis«

Abbildung 3.58 Verweis erstellen

3. Sie erhalten die Eingabemaske für die Testkatalogattribute des neuen Testkatalogs. Es ist sinnvoll, das Modul oder die Komponente am Anfang des Testkatalogtitels aufzunehmen. Als Komponente wurde in Abbildung 3.59 die Knotenbezeichnung BC-ABA-LI verwendet. Ihr Katalog kann unter dieser Bezeichnung später wiedergefunden werden. Tragen Sie auch im Feld KOMPONENTE den Komponentenschlüssel »BC-ABA-LI« für LISTVERARBEITUNG ein.

BC-ABA-LI Testkatalog

4. Speichern Sie Ihre Eingaben.

Sie gelangen wieder in die Ansicht der BIBLIOTHEK (siehe Abbildung 3.60). Sie sehen, dass der Knoten BC-ABA-LI einen neuen Unterknoten besitzt. Dieser Unterknoten ist Ihr gerade neu angelegter Testkatalog.

Unterknoten »BC-ABA-LI«

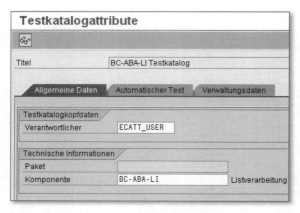

Abbildung 3.59 Neuer Testkatalog in Komponente »BC-ABA-LI«

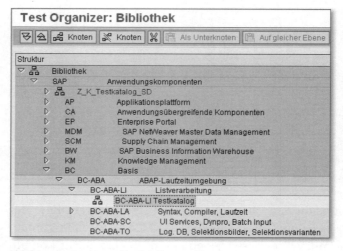

Abbildung 3.60 Neuer Testkatalog zur Komponente

Klicken Sie doppelt auf BC-ABA-LI TESTKATALOG. Sie gelangen in den Änderungsmodus des neuen Testkatalogs und haben dort die Möglichkeit, diesen so zu strukturieren, wie er für Ihre Aufgaben sinnvoll ist.

3.2.3 Bibliothek bearbeiten

In diesem Abschnitt lernen Sie zusätzliche Funktionen kennen, um die Testkataloge in Ihrer Bibliothek zu pflegen.

Testkatalog erweitern

Wie Sie einen eigenen Testkatalog strukturieren, haben Sie bereits kennengelernt. Jetzt geht es allerdings darum, die Bibliotheksknoten der SAP-Anwendungskomponenten gezielt mit passenden Transaktionen zu erweitern. Nachdem Sie den Testkatalog BC-ABA-LI TESTKATALOG doppelt angeklickt haben, gelangen Sie in den Änderungsmodus dieses Testkatalogs (siehe Abbildung 3.61).

Knoten der Bibliothek bearbeiten

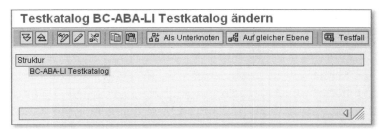

Abbildung 3.61 Testkatalog im Änderungsmodus

1. Fügen Sie bitte zuerst einen Gliederungsknoten ein (siehe Abbildung 3.62). Achten Sie darauf, dass die Transaktionen, die Sie in diesen Testkatalog einbinden wollen, zur SAP-Komponente passen. Bestätigen Sie Ihre Eingaben, indem Sie auf den Button BESTÄTIGEN (grüner Haken) klicken. Der ergänzte Gliederungsknoten heißt in diesem Beispiel KUNDENEIGENE ABAP-LISTEN.

Gliederungsknoten anlegen

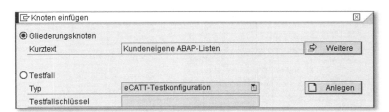

Abbildung 3.62 Gliederungsknoten einfügen

2. Sie gelangen wieder in den Änderungsmodus Ihres Testkatalogs BC-ABA-LI. Speichern Sie hier die Änderungen, die Sie vorgenommen haben (Abbildung 3.63). Sie erhalten daraufhin in der Statusleiste die Meldung, dass Ihre Daten gespeichert wurden.

Änderungsmodus Testkatalog

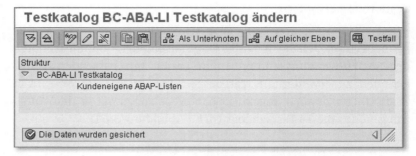

Abbildung 3.63 Testkatalog »BC-ABA-LI« mit Gliederungsknoten »Kundeneigene ABAP-Listen«

Änderungsmodus Bibliothek

3. Gehen Sie danach über den Button VERLASSEN wieder zurück in die Bibliothek. In dieser (siehe Abbildung 3.64) sehen Sie unter dem Pfad SAP • BC • BC-ABA • BC-ABA-LI den gerade von Ihnen erstellten Testkatalog BC-ABA-LI. In diesen neuen Testkatalog haben Sie bereits einen Gliederungsknoten eingefügt. Jetzt könnten Sie ihn nach Ihren Vorstellungen um weitere Unterknoten erweitern.

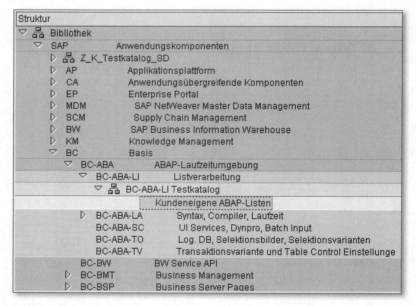

Abbildung 3.64 Bibliothek mit Testkatalog »BC-ABA-LI« mit Gliederungsknoten »Kundeneigene ABAP-Listen«

Testkataloge suchen

Wenn Sie im System nach bereits vorhandenen Testkatalogen suchen möchten, gehen Sie bitte so vor:

1. Um einen bereits erstellten Testkatalog aufzuspüren, starten Sie bitte die Transaktion STWB_1 (Testkatalogverwaltung) – siehe Abbildung 3.65.

Transaktion STWB_1

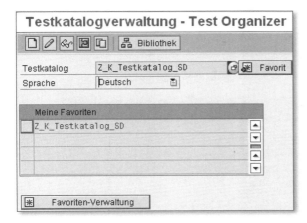

Abbildung 3.65 Einstieg Transaktion STWB_1

2. Klicken Sie auf die Suchfunktion.

3. Sie erhalten nun eine Auflistung der vorhandenen Testkataloge (siehe Abbildung 3.66). Sie sehen, dass an erster Stelle der neu erstellte Testkatalog angezeigt wird. Sie könnten an dieser Stelle auch einen Testkatalog auswählen, der noch nicht in der Bibliothek enthalten ist.

Noch nicht zugeordneten Katalog auswählen

> Wenn Sie einen Testkatalog wählen, der bereits einer SAP-Anwendungskomponente zugeordnet wurde, erhalten Sie eine Fehlermeldung. Wollen Sie einen Testkatalog auswählen, der bereits zugeordnet wurde, müssen Sie zuvor die Verbindung löschen. Das tun Sie in der Bibliothek. Markieren Sie dazu den entsprechenden Testkatalog, und klicken Sie den Button KNOTEN LÖSCHEN an.

[+]

4. Sie gelangen zur Ansicht TESTKATALOG BC-ABA-LI TESTKATALOG ANZEIGEN. Das ist der Testkatalog, den Sie ausgewählt haben (siehe Abbildung 3.67).

3 | Organisation und Planung von Testfällen

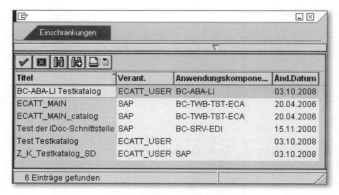

Abbildung 3.66 Auflistung vorhandener Testkataloge

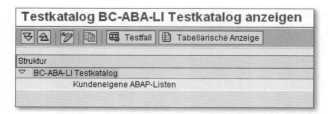

Abbildung 3.67 Anzeige des Testkatalogs »BC_ABA_LI«

Hier können Sie feststellen, dass es keinen Unterschied gibt zwischen einem Testkatalog, der über die Transaktion STWB_1 erstellt wurde, und einem Testkatalog, der über die Bibliothek angelegt wurde. Sie können also demnach beide Möglichkeiten parallel nutzen, um neue Testkataloge zu erstellen.

In diesem Abschnitt haben Sie die Bibliothek der Testkatalogverwaltung kennengelernt. Sie haben erfahren, dass es für alle auf Ihrem System installierten SAP-Module eine SAP-Anwendungskomponente in der Bibliothek gibt. Sie haben gesehen, dass jede Anwendungskomponente noch weitere untergeordnete Komponenten für Spezialgebiete hat. Sie können nun gezielt in diese Bibliothek gehen und dort Testkataloge als leere Hüllen vorbereiten. Falsch zugeordnete Testkataloge können Sie »umhängen«.

Im nächsten Abschnitt werden Sie sich mit der Testplanung beschäftigen. Die Grundlage für eine Testplanung sind Ihre Testkataloge.

3.3 Testplanung

Wenn Sie Massendaten migrieren möchten, eignet sich ein Testplan nicht. Wenn Sie aber Ihre Testläufe auf mehrere Testpersonen aufteilen möchten und dabei immer konkret wissen wollen, wer wann mit welchem Ergebnis getestet hat, dann sind Testpläne das Richtige für Sie.

> [!] Da Sie in Testkatalogen immer nur die Default-Variante ECATTDEFAULT ausführen, müssen Sie darauf achten, dass in der Testkonfiguration kein externer Pfad angegeben und die Default-Variante ausgewählt wurde.

In diesem Abschnitt werden Sie daher mit Testplänen vertraut gemacht. Sie lernen Folgendes:

- wie Sie einen Testplan anlegen und einem bestimmten Testkatalog zuweisen
- wie Sie ein Testpaket erstellen und einer bestimmten Testperson zuordnen
- wie Sie das Status-Infosystem nutzen, um den Status aller Testfälle zu überwachen
- an welcher Stelle Sie neue Statusmeldungen erstellen können
- wie Sie die Testpakete ausführen können

3.3.1 Grundlagen Testplan

Um Testläufe übersichtlich im SAP-System zu verwalten, müssen Sie Testpläne erstellen.

1. Um einen Testplan anzulegen, rufen Sie die Transaktion STWB_2 oder den Pfad WERKZEUGE • ABAP WORKBENCH • TEST • TEST WORKBENCH • TEST ORGANIZER • INFOSYSTEM im SAP-Menü auf. Sie erhalten die Testplanverwaltung (siehe Abbildung 3.68).

   Transaktion STWB_2, »Testplanverwaltung«

2. Wählen Sie den Button ANLEGEN (weißes Blatt), um einen neuen Testplan anzulegen.

3 | Organisation und Planung von Testfällen

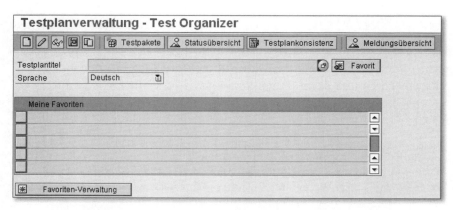

Abbildung 3.68 Dialogfenster »Testplanverwaltung«

Testplanattribute

Eingabemaske »Testplan angeben«

Nachdem Sie die Transaktion STWB_2 bzw. die TESTPLANVERWALTUNG gestartet und den Button ANLEGEN angeklickt haben, erhalten Sie das Eingabefenster TESTPLAN ANLEGEN.

Füllen Sie die Felder wie folgt (siehe Abbildung 3.69):

- **Titel**
  In das Feld TITEL tragen Sie einen sprechenden Titel für Ihren Testplan ein. Sinnvoll wäre beispielsweise, dem Testplan das jeweilige SAP-Modul mit in die Bezeichnung zu geben.

- **Testreihe**
  In das Feld TESTREIHE können Sie Begriffe eintragen, unter denen Sie bestimmte Testpläne anordnen. Bei einer späteren Suche würden Sie dann alle Testpläne erhalten, die als Testreihe die gleichen Begriffe aufweisen.

- **Verantwortlicher**
  In das Feld VERANTWORTLICHER tragen Sie den SAP-Benutzernamen ein, der den Testplan erstellt. Das Feld wird normalerweise automatisch gefüllt.

- **Systemdaten und Zielsystem**
  In die Felder SYSTEMDATEN und ZIELSYSTEM übernehmen Sie bitte wieder Ihren Systemdatencontainer und das Zielsystem.

Bestätigen Sie Ihre Einträge, indem Sie den Button AUSFÜHREN anklicken.

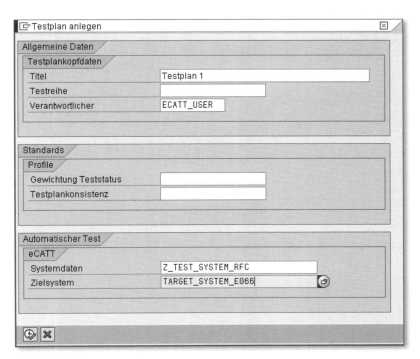

Abbildung 3.69 Testplan – Eigenschaften

Testplan ändern

Wenn Sie sich in der Testplanverwaltung befinden und einen Testplan ausgewählt haben, können Sie ihn ändern, indem Sie auf den Button ÄNDERN klicken (Bleistift). Sie erhalten Ihren Testplan im Änderungsmodus.

1. Wählen Sie einen oder mehrere Testkataloge aus, indem Sie die Checkboxen vor den Testkatalogen anhaken (siehe Abbildung 3.70).
   Testkataloge auswählen

2. Um Ihre Auswahl zu bestätigen, müssen Sie auf den Button GENERIEREN klicken (siehe Abbildung 3.71).
   Testplan generieren

Nachdem Sie den Testplan generiert haben, gelangen Sie wieder in die Einstiegsmaske der Testplanverwaltung. Wenn Sie sich Ihren Testplan anschließend anzeigen lassen, werden Sie sehen, dass nur die von Ihnen ausgewählten Testkataloge aufgelistet werden.

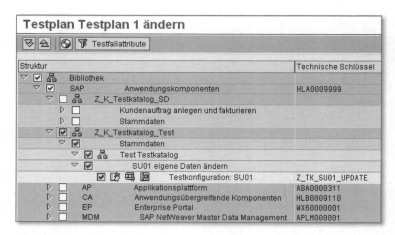

Abbildung 3.70 Testplan ändern

Abbildung 3.71 Button »Generieren«

3.3.2 Grundlagen der Statusübersicht

Sie können den Status eines Testplans direkt aus der Testplanverwaltung aufrufen. Der Status zeigt Ihnen Folgendes:

- den Titel des Testplans
- den Namen des Testers
- den Status des Testlaufs
- eventuelle Meldungen

Transaktion STWB_2, »Statusübersicht aufrufen«

Um die Statusübersicht zu einem Testplan aufzurufen, tragen Sie in das Feld TESTPLANTITEL Ihren Testplan ein. Im Beispiel lautet der Titel TESTPLAN 1. Klicken Sie anschließend auf den Button STATUSÜBERSICHT (siehe Abbildung 3.72). Alternativ dazu können Sie auch die Transaktion STWB_2 wählen.

Abbildung 3.72 Statusübersicht aufrufen

Sie erhalten die STATUSÜBERSICHT für den ausgewählten Testplan. In Abbildung 3.73 sehen Sie einen gerade erstellten Testplan. Dieser wurde noch nicht abgespielt. Er hat noch kein Ergebnis geliefert. In der Spalte OHNE ERGEBNIS erscheint daher der Eintrag 1.

Statusübersicht »Testplan«

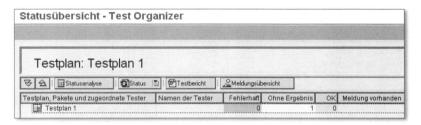

Abbildung 3.73 Statusübersicht »Testplan«

Testbericht erstellen

Wenn Sie sich in der STATUSÜBERSICHT befinden, können Sie einen Testbericht im Office-Word-Format erzeugen. Klicken Sie dazu den Button TESTBERICHT an.

Button »Testbericht«

> **Testbericht wird als Word-Dokument gespeichert** [!]
>
> Der Testbericht wird als Microsoft-Office-Word-Dokument abgespeichert. Wenn Sie kein Microsoft Office auf Ihrem Rechner installiert haben, kommt es zur Fehlermeldung, und der Testbericht wird nicht gespeichert (siehe Abbildung 3.74).

Abbildung 3.74 Fehlermeldung, weil Microsoft Office nicht installiert ist

Nach dem gelungenen Abspeichern erhalten Sie eine Information, wohin das Dokument *Testreport.doc* gespeichert wurde. Klicken Sie doppelt auf *Testreport.doc*, um das Dokument zu öffnen.

Word-Dokument »Testreport.doc«

Öffnen Sie die Makros. Wählen Sie das Makro SAP_CREATE_TEST-REPORT aus. Klicken Sie auf den Button AUSFÜHREN, um das Makro zu starten (siehe Abbildung 3.75).

Makro ausführen

[!] Leeres Dokument

Sie erhalten ein scheinbar leeres Dokument. Das ist kein Fehler, sondern darin begründet, dass Sie ein bestimmtes, von SAP mitgeliefertes Makro – SAP_CREATE_TESTREPORT – noch nicht ausgeführt haben.

Abbildung 3.75 Makro »SAP_CREATE_TESTREPORT« ausführen

Erst nachdem Sie das Makro ausgeführt haben, erhalten Sie die Datei *Testreport.doc* mit Inhalten. Der Umfang des Testberichts hängt davon ab, wie umfangreich Sie zuvor den Testkatalog und den Testplan erstellt haben. Am Ende können Sie den Testbericht mit einer Historie versehen. In dieser sehen Sie, wann der Testfall abgespielt wurde und ob Fehler auftraten. In Abbildung 3.76 sehen Sie das Deckblatt des Testberichts, das zugehörige Word-Dokument heißt *Testreport.doc*.

Abbildung 3.76 Ausschnitt aus dem Testbericht »Testreport.doc«

Statusanalyse des Testplans

Wenn Sie sich in der STATUSÜBERSICHT befinden, können Sie die Statusanalyse ansehen. Klicken Sie dazu den Button STATUSANALYSE an (siehe Abbildung 3.73). Expandieren Sie anschließend den enthaltenen Testkatalog. Es erscheint die Ansicht STATUSANALYSE TESTPLAN »TESTPLAN 1« (siehe Abbildung 3.77).

Button »Statusanalyse«

In Abbildung 3.77 sehen Sie die Statusmeldung TESTFALL NICHT IN TESTPAKET. Das bedeutet, dass das Ergebnis nicht in der Statusanalyse ausgewertet wird, wenn Sie den Testfall abspielen. Sie könnten die Testkonfiguration von dieser Stelle aus ausführen. Das Ergebnis wird allerdings den Status nicht verändern.

Statusmeldung »Testfall nicht in Testpaket«

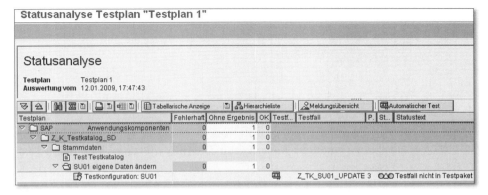

Abbildung 3.77 Statusanalyse

3.3.3 Testpaket erstellen

Wie der vorherige Abschnitt gezeigt hat, benötigen Sie Testpakete, um die Testfälle, die Sie abspielen, auswerten zu können.

1. Um ein Testpaket anzulegen, starten Sie die Transaktion STWB_2, um die Testplanverwaltung zu öffnen. Wählen Sie anschließend einen Testplan aus. Danach klicken Sie den Button TESTPAKETE an (siehe Abbildung 3.68).

Transaktion STWB_2, »Testpaket anlegen«

2. Sie erhalten die Ansicht TESTPAKETVERWALTUNG. Der Titel des ausgewählten Testplans wird im oberen Bereich der Ansicht angezeigt (siehe Abbildung 3.78).

Testpaketverwaltung

3. Um ein neues Testpaket anzulegen, klicken Sie auf den Button ANLEGEN (weißes Blatt, siehe Abbildung 3.78). Sie erhalten das Dialogfenster TESTPAKET ANLEGEN (siehe Abbildung 3.79).

Button »Anlegen«

3 | Organisation und Planung von Testfällen

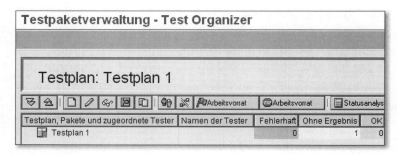

Abbildung 3.78 Testpaketverwaltung

Abbildung 3.79 Testpaket anlegen

Button »Generieren«
4. Sie müssen nun auf den Button GENERIEREN klicken, um das Testpaket zu erstellen. Sie erhalten die Aufforderung, dem neuen Testpaket einen Titel zu geben.

5. Tragen Sie in das Feld TITEL einen Titel für Ihr Testpaket ein. Im Beispiel wurde der Name »Testpaket 1« eingetragen (siehe Abbildung 3.80). Bestätigen Sie die Eingabe.

Abbildung 3.80 Titel für Testpaket vergeben

Testplan mit Testpaket
Sie gelangen zurück in die Testpaketverwaltung. In Abbildung 3.81 sehen Sie, dass der Testplan ein Testpaket erhalten hat.

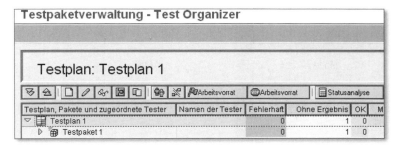

Abbildung 3.81 Testplan mit einem Testpaket

Tester zuordnen

Sie können jedem Testpaket einen anderen Tester zuordnen. Nachdem ein Tester seine zugeordneten Testfälle abgespielt hat, erscheinen die Testergebnisse in der Statusinformation.

1. Um einen Tester zuzuordnen, müssen Sie die Transaktion STWB_2 aufrufen. Wählen Sie anschließend den Button TESTPAKETE, um in die Testpaketverwaltung zu gelangen. Klicken Sie danach den Button TESTER ZUORDNEN an (siehe Abbildung 3.82).

Transaktion STWB_2, »Tester zuordnen«

Abbildung 3.82 Button »Tester zuordnen«

2. Sie erhalten eine Auswahlliste mit allen SAP-Benutzernamen. Wählen Sie einen Namen durch Anklicken aus, und bestätigen Sie Ihre Auswahl. Der ausgewählte Benutzername erscheint in der TESTPAKETVERWALTUNG. Sie sehen ihn in der Zeile des Testpakets und in der Spalte NAMEN DER TESTER (siehe Abbildung 3.83).

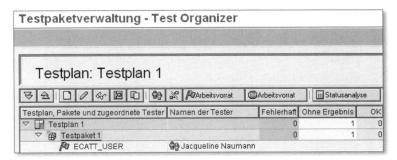

Abbildung 3.83 Tester zugeordnet

3.3.4 Status-Infosystem – Test Organizer

Transaktion STWB_INFO

Im Status-Infosystem haben Sie die Möglichkeit, die Status Ihrer Testpläne einzusehen. Um das Status-Infosystem zu öffnen, müssen Sie die Transaktion STWB_INFO starten, oder Sie folgen dem Pfad WERKZEUGE • ABAP WORKBENCH • TEST • TEST WORKBENCH • TEST ORGANIZER • INFOSYSTEM im Hauptmenü.

Sie erhalten das Status-Infosystem (siehe Abbildung 3.84). Hier können Sie verschiedene Selektionskriterien für Testpläne übergeben.

[+] Beachten Sie, dass Ihnen weniger Testpläne angezeigt werden, wenn Sie sehr viele Selektionskriterien angeben.

Klicken Sie anschließend auf den Button AUSFÜHREN, um die Statusinformation Ihrer Testpläne einzusehen.

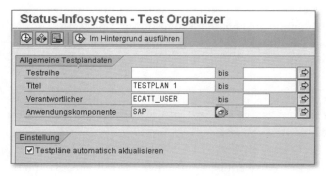

Abbildung 3.84 Status-Infosystem – Selektionskriterien

Status-Infosystem mit Übersicht über Testpläne

Sie erhalten eine Übersicht über Ihre Testpläne. In Abbildung 3.85 sehen Sie, dass der Testplan TESTPLAN 1 noch nicht abgespielt wurde. Es liegt demnach noch kein Ergebnis vor.

Balkendiagramm zum Status der Testpakete

In dieser Ansicht haben Sie die Möglichkeit, ein Balkendiagramm zu erzeugen, das den Status Ihrer Testpläne auch optisch widerspiegelt. Klicken Sie auf den Button ALV GRAFIK (siehe Abbildung 3.86), um dieses Balkendiagramm zu erzeugen.

Das erzeugte Balkendiagramm bietet Ihnen eine prozentuale Übersicht an. Das Ergebnis ist in diesem Beispiel nicht sehr aufschlussreich, aber wir sollten uns das Balkendiagramm dennoch kurz anschauen (siehe Abbildung 3.87). Sie sehen, dass es einen Testplan gibt und dass in dieser Grafik zwei Testpläne ausgewertet wurden.

Jeder Testplan enthält zwei Status. Der erste Status bedeutet OHNE ERGEBNIS, und der zweite Status steht für OK. Das bedeutet, jeder Testplan besteht aus zwei Testpaketen, von denen jeweils eines fehlerfrei abgespielt wurde. Das zweite Testpaket wurde noch nicht abgespielt. Die Höhe der Balken entspricht dem Prozentsatz der Testpakete, die mit diesem Status abgespielt wurden.

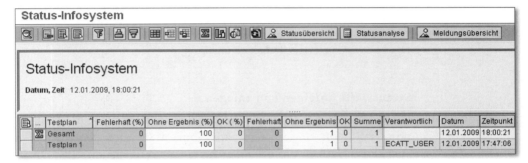

Abbildung 3.85 Status-Infosystem zu Testplan 1

Abbildung 3.86 Button »ALV Grafik«

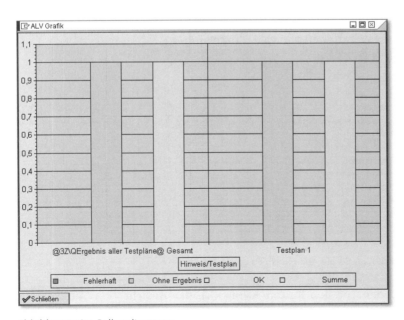

Abbildung 3.87 Balkendiagramm

3.3.5 Statusdefinitionen verwalten

Sie können für Ihre Testpläne vorhandene Statusdefinitionen verwenden oder eigene Statusdefinitionen anlegen. Statusdefinitionen enthalten Statuswerte.

[+] **Neue Statusdefinitionen anlegen**

Das Recht zum Anlegen neuer Statusdefinitionen sollte beim eCATT-Entwickler verbleiben. Stimmen Sie sich mit den Anwendern ab, und einigen Sie sich auf eine bestimmte Anzahl an Status. Für die spätere Auswertbarkeit wären zu viele Status ungünstig.

Statuswerte anzeigen und anlegen

Zentrale Einstellungen pflegen
Um die bestehenden Statuswerte anzuzeigen, müssen Sie die Transaktion STWB_SET starten. Alternativ können Sie auch den Menüpfad WERKZEUGE • ABAP WORKBENCH • TEST • TEST WORKBENCH • TEST ORGANIZER • ZENTRALE EINSTELLUNGEN wählen. Sie erhalten die Ansicht TEST WORKBENCH ZENTRALE EINSTELLUNGEN.

Statuswerte anzeigen
Markieren Sie den Radiobutton STATUSDEFINITION, und klicken Sie auf den Button ANZEIGEN, um die Statuswerte anzuzeigen. Klicken Sie dann auf den Button ÄNDERN, um beispielsweise eigene Statuswerte anzulegen (siehe Abbildung 3.88).

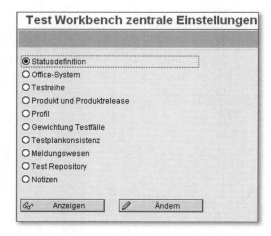

Abbildung 3.88 Zentrale Einstellungen pflegen

Statuswerte anlegen
Nachdem Sie den Button ÄNDERN in der Ansicht TEST WORKBENCH ZENTRALE EINSTELLUNGEN betätigt haben, erhalten Sie die Ansicht

TWB-STATUSVERWALTUNG: STATUSWERTE ÄNDERN: ÜBERSICHT (siehe Abbildung 3.89). Klicken Sie hier den Button NEUE EINTRÄGE an, wenn Sie einen neuen Statuswert anlegen möchten.

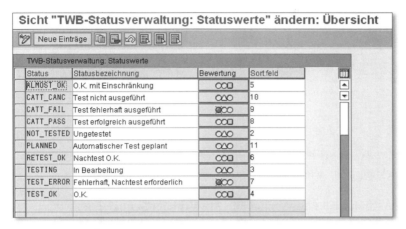

Abbildung 3.89 Änderungsmodus für Statuswerte

Sie erhalten die Eingabemaske NEUE EINTRÄGE. Folgende Daten müssen Sie eingeben:

Eingabemaske »Neue Einträge«

- **Status**
  Im Feld STATUS tragen Sie einen Statusnamen ein.

- **Statusbezeichnung**
  Im Feld STATUSBEZEICHNUNG tragen Sie den Grund des Status ein.

- **Bewertung**
  In das Feld BEWERTUNG klicken Sie so lange, bis die gewünschte Ampelfarbe angezeigt wird. Rot steht für fehlerhaft, Gelb für einen noch anstehenden Test und Grün für Erfolg.

- **Sortierfeld**
  Im Feld SORT.FELD tragen Sie eine Nummer ein. Die Nummer bestimmt die spätere Sortierungsanzeige.

> Die Nummer, die Sie im Feld SORT.FELD eintragen, bestimmt später die Reihenfolge der Status. Die eCATT-Tester werden beim Setzen eines Status im Testplan an oberster Stelle den Status mit der kleinsten Nummer angezeigt bekommen.

[+]

In Abbildung 3.90 sehen Sie, dass der Statuswert MATCHCODE neu eingefügt wurde.

Neuer Statuswert angelegt

3 | Organisation und Planung von Testfällen

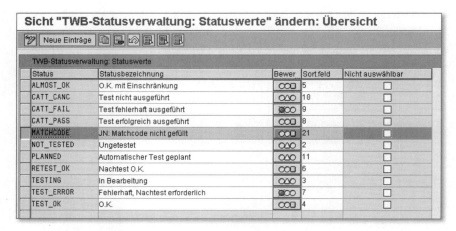

Abbildung 3.90 Neuer Status »Matchcode« eingefügt

Ansicht der Status für den Tester

In Abbildung 3.91 sehen Sie die Auswahl der Statuswerte, wie sie der Tester auf der Registerkarte STATUS zur Auswahl angezeigt bekommt. Der Status JN: MATCHCODE NICHT GEFÜLLT wurde ausgewählt, deshalb erscheint er ganz oben. Die Reihenfolge aller anderen Status wurde durch die Nummerierung im Sortierfeld (SORT.FELD) bestimmt.

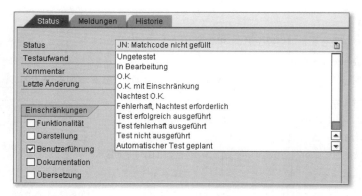

Abbildung 3.91 Ansicht der Statussortierung für den Tester

3.3.6 Testpakete ausführen

Transaktion STWB_WORK, »Testausführung«

Wenn Sie mit Ihrer Testplanung bis hierher gekommen sind, können Sie erstmals eines Ihrer Testpakete ausführen. Sie können diese in der Transaktion TESTAUSFÜHRUNG abspielen.

1. Starten Sie die Transaktion STWB_WORK, oder folgen Sie dem Pfad WERKZEUGE • ABAP WORKBENCH • TEST • TEST WORKBENCH • TESTAUSFÜHRUNG im Hauptmenü, um die Testpakete auszuführen.

2. Sie erhalten den TESTER-ARBEITSVORRAT (siehe Abbildung 3.92). Klicken Sie in der Spalte TESTPAKET auf ein Testpaket.

Fenster »Tester-Arbeitsvorrat«

Abbildung 3.92 Auswahlfenster »Tester-Arbeitsvorrat«

3. Sie erhalten den Modus TESTAUSFÜHRUNG (siehe Abbildung 3.93).

4. Zum Ausführen markieren Sie die Testkonfiguration. Die Information in der Statusleiste lautet vor der Ausführung UNGETESTET.

Testkonfiguration markieren

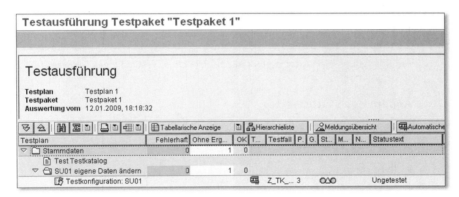

Abbildung 3.93 Testausführung expandieren

5. Klicken Sie danach auf den Button AUTOMATISCHER TEST. Nach dem Abspielen der Testkonfiguration ändert sich der Status des Testpakets (siehe Abbildung 3.94). Der Text in der Statusleiste lautet nach der Ausführung TEST ERFOLGREICH AUSGEFÜHRT.

Im Status-Infosystem, in das Sie über die Transaktion STWB_INFO gelangen, erhalten Sie eine Übersicht über Ihre Testpläne. Sie können in Abbildung 3.95 sehen, dass Ihr Testplan zu 100 % fehlerfrei abgespielt wurde.

Status-Infosystem

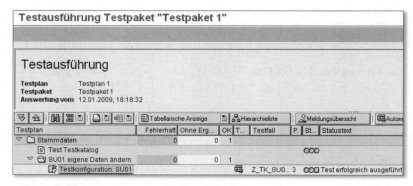

Abbildung 3.94 Erfolgreich abgelaufenes Testpaket

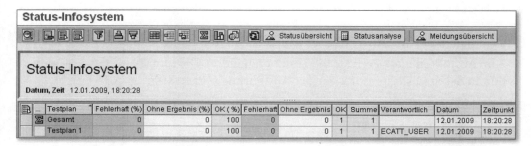

Abbildung 3.95 Status-Infosystem mit erfolgreichem Testlauf eines Testplans

Ändern des Statuswertes

Sie können für einzelne Testfälle eigene Statuswerte vergeben. Standardmäßig erhalten Sie zum Beispiel diese Statustexte:

- Ungetestet
- Test erfolgreich ausgeführt
- Test fehlerhaft ausgeführt

Wenn Sie den Grund eines Fehlers kennen, können Sie den Statuswert umsetzen.

[zB] **Statuswert ändern**

Wenn Sie beispielsweise wissen, dass ein Testfall im Vordergrund fehlerfrei abgespielt werden kann, dann sollte dies im Statustext vermerkt werden. Durch ein fehlerfreies Abspielen im Vordergrund wurde bereits bewiesen, dass die Transaktion fehlerfrei abgearbeitet werden kann.

Beispielsweise könnte der Statustext lauten: IM VORDERGRUND FEHLERFREI.

Testplanung | **3.3**

Wie gehen Sie nun vor, um einen Statuswert zu ändern?

1. Öffnen Sie das Status-Infosystem mit der Transaktion STWB_INFO. Markieren Sie Ihren Testplan. Klicken Sie danach den Button STATUSANALYSE an.

Transaktion STWB_INFO

2. Sie gelangen in die Statusanalyse des ausgewählten Testplans. Markieren Sie einen Testfall. Den Testfall erkennen Sie am Icon TESTKONFIGURATION.

3. Wählen Sie nun den folgenden Pfad im Hauptmenü: SPRINGEN • STATUSVERWALTUNG. Sie erhalten das Dialogfenster STATUSPFLEGE (siehe Abbildung 3.96) mit geöffneter Registerkarte STATUS.

> Das Setzen eines Testfall-Statuswertes sollte vom Tester übernommen werden. Über den Button PROTOKOLL kann der Tester noch einmal das generierte Testprotokoll des betreffenden Testfalls aufrufen und prüfen.

[+]

4. Wählen Sie im Feld STATUS einen Statuswert aus. In Abbildung 3.96 sehen Sie, dass nun Ihr eigener Status ausgewählt werden kann.

Abbildung 3.96 Dialogfenster »Statuspflege«

Statuspflege starten

5. Die Tester sollten im Feld KOMMENTAR den Grund seines Statuswechsels vermerken. Im Feld TESTAUFWAND wird die Stundenanzahl eingetragen, die für ein Testpaket angefallen ist.

6. Wenn alle Testpakete nach Abschluss einen Zeitaufwand erhalten, können Sie in der Statusanalyse den gesamten Zeitaufwand einsehen. Wählen Sie dazu die tabellarische Anzeige. Speichern Sie Ihre Änderungen.

Änderung des Statuswertes

Sie sehen in Abbildung 3.97, dass der Text in der Statusleiste geändert wurde. Sie können über diesen Weg Testfälle, die als fehlerhaft gekennzeichnet wurden, nachträglich als erfolgreich abgespielt kennzeichnen. Der Statustext sollte jedoch einen Hinweis auf das manuelle Ändern des Statuswertes anzeigen.

[ZB] **Fehlerhafte Statuswerte nachträglich als erfolgreich abgespielt kennzeichnen**

Welchen Grund könnte diese Änderung haben? Wenn Sie beispielsweise einen Testfall DEBITOR ANLEGEN erstellt haben, kann es Ihnen passieren, dass die zuletzt generierte Debitoren-Nummer permanent automatisch in das Feld DEBITOR eingetragen wird und Ihre Testfälle mit einer Fehlermeldung abbrechen. Würden Sie diesen Testfall im Vordergrund abspielen, könnten Sie die Nummer entfernen. Der Testfall würde fehlerfrei durchlaufen. Wenn dieser Testfall aber in einem Testpaket im Hintergrund abgespielt wird, würden Sie einen Fehlerstatus erhalten. Da Sie wissen, warum es zu einem Fehler kam, könnten Sie den Status umsetzen.

[!] Dynpro-Felder, die bei jedem Aufruf leer sein sollen, können Sie zur Aufnahmezeit mit einem Ausrufezeichen versehen. Mehr dazu in Kapitel 6, »Tipps und Tricks«.

Abbildung 3.97 Statuswert wurde gewechselt

3.3.7 Nachrichten versenden

Während umfangreicher Testläufe sind unter Umständen mehrere Test-Entwickler und Test-Ausführer beteiligt. Test-Ausführer könnten beispielsweise nach einem fehlerhaften Test sofort eine Nachricht an den jeweiligen Test-Entwickler versenden.

1. Um eine Nachricht zu versenden, starten Sie die Transaktion STWB_INFO. Sie erhalten die Ansicht STATUS-INFOSYSTEM – TEST ORGANIZER. | Transaktion STWB_INFO

2. Tragen Sie im Feld TITEL den Titel Ihres Testplans ein oder in das Feld TESTREIHE die Bezeichnung Ihrer Testreihe. Sie können auch einen Stern in das Feld TITEL eintragen. Wichtig ist nur, dass Sie überhaupt eine Eingabe tätigen. Klicken Sie anschließend den Button AUSFÜHREN an. Sie erhalten das Status-Infosystem. Markieren Sie die Zeile, in der Ihr Testplan in der Spalte TESTPLAN angezeigt wird.

3. Klicken Sie danach auf den Button STATUSANALYSE. Sie gelangen in die Statusanalyse des ausgewählten Testplans. Markieren Sie einen ausgewählten Testfall, und wählen Sie im Hauptmenü folgenden Pfad: SPRINGEN • STATUSVERWALTUNG.

Sie erhalten das Dialogfenster STATUSPFLEGE zu Ihrem ausgewählten Testfall. Hier haben Sie die Möglichkeit, eine Meldung an SAP oder Nachrichten für Personen innerhalb Ihres Unternehmens zu erstellen. | Dialogfenster »Statuspflege«

Meldung an SAP

Wenn Sie eine Meldung direkt an SAP schicken müssen, wählen Sie die Registerkarte MELDUNGEN. Füllen Sie in dieser Registerkarte eine neue Meldung aus, und wählen Sie einen Themenkreis. Um die Meldung anzulegen, klicken Sie auf den Button MELDUNG ANLEGEN. Diese Meldungen sollten bzw. dürfen nur von einem Systemadministrator oder von ausgewählten Mitarbeitern eines Unternehmens angelegt werden.

> Ein möglicher Grund, an SAP zu schreiben, wäre, wenn ein Testfall nicht so arbeitet, wie erhofft, und Sie alle Fehlerquellen bereits ausgeschlossen haben. [+]

Nachrichten innerhalb des eigenen Unternehmens erstellen

Sie können an dieser Stelle jedoch auch Nachrichten an die eCATT-Entwickler in Ihrem Unternehmen verfassen, indem Sie im Dialogfenster STATUSPFLEGE den Button NACHRICHT anklicken (siehe Abbildung 3.98).

[+] Ein möglicher Grund, um an Mitarbeiter Ihres Unternehmens zu schreiben, wäre, wenn Sie eine Frage zu einem bestimmten Testfall haben und um Unterstützung bitten. Der Empfänger sieht im Titel die Bezeichnung Ihrer Testkonfiguration und könnte sich sofort um das Problem oder Ihre Fragen kümmern.

Abbildung 3.98 Button »Nachricht«

Sie erhalten das Eingabefenster DOKUMENT ERSTELLEN UND SENDEN. Das Feld TITEL ist automatisch vorausgefüllt. Folgende Felder müssen Sie noch ausfüllen:

► In der Registerkarte DOKUMENTINHALT tragen Sie den Mail-Inhalt bzw. Ihre Nachricht ein.

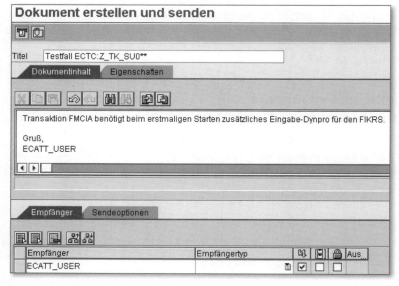

Abbildung 3.99 Nachricht erstellen

Testplanung | **3.3**

- In der Registerkarte EMPFÄNGER tragen Sie den SAP-Benutzernamen des Empfängers ein. Setzen Sie einen Haken in die Checkbox in der Spalte EXPRESS-DOKUMENT (gelber Blitz), damit die E-Mail sofort versandt wird (siehe Abbildung 3.99).

Sobald Sie die E-Mail-Nachricht erstellt und den Empfänger eingetragen haben, können Sie die Nachricht versenden. Klicken Sie dazu auf den Button NACHRICHT SENDEN (siehe Abbildung 3.99, links oben).

Nachrichten empfangen

Unmittelbar nachdem Sie Ihre Nachricht als Express-Dokument verschickt haben, erhält der Empfänger das Popup-Fenster SAPOFFICE EXPRESSINFO (siehe Abbildung 3.100).

Popup-Fenster »SAPoffice Expreßinfo«

Abbildung 3.100 Popup-Fenster »SAPoffice Expreßinfo«

Die Nachrichten können Sie öffnen, wenn Sie in Ihrem SAP-Arbeitsplatz BUSINESS WORKPLACE VON ECATT_USER den Ordner EINGANG öffnen. Neue Nachrichten befinden sich im Knoten UNGELESENE DOKUMENTE (siehe Abbildung 3.101).

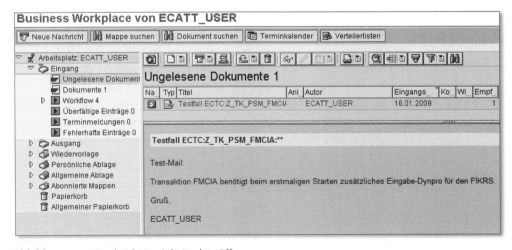

Abbildung 3.101 Nachricht im Arbeitsplatz öffnen

251

In diesem Abschnitt haben Sie gelernt, wie Sie Testpläne erstellen und wie Sie Testfälle in einzelne Testpakete einbinden. Diese Testpakete haben Sie Testern zugeordnet. Außerdem haben Sie erfahren, wie Sie den Statuswert eines Testpaketes umsetzen können.

3.4 Fazit

Testkatalog Sie haben nach dem Studium dieses Kapitels einen Testkatalog erstellt und diesen mit Unter- und Gliederungsknoten strukturiert. Sie haben Testkonfigurationen in den Testkatalog eingebunden und Startoptionen für den Testkatalog festgelegt und abgespeichert. Sie wissen, dass Sie nicht den gesamten Testkatalog abspielen müssen, wenn Sie nur Teilbäume oder lediglich einzelne Knoten testen wollen. Sie können Teile des Testkatalogs im Vordergrund abspielen, um Fehler aufzuspüren.

Sie haben außerdem erfahren, wie Sie das Layout der tabellarischen Anzeige ändern können, und Sie haben Testprotokolle nach dem Abspielen Ihres Testkatalogs ausgewertet.

Bibliothek Im nächsten Schritt lernten Sie die Bibliothek kennen und haben festgestellt, dass diese bereits eine sehr gute SAP-Komponentenstruktur für Sie bereithält, jedoch ohne Testfälle von SAP geliefert wird. Sie haben gelernt, wie Sie diese Bibliothek mit eigenen Testfällen erweitern können. Danach haben Sie die Funktion VERWENDUNGSNACHWEIS getestet.

Testplanung Der letzte große Abschnitt des Kapitels widmete sich der Testplanung. Sie haben einen eigenen Testplan erstellt und diesem mindestens ein Testpaket angehängt. Dem Testpaket haben Sie einen Tester zugeordnet. Sie haben das Status-Infosystem genutzt, um Ihren bereits abgespielten Testpaketen neue Statuswerte zu geben. Sie haben erfahren, wie Sie einen qualifizierten Testbericht mit MS Office Word erstellen können. Außerdem haben Sie die Möglichkeit kennengelernt, Nachrichten an Mitarbeiter zu versenden.

Nach dem Studium dieses Kapitels sollten Sie in der Lage sein, eigene Testpläne für Ihr Unternehmen zu erstellen und zu überwachen.

3.5 Transaktionsübersicht

Testkatalog anlegen	▸ Transaktion STWB_1 (Testkatalogverwaltung)
	  ▸ Testkatalog anlegen und pflegen
	  ▸ Unterknoten und Gliederungsknoten anlegen
	  ▸ Startprofilwerte einrichten
	  ▸ Exportmöglichkeiten

Bibliothek verwenden	▸ Transaktion STWB_1 (Testkatalogverwaltung)
	  ▸ Bibliothek verwenden
	  ▸ SAP-Anwendungskomponenten erweitern

Testprotokolle anzeigen	Transaktion SECATT ▸ Springen • Protokolle
Testplan anlegen	▸ Transaktion STWB_2
Testpaket anlegen	▸ Transaktion STWB_2
Status-Infosystem	▸ Transaktion STWB_INFO
Testplanausführung	▸ Transaktion STWB_WORK

In diesem Kapitel lernen Sie, komplexe Geschäftsprozesse mit eCATT zu testen. Außerdem erhalten Sie Beispiele zu eCATT-Variablen und eCATT-Befehlen.

4 Entwicklung mit eCATT

Am Beispiel der SD-Transaktionen VA01 (Kundenauftrag anlegen) und VF01 (Faktura erstellen) werden Sie in diesem Kapitel ein weiteres Test-Beispiel erstellen. Ziel dieses Kapitels ist es, Ihnen zu zeigen, wie Sie einen Geschäftsprozess mit zwei Transaktionen in einen Testbaustein integrieren. Sie werden die letzten Meldungen (z.B. Belegnummern) der vorangegangenen Transaktion an die Folge-Transaktion übergeben.

Außerdem werden die eCATT-Variablen und die eCATT-Befehle vorgestellt. Einige eCATT-Befehle werden in Testskript-Beispielen näher erläutert. Am Ende des Kapitels werden Sie sehen, wie Sie die in Dynpro-Feldern hinterlegten Datenbankfelder ermitteln können.

4.1 Szenariovorstellung

Dieser Abschnitt führt in das Hauptthema dieses Kapitels – Verkettung von Testfällen – ein. Als Beispieltransaktionen werden in diesem Kapitel zwei Transaktionen aus dem SAP-SD-Modul verwendet:

- **VA01 (Kundenauftrag anlegen)**
  Der Kundenauftrag wird eine einfache Rechnung darstellen, in der dem Kunden zwei Job-Planer für 2009 berechnet werden sollen. Nach dem Speichern des Kundenauftrages erhält der Bearbeiter in der Informationszeile die Meldung, dass der Kundenauftrag (die Rechnungsanforderung) unter der eingeblendeten Belegnummer abgespeichert wurde.

  Transaktion VA01, »Kundenauftrag anlegen«

- **VF01 (Faktura erstellen)**
  Diese Transaktion bildet aus der Rechnungsanforderung die eigentliche Rechnung. Solange ein Kundenauftrag nicht fakturiert wurde,

  Transaktion VF01, »Faktura erstellen«

4 | Entwicklung mit eCATT

sprich als Rechnung gespeichert wurde, kann er geändert werden. Das Ergebnis dieser zweiten Transaktion wird in der Informationszeile als Fakturanummer angezeigt. Diese Fakturanummer wird benötigt, um anschließend ein Rechnungsformular auszudrucken und zu verschicken.

Begriff »Testbaustein«

In diesem Kapitel werden beide Transaktionen zuerst in separate Testskripts aufgenommen, danach mit Import- und Exportparametern versorgt und anschließend in einem dritten Testskript miteinander verkettet. Dieses dritte Testskript wird als *Testbaustein* bezeichnet.

4.1.1 Start-Testskript für Testbaustein erstellen

Das Testskript wird im späteren Testbaustein als erstes Testskript aufgerufen. Deshalb wird es für diese Demonstration ab sofort als *Start-Testskript* bezeichnet. Legen wir es nun gemeinsam an:

Transaktion SECATT, »Start-Testskript erstellen«

1. Starten Sie die Transaktion SECATT. Markieren Sie den Radiobutton TESTSKRIPT, und geben Sie dem Testskript einen möglichst sprechenden Namen.

2. Bei der Wahl der Bezeichnung könnten Sie beispielsweise die Vorschläge zur Namenskonvention in Kapitel 1, »Vorbereitung für das Arbeiten mit eCATT«, umsetzen: Z_<MODUL>_<TRANSAKTION>.

3. Abbildung 4.1 zeigt Ihnen den bereits bekannten Einstieg mit dem Eintrag der Bezeichnung für das Start-Testskript.

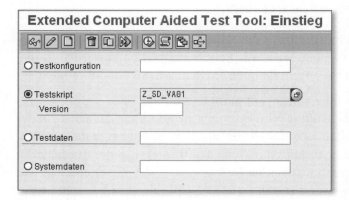

Abbildung 4.1 Startbildschirm eCATT

4. Sie gelangen in die Registerkarte ATTRIBUTE, auf der die untergeordnete Registerkarte ALLGEMEINE DATEN geöffnet ist. Diese Eingabemaske fordert von Ihnen die Attribute zum Testskript:

> In der Feldgruppe KOPFDATEN tragen Sie im Feld TITEL eine Bezeichnung ein, an der Sie später im Testprotokoll erkennen, welche Transaktion im Testskript abgearbeitet werden sollte. In Abbildung 4.2 sehen Sie, dass die Transaktion aus dem SAP-Modul Sales and Distribution (SD) stammt und ein Kundenauftrag erstellt werden soll.

Attribute zum Testskript eintragen

> In der Feldgruppe PFLEGESYSTEM tragen Sie in das Feld SYSTEMDATENCONTAINER Ihren Systemdatencontainer ein. In das Feld ZIELSYSTEM tragen Sie ein Zielsystem ein.

5. Speichern Sie Ihr Testskript.

Abbildung 4.2 Attribute zum Testskript »Z_SD_VA01«

4.1.2 Transaktion für Start-Testskript aufzeichnen

Das Start-Testskript soll die Transaktion VA01 enthalten, mit der eine Rechnungsanforderung erzeugt wird.

Wechseln Sie nun in die Registerkarte EDITOR (siehe Abbildung 4.3). Sie finden dort das Texteditor-Feld, den sogenannten Befehl-Editor, vor, in dem noch keine Befehle angezeigt werden. Direkt über dem Befehl-Editor werden später Ihre Parameter aufgelistet werden. Zum gegenwärtigen Zeitpunkt allerdings ist der Parameterblock noch leer.

Testskript-Editor

4 | Entwicklung mit eCATT

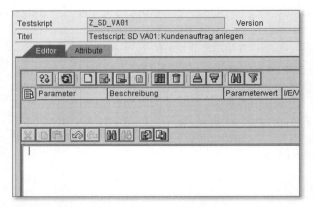

Abbildung 4.3 Registerkarte »Editor«

Button »Muster«
Um eine Transaktion für dieses Testskript aufzuzeichnen, klicken Sie den Button MUSTER an. Er befindet sich in der Buttonleiste oberhalb der Testskript-Registerkarten.

1. Sie erhalten das Auswahlfenster MUSTER EINFÜGEN (siehe Abbildung 4.4). Folgende Angaben müssen Sie auswählen bzw. eintragen:

    ▸ Im Feld KOMMANDO wählen Sie TCD (Record) aus.

    ▸ Im Feld TRANSAKTION tragen Sie bitte die Transaktion ein, die Sie für Ihr Start-Testskript aufzeichnen wollen. Für den im Buch vorgestellten Testfall wird die Transaktion VA01 (Kundenauftrag anlegen) angegeben.

    ▸ Das Feld SCHNITTSTELLE wird automatisch gefüllt. Die Schnittstelle, die Ihnen vorgeschlagen wird, lautet VA01_1. Die angehängte »1« zeigt Ihnen, dass es bisher keine weitere Kommandoschnittstelle zu dieser Transaktion in diesem Testskript gibt. Sie könnten der Schnittstelle auch eine beliebige andere Bezeichnung geben.

Angabe des Zielsystems
    ▸ Um die ausgewählte Transaktion aufnehmen zu können, müssen Sie in jedem Fall ein Zielsystem angeben. Das gilt auch wenn Sie die Transaktion lokal, also auf dem Entwicklungssystem, aufnehmen möchten. Wählen Sie nun im Feld ZIELSYSTEM ein Zielsystem aus, auf dem Sie ausreichende Berechtigungen für die ausgewählte Transaktion haben.

2. Bestätigen Sie Ihre Eingaben, indem Sie den BESTÄTIGEN-Button anklicken.

Szenariovorstellung | **4.1**

Abbildung 4.4 Einfügen der Transaktion »VA01«

3. Sofort wird Ihnen das Fenster für das gewünschte Zielsystem (siehe Abbildung 4.5) eingeblendet. Melden Sie sich so an, wie Sie es auf diesem Zielsystem standardmäßig tun.

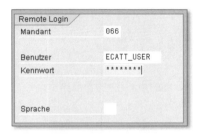

Abbildung 4.5 Login für Remote-Zugang auf anderem Mandanten

4. Nach der Anmeldung springen Sie sofort in die Transaktion VA01. Abbildung 4.6 zeigt Ihnen einen Ausschnitt aus dieser Transaktion. Sie sehen, dass die Rechnung ein Material mit der Bezeichnung JOB-PLANER 2009 enthält. Dieses Material wurde zweimal berechnet. Bitte füllen auch Sie die Eingabemaske wie folgt aus:

Transaktion VA01

   ▸ Tragen Sie in das Feld AUFTRAGGEBER eine Kundennummer ein. Das Feld WARENEMPFÄNGER wird automatisch mit der Nummer des Auftraggebers gefüllt.

   ▸ Wählen Sie eine Zahlungsbedingung.

   ▸ Füllen Sie in der Tabelle ALLE POSITIONEN die erste Zeile. Tragen Sie in der Spalte MATERIAL eine Materialnummer ein. Tragen Sie danach in der Spalte AUFTRAGSMENGE die gewünschte Menge des Materials ein.

Nachdem Sie alle Pflichtangaben erledigt haben, verlassen Sie die Transaktion durch das Speichern der Eingaben.

4 | Entwicklung mit eCATT

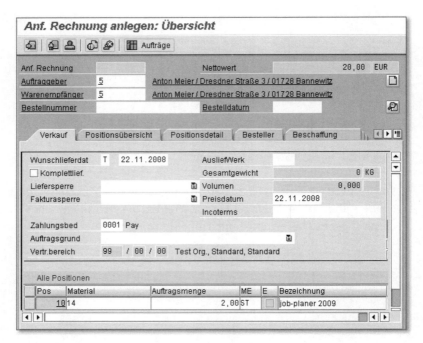

Abbildung 4.6 Abarbeiten der Transaktion »VA01«

[+] Sie werden nach Beenden der Transaktionsaufzeichnung immer gefragt, ob Sie die Daten übernehmen wollen. Bestätigen Sie diese Frage, indem Sie den Button JA anklicken. Diese Frage bezieht sich nicht auf das Anlegen der Rechnungsanforderung, sondern auf die aufgezeichnete Transaktion. Nach der Aufzeichnung sind alle aufgerufenen Dynpros in der Kommandoschnittstelle zu finden.

Kommandoschnittstelle mit allen Eingabemasken

Sobald Sie eine neue Transaktion aufgezeichnet haben, speichern Sie das Testskript. Dabei werden alle zur Aufnahmezeit eingegebenen Werte mit den dazugehörenden Eingabemasken der Transaktion gespeichert. Jeder von Ihnen eingegebene Wert wird dabei einem Dynpro-Eingabefeld zugeordnet. Die Dynpro-Eingabefelder besitzen SAP-spezifische Bezeichnungen, die normalerweise unverändert bleiben.

eCATT-Befehl »TCD« im Befehl-Editor

Abbildung 4.7 zeigt Ihnen, dass Sie sich nach der Aufzeichnung einer Transaktion wieder in Ihrem Testskript-Editor befinden. Sie sehen, dass im Befehl-Editor eine zusätzliche Zeile eingefügt wurde: TCD (VA01 , VA01_1).

An dieser Stelle wissen Sie bereits, dass diese Zeile die Kommandoschnittstelle Ihrer aufgezeichneten Transaktion aufruft. Der eCATT-Befehl TCD zeigt Ihnen, mit welcher UI-Ansteuerung Sie die Transaktion aufgezeichnet haben.

> **ECATT-Befehl TCD** [+]
>
> Bei TCD haben Sie den Vorteil, dass Sie das Testskript im Hintergrund abspielen können. Zu den eCATT-Befehlen werden Sie in Abschnitt 4.5, »eCATT-Befehle«, mehr erfahren.

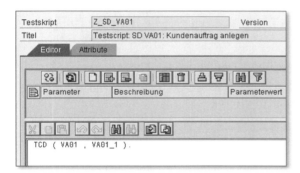

Abbildung 4.7 Kommandoschnittstelle »VA01_1« durch TCD erzeugt

4.1.3 Letzte Meldung im Start-Testskript finden

Sobald Sie Transaktionen abgearbeitet haben, werden Ihnen beim Speichern sehr oft Informationen in der Statusleiste angezeigt. Diese Informationen werden *letzte Meldungen* genannt. Oft enthalten solche letzten Meldungen Belegnummern, die Sie für Folge-Transaktionen benötigen.

> **Letzte Meldung** [+]
>
> Die letzte Meldung einer Transaktion wird Ihnen in der Statusleiste oder einem Popup-Fenster angezeigt. Meldungen, die während der Ausführung einer Transaktion angezeigt werden, zählen in eCATT ebenfalls zu den letzten Meldungen. In eCATT können Sie jede Meldung auslesen.

Es ist hilfreich, sich angezeigte Belegnummern zu notieren, um sie griffbereit zu haben, wenn sie für die Folge-Transaktion gefordert werden.

4 | Entwicklung mit eCATT

> **[+] Kein Anzeigen der letzten Meldung**
>
> Beim Aufzeichnen und beim Abspielen von Transaktionen werden Ihnen letzte Meldungen, wie in Abbildung 4.8 zu sehen, nicht angezeigt. Die letzte Meldung müssen Sie anschließend gezielt auslesen, wenn Sie sich für den Inhalt interessieren.

Abbildung 4.8 Beispiel einer nicht angezeigten letzten Meldung

In diesem Abschnitt erfahren Sie, wie Sie die letzte Meldung auslesen können.

Um die letzte Meldung und Details in der Kommandoschnittstelle einzusehen, klicken Sie bitte auf den Button PARAMETER<->KOMMANDOSCHNITTSTELLE (siehe Abbildung 4.9).

Abbildung 4.9 Button »Parameter<->Kommandoschnittstelle«

Es ändert sich die Bezeichnung der ersten Spalte im Tabellenkopf der Parameter. Statt der Bezeichnung PARAMETER sehen Sie nun die Spaltenbezeichnung KOMMANDOSCHNITTSTELLE (ABBILDUNG 4.10).

Liste der Kommandoschnittstellen
Sie sehen außerdem, dass die Kommandoschnittstelle VA01 in Ihrem Testskript angezeigt wird. Eventuell trägt Ihre Kommandoschnittstelle einen anderen Namen, wenn Sie sich für eine andere Transaktion entschieden hatten, die Funktionalität bleibt jedoch gleich.

Abbildung 4.10 Ansicht der Kommandoschnittstelle

Struktur-Editor
Führen Sie nun einen Doppelklick auf Ihrer Kommandoschnittstelle VA01_1 aus, um weitere Details einzusehen. Nach dem Doppelklick öffnet sich der Struktur-Editor (siehe Abbildung 4.11).

Szenariovorstellung | **4.1**

Abbildung 4.11 Details der Kommandoschnittstelle

Die letzten Meldungen finden Sie in der Kommandoschnittstelle im Struktur-Editor immer unter dem Verzeichnis MSG. In Abbildung 4.12 können Sie erkennen, dass das Verzeichnis MSG drei Unterordner besitzt. Expandiert wurde nur der Ordner MSG[1]. Die Ordner MSG[2] und MSG[3] blieben hingegen minimiert.

Meldungsdefinition

Abbildung 4.12 Letzte Meldungen aufspüren

Die Meldungen haben folgende wichtige Bestandteile:

- **MSGTYP**
  Typ der Meldung, im Bild handelt es sich um eine Warnung, deshalb das W.

- **MSGID**
  Die ID ist zweistellig und dient der Erkennung der Meldung. Beim Aufstellen von Regeln wird diese ID benötigt.

263

- **MSGNR**
  Die Nummer der Meldung ist dreistellig. Im Bild sehen Sie zwar die Meldungsnummer 001, das bedeutet aber nicht, dass die Nummern fortlaufend sind. Beim Erstellen von Regeln ist auch die Meldungsnummer notwendig.
- **MSGV1**
  Erster variabler Teil der Meldung.
- **MSGV2**
  Zweiter variabler Teil einer Meldung, meist der Teil, in dem sich Material- oder Belegnummern befinden.

Meldung geöffnet

Bitte prüfen Sie, an welcher Stelle der für Sie wichtige Bestandteil in der Meldung steht.

Sie haben in diesem Abschnitt ein Testskript erstellt, das in einem Testbaustein als Start-Testskript verwendet werden soll. Sie wissen, an welcher Stelle Sie alle Meldungen, die zur Laufzeit generiert wurden, auslesen können. Sie haben die Möglichkeit, generierte Belegnummern in den letzten Meldungen aufzuspüren. Im nächsten Abschnitt werden Sie die Belegnummer aus der letzten Meldung aus dem Testskript exportieren. Dadurch haben Sie die Möglichkeit, ein zweites Testskript bzw. ein Folge-Testskript mit dieser Belegnummer zu versorgen. Das Folge-Testskript erhält dadurch immer eine ganz aktuelle Belegnummer.

4.2 Parameter pflegen

Letzte Meldung an Exportparameter übergeben

In diesem Abschnitt werden Sie den ausgelesenen Wert aus der letzten Meldung exportieren. Die letzte Meldung enthält in diesem Beispiel eine Belegnummer. Diese wurde durch das Erstellen eines SD-Kundenauftrags erzeugt. Die Belegnummer ist für die Folge-Transaktion wichtig. In der Folge-Transaktion soll eine Faktura – die eigentliche SD-Rechnung – erzeugt werden. Die Kundenauftragsnummer aus dem Start-Testskript wurde durch die Transaktion VA01 erzeugt. Diese Kundenauftragsnummer soll im Folge-Testskript als Importparameter für die Transaktion VF01 verwendet werden.

Um einen Wert aus einem Testskript exportieren zu können, benötigen Sie einen Exportparameter, der den zu exportierenden Wert aufnimmt.

Im vorherigen Abschnitt haben Sie gesehen, wie Sie die letzte Meldung auslesen können.

Ein Exportparameter ist dann sinnvoll, wenn Sie zwei Transaktionen verketten wollen, um einen Geschäftsprozess nachzubilden. Die erste Transaktion bzw. die Start-Transaktion könnte den Inhalt der letzten Meldung exportieren, und eine zweite Transaktion könnte diesen Wert anschließend importieren.

> **Parameter und Variablen** [+]
>
> Sie haben die Möglichkeit, Parameter und Variablen für Ihr Testskript anzulegen.
>
> - Importparameter dienen dazu, einen beliebigen Übergabewert an das Testskript zu übergeben und zur Laufzeit zu verwenden. Der Entwickler eines Testskripts muss dafür Sorge tragen, dass Importparameter in der Kommandoschnittstelle an die richtigen Variablen übergeben werden.
> - Exportparameter dienen dazu, einen Wert aus dem Testskript zurückzugeben. Nützlich ist dies bei Verkettung mehrerer Testskripts.
> - Variablen dienen dazu, Werte im Testskript aufzunehmen und weiterzuverarbeiten. Sie sind nur lokal im Testskript sichtbar bzw. benutzbar.

4.2.1 Exportparameter anlegen

Legen Sie nun einen neuen Parameter an. Bei diesem kommt es nun darauf an, dass Sie ihn als Exportparameter deklarieren.

1. Wählen Sie als Erstes den Button PARAMETER ANHÄNGEN (weißes Blatt). Sie erhalten daraufhin eine eingabebereite Zeile für einen neuen Parameter.
2. Anschließend geben Sie Ihrem Parameter einen sprechenden Namen, z. B. »P_E_ORDERID«, wie in Abbildung 4.13 gezeigt.
   - P steht für Parameter.
   - E steht für Export.
   - ORDERID steht für Kundenauftrags-ID.
     Der Parameterbestandteil ORDERID steht für Kundenauftrags-ID und wurde auf Englisch gewählt, weil diese Schreibweise kürzer ist. Außerdem ist Englisch in vielen Bereichen der Programmierung Standard und die Bezeichnung so für alle Entwickler einheitlich.

3. Wählen Sie aus den Eigenschaften IMPORT/EXPORT/VARIABLE (Spalte I/E/V) an dieser Stelle das E für Export aus. Sobald Sie das Testskript speichern, ist Ihr neuer Exportparameter ebenfalls gesichert.

Abbildung 4.13 Neuer Exportparameter

Letzte Meldung auslesen

4. Nun wird es spannend! Um die letzte Meldung ganz simpel auszulesen und den Inhalt auf den Exportparameter zu übertragen, schreiben Sie bitte folgenden Quellcode (siehe Listing 4.1) in Ihren Befehl-Editor, wie in Abbildung 4.14 gezeigt:

```
* letzte Meldung übergeben
P_E_ORDERID = &MS1.
P_E_ORDERID = &MS2.
```

Listing 4.1 Übergabe der letzten Meldung an Exportparameter

[!] &MS1 gibt immer den ersten Teil der Meldung zurück.
&MS2 gibt immer den zweiten Teil der Meldung zurück usw.

[+] Wichtig ist auch hier, dass Sie Ihren Quellcode immer gut kommentieren. Kommentare beginnen am Zeilenanfang mit einem Sternchen (*).

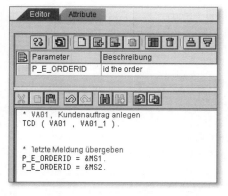

Abbildung 4.14 Übergabe der letzten Meldungen an Exportparameter

5. Speichern Sie Ihr Testskript.
6. Starten Sie anschließend die Ausführung, wie in Abbildung 4.15 gezeigt. Da es an dieser Stelle nur darum geht, die letzten Meldungen zu prüfen, kann das Testskript im Hintergrund abgespielt werden.
7. Wählen Sie in der Registerkarte ALLGEMEIN, dass es keinen Abbruch geben soll, wenn ein Fehler auftritt, und tragen Sie Ihr Zielsystem ein (siehe Abbildung 4.15).

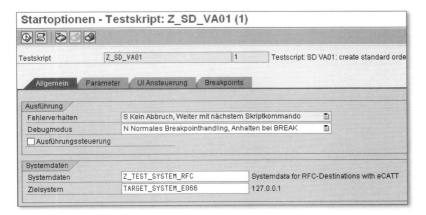

Abbildung 4.15 Startoptionen: Fehlerverhalten für Testskript »Z_SD_VA01«

8. Wählen Sie in der Registerkarte UI ANSTEUERUNG, dass das Testskript im Hintergrund abgespielt werden soll (siehe Abbildung 4.16). Das UI in der Bezeichnung UI ANSTEUERUNG steht für User Interface bzw. Benutzerschnittstelle.

Startoptionen festlegen

Abbildung 4.16 Startoptionen: Startmodus

9. Wählen Sie als Nächstes den Button AUSFÜHREN (Uhr mit grünem Häkchen).
10. Sie erhalten nach Ablauf sofort das Testergebnis als Testprotokoll (siehe Abbildung 4.17). Expandieren Sie die zusätzlichen Infor-

4 | Entwicklung mit eCATT

mationen zu Ihren Exportparametern. Sie sehen, Ihr Exportparameter P_E_ORDERID wurde zweimal mit einem Wert belegt.

Exportparameter mit Wert versorgt

11. In Abbildung 4.17 sehen Sie, dass der Exportparameter P_E_ORDERID zuerst nur mit der Bezeichnung STANDARD ORDER gefüllt wurde, da der erste Teil der letzte Meldung nur informellen Charakter besaß. Anschließend wurde der Exportparameter P_E_ORDERID mit dem zweiten Teil der letzten Meldung, hier einer Kundenauftragsnummer, gefüllt. Die Nummer für den Kundenauftrag lautet 306.

[+] Genau diese Nummer benötigen Sie. Sie erscheint beim manuellen Ausführen der Transaktion in der Informationszeile, und der Bearbeiter kann sie übernehmen, um sie für die Folge-Transaktion parat zu haben.

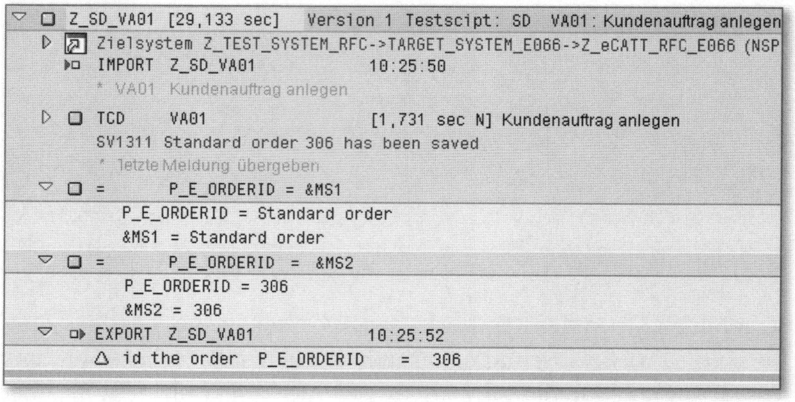

```
▽ ☐ Z_SD_VA01 [29,133 sec]   Version 1 Testscipt: SD  VA01: Kundenauftrag anlegen
  ▷ ☐ Zielsystem Z_TEST_SYSTEM_RFC->TARGET_SYSTEM_E066->Z_eCATT_RFC_E066 (NSP
    ▷☐ IMPORT   Z_SD_VA01          10:25:50
         * VA01  Kundenauftrag anlegen
    ▷ ☐ TCD      VA01              [1,731 sec N] Kundenauftrag anlegen
         SV1311 Standard order 306 has been saved
         * letzte Meldung übergeben
    ▽ ☐ =        P_E_ORDERID  = &MS1
              P_E_ORDERID = Standard order
              &MS1 = Standard order
    ▽ ☐ =        P_E_ORDERID  = &MS2
              P_E_ORDERID = 306
              &MS2 = 306
    ▽ ☐▷ EXPORT Z_SD_VA01          10:25:52
         △ id the order   P_E_ORDERID   =  306
```

Abbildung 4.17 Ablaufprotokoll

Modifizieren der Kommandos im Befehl-Editor

12. Für Sie heißt das, dass Sie nur den Inhalt aus &MS2 weiterverwenden müssen. Passen Sie nun Ihren Quellcode dementsprechend an. Das heißt, Sie können die Zeile P_E_ORDERID = &MS1. entfernen (siehe Abbildung 4.18).

13. Lassen Sie Ihr Testskript nun ein weiteres Mal ablaufen, und prüfen Sie das Testprotokoll. Abbildung 4.19 zeigt, dass der Exportparameter P_E_ORDERID nun tatsächlich nur noch mit der Ihnen wichtigen Kundenauftragsnummer 307 gefüllt wurde.

Sie haben einen ersten Exportparameter erstellt und ihn zur Laufzeit mit einem Wert versorgt. Als Wert für den Exportparameter wurde die letzte Meldung ausgewertet und der zweite Teil der letzten Meldung verwendet.

Abbildung 4.18 Übernahme der letzten Meldung »&MS2«

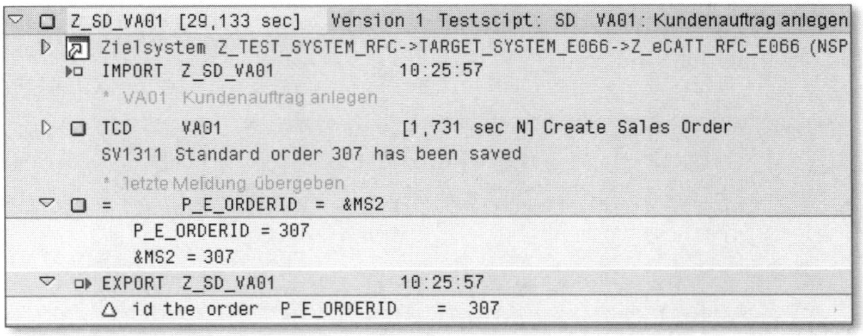

Abbildung 4.19 Protokollansicht mit letzter Meldung

Ihr Testskript könnte bereits in diesem Stadium für einen Testbaustein mit zwei unterschiedlichen Transaktionen genutzt werden, jedoch würden ohne Importparameter stets die Werte verwendet werden, die Sie zur Laufzeit eingetragen haben.

4.2.2 Importparameter anlegen

Um ein Testskript dynamisch zu gestalten, benötigen Sie Importparameter. Diese können Sie dem Testskript zur Laufzeit mitgeben.

Wechseln Sie bitte zur Ansicht der Parameter, um neue Importparameter anzulegen. Fügen Sie zusätzlich einige Importparameter ein, die den Kundenauftrag modifizieren können (siehe Abbildung 4.20). Für einen Kundenauftrag wären dies beispielsweise das Material und die Stückzahl, die verkauft werden soll; außerdem könnten Sie den Empfänger der Rechnung und den Absender variabel einrichten, und auch die Rechnungsbezeichnung könnte übergeben werden.

4 | Entwicklung mit eCATT

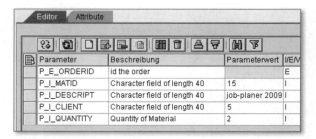

Abbildung 4.20 Importparameter hinzufügen

Importparameterwerte variabel pflegbar

Abbildung 4.21 zeigt Ihnen einen Ausschnitt aus dem neuen Testprotokoll. Sie sehen, dass dem Testskript nun variable Werte über die Importparameter übergeben werden können. Variabel sind nun die Materialnummer, die Materialbeschreibung, der Rechnungsempfänger und die Stückzahl.

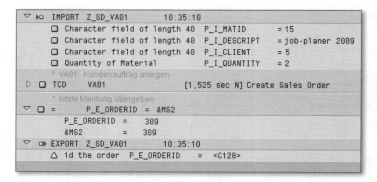

Abbildung 4.21 Liste der Importparameter im Testprotokoll

Datumsangaben variabel halten

Bei Rechnungen ist es wichtig, nicht nur Textangaben variabel zu gestalten, sondern auch einige Datumsangaben. Zum Beispiel müsste die Fälligkeit einer Rechnung immer in die Zukunft gesetzt werden. Damit Sie in Ihrem Testskript die Werte für bestimmte Datumsangaben nicht fortlaufend ändern müssen, gibt es in eCATT die Möglichkeit, eCATT-Variablen einzusetzen, deren Werte vom System immer aktuell gesetzt werden. Im nächsten Abschnitt lernen Sie diese Möglichkeit kennen.

4.3 Dynamische CATT- und eCATT-Variablen

Nicht immer reicht es aus, wenn Sie Ihrem Testskript variable Werte von außen übergeben. Manchmal soll beispielsweise immer das aktuelle Datum, Geschäftsjahr oder der aktuelle Benutzer verwendet werden, ohne dass Sie Ihre Testdaten permanent aktualisieren müssen.

Stets aktuelle Werte

4.3.1 Bedeutung der CATT- und eCATT-Variablen

In diesem Unterabschnitt wird gezeigt, wie Sie dynamische eCATT-Variablen in Ihren Testskripts verwenden können. Tabelle 4.1 gibt Ihnen einen Überblick über einige eCATT-Variablen. Bei Übergabe der eCATT-Variablen &YEAR wird Ihnen zum Beispiel die aktuelle Geschäftsjahreszahl als vierstellige Zahl übergeben.

Bedeutung	CATT-Variable	eCATT-Variable
Mandant	&MND	&CLIENT
Systemdatum	&DAT	&DATE
Benutzername	&NAM	&USER
RFC-Zielsystem	&LDS	nicht verwendet
aktuelles Jahr	&JHR	&YEAR
vorhergehendes Jahr	&JHV	&YEARB
nachfolgendes Jahr	&JHN	&YEARA
aktueller Loop-Durchlauf (Loop-Counter)	&LPC	&LPC

CATT- und eCATT-Variablen

Tabelle 4.1 Dynamische CATT- und eCATT-Variablen

> **eCATT-Variable &JHR einsetzen (Übung)** [zB]
>
> Versuchen Sie in einer kleinen Übung, die CATT-Variable &JHR einzusetzen.
> - Erstellen Sie eine Variable P_V_GJAHR, die zukünftig das aktuelle Datum repräsentieren soll.
> - Tragen Sie in Ihrem Befehl-Editor die folgende Zeile ein:
>   »P_V_GJAHR = &JHR«.
> - Führen Sie das Testskript aus.
>
> Im Testprotokoll sehen Sie, dass der neue Importparameter P_V_GJAHR den Wert 2009 für das Jahr 2009 erhalten hat.

4.3.2 Einsatz dynamischer eCATT-Variablen

In diesem Abschnitt werden Sie Ihr Start-Testskript um zwei Testskript-Variablen erweitern. Diese Testskript-Variablen erhalten anschließend als Parameterwert einmal eine CATT- und einmal eine eCATT-Variable. Beide Variablen sollen das aktuelle Datum dynamisch übergeben.

eCATT-Variable als Parameterwert

Um einen dynamischen Wert zu übergeben, fügen Sie bitte in Ihre Parameterliste zwei neue Variablen ein. In Abbildung 4.22 sind dies die Variablen P_V_DAT und P_V_DATE. Beide sollen das aktuelle Datum aufnehmen. P_V_DAT wird mit der CATT-Variable &DAT gefüllt. P_V_DATE wird mit der eCATT-Variable &DATE gefüllt.

Sie könnten anschließend den Variablen an dieser Stelle z.B. den Wert 01.01.2009 übertragen, jedoch wäre dieser Wert am 02.01.2009 bereits veraltet gewesen, und viele Transaktionen verlangen ein aktuelles Datum. Auch ein Datum, das in der Zukunft liegt, könnte abgelehnt werden. Deshalb verwenden wir hier erstmals die dynamischen CATT- bzw. eCATT-Variablen &DAT und &DATE.

Parameter	Beschreibung	Parameterwert	I/E/V
P_E_ORDERID	id the order		E
P_I_MATID	Character field of length 40	15	I
P_I_DESCRIPT	Character field of length 40	job-planer 2009	I
P_I_CLIENT	Character field of length 40	5	I
P_I_QUANTITY	Quantity of Material	2	I
P_V_DAT	CATT-Variable	&DAT	V
P_V_DATE	eCATT-Variable	&DATE	V

Abbildung 4.22 Anlage neuer Variablen für das aktuelle Datum

Speichern Sie Ihr Testskript, damit die neuen Variablen gesichert werden. Führen Sie es anschließend im Hintergrund aus.

In Abbildung 4.23 sehen Sie einen Ausschnitt aus dem Testprotokoll, das durch den letzten Testlauf generiert wurde. Sie sehen, die Testskript-Variable P_V_DAT hat als Parameterwert die CATT-Variable &DAT übergeben bekommen. Die Testskript-Variable P_V_DATE hat den Parameterwert der eCATT-Variablen &DATE übernommen.

Der Inhalt beider Testskript-Variablen war zur Laufzeit das Datum 20.12.2008, weil das Testskript an diesem Tag abgespielt wurde. Sie sehen an diesem Beispiel, dass sich die Namen der CATT-Variablen und eCATT-Variablen zwar unterscheiden, jedoch beide Variablen der gleichen Funktion dienen und den gleichen Wert liefern.

[+] &DAT und &DATE liefern den gleichen Wert. Die CATT-Variablen existierten vor den eCATT-Variablen und wurden in eCATT einfach mit neuem Namen übernommen. Sie können die alten Namen weiterverwenden; das Ziel der Umbenennung war: Die Entwickler sollten die neuen Variablennamen besser lesen und verstehen können.

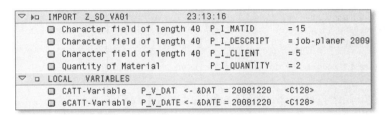

Abbildung 4.23 Ausgabe der lokalen Variablen im Testprotokoll

4.3.3 Auffinden von Datumsfeldern

Wenn Sie eine Transaktion aufgezeichnet haben, in der eine Datumsangabe erforderlich war, ist diese auch in Ihrer Kommandoschnittstelle enthalten.

1. Um ein Dynpro-Feld zu finden, das eine Datumsangabe enthält, wechseln Sie bitte von der Parameteransicht zur Kommandoschnittstelle. Klicken Sie dazu den Button PARAMETER<->KOMMANDOSCHNITTSTELLE an.

    Datumsangabe aufspüren

2. Öffnen Sie die Kommandoschnittstelle VA01_1, und expandieren Sie sie im Struktur-Editor. In Abbildung 4.24 sehen Sie die expandierte Kommandoschnittstelle VA01_1. Sie sehen außerdem, dass ein Datumsfeld in Ihrer Kommandoschnittstelle markiert wurde. Das Dynpro-Feld, das markiert wurde, heißt 'RV45A-KETDAT'. Der Wert dieses Datumsfeldes lautet 08.11.2008.

Abbildung 4.24 Suche des Datumsfeldes

4 | Entwicklung mit eCATT

Testskript-Variable übergeben

3. Durch einen Doppelklick auf das gefundene Dynpro-Feld in der Kommandoschnittstelle werden im rechten Bereich des Struktur-Editors die Details zu diesem Dynpro-Feld geöffnet. Tragen Sie die Variable »P_V_DAT« in die Spalte WERT in der Zeile VALIN ein (siehe Abbildung 4.25).

4. Speichern Sie das Testskript.

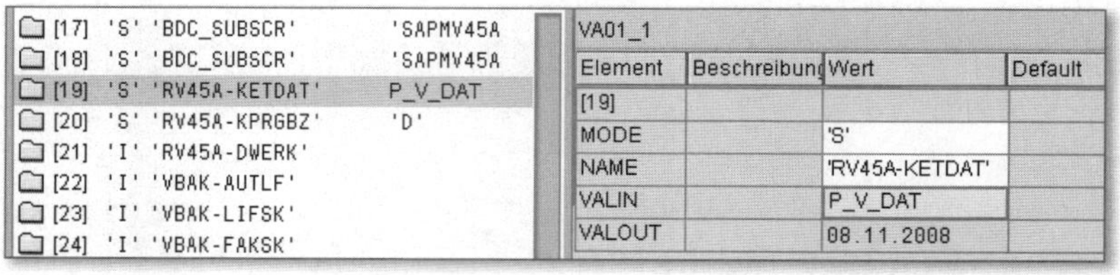

Abbildung 4.25 Übergabe des Datumsparameters an den Testfall

Aktuelles Datum übernommen

Wenn Sie Ihr Testskript nun ausführen, wird der Wert für das Dynpro-Feld RV45A-KETDAT mit dem aktuellen Datum gefüllt. Vergleichen Sie dazu die Abbildung 4.26 mit Ihrem Testprotokoll. An der Stelle des bisherigen Datums 08.11.2008 im Feld RV45A-KETDAT, das zur Aufnahmezeit gesetzt wurde, erscheint jetzt bei Ihnen das aktuelle Datum. Sie sehen, dass im Feld VBKD-PRSDT noch das Datum der Aufzeichnung enthalten ist.

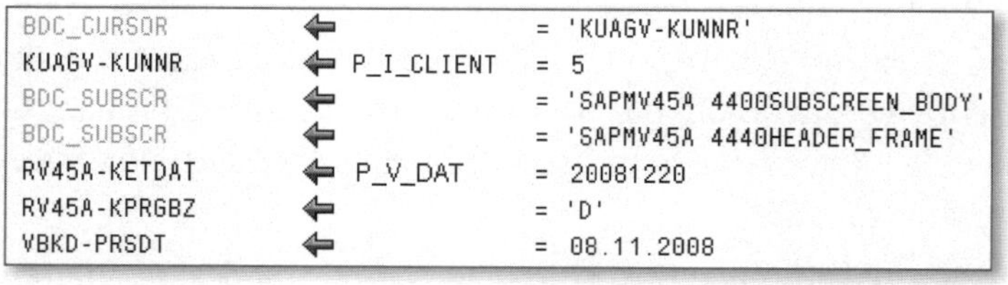

Abbildung 4.26 Übergabe der eCATT-Variablen »&DAT« in »P_V_DAT«

Tragen Sie nun alle eCATT-Variablen und die noch fehlenden Importparameter ein. Sie werden diese Parameter später benötigen, wenn Sie das Testskript mit unterschiedlichen Ausgangswerten testen wollen.

An dieser Stelle ist Ihr Start-Testskript vollständig. Sie können es im nächsten Schritt dazu verwenden, den Exportparameter P_E_ORDERID an ein Folge-Testskript zu übergeben.

4.4 Verketten von Transaktionen

Im diesem Abschnitt werden Sie ein weiteres Testskript anlegen, das in dieser Demonstration als *Folge-Testskript* bezeichnet wird.

Testbaustein mit Referenzen auf Testskripts

In dieses Folge-Testskript wird mit dem Start-Testskript Z_SD_VA01 als Referenz ein drittes Testskript eingebunden. Dieses dritte Testskript wird in dieser Demonstration als *Testbaustein* bezeichnet.

Als Beispieltransaktion für das Folge-Testskript dient hier die SD-Transaktion VF01 (Faktura erstellen). Diese benötigt die Nummer des Kundenauftrages, die Sie mit der Transaktion VA01 (Kundenauftrag anlegen) in dem vorangegangenen Abschnitt erzeugt haben. Da Sie die Nummer des Kundenauftrages aus der letzten Meldung ausgelesen und in den Exportparameter übertragen haben, steht diese Nummer nun für die Weiterbearbeitung bereit.

In Abbildung 4.27 sehen Sie den Aufbau eines Testbausteins. Ein Testbaustein benötigt die Systemdaten und sollte nur Referenzen anderer Testskripts aufnehmen. Sie können natürlich auch mehrere Transaktionen in ein Testskript integrieren, allerdings ist der Aufwand immens, wenn Sie einzelne Transaktionen in einem Testbaustein pflegen müssen. Die Liste der Parameter könnte ebenfalls schnell unübersichtlich werden.

Aufbau eines Testbausteins

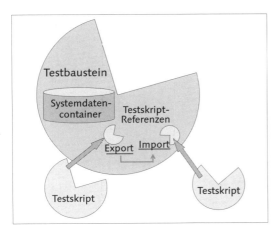

Abbildung 4.27 Testbaustein mit Testskript-Referenzen

Bitte wählen Sie ebenfalls eine Transaktion aus, die auf Belegnummern einer vorangegangenen Transaktion aufbaut, falls Ihnen die SD-Transaktionen fehlen.

4 | Entwicklung mit eCATT

4.4.1 Anlegen des Folge-Testskripts

Pro Testskript nur eine Transaktion

Jede Transaktion sollte in einem eigenen Testskript aufgezeichnet werden, z.B. aus folgenden Gründen:

- damit Fehlerbehandlungen nur für eine Transaktion an einer Stelle notwendig sind
- damit die Parameterpflege übersichtlich bleibt
- damit einzelne Transaktionen schnell ersetzt werden können, falls sie sich nach einem Release-Wechsel zu stark verändert haben

Werden für einen Geschäftsprozess mehrere Transaktionen benötigt, sollten alle Transaktionen in jeweils einem Testskript untergebracht werden und nur über Referenzen in einen Testbaustein verfügbar gemacht werden.

[+] Jedes Testskript, das auf unterschiedliche Testskripts referenziert, kann *Testbaustein* genannt werden.

Transaktion SECATT, Folge-Testskript anlegen

Erzeugen Sie jetzt das Folge-Testskript, das Sie für den Testbaustein benötigen. Rufen Sie dazu die Transaktion SECATT auf, und geben Sie dem Testskript einen sprechenden Namen. In diesem Beispiel wird das Folge-Testskript Z_SD_VF01 genannt (siehe Abbildung 4.28).

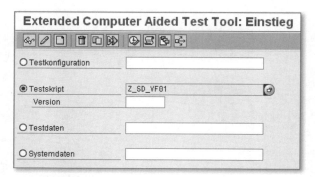

Abbildung 4.28 Erstellen des Testskripts »Z_SD_VF01«

4.4.2 Testskript kopieren

Sie werden feststellen, dass die wesentlichen Schritte beim Anlegen eines Folge-Testskripts identisch sind mit den Schritten zum Anlegen eines Start-Testskripts.

| **Start-Testskript kopieren** | [+] |

Es ist zukünftig nicht notwendig, ein Testskript vollkommen neu zu erstellen. Sie könnten wie in Abbildung 4.29 gezeigt, auch das vorhandene Start-Testskript kopieren und einfach die Attribute anpassen und die Einträge zur Kommandoschnittstelle löschen.

Gehen Sie dazu folgendermaßen vor:

1. Zum Kopieren eines Testskripts tragen Sie bitte den Originalnamen des vorhandenen Start-Testskripts in das Feld TESTSKRIPT ein (im Beispiel: Z_SD_VA01). Klicken Sie danach den Button KOPIEREN (zwei übereinanderliegende Dokumente, siehe Abbildung 4.29 an.

   Transaktion SECATT, Testskript kopieren

2. Tragen Sie danach die Eigenschaften des Folge-Testskripts auf der Registerkarte ATTRIBUTE ein (siehe Abbildung 4.29). Praktisch ist es natürlich, wenn Sie durch Kopieren eines anderen Testskripts bereits alle Einträge zu Systemdatencontainer, Zielsystem, SAP-Komponente und Titel vorausgefüllt bekommen. In diesem Fall müssten Sie nur den Titel leicht anpassen. Wenn Sie ein komplett neues Testskript erstellt haben, müssen Sie an dieser Stelle alle Attribute neu vergeben.

   Attribute anpassen

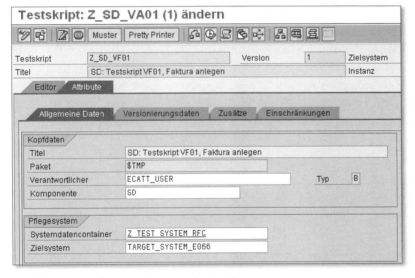

Abbildung 4.29 Allgemeine Daten in den Attributen

3. Wechseln Sie jetzt in die Registerkarte EDITOR (siehe Abbildung 4.30). Wenn Sie Ihr Folge-Testskript kopiert haben, müssen Sie

   Einträge löschen

nun zwei Einträge löschen (die Reihenfolge der Löschungen ist nicht relevant):

- die Kommandoschnittstelle: VA01_1
- den Kommandobefehl: TCD (VA01 , VA01_1). aus dem Befehl-Editor.

Abbildung 4.30 Entfernen der Kommandoschnittstellen-Einträge

Jetzt ist Ihr Testskript »sauber«, und Sie können eine andere Transaktion aufzeichnen.

4.4.3 Folge-Transaktion aufzeichnen

Letzte Meldung im Start-Testskript Um die passende Belegnummer für die Folge-Transaktion bereitzuhaben, müssen Sie noch einmal in das Start-Testskript Z_SD_VA01 wechseln. Öffnen Sie dazu einen neuen Modus. Sie sehen die letzten Meldungen unter MSGV1 'Anf. Rechnung' und die Kundenauftragsnummer unter MSGV2 240 in Abbildung 4.31. Genau diese Kundenauftragsnummer benötigen Sie für die Folge-Transaktion.

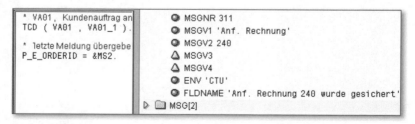

Abbildung 4.31 Letzte Meldungen im Testskript »Z_SD_VA01«

Wechseln Sie nun wieder in das Folge-Testskript.

1. Klicken Sie auf den Button Muster, um ein neues Muster einzufügen bzw. eine neue Transaktion aufzunehmen. Tragen Sie in das Feld Transaktion Ihre Folge-Transaktion VF01 ein (siehe Abbildung 4.32), und starten Sie die Aufnahme, indem Sie den Button Ausführen (grüner Haken) anklicken.

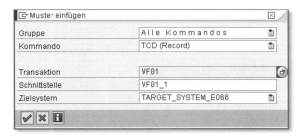

Abbildung 4.32 »Muster einfügen«: Folge-Transaktion VF01

2. Sofort gelangen Sie in die Eingabemaske der Transaktion VF01. Die Belegnummer des Kundenauftrages wird in der Spalte Beleg erwartet.
3. Tragen Sie die Kundenauftragsnummer »240« aus dem Start-Testskript in die Spalte Beleg ein (siehe Abbildung 4.33). Wenn Sie zwei andere Transaktionen verwendet haben, müssten Sie an dieser Stelle auch andere Belegnummern in andere Beleg-Eingabefelder eintragen. Die Aufzeichnung der Transaktion wird durch Speichern beendet.

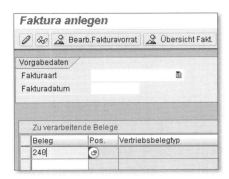

Abbildung 4.33 »Faktura anlegen«: Transaktion VF01

Wie Sie bereits wissen, werden Sie nach der Aufzeichnung gefragt, ob Sie die Daten übernehmen möchten (siehe Abbildung 4.34). Bestätigen Sie diese Frage, indem Sie den Button Ja anklicken.

Abbildung 4.34 Rückfrage, ob Daten übernommen werden sollen

Fehlermeldung bei Folge-Testskript

Ihr Folge-Testskript ist nun in einfacher Form vollständig. Allerdings werden Sie eine Fehlermeldung erhalten, wenn Sie das Testskript ausführen. Grund dafür ist, dass die Belegnummer aus dem Start-Testskript bereits verarbeitet wurde.

4.4.4 Folge-Testskript testen

Wenn Sie für Ihre Übung Transaktionen verwendet haben, die unabhängig voneinander arbeiten können, dürften Sie keine Fehlermeldungen erhalten. Wenn Sie zum Beispiel als Start-Transaktion die Transaktion MM01 (Material anlegen) und als Folge-Transaktion MM03 (Material anzeigen) verwendet haben, könnten Sie die Folge-Transaktion MM03 immer wieder ausführen, ohne dass es zu Fehlern kommen würde.

Folge-Testskript ausführen

Testen Sie Ihr Folge-Testskript, indem Sie es ausführen. Abbildung 4.35 zeigt Ihnen eine mögliche Fehlermeldung.

> [+] Das Fehlen von Batchinput-Daten kann darauf hindeuten, dass es keine unbearbeiteten Nummern für die Transaktion gibt bzw. dass die übergebenen Daten veraltet sind, weil sie bereits verarbeitet wurden.
>
> Da diese Fehlermeldungen unschön sind, wird Ihnen unter Abschnitt 4.5.4 eine Möglichkeit gezeigt, mit dem eCATT-Befehl MESSAGE…ENDMESSAGE qualifiziertere Fehlermeldungen zu erzeugen.

Die Fehlermeldungen sind oft nicht aussagekräftig genug, um sofort zu erkennen, wieso es zu einem Fehler kam. Sie sollten Ihr Testskript deshalb nach einer Fehlerausgabe immer im Vordergrund abspielen und sich alle Fehlermeldungen genau durchlesen.

Die Transaktion VF01 bringt nach der Eingabe einer bereits fakturierten Kundenauftragsnummer normalerweise die Meldung, dass die Belegnummer nicht mehr fakturiert werden kann, da sie schon fakturiert wurde. Wenn Sie die Transaktion allerdings im Hintergrund abspielen, erhalten Sie Fehlermeldungen, die Ihnen nicht sofort zeigen, warum das Testskript auf Fehler lief.

Batchinput-Daten nicht vorhanden [+]

Prüfen Sie das Testskript, ob eventuell eine Fehlermeldung in einem zusätzlichen Fenster angezeigt wird, das in der Kommandoschnittstelle unbekannt ist. Prüfen Sie, wann diese Fehlermeldung eingeblendet wird, und tragen Sie einen Kommentar in den Befehl-Editor ein. Dieser Kommentar wird Sie zukünftig darüber informieren, in welchen Fällen Fehlermeldungen angezeigt werden.

Abbildung 4.35 Testprotokoll mit Fehlern

4.4.5 Importparameter für Folge-Testskript

Um dem Folge-Testskript die Kundenauftragsnummer aus dem Start-Testskript zu übergeben, müssen Sie einen Importparameter erzeugen. Da das Start-Testskript Z_SD_VA01 mehrfach ausgeführt wurde, gibt es noch einige offene Kundenauftragsnummern, die Sie nun verwenden können.

1. Legen Sie einen Importparameter P_I_ORDERID an, und tragen Sie eine Kundenauftragsnummer als Parameterwert ein, die noch nicht verarbeitet wurde. In Abbildung 4.36 sehen Sie, dass die Kundenauftragsnummer 239, also eine Nummer kleiner, als Parameterwert übergeben wurde. Natürlich wird auch diese Nummer nur ein einziges Mal fakturiert werden können, ohne dass es zur Fehlermeldung im Testprotokoll kommt. Anschließend allerdings würden Sie wieder Fehlermeldungen erhalten.

Importparameter anlegen

4 | Entwicklung mit eCATT

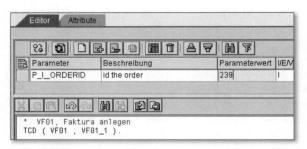

Abbildung 4.36 Importparameter mit vorgegebenem Wert

2. Wechseln Sie nun von der Parameteransicht in die Kommandoschnittstelle, indem Sie auf den Button PARAMETER<->KOMMANDOSCHNITTSTELLE klicken.

3. Sie erhalten die Ansicht der Kommandoschnittstelle und können auf die Zeile mit dem Wert VF01_1 doppelklicken.

Kundenauftragsnummer aufspüren

4. Suchen Sie bitte im Struktur-Editor der Kommandoschnittstelle VF01_1 die Kundenauftragsnummer 240, wie in Abbildung 4.37 gezeigt. Bei Ihnen wird es sich selbstverständlich um eine andere Belegnummer handeln. Suchen Sie bitte die Nummer, die Sie zur Aufnahmezeit eingetragen haben.

5. Wenn Sie beispielsweise als Folge-Transaktion die Transaktion MM03 verwendet haben, müssen Sie nach der Materialnummer suchen, die angibt, welches Material angezeigt werden soll.

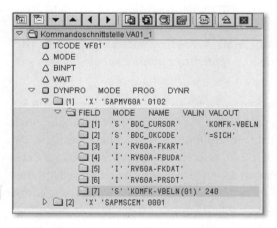

Abbildung 4.37 Struktur-Editor mit markierter Kundenauftragsnummer

6. Führen Sie einen Doppelklick auf der gefundenen Kundenauftragsnummer aus, um im rechten Bereich des Fensters die Details zu diesem Dynpro-Feld einzublenden (siehe Abbildung 4.38).

7. Tragen Sie anstelle der Kundenauftragsnummer in die Zeile VALIN Ihren Importparameter ein. Achten Sie darauf, dass in der Spalte MODE der Wert »'S'« steht, sonst wird der Wert nicht übernommen.

Spalte »Mode«

Sie dürfen nur die Felder, die bei MODE ein »'S'« enthalten, mit Werten versorgen. Felder mit dem MODE-Eintrag »'|'« werden von der Kommandoschnittstelle selbst gefüllt.

[+]

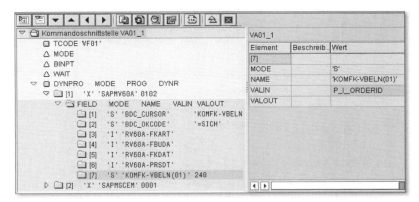

Abbildung 4.38 Übergabe des Importparameters

Ihr Folge-Testskript ist hiermit ausreichend konfiguriert. Sie können jetzt mit der Arbeit beginnen, den sogenannten Testbaustein bzw. das übergeordnete Testskript zu erzeugen.

4.4.6 Anlegen des Testbausteins

Der Testbaustein ist genau genommen selbst ein Testskript. Der Unterschied ist, dass dieses Testskript Referenzen auf andere Testskripts enthält (siehe Abbildung 4.39). Es wird dadurch übergeordnet und läuft nur dann fehlerfrei ab, wenn die untergeordneten Testskripts fehlerfrei arbeiten.

Übergeordnetes Testskript

Die Exportparameter eines untergeordneten Testskripts können auf Variablen des übergeordneten Testskripts bzw. im Testbaustein gespeichert werden und anschließend als Importparameter an ein anderes untergeordnetes Testskript weitergegeben werden.

Ablauf eines Testbausteins

Abbildung 4.39 zeigt Ihnen, dass das übergeordnete Testskript auf zwei untergeordnete Testskripte referenziert. Das erste Testskript, das referenziert wird, wird in der Abbildung *Start-Testskript* genannt. Es besitzt einen Exportparameter. Das zweite Testskript, auf das danach referenziert wird, wird als *Folge-Testskript* bezeichnet. Dieses enthält einen Importparameter. Der Wert des Exportparameters wird zur Laufzeit des übergeordneten Testskripts auf eine lokale Variable gespeichert und an das Folge-Testskript als Importparameter übergeben.

[+] Wenn Sie den Wert eines Exportparameters im Testbaustein auf einer Testskript-Variablen ablegen, können Sie den Wert vor der Weitergabe an ein weiteres Testskript prüfen und modifizieren. Sie können den Exportparameter aber auch direkt an ein Folge-Testskript weiterreichen.

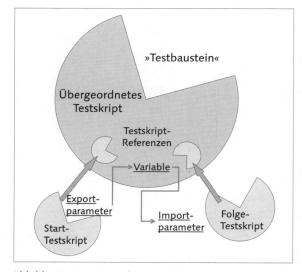

Abbildung 4.39 Hierarchie im Testbaustein

Testbaustein anlegen

1. Erzeugen Sie nun ein drittes Testskript – entweder durch Neuanlage oder durch Kopieren eines bereits vorhandenen Testskripts. Da dieses Testskript als übergeordnetes Testskript dienen soll, soll es möglichst beide Transaktionen (hier im Beispiel: VA01 und VF01) im Namen enthalten, damit Sie es später besser unterscheiden können (siehe Abbildung 4.40).

4.4 Verketten von Transaktionen

> **Benennung** [+]
>
> Leider ist die Verwendung von Transaktionsnamen im Testskript-Namen nicht immer möglich. Wenn Sie beispielsweise auf sieben oder mehr Transaktionen in einen Testbaustein referenzieren wollen, könnte der Testskript-Name des Testbausteins unendlich lang werden. Deshalb muss in solchen Fällen schon einmal eine beschreibende Bezeichnung verwendet werden.
>
> Beispiel: Z_MM_WARENAUSGANG_BUCHEN
>
> Ein MM-Betreuer kann dann selbst entscheiden, welche Transaktionen er unter diesem Geschäftsprozess ansiedeln möchte.

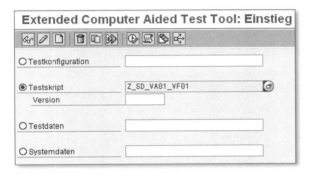

Abbildung 4.40 Testbaustein bzw. übergeordnetes Testskript anlegen

2. Im zweiten Schritt müssen Sie dem übergeordneten Testskript wieder Attribute übergeben (siehe Abbildung 4.41). Die Feldgruppe PFLEGESYSTEM kann erneut mit Ihrem Systemdatencontainer und Ihrem bisher verwendeten Zielsystem ausgefüllt werden.

Attribute des Testbausteins

3. Im Feld TITEL sollten Sie den Geschäftsprozess benennen.

Abbildung 4.41 Attribute des Testbausteins bzw. des übergeordneten Testskripts

4 | Entwicklung mit eCATT

4.4.7 eCATT-Befehl »REF«

In einem Testbaustein können Sie auf alle Testskripts referenzieren, die Sie bereits angelegt haben. Um in das dritte Testskript, das Ihnen jetzt als Testbaustein dienen soll, eine Transaktion einzubinden, wählen Sie ein bereits bestehendes Testskript aus.

Referenz einfügen Und nun folgt der entscheidende Unterschied: Wenn Sie über den Button MUSTER gehen, um ein neues Muster einzufügen, wählen Sie bei KOMMANDO nicht TCD, sondern REF für Referenz aus.

Wählen Sie anschließend das Start-Testskript aus. In Abbildung 4.42 sehen Sie, dass das Testskript Z_SD_VA01 ausgewählt wurde. Sofort wird auch eine Bezeichnung für die Kommandoschnittstelle, hier Z_SD_VA01_1 vorgeschlagen. Bestätigen Sie Ihre Eingaben.

Abbildung 4.42 Referenz »Z_SD_VA01« einfügen

REF-Kommando im Befehl-Editor Sie erhalten im Befehl-Editor einen neuen Eintrag: REF (Z_SD_VA01 , Z_SD_VA01_1).

Diese Zeile zeigt Ihnen, dass Sie eine Referenz auf das Testskript Z_SD_VA01 erstellt haben. Kommentieren Sie die Referenz im Befehl-Editor.

Abbildung 4.43 Referenzierte Kommandoschnittstelle im Befehl-Editor

Kommandoschnittstelle nur mit Parametern Sehen Sie sich an dieser Stelle bitte die Kommandoschnittstelle Z_SD_VA01_1 genauer an, indem Sie die Details durch einen Doppelklick öffnen. Sie sehen in Abbildung 4.44, dass Ihnen hier nicht mehr die Dynpro-Felder angeboten werden, sondern lediglich die Import- und Exportparameter des Testskripts Z_SD_VA01.

Verketten von Transaktionen | **4.4**

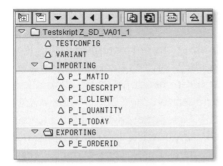

Abbildung 4.44 Liste der Import- und Exportparameter im Struktur-Editor

[+] Wenn Sie ein Testskript herunterladen, in dem sich referenzierte eCATT-Objekte befinden, können Sie alle Objekte zusammen herunterladen. Es ist nicht notwendig, jedes referenzierte Objekt einzeln herunterzuladen.

4.4.8 Importparameter für Textbaustein

Für die Kommunikation der referenzierten Testskripts untereinander benötigen Sie Import- und Exportparameter sowie Variablen.

1. Legen Sie einen Importparameter an. In Abbildung 4.45 sehen Sie für diese Demonstration den Importparameter P_I_MATID. Tragen Sie als Nächstes einen Wert für diesen Parameter ein.

Importparameter anlegen

[+] Dieser Importparameter ist nur Bestandteil des Testbausteins. Die referenzierten Testskripts haben keinen Zugriff auf ihn.

Abbildung 4.45 Importparameter für Testbaustein

2. Öffnen Sie den Struktur-Editor für die Kommandoschnittstelle Z_SD_VA01_1, indem Sie einen Doppelklick auf der Kommandoschnittstelle ausführen. Sie sehen, dass im Knoten IMPORTING alle Importparameter für das Testskript Z_SD_VA01 enthalten sind.

Struktur-Editor öffnen

3. Führen Sie einen Doppelklick auf dem ersten Importparameter P_I_MATID aus der Kommandoschnittstelle Z_SD_VA01_1 aus,

damit sich die Details im Struktur-Editor zu diesem Importparameter öffnen.

Importparameter übergeben

4. Tragen Sie in die Spalte WERT Ihren Importparameter ein. Der Default-Wert, den Sie sehen, ist der Wert aus dem untergeordneten Start-Testskript, der nun mit Ihrem neuen Wert aus dem übergeordneten Testskript überschrieben wurde. Der Standardwert bleibt im Start-Testskript Z_SD_VA01 unberührt. Sobald Sie das Start-Testskript für sich allein abspielen, wird das Testskript seine eigenen Parameterwerte verwenden. Das übergeordnete Testskript jedoch verwendet eigene Parameter, wenn Sie diese definieren (siehe Abbildung 4.46).

[+] **Kennzeichnende Parameter-Symbole**

Ein parametrisierter Parameter im übergeordneten Testskript wird durch ein blaues Dreieck symbolisiert. Alle Parameter, die die Standardwerte aus dem untergeordneten Testskript verwenden, werden weiterhin durch ein gelbes Dreieck gekennzeichnet.

Abbildung 4.46 Referenzierter Importparameter in Kommandoschnittstelle des Testbausteins parametrisiert

4.4.9 Testbaustein testen

Testen Sie Ihren Testbaustein, indem Sie ihn ausführen.

1. Starten Sie das übergeordnete Testskript bzw. den Testbaustein Z_SD_VA01_VF01, und prüfen Sie das Testprotokoll. Sie sehen, dass der erste Importparameter P_I_MATID im Start-Testskript durch den Wert aus dem übergeordneten Testskript ersetzt wurde. Und Sie erkennen, es wurde eine neue Belegnummer 350 erzeugt (siehe Abbildung 4.47).

2. Sie sehen, dass das Start-Testskript über das Kommando REF aufgerufen wurde und erst in diesem Testskript das Kommando TCD abgearbeitet wurde. In dem übergeordneten Testskript gibt es bisher nur einen Importparameter P_I_MATID. Das Start-Testskript, das jetzt untergeordnet ist, verwendet nur diesen einen Importparameter von außen und benutzt bei allen anderen Parametern seine eigenen vordefinierten Werte.

Testprotokoll mit Referenz

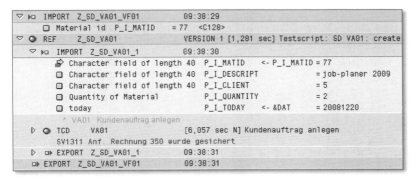

Abbildung 4.47 Testprotokoll des übergeordneten Testskripts

4.4.10 Exportparameter im Testbaustein versorgen

Jetzt benötigen Sie eine Testskript-Variable im übergeordneten Testskript, die den Wert aus dem Exportparameter des untergeordneten Start-Testskripts aufnimmt.

1. Legen Sie einen Parameter an, bei dem Sie in der Spalte I/E/V den Wert »V« für Variable auswählen. In Abbildung 4.48 sehen Sie die Variable P_V_ORDERID.

Testskript-Variable anlegen

Abbildung 4.48 Variable für die Kommunikation der Testskripts

2. Führen Sie auf dem Exportparameter P_E_ORDERID der Kommandoschnittstelle Z_SD_VA01_1 einen Doppelklick aus, damit sich die Details zu diesem Parameter öffnen.

4 | Entwicklung mit eCATT

Exportparameterwert übernehmen

3. Tragen Sie für den Exportparameter P_E_ORDERID in den Details der Kommandoschnittstelle in der Spalte WERT die Bezeichnung Ihrer Parametervariablen ein. Der neue Wert für P_E_ORDERID ist danach P_V_ORDERID.

4. Durch diesen Eintrag wird der Inhalt des Exportparameters, also die Kundenauftragsnummer, auf die Variable P_V_ORDERID des übergeordneten Testskripts gespeichert.

5. Speichern Sie das übergeordnete Testskript. Sie sehen, dass sofort das gelbe Dreieck vor dem Exportparameter durch ein blaues Dreieck ersetzt wird (siehe Abbildung 4.49). Führen Sie den Testbaustein aus.

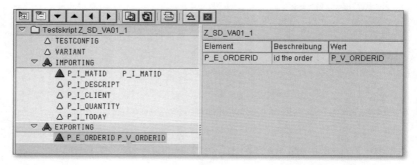

Abbildung 4.49 Variable mit aufgenommenen Wert des Exportparameters

Exportparameterwert im Testbaustein

In Abbildung 4.50 sehen Sie im Testprotokoll, dass jetzt zusätzlich der Exportparameter mit einem Wert belegt wurde. Die exportierte Kundenauftragsnummer lautet 351 und kann jetzt über die Testskript-Variable P_V_ORDERID des Testbausteins Z_SD_VA01_VF01 weiterverwendet werden.

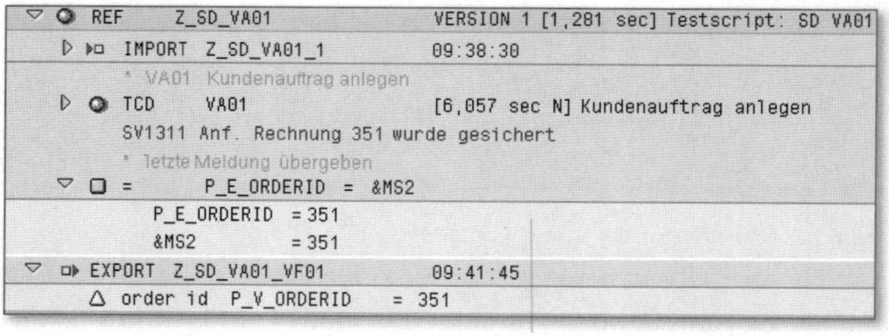

Abbildung 4.50 Variable mit Wert aus Exportparameter belegt

4.4.11 Folge-Testskript referenzieren

Um den Testbaustein jetzt zu vervollständigen, benötigen Sie eine zweite Referenz auf das Folge-Testskript Z_SD_VF01.

1. Fügen Sie über den Button MUSTER die zweite Referenz ein (siehe Abbildung 4.51). Wählen Sie dafür das Folge-Testskript Z_SD_VF01 aus. Sie sehen, dass im Befehl-Editor nun zwei Referenzen angezeigt werden. Die erste Referenz weist auf das Start-Testskript, die zweite Referenz weist auf das Folge-Testskript.

Referenz-Kommandos im Befehl-Editor

Abbildung 4.51 Zweite Referenz auf ein Testskript

2. Wechseln Sie von der Parameterliste in die Anzeige der Kommandoschnittstellen, wie in Abbildung 4.52 gezeigt. Wie Sie sehen können, wird als Gruppe für beide Kommandoschnittstellen REF angezeigt.

Abbildung 4.52 Anzeige der Kommandoschnittstellen-Liste

3. Führen Sie einen Doppelklick auf der Folge-Testskript-Kommandoschnittstelle aus. In diesem Beispiel lautet diese Z_SD_VF01_1.

4. Öffnen Sie anschließend den Teilbaum IMPORTING im Struktur-Editor, indem Sie auf das kleine Dreieck vor IMPORTING klicken.

5. Tragen Sie Ihre Testskript-Variable P_V_ORDERID in das Feld Wert des Importparameters P_I_ORDERID ein. Da Sie die Testskript-Variable bereits mit einem Wert aus dem Start-Testskript parametrisiert haben, kann dieser Wert jetzt als Importwert verwendet werden. In Abbildung 4.53 sehen Sie, dass der Importparameter

Testskript-Variable an Folge-Testskript übergeben

P_I_ORDERID des Folge-Testskripts mit der Testskript-Variablen des Testbausteins P_V_ORDERID versorgt wurde.

6. Speichern Sie das übergeordnete Testskript.

Abbildung 4.53 Importparameter des Folge-Testskripts parametrisiert

Testbaustein ausführen

7. Führen Sie das übergeordnete Testskript bzw. den Testbaustein Z_SD_VA01_VF01 im Hintergrund aus. Prüfen Sie das Testprotokoll. In Abbildung 4.54 sehen Sie, dass beide Referenzen abgespielt wurden und dass die Kundenauftragsnummer 354 im Start-Testskript erzeugt wurde. Das Folge-Testskript hat mit dieser Nummer eine Faktura erzeugt. Die Faktura hat die Nummer 310. Die Testskript-Variable des Testbausteins besitzt den Exportparameterwert des Start-Testskripts.

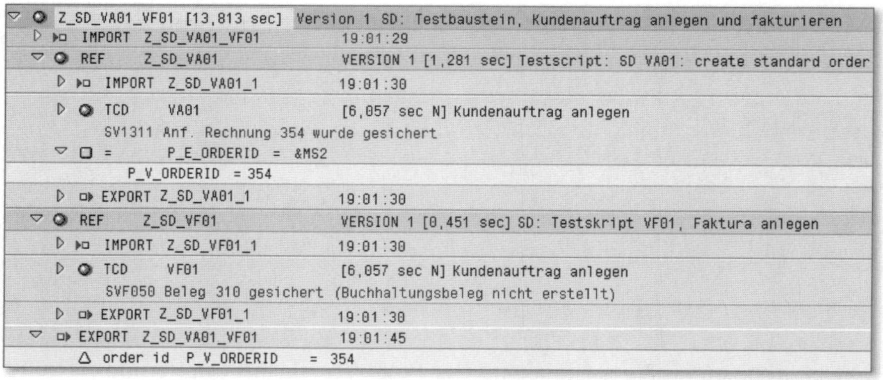

Abbildung 4.54 Protokoll nach Ablauf des Testbausteins

Beispiel eines umfangreichen Testbausteins

Dieses Beispiel hat Ihnen gezeigt, wie Sie einen Testbaustein erstellen können. Im Normalfall würden Sie diesen Testbaustein jetzt noch um weitere referenzierte Testskripts mit unterschiedlichen Transaktionen (z. B. ANZEIGEN, ÄNDERN, STORNIEREN, ...) erweitern. Abbildung 4.55 zeigt Ihnen, wie ein etwas umfangreicherer Testbaustein aussehen könnte.

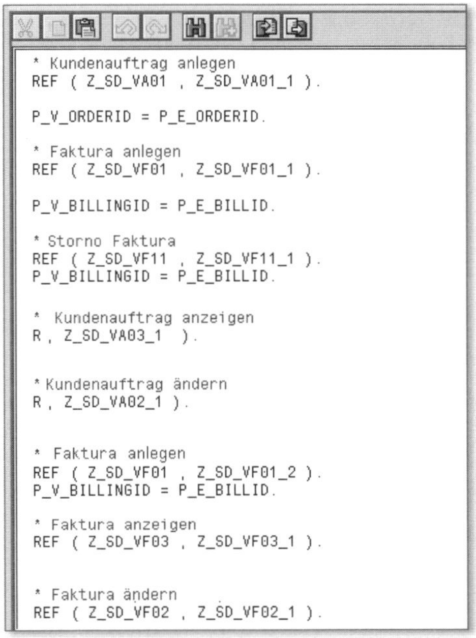

```
* Kundenauftrag anlegen
REF ( Z_SD_VA01 , Z_SD_VA01_1 ).

P_V_ORDERID = P_E_ORDERID.

* Faktura anlegen
REF ( Z_SD_VF01 , Z_SD_VF01_1 ).

P_V_BILLINGID = P_E_BILLID.

* Storno Faktura
REF ( Z_SD_VF11 , Z_SD_VF11_1 ).
P_V_BILLINGID = P_E_BILLID.

* Kundenauftrag anzeigen
R , Z_SD_VA03_1 ).

* Kundenauftrag ändern
R , Z_SD_VA02_1 ).

* Faktura anlegen
REF ( Z_SD_VF01 , Z_SD_VF01_2 ).
P_V_BILLINGID = P_E_BILLID.

* Faktura anzeigen
REF ( Z_SD_VF03 , Z_SD_VF03_1 ).

* Faktura ändern
REF ( Z_SD_VF02 , Z_SD_VF02_1 ).
```

Abbildung 4.55 Umfangreicher Testbaustein

In Abbildung 4.56 sehen Sie einen Ausschnitt aus dem Testprotokoll, nachdem dieser umfangreiche Testbaustein abgespielt wurde. An den Zeitangaben können Sie ablesen, dass dieser Testbaustein mit acht unterschiedlichen Transaktionen nur wenige Sekunden gearbeitet hat.

Hätten Sie alle diese acht Transaktionen von Hand getestet, wäre der zeitliche Aufwand auf jeden Fall um einiges höher ausgefallen.

Zeitersparnis

Was jetzt natürlich nicht mehr stimmt, ist der Testskript-Name. Ein anderer Bearbeiter könnte vermuten, dass dieser Testbaustein nur zwei Transaktionen enthält.

Falls Sie die Bezeichnung ohne große Aufwände ändern wollten, könnten Sie das übergeordnete Testskript kopieren und einen geeigneten Namen für das neue übergeordnete Testskript vergeben. Dieses Testskript bzw. dieser Testbaustein würde sich für den SD-Modulbetreuer eignen, der nach einem Patch- oder Release-Wechsel prüfen muss, ob alle Transaktionen noch so arbeiten wie bisher.

4 | Entwicklung mit eCATT

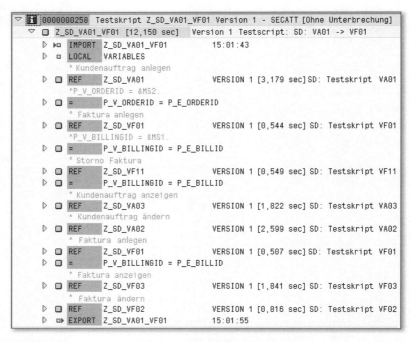

Abbildung 4.56 Testprotokoll des umfangreichen Testbausteins

Stammdatenaufbau mit Testbausteinen
Falls Sie Stammdaten für Ihre Testumgebung, beispielsweise Lieferanten, Materialien und Konten, erstellen wollen, könnten Sie dieses gerade erworbene Wissen auch dort einsetzen.

4.5 eCATT-Befehle

In jedem Testskript werden eCATT-Befehle verwendet. Diese Befehle können über die Funktion MUSTER – also indem Sie den Button MUSTER anklicken – ausgewählt und eingefügt werden. Dieser Abschnitt soll Ihnen einen Überblick über die eCATT-Befehle geben.

4.5.1 Referenzliste der eCATT-Befehle

Die eCATT-Befehle lassen sich zu Funktionsgruppen zusammenfassen. Die folgenden Tabellen sind eine Referenzliste der eCATT-Befehle, die auf der Webseite *http://help.sap.com* vorgestellt werden. Wenn Sie in Ihrem Testskript einen eCATT-Befehl über die

Funktion MUSTER einfügen möchten, können Sie sich bei der Suche nach einem Befehl an den Funktionsgruppen orientieren.

An erster Stelle wird Ihnen hier ein eCATT-Befehl gezeigt, der eine Ausnahme darstellt (siehe Tabelle 4.2). Der Stern dient dazu, ein Kommando auszukommentieren, so dass es beim Abspielen des Testskripts nicht ausgeführt wird. Außerdem ist ein Kommentar im Testskript zu Ihrer Orientierung sehr hilfreich. Versuchen Sie, Ihre Testskripts immer ausführlich zu kommentieren.

Ausnahmen

Befehl	Muster-Funktionsgruppe	Funktion
*	Kommentar	Sterne leiten Kommentarzeilen ein.

Tabelle 4.2 Funktionsgruppe »Ausnahmen«

Customizing

Die zweite Funktionsgruppe steht für Customizing (siehe Tabelle 4.3). Mit diesem Befehl können Sie Customizing-Einstellungen prüfen.

Befehl	Muster-Funktionsgruppe	Funktion
BCSET	Customizing	Prüfung von Customizing-Einstellungen

eCATT-Befehl »Customizing«

Tabelle 4.3 Funktionsgruppe »Customizing«

Parameter

Eine etwas größere Funktionsgruppe umfasst die Parameter (siehe Tabelle 4.4). Mit den eCATT-Befehlen dieser Funktionsgruppe können Sie die Werte Ihrer Parameter im Testskript verändert. So können Sie beispielsweise einem Parameter einen neuen Wert zuweisen oder Werte löschen.

Der am häufigsten verwendete eCATT-Befehl dieser Gruppe ist der Zuweisungsoperator (=).

Befehl	Muster-Funktionsgruppe	Funktion
=	Parameter	Zuweisungsoperator
APPEND	Parameter	Hängt Tabellenzeile an.

eCATT-Befehle »Parameter«

Tabelle 4.4 Funktionsgruppe »Parameter«

Befehl	Muster-Funktionsgruppe	Funktion
CHEVAR	Parameter	Vergleichsoperator für einfache Parameter
CLEAR	Parameter	Löscht Inhalte von Parametern.
DELETE	Parameter	Löscht Zeilen eines Tabellenparameters.
GETLEN	Parameter	Liefert Länge oder Zeilenanzahl von Parametern.
INSERT	Parameter	Fügt Zeilen in einen Tabellenparameter.

Tabelle 4.4 Funktionsgruppe »Parameter« (Forts.)

Programm-Ansteuerung

Die Funktionsgruppe Programm-Ansteuerung benötigen Sie zum Beispiel, wenn Sie in Ihrem Testskript Inline-ABAP verwenden oder einen Funktionsbaustein testen wollen (siehe Tabelle 4.5).

eCATT-Befehle »Programm-Ansteuerung«

Befehl	Muster-Funktionsgruppe	Funktion
ABAP	Programm-Ansteuerung	Leitet einen ABAP…ENDABAP-Block ein. Beispiel unter 5.2.
ENDABAP	Programm-Ansteuerung	Beendet einen ABAP…ENDABAP-Block. Beispiel unter 5.2.
FUN	Programm-Ansteuerung	Führt einen Funktionsbaustein aus. Beispiel unter 4.5.6.
RESCON	Programm-Ansteuerung	Setzt aktuelle RFC-Verbindung eines Testskripts zurück.

Tabelle 4.5 Funktionsgruppe »Programm-Ansteuerung«

Skriptsteuerung

Die umfangreichste Funktionsgruppe stellt die Skriptsteuerung dar (siehe Tabelle 4.6). Mit eCATT-Befehlen dieser Gruppe können Sie in

Ihr Testskript Bedingungen und Abfragen einbinden. Auch zum Auslesen der letzten Meldung können Sie diese Funktionsgruppe verwenden. Der eCATT-Befehl dazu lautet MESSAGE...ENDMESSAGE.

Befehl	Muster-Funktionsgruppe	Funktion
BREAK	Skriptsteuerung	Hält die Ausführung des Testskripts an. Dient dem eCATT-Debugger. Beispiel unter 5.3.
DO	Skriptsteuerung	Startet einen DO...ENDDO-Block. Beispiel unter 4.5.7.
ELSE	Skriptsteuerung	Alternativer Zweig im IF...ENDIF-Block ohne Bedingung. Beispiel unter 4.5.5.
ELSEIF	Skriptsteuerung	Alternativer Zweig im IF-ENDIF-Block mit Bedingung. Beispiel unter 4.5.5.
ENDDO	Skriptsteuerung	Beendet den DO...ENDDO-Block. Beispiel unter 4.5.7.
ENDIF	Skriptsteuerung	Beendet den IF...ENDIF-Block. Beispiel unter 4.5.5.
ENDMESSAGE	Skriptsteuerung	Beendet den MESSAGE...ENDMESSAGE-Block, Gesamtzahl aller Meldungen in &TFILL enthalten. Beispiel unter 4.5.4.
EXIT	Skriptsteuerung	Beendet den DO...ENDDO-Block durch eine Bedingung.
IF	Skriptsteuerung	Leitet einen IF...ENDIF-Block ein. Beispiel unter 4.5.5.

eCATT-Befehle »Skriptsteuerung«

Tabelle 4.6 Funktionsgruppe »Skriptsteuerung«

Befehl	Muster-Funktionsgruppe	Funktion
MESSAGE	Skriptsteuerung	Leitet einen MESSAGE…END-MESSAGE-Block ein. Beispiel unter 4.5.4.
WAIT	Skriptsteuerung	Lässt das Testskript für eine bestimmte Anzahl von Sekunden anhalten.

Tabelle 4.6 Funktionsgruppe »Skriptsteuerung« (Forts.)

ABAP-Objects

Eine ebenso umfangreiche Funktionsgruppe umfasst die ABAP-Objects (siehe Tabelle 4.7). Diese Befehle können Sie verwenden, wenn Sie mit Klassen und Instanzen arbeiten.

Befehl	Muster-Funktionsgruppe	Funktion
CALLMETHOD	ABAP-Objects	Führt eine öffentliche Instanzmethode eines Objekts aus.
CALLSTATIC	ABAP-Objects, Prüfungen	Führt eine öffentliche statische Methode einer globalen Klasse aus.
CHEATTR	ABAP-Objects, Prüfungen	Vergleicht den Wert eines Parameters mit dem öffentlichen Instanzattribut einer globalen Klasse.
CHESTATIC	ABAP-Objects, Prüfungen	Vergleicht den Wert eines Parameters mit dem öffentlichen statischen Attribut einer globalen Klasse.
CREATEOBJ	ABAP-Objects	Generiert ein Objekt einer Klasse.
GETATTR	ABAP-Objects	Weist einem Parameter den Wert eines öffentlichen Instanzattributs einer globalen Klasse zu.

eCATT-Befehle »ABAP-Objects«

Tabelle 4.7 Funktionsgruppe »ABAP-Objects«

Befehl	Muster-Funktionsgruppe	Funktion
GETSTATIC	ABAP-Objects	Weist einem Parameter den Wert eines öffentlichen statischen Attributs einer globalen Klasse zu.
SETATTR	ABAP-Objects	Weist einem öffentlichen Instanzattribut einer globalen Klasse den Wert eines Parameters zu.
SETSTATIC	ABAP-Objects	Weist einem öffentlichen statischen Attribut einer globalen Klasse den Wert eines Parameters zu.

Tabelle 4.7 Funktionsgruppe »ABAP-Objects« (Forts.)

UI-Ansteuerung

Den eCATT-Befehl TCD aus der Funktionsgruppe UI-Ansteuerung kennen Sie bereits. Mit ihm können Sie eine Transaktion aufzeichnen. Außerdem dient er zum Aufrufen Ihrer Kommandoschnittstelle. Weitere Befehle finden Sie in der Tabelle 4.8.

Befehl	Muster-Funktionsgruppe	Funktion
CHEGUI	UI-Ansteuerung, Prüfungen	Vergleicht Werte von GUI-Elementen mit in der Kommandoschnittstelle eingetragenen Werten.
GETGUI	UI-Ansteuerung	Liest Werte von GUI-Elementen, die in der Kommandoschnittstelle angegeben wurden.
SAPGUI	UI-Ansteuerung	Sendet Inhalte der grafischen Benutzerschnittstelle mit deren Eingaben. Beispiel unter 4.5.3. Dient dazu, nur bestimmte Teile einer Transaktion neu aufzuzeichnen.

eCATT-Befehl »UI-Ansteuerung«

Tabelle 4.8 Funktionsgruppe »UI-Ansteuerung«

4 | Entwicklung mit eCATT

Befehl	Muster-Funktionsgruppe	Funktion
TCD	UI-Ansteuerung	Ruft eine bestimmte Transaktion auf; zum Aufzeichnen wird TCD(Record) eingesetzt.
WEBDYNPRO	UI-Ansteuerung	Spielt Web-Dynpro-Seiten ab, die in der Kommandoschnittstelle enthalten sind.

Tabelle 4.8 Funktionsgruppe »UI-Ansteuerung« (Forts.)

Datenbank

Die Funktionsgruppe Datenbank enthält eCATT-Befehle, mit denen Sie Datenbank-Abfragen oder -Änderungen durchführen können (siehe Tabelle 4.9).

eCATT-Befehl »Datenbank«

Befehl	Muster-Funktionsgruppe	Funktion
CHETAB	Datenbank, Prüfungen	Vergleicht Feldwerte einer Datenbanktabelle mit Werten aus der Kommandoschnittstelle (siehe das Beispiel unter Abschnitt 4.5.2).
GETTAB	Datenbank	Liest einen Datensatz der Datenbanktabelle und ordnet Werte der Kommandoschnittstelle zu.
RESTAB	Datenbank	Setzt Customizing-Tabellen zurück, wenn Änderungen mit SETTAB durchgeführt wurden.
SETTAB	Datenbank, Customizing	Führt Änderungen in Customizing-Tabellen durch.

Tabelle 4.9 Funktionsgruppe »Datenbank«

Protokoll

Um Ihr Testprotokoll besser auswerten zu können, haben Sie die Möglichkeit, eCATT-Befehle der Funktionsgruppe Protokoll zu verwenden (siehe Tabelle 4.10). Ein sehr beliebter eCATT-Befehl dieser Gruppe ist der Befehl LOG, der an sehr vielen Stellen des Buches zum Einsatz kommt.

Befehl	Muster-Funktionsgruppe	Funktion
DELSTORE	Protokoll	Löscht Indexeinträge, die auf Daten verweisen, die mit STORE angelegt wurden.
LOG	Protokoll	Schreibt einen Eintrag in das Testprotokoll. Kann dazu verwendet werden, einen Parameterwert an beliebigen Stellen im Testprotokoll auszulesen.
LOGMSG	Protokoll	Liest eine Nachricht aus der Tabelle T100 im Zielsystem und zeichnet die Nachricht im Testprotokoll auf.
LOGTEXT	Protokoll	Schreibt einen Text in das Testprotokoll. Hat zwei Parameter und dient der Fehlersimulation.
RETRIEVE	Protokoll	Liest Daten, die durch den Befehl STORE bei der letzten Testskript-Ausführung erzeugt wurden.
STORE	Protokoll	Schreibt Einträge ins Protokoll, die in späteren Ausführungen mit RETRIEVE gelesen werden können.

Tabelle 4.10 Funktionsgruppe »Protokoll«

Testskript-Referenzen

Die Funktionsgruppe Testskript-Referenzen enthält eCATT-Befehle, die Ihnen ermöglichen, von einem Testskript ein anderes Testskript auszuführen oder entfernt liegende Testskripts auf einem Zielsystem auszuführen. Der am häufigsten verwendete eCATT-Befehl dieser Gruppe ist der Befehl REF. Er wird verwendet, wenn Sie in einem Testbaustein andere Testskripts aufrufen wollen (siehe Tabelle 4.11).

Befehl	Muster-Funktionsgruppe	Funktion
REF	Testskript-Referenzen	Führt ein weiteres Testskript aus, das sich im lokalen System befindet.
REFCATT	Testskript-Referenzen	Führt ein weiteres CATT-Testskript aus, das sich im lokalen System befindet.
REFEXT	Testskript-Referenzen	Sendet ein externes Testskript zum Werkzeug des Drittanbieters und führt es extern aus.
REMOTECATT	Testskript-Referenzen	Führt ein CATT-Testskript im Zielsystem aus, dabei befindet sich die Quelle des Testskripts ebenfalls im Zielsystem.
SENDTEXT	Testskript-Referenzen	Sendet ein externes Skript zum Drittanbieter, ohne es auszuführen.

eCATT-Befehl »Testskript-Referenzen«

Tabelle 4.11 Funktionsgruppe »Testskript-Referenzen«

4.5.2 eCATT-Befehl »CHETAB«

Bisher haben Sie die eCATT-Befehle TCD (UI-Ansteuerung) und REF (Testskript-Referenzen) kennengelernt. Mit dem eCATT-Befehl TCD haben Sie eine Transaktion aufzeichnen können, mit dem eCATT-Befehl REF konnten Sie eine Referenz auf ein bestehendes Testskript erstellen.

In diesem Abschnitt lernen Sie den eCATT-Befehl CHETAB kennen. Dieser prüft, ob ein bestimmter Wert in einer angegebenen Tabelle enthalten ist. Als Beispieltabelle soll die Tabelle T005 (Länder) dienen.

Testskript anlegen

Um den eCATT-Befehl CHETAB zu testen, legen Sie für diesen Abschnitt ein neues Testskript an. Dieses soll einfach nur prüfen, ob ein übergebener Länderschlüssel in der Tabelle T005 enthalten ist.

Starten Sie die Transaktion SECATT, und markieren Sie den Radiobutton TESTSKRIPT. Tragen Sie in das Feld TESTSKRIPT einen Namen für Ihr Testskript ein. In unserem Beispiel wird dem Testskript der Name Z_TS_LAND gegeben.

Transaktion SECATT, »Testskript anlegen«

Tragen Sie die Attribute in die Registerkarte ALLGEMEINE DATEN ein (siehe Abbildung 4.57).

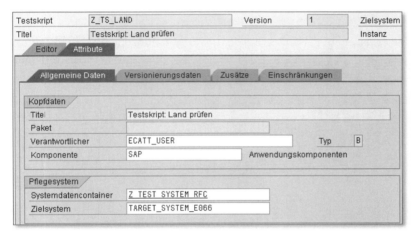

Abbildung 4.57 Attribute für Testskript mit CHETAB-Befehl

Muster CHETAB einfügen

Um den eCATT-Befehl CHETAB einzufügen, müssen Sie ein Muster einfügen.

Klicken Sie den Button MUSTER an. Sie erhalten das Auswahlfenster MUSTER EINFÜGEN. Machen Sie hier folgende Angaben:

eCATT-Befehl »CHETAB« verwenden

- Wählen Sie im Feld GRUPPE den Eintrag DATENBANK aus.
- Wählen Sie im Feld KOMMANDO den Eintrag CHETAB aus.
- Tragen Sie in das Feld TABELLE die Tabelle »T005« (Länder) ein (siehe Abbildung 4.58).

Muster CHETAB einfügen

Bestätigen Sie die Eingaben, indem Sie auf den BESTÄTIGEN-Button klicken.

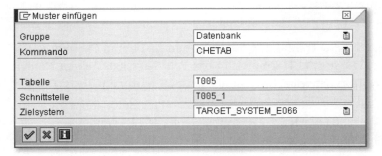

Abbildung 4.58 Muster CHETAB einfügen

Sie erhalten im Anschluss eine neue Kommandozeile im Befehl-Editor: CHETAB (T005 , T005_1). Sie sehen, dass die Kommandoschnittstelle T005_1 heißt (siehe Abbildung 4.59).

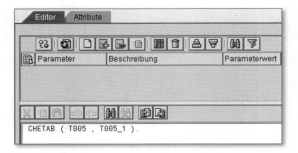

Abbildung 4.59 CHETAB-Befehl im Befehl-Editor

Kommandoschnittstelle mit CHETAB-Befehl

Um die Kommandoschnittstelle einzusehen, klicken Sie bitte den Button PARAMETER<->KOMMANDOSCHNITTSTELLE an. Sie sehen in Abbildung 4.60, dass die Kommandoschnittstelle T005_1 in der Spalte GRUPPE den Eintrag CHETAB enthält.

Doppelklick auf Kommandoschnittstelle

Um die Details der Kommandoschnittstelle ansehen zu können, führen Sie einen Doppelklick auf T005_1 aus.

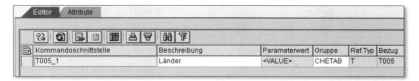

Abbildung 4.60 Kommandoschnittstelle mit Gruppe »CHETAB«

Sie erhalten den Struktur-Editor (siehe Abbildung 4.61). Sie sehen nun, dass alle Spalten der Tabelle T005 als Parameter aufgelistet wurden. Die Zeile MANDT wurde mit dem eCATT-Parameter &CLIENT gefüllt. Die eCATT-Variable &CLIENT versorgt das Testskript immer mit dem aktuellen Mandanten. Alle anderen Spalten der Tabelle T005 wurden noch nicht versorgt. Sie könnten an dieser Stelle jeder Spalte einen Wert mitgeben, um beim Abspielen zu prüfen, ob es eine Tabellenzeile gibt, die den Selektionsbedingungen entspricht.

[+] Beim Erstellen einer Kommandoschnittstelle mit CHETAB wird immer nur die angegebene Tabelle verwendet. Nachdem die Kommandoschnittstelle erzeugt wurde, finden Sie alle Spalten der angegebenen Tabelle in dieser Kommandoschnittstelle.

Abbildung 4.61 Struktur-Editor der Kommandoschnittstelle

Importparameter anlegen und einfügen

Um einen Importparameter zu erstellen, müssen Sie von der Ansicht der Kommandoschnittstelle in die Ansicht der Parameter wechseln. Fügen Sie einen neuen Importparameter P_I_LAND1 hinzu. Dieser soll die zweite Spalte der Tabelle T005, also die Spalte LAND1, prüfen. Als Wert geben Sie dem Importparameter bitte DE für Deutschland mit (siehe Abbildung 4.62).

Importparameter anlegen

Abbildung 4.62 Importparameter für CHETAB-Prüfung

Damit Sie mit dem `CHETAB`-Kommando eine Spalte in der Tabelle T005 prüfen können, müssen Sie der Kommandoschnittstelle T005_1 einen Importparameter hinzufügen.

Kommandoschnittstelle parametrisiert

Fügen Sie Ihren Importparameter `P_I_LAND1` in der Kommandoschnittstelle in der Parameterzeile `LAND1` ein (siehe Abbildung 4.63).

Sie sehen, dass das gelbe Dreieck vor dem Parameter `LAND1` in der Kommandoschnittstelle durch ein blaues Dreieck ersetzt wurde. Sie haben den Parameter parametrisiert.

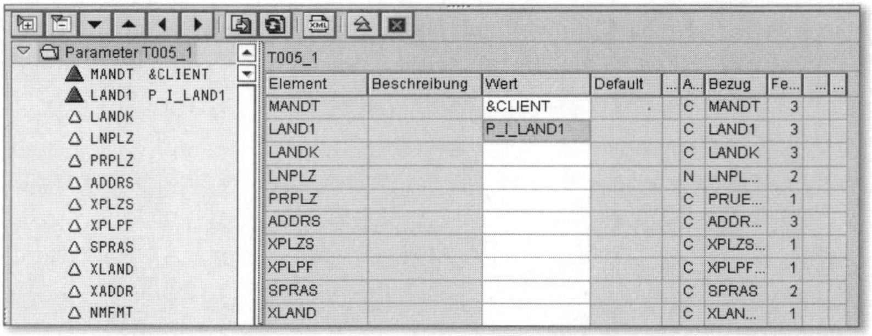

Abbildung 4.63 Importparameter einfügen

Testskript testen

Nun sollten Sie das Testskript abspielen und das Testprotokoll prüfen. Sie sehen in Abbildung 4.64, dass der Importparameter `P_I_LAND1` den Wert DE besitzt.

Prüfung mit »CHETAB« erfolgreich

An der Stelle, an der bisher der Befehl `TCD` stand, sehen Sie nun den eCATT-Befehl `CHETAB`. Das Icon vor dem `CHETAB`-Befehl ist grün, was Ihnen zeigt, dass in der Tabelle T005 ein Datensatz gefunden wurde, der als Schlüssel in der Spalte `LAND1` den Wert DE besitzt.

Fehlerhafter Parameterwert

Ändern Sie den Parameterwert für den Parameter `P_I_LAND1`, und tragen Sie einen Wert ein, der definitiv kein Länderschlüssel ist. In Abbildung 4.65 sehen Sie, dass der Länderschlüssel DE durch den

Wert 99 ersetzt wurde. Speichern Sie Ihre Änderung, und spielen Sie das Testskript erneut ab.

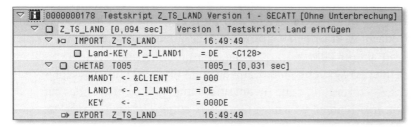

Abbildung 4.64 Testprotokoll mit korrektem Parameterwert

Abbildung 4.65 Eintragen eines falschen Parameterwertes

Nach dem Abspielen erhalten Sie ein fehlerhaftes Testprotokoll (siehe Abbildung 4.66). Das Icon vor dem CHETAB-Befehl ist rot, was Ihnen zeigt, dass in der Tabelle T005 kein Datensatz gefunden wurde, der als Schlüssel in der Spalte LAND1 den Wert 99 hat.

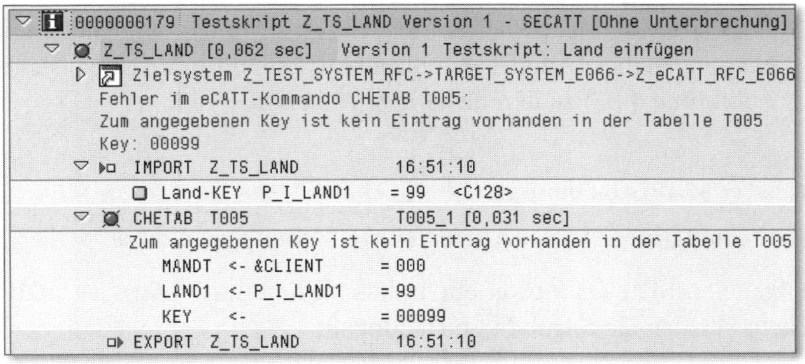

Prüfung mit »CHETAB« fehlerhaft

Abbildung 4.66 Testprotokoll mit falschem Parameterwert

Dieses kurze Beispiel sollte Ihnen die Funktionsweise des eCATT-Befehls CHETAB verdeutlichen.

4.5.3 eCATT-Befehl »SAPGUI«

In diesem Abschnitt wird Ihnen der eCATT-Befehl SAPGUI vorgestellt. Das Kommando SAPGUI gehört genau wie TCD zur IU-Ansteuerung. Sie können mit diesem Befehl also auch eine Transaktion aufzeichnen. Gedacht ist er jedoch hauptsächlich dafür, einen bestimmten Teil einer Transaktion aufzuzeichnen. Sie könnten also eine Transaktion mit dem eCATT-Befehl SAPGUI aufzeichnen und anschließend einige Teile der Aufzeichnung durch neue Aufzeichnungen ersetzen oder zur Laufzeit entscheiden, welcher mit SAPGUI aufgezeichnete Transaktionsteil abgespielt werden soll.

In diesem Abschnitt wird gezeigt, wie Sie eine komplette Transaktion mit dem eCATT-Befehl SAPGUI aufzeichnen können. Wenn Sie die Aufzeichnung wiederholen, werden Sie feststellen, dass die neu generierten Kommandoschnittstellen eine fortlaufende Nummerierung erhalten. Sie haben die Möglichkeit, die Aufzeichnung erst zu starten, wenn Sie an eine bestimmte Stelle der Transaktion gelangen.

Testskript anlegen

In diesem Abschnitt werden Sie ein Testskript anlegen, durch das Sie den Unterschied zwischen TCD und SAPGUI kennenlernen werden.

Transaktion SECATT

1. Starten Sie die Transaktion SECATT, und legen Sie ein neues Testskript mit dem Namen »Z_TS_SAPGUI« an.

Attribute eintragen

2. Tragen Sie die Eigenschaften für das Testskript ein, wie Sie es bisher getan haben. An dieser Stelle gibt es keinen Unterschied (siehe Abbildung 4.67) zu den bisherigen Abläufen.

Muster »SAPGUI« einfügen

Den Unterschied zum eCATT-Befehl TCD sehen Sie an dieser Stelle:

Fügen Sie ein neues Muster ein, indem Sie den Button MUSTER anklicken. Wählen Sie folgende Einstellungen:

Muster »SAPGUI« einfügen

- im Feld GRUPPE den Eintrag UI-ANSTEUERUNG
- im Feld KOMMANDO den Eintrag SAPGUI (Record)
- im Feld ZIELSYSTEM Ihr Zielsystem

Der Wert im Feld SCHNITTSTELLE wird automatisch generiert (siehe Abbildung 4.68).

4.5 eCATT-Befehle

Abbildung 4.67 Eigenschaften des Testskripts »SAPGUI«

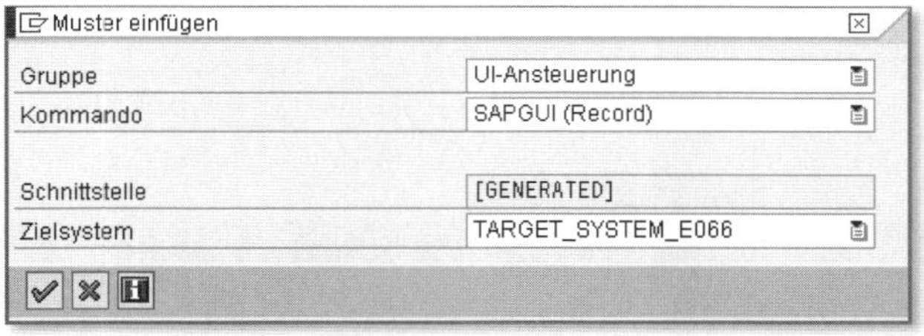

Abbildung 4.68 Muster für »SAPGUI« einfügen

Nach der Bestätigung erhalten Sie die in Abbildung 4.69 gezeigte Eingabemaske AUFZEICHNUNG SAPGUI-KOMMANDO.

Transaktion mit SAPGUI aufzeichnen

Wichtig ist, dass Sie die Transaktion, die Sie aufzeichnen wollen, in das Feld AUFZEICHNUNG STARTEN MIT TRANSAKTION: eintragen. Im Beispiel wird wieder die kundeneigene Transaktion ZT_JN_WCODES verwendet, die in Kapitel 5, »Spezialthemen der Testskript-Entwicklung«, detailliert erläutert wird.

Klicken Sie, nachdem Sie die Transaktion eingetragen haben, auf den Button AUFZEICHNUNG STARTEN (siehe Abbildung 4.69). Sie werden in diesem Beispiel die komplette Transaktion aufzeichnen.

4 | Entwicklung mit eCATT

[!] Sie können die SAPGUI-Aufzeichnung zu einem beliebigen Zeitpunkt starten. Sie brauchen die Aufzeichnung nicht starten, bevor Sie die Transaktion starten. Einen ausgewählten Teil der Transaktion können Sie aufzeichnen und die Aufzeichnung bereits vor dem Ende der Transaktion beenden. So können Sie eine Transaktion mit unterschiedlichen Abläufen erzeugen. Wichtig ist allerdings, dass Sie das Kommando SAPGUI nur im Vordergrund ausführen können. Es eignet sich deshalb nicht für eine Stammdatenmigration.

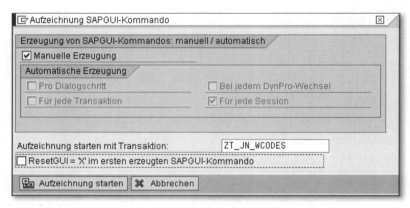

Abbildung 4.69 Aufzeichnung des SAPGUI-Kommandos

[+] **SAP GUI Scripting wird ausgeführt**

Nachdem Sie die Aufzeichnung gestartet haben, werden Sie feststellen, dass in der Informationsleiste am rechten Rand eine weiß-rote Animation gestartet wurde. Wenn Sie den Mauscursor über die Animation bewegen, erhalten Sie den Informationstext SAP-GUI-SCRIPTING: SKRIPT WIRD AUSGEFÜHRT (siehe Abbildung 4.70). Die Animation wird so lange bestehen bleiben, wie Sie die Transaktion aufzeichnen.

Abbildung 4.70 Aufzeichnung des Skripts

Das Fenster AUFZEICHNUNG SAPGUI-KOMMANDO wird mit neuem Inhalt (siehe Abbildung 4.71) neu geladen. Alle notwendigen Werte sind vorausgefüllt. Wenn Sie die Aufzeichnung fortsetzen wollen, klicken Sie bitte auf den Button JA.

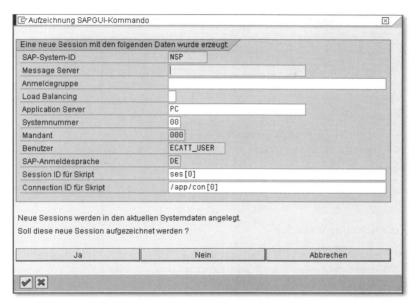

Abbildung 4.71 Bestätigung der Transaktionsaufnahme

Ihre Transaktion wird in einem neuen Modus gestartet. Wechseln Sie nun in den Modus, der Ihre ausgewählte Transaktion gestartet hat. Führen Sie die Transaktion wie gewohnt aus (siehe Abbildung 4.72).

Transaktion im neuen Modus ausführen

Abbildung 4.72 Transaktion im neuen Modus gestartet

Nach Auswahl eines Währungsintervalls erhalten Sie eine verkürzte Liste an Währungen. Abbildung 4.73 zeigt Ihnen nur einen kleinen Ausschnitt aus der ALV-Liste. Verlassen Sie die Liste über den ZURÜCK-Button, um die Transaktion zu beenden.

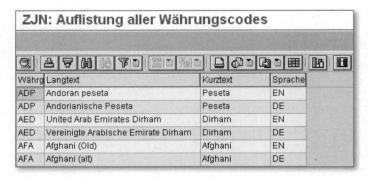

Abbildung 4.73 Ausschnitt aus ALV-Liste

Aufzeichnung beenden

Sobald Sie die Transaktion verlassen, erhalten Sie das in Abbildung 4.74 gezeigte Fenster AUFZEICHNUNG LÄUFT …… Sie haben an dieser Stelle folgende Möglichkeiten:

▶ Sie können die Aufzeichnung beenden, indem Sie auf den Button AUFZEICHNUNG BEENDEN klicken. Damit wäre Ihr Testskript mit einer neuen Kommandoschnittstelle versorgt.

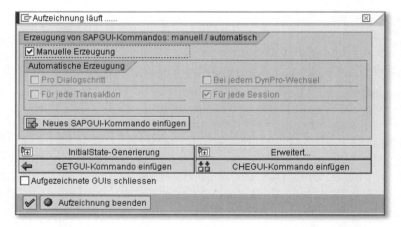

Abbildung 4.74 Weitere Kommandos einfügen oder Aufzeichnung abschließen

▶ Sie können ein neues SAPGUI-Kommando einfügen, indem Sie auf den Button NEUES SAPGUI-KOMMANDO EINFÜGEN klicken.

▶ Sie können eine Datenbank-Abfrage einfügen, die Werte in Tabellen prüft. Dies könnten Sie mit den Kommandos GETGUI oder CHEGUI durchführen.

In unserem Beispiel soll die Aufzeichnung an dieser Stelle beendet werden. Beenden Sie also die Transaktion, indem Sie auf den Button AUFZEICHNUNG BEENDEN klicken.

Aufzeichnung beenden

Kommandoschnittstelle prüfen

Nachdem Sie die Aufzeichnung beendet haben, sehen Sie in Ihrem Befehl-Editor einen neuen Kommandoeintrag: SAPGUI (SAPGUI_1 , ECATT_PC_000_D).

Der erste Wert in der Klammer zeigt Ihnen die Kommandoschnittstelle. Der zweite Wert in der Klammer stellt das Zielsystem dar (siehe Abbildung 4.75). Klicken Sie den Eintrag SAPGUI_1 mit einem Doppelklick an, um die Kommandoschnittstelle im Struktur-Editor zu öffnen.

Klicken Sie auf den Button PARAMETER<->KOMMANDOSCHNITTSTELLE. Sie sehen, dass Ihre Kommandoschnittstelle SAPGUI_1 angezeigt wird (siehe Abbildung 4.75).

Kommandoschnittstelle »SAPGUI_1«

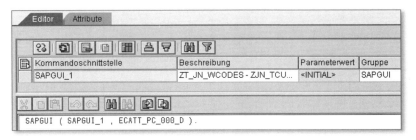

Abbildung 4.75 Kommandoschnittstelle anzeigen

Klicken Sie auf den Button PARAMETER<->KOMMANDOSCHNITTSTELLE. Sie sehen, dass Ihre Kommandoschnittstelle SAPGUI_1 anschließend in der Liste der Kommandoschnittstellen erscheint. Sie sehen den Knoten PROCESSEDSCREEN[1], in dem sich die letzten Meldungen im Knoten MESSAGE befinden (siehe Abbildung 4.76). Die aufgenommene Transaktion hat keine letzte Meldung geliefert.

Letzte Meldung »SAPGUI«

Expandieren Sie den Knoten USERCHANGEDSTATE. In ihm befinden sich die GUI-Elemente und alle Parameter, die Sie übergeben haben (siehe Abbildung 4.77).

»GuiElement« mit Parameterwert

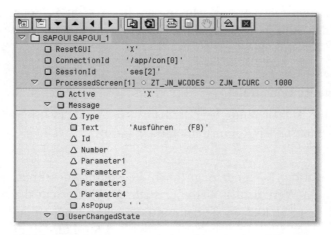

Abbildung 4.76 Kommandoschnittstelle im Struktur-Editor

Sie sehen, das Währungscode-Intervall A bis B befindet sich in GUI-ELEMENT[2] und GUIELEMENT[3]. Wollten Sie die Intervallgrenzen modifizieren, müssten Sie an diese Stellen Importparameter eintragen.

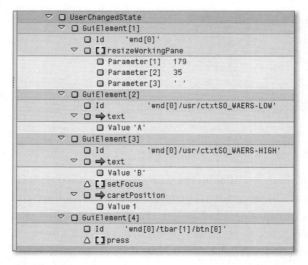

Abbildung 4.77 Expandierter Knoten »UserChangedState« mit »GuiElement«

Testskript ausführen

Nachdem Sie das Testskript gespeichert haben, können Sie es erstmals ausführen.

eCATT-Befehle | 4.5

> **Nur helles Abspielen möglich** [+]
>
> Das Abspielen eines Testskripts, das mit SAPGUI aufgezeichnet wurde, funktioniert nur im Vordergrund. Testskripts, die mit TCD aufgezeichnet wurden, können im Vorder- und im Hintergrund abgespielt werden.

Starten Sie das Testskript. Sie erhalten die Startoptionen für Ihr Testskript. In Abbildung 4.78 sehen Sie, dass alle Felder für die Feldgruppe SAPGUI bereits vorausgefüllt sind. Sie können alle Einstellungen so belassen.

Startoptionen festlegen

Der Haken, der bei ECATT GUI MINIMIEREN steht, bewirkt, dass der Modus minimiert wird, indem die Meldungen während der Abspielzeit erscheinen. Der Modus wird also in die Statuszeile Ihres PCs minimiert.

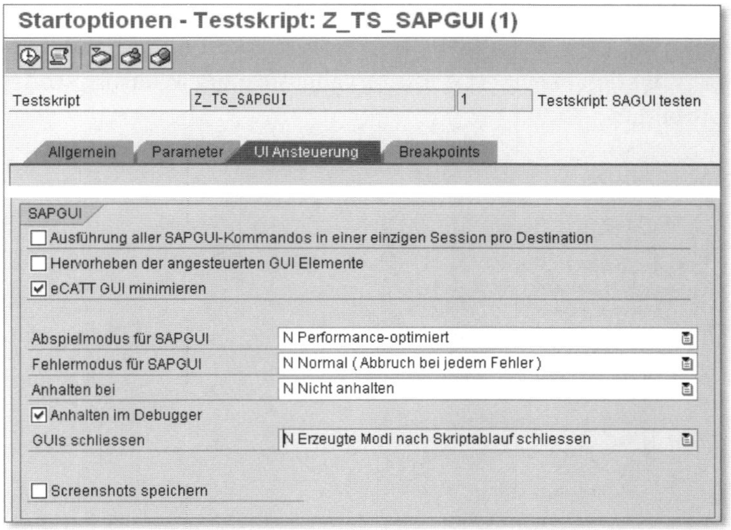

Abbildung 4.78 Startoptionen: Testskript mit SAPGUI

Testprotokoll für SAPGUI-Testskript

Nachdem Sie das Testskript abgespielt haben, erhalten Sie ein Testprotokoll. Der Protokollkopf unterscheidet sich nicht von einem Testprotokoll, das durch das Abspielen eines TCD-Testskripts generiert wurde.

Testprotokoll »SAPGUI«

Sie sehen, dass der Knoten SAPGUI bisher TCD lautete (siehe Abbildung 4.79). Der Knoten IMPORT hat noch keine Elemente.

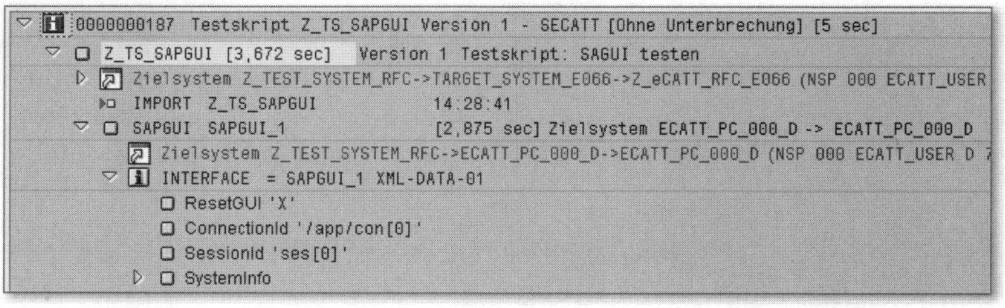

4 | Entwicklung mit eCATT

Abbildung 4.79 Testprotokoll mit SAPGUI

Expandieren Sie den Knoten PROCESSEDSCREEN[1]. Sie erhalten beispielsweise Informationen über:

- Transaktion 'ZT_JN_WCODES'
- Program 'ZJN_TCURC'

Testprotokoll SAPGUI-Testskript

Sie sehen außerdem, dass unter dem Pfad USERCHANGEDSTATE • GUI-ELEMENT[2] • STATE • TEXT • VALUE Ihr Parameterwert A erscheint. Dieser Wert setzt den Startwert der Intervallgrenze der Währungscodes (siehe Abbildung 4.80).

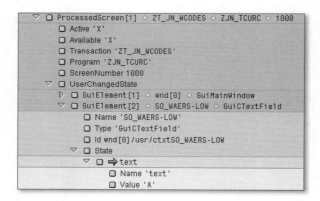

Abbildung 4.80 GUI-Elemente der SAPGUI-Kommandoschnittstelle

Importparameter erstellen

Um Ihr Testskript mit unterschiedlichen Startwerten zu versorgen, müssen Sie Importparameter anlegen.

Importparameter anlegen

1. Fügen Sie zwei Importparameter in das Testskript ein. Die Importparameter sollen die Intervallgrenzen für die Währungscodes bestimmen (siehe Abbildung 4.81). Geben Sie den Importpara-

metern andere Parameterwerte mit, zum Beispiel »K« und »N«, als Sie es zur Aufnahmezeit getan haben.

Abbildung 4.81 Importparameter für Intervallgrenze einfügen

2. Übergeben Sie die zwei neuen Importparameter in der Kommandoschnittstelle:

   ▶ Den Parameter P_I_SO_WAERS_LOW, der für den Start des Intervalls steht, fügen Sie bitte in folgenden Pfad ein:
   USERCHANGEDSTATE • GUIELEMENT[2] • STATE • VALUE

   ▶ Den Parameter P_I_SO_WAERS_HIGH, der für das Ende des Intervalls steht, fügen Sie bitte in folgenden Pfad ein:
   USERCHANGEDSTATE • GUIELEMENT[3] • TEXT • VALUE

3. Speichern Sie Ihre Eingaben. Sie sehen, dass einige Knoten der Kommandoschnittstelle (siehe Abbildung 4.82) mit einem blauen Dreieck versorgt werden. Das zeigt Ihnen, dass diese Knoten parametrisiert wurden.

Kommandoschnittstelle parametrisiert

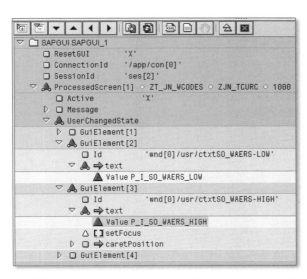

Abbildung 4.82 Importparameter an Kommandoschnittstelle übergeben

4 | Entwicklung mit eCATT

Testprotokoll mit Importparametern

Nachdem Sie zwei Importparameter an die Kommandoschnittstelle übergeben haben, können Sie das Testskript ausführen.

Testprotokoll mit Importparametern

1. Sehen Sie sich das neu generierte Testprotokoll an.

   ▸ Der Knoten IMPORT besitzt zwei Importparameter, die die Werte K und N haben.

   ▸ Im Knoten SAPGUI werden die Importparameter an die Kommandoschnittstelle übergeben (siehe Abbildung 4.83).

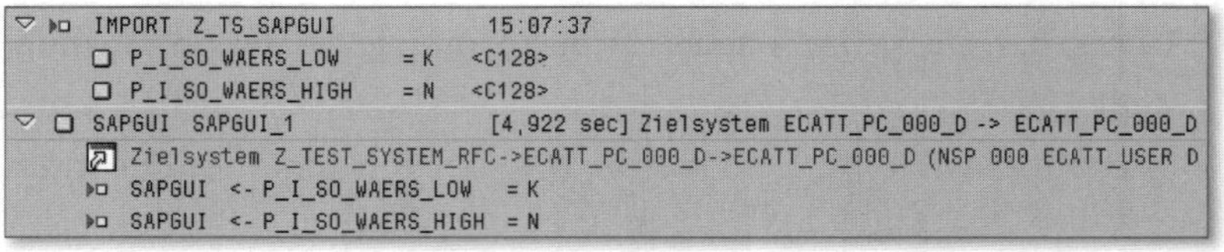

Abbildung 4.83 Importparameter im Testskript

2. Sie sehen, dass der Importparameter P_I_SO_WAERS_LOW übergeben wurde. Wenn Sie das Testskript abspielen, werden Sie erkennen können, dass Ihre neu gesetzte Intervallgrenze tatsächlich auch gezogen wurde.

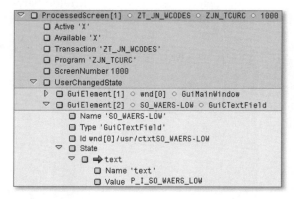

Abbildung 4.84 Mit einem Importparameter versorgtes »GuiElement[2]« im Testprotokoll

4.5.4 eCATT-Befehl »MESSAGE«

In diesem Abschnitt lernen Sie den eCATT-Befehl MESSAGE kennen. Er dient dazu, die Meldungen zu sammeln, die während der Testskript-Ausführung aufgetreten sind. Sie haben mit diesem Befehl die

Möglichkeit herauszufinden, ob es sich bei den Meldungen um Fehlermeldungen oder nur um Warnungen handelt.

Nachrichten können beispielsweise in den Blöcken TCD, SAPGUI, FUN und LOGMSG auftreten, aber auch durch Inline-ABAP, CALLSTATIC und CALLMETHOD. Alle aufgetretenen Nachrichten werden in der Kommandoschnittstelle des ENDMESSAGE-Blocks gespeichert.

Nachrichten in Testskripts

[+] Sie haben die Möglichkeit, erwartete Fehlernachrichten durch Nachrichtenregeln zu erlauben. Dadurch umgehen Sie den Abbruch der Testskript-Ausführung.

Testskript für MESSAGE-Befehl anlegen

Um den eCATT-Befehl MESSAGE zu testen, legen Sie ein neues Testskript an. Sie benötigen eine Transaktion, die eine letzte Meldung liefert oder Fehlermeldungen liefern kann.

Starten Sie die Transaktion SECATT, und legen Sie ein neues Testskript mit dem Namen »Z_TS_SU01_MESSAGE« an. Als Beispieltransaktion wird die Transaktion SU01 (Benutzerdatenpflege) verwendet. Wenn dieser Transaktion ein unbekannter Benutzername übergeben wird, kommt es zur Fehlermeldung.

Testskript mit SAPGUI aufnehmen

Nachdem Sie das Testskript angelegt haben, fügen Sie bitte ein neues Muster mit SAPGUI ein.

1. Fügen Sie ein neues Muster ein, und wählen Sie das Kommando SAPGUI (siehe Abbildung 4.85).

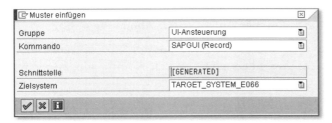

Abbildung 4.85 Muster mit SAPGUI einfügen

4 | Entwicklung mit eCATT

Aufzeichnen der Transaktion SU01

2. Sie erhalten die Eingabemaske AUFZEICHNUNG SAPGUI-KOMMANDO. Wählen Sie die Transaktion SU01 (Benutzerdatenpflege) – siehe Abbildung 4.86 –, und starten Sie die Aufzeichnung der Transaktion SU01.

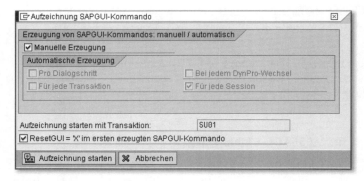

Abbildung 4.86 Aufzeichnung starten

Transaktion SU01, »Benutzerdatenpflege«

3. Führen Sie die Transaktion SU01 so aus, wie Sie sie sonst auch ausführen. Tragen Sie dazu einen oder Ihren SAP-Usernamen ein. Klicken Sie danach den Button ÄNDERN an (siehe Abbildung 4.87).

Abbildung 4.87 Transaktion während der Aufzeichnung ausführen

Benutzerdaten ändern

4. Ändern Sie einen Wert in der Benutzerpflege. Sie könnten zum Beispiel die Raumnummer ändern (siehe Abbildung 4.88).

5. Speichern Sie die Änderung, und beenden Sie die Aufzeichnung. Sie erhalten im Anschluss einen neuen Kommandoeintrag im Befehl-Editor (siehe Abbildung 4.89).

Letzte Meldung auslesen

Nachdem Sie Ihr Testskript abgespielt haben, erhalten Sie das Testprotokoll.

eCATT-Befehle | **4.5**

Abbildung 4.88 Änderung der Raumnummer

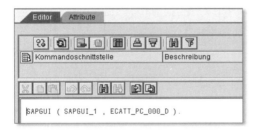

Abbildung 4.89 Kommandoschnittstelle im Befehl-Editor

Expandieren Sie Ihr Testskript, und suchen Sie den Knoten MESSAGE. In diesem Knoten befindet sich die letzte Meldung. Es können sich auch mehrere Meldungen in diesem Knoten befinden. Sehen Sie sich die letzte Meldung in Abbildung 4.90 an:

Letzte Meldung im Testprotokoll

- TYPE: 'S' steht für Erfolg.
- TEXT: zeigt Ihnen die letzte Meldung.
- ID: 01 steht für die ID der Meldung.
- NUMBER: 226 zeigt Ihnen die Ereignisnummer.
- PARAMETER1: zeigt Ihnen den übergebenen Importparameter.

Abbildung 4.90 Letzte Meldung in fehlerfreiem Testprotokoll

In Tabelle 4.12 sehen Sie den möglichen Typ, den eine letzte Meldung annehmen kann:

Typ-ID	Beschreibung
S	Erfolg
E	Fehler
W	Warnung
I	Informationsnachricht
A	Abbruch
X	Kurzdump

Tabelle 4.12 Typen einer letzten Meldung

[+] Wenn die letzte Meldung vom Typ S ist, wurde die Transaktion erfolgreich abgespielt. Häufig tritt der Typ E, also der Fehlerfall, auf, wenn Sie fehlerhafte Importparameterwerte übergeben haben.

Importparameter einfügen

Sie haben die Transaktion fehlerfrei aufgezeichnet. Um jetzt während des Abspielens einen Fehler zu erzeugen, müssen Sie den richtigen Parameterwert durch einen fehlerhaften Parameterwert ersetzen. Am schnellsten funktioniert das, wenn Sie einen neuen Importparameter für den SAP-Usernamen anlegen und diesem Importparameter einen geänderten Parameterwert übergeben.

Importparameter anlegen
Fügen Sie einen neuen Importparameter P_I_UNAME in das Testskript ein. Tragen Sie als Parameterwert einen falschen Wert, beispielsweise »ECATT_XYZ«, ein (siehe Abbildung 4.91).

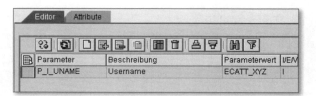

Abbildung 4.91 Importparameter einfügen

Importparameter an Kommandoschnittstelle übergeben

Nachdem Sie einen neuen Importparameter erstellt haben, müssen Sie ihn noch an die Kommandoschnittstelle übergeben.

Suchen Sie den Eingabewert, den Sie zur Aufnahmezeit an die Transaktion übergeben haben, in der Kommandoschnittstelle. In diesem Beispiel wurde als SAP-Username der Wert ECATT_USER übergeben (siehe Abbildung 4.92).

Kommandoschnittstelle parametrisieren

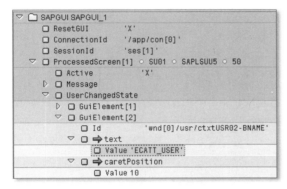

Abbildung 4.92 Zu parametrisierendes GUI-Element auffinden

Fügen Sie an dieser Stelle Ihren Importparameter ein. Sie sehen in Abbildung 4.93, dass die Knoten parametrisiert wurden.

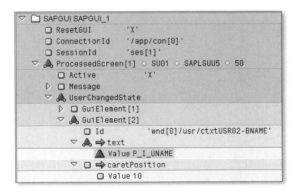

Abbildung 4.93 Importparameter einfügen

Testprotokoll mit fehlerhaftem Importparameter

Sie erhalten ein fehlerhaftes Testprotokoll, wenn Sie falsche Importparameter übergeben.

Führen Sie das Testskript mit einem falschen Importparameter aus. Sie erhalten ein fehlerhaftes Testprotokoll. Expandieren Sie den Knoten MESSAGE.

Letzte Meldung zeigt Fehlermeldung

Sie sehen in Abbildung 4.94, dass die letzte Meldung durch den fehlerhaften Importparameter geändert wurde.

- TYPE: 'E' steht für Fehler.
- TEXT: zeigt Ihnen die letzte Meldung.
- ID: 01 steht für die ID der Meldung.
- NUMBER: 124 zeigt Ihnen die Ereignisnummer, die Sie im Fehlerfall erhalten.
- PARAMETER1: zeigt Ihnen den übergebenen Importparameter.

Um Meldungen aufzufangen und auszuwerten, können Sie den eCATT-Befehl MESSAGE verwenden.

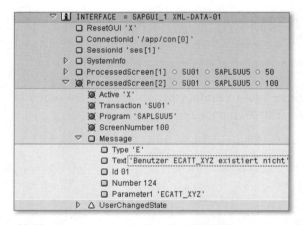

Abbildung 4.94 Letzte Meldung bei fehlerhaftem Importparameter

Muster »MESSAGE« einfügen

Sie können den Aufruf Ihrer Transaktion in den MESSAGE...ENDMESSAGE-Block kapseln, um auftretende Meldungen für spätere Auswertungen parat zu haben.

Muster »Message« einfügen

1. Fügen Sie ein neues Muster ein (siehe Abbildung 4.95).
2. Wählen Sie im Feld GRUPPE SKRIPTSTEUERUNG aus.
3. Im Feld KOMMANDO wählen Sie den eCATT-Befehl MESSAGE aus. Sie sehen, dass das Feld SCHNITTSTELLE automatisch gefüllt wird.

Abbildung 4.95 Muster »MESSAGE« einfügen

4. Bestätigen Sie Ihre Eingaben, indem Sie den BESTÄTIGEN-Button anklicken. Sie erhalten in Ihrem Befehl-Editor folgende Kommandozeilen (siehe Listing 4.2):

SAPGUI-Kommando in »MESSAGE«-Block kapseln

```
MESSAGE ( MSG_1 ).
ENDMESSAGE ( E_MSG_1 ).
```

Listing 4.2 Umschließenden »MESSAGE«-Block anlegen

5. Fügen Sie das SAPGUI-Kommando direkt zwischen den MESSAGE... ENDMESSAGE-Block (siehe Abbildung 4.96). Alle Meldungen, die zur Laufzeit generiert werden, können Sie durch diese Änderung auslesen.

Abbildung 4.96 »MESSAGE...ENDMESSAGE«-Block

»MESSAGE...ENDMESSAGE« schachteln

Sie können MESSAGE-Blöcke auch verschachteln. Nachrichten, die im inneren MESSAGE-Block auftreten, werden nur in der Kommandoschnittstelle des inneren ENDMESSAGE-Blocks gespeichert. Um Meldungen auslesen zu können, können Sie den eCATT-Befehl LOGMSG verwenden.

Im nachfolgend gezeigten Beispiel sehen Sie, wie eine Schachtelung aussehen könnte. Die Kommandoschnittstelle LOGMSG_1 befindet sich im inneren MESSAGE-Block und enthält die Nachrichten, die in diesem Block aufgetreten sind. Die Kommandoschnittstelle LOGMSG_2 befindet sich im äußeren MESSAGE-Block und speichert nur die Nachrichten, die im äußeren MESSAGE-Block aufgetreten sind. Sie haben nun die Möglichkeit, in beiden MESSAGE-Blöcken unterschiedliche Transaktionen abzuspielen und deren Fehlermeldungen separat auszuwerten. Eine mögliche Schachtelung von MESSAGE...ENDMESSAGE zeigt Listing 4.3:

Geschachtelte »MESSAGE«-Blöcke

```
MESSAGE (MSG_1 ).
MESSAGE (MSG_2 ).
LOGMSG ( LOGMSG_1 ).
ENDMESSAGE (E_MSG_2 ).
LOGMSG ( LOGMSG_2 ).
ENDMESSAGE (E_MSG_1 ).
```

Listing 4.3 »MESSAGE«-Blöcke umschließen eCATT-Befehle.

Message-Regel anlegen

Um bestimmte Message-Typen abzufangen, müssen Sie eventuelle Fehlermeldungen bereits kennen. In dem aktuellen Beispiel-Testskript haben Sie bereits gesehen, wie Sie eine Erfolgsmeldung oder eine Fehlermeldung erzeugen. Diese beiden Meldungen könnten Sie als Message-Regeln aufnehmen, um bestimmte Aktivitäten auszuführen, wenn eine der beiden Meldungen auftritt. Beispielsweise könnten Sie im Erfolgsfall eine weitere Transaktion ausführen.

Message-Regeln anlegen

1. Um eine neue Message-Regel anzulegen, öffnen Sie den Struktur-Editor, indem Sie auf der Kommandoschnittstelle MSG_1 doppelklicken (siehe Abbildung 4.97).

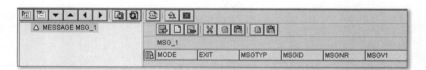

Abbildung 4.97 Message im Struktur-Editor

2. In Abbildung 4.98 sehen Sie den Button MESSAGE-REGEL ANLEGEN. Bitte klicken Sie diesen Button an, um eine neue Regel einzufügen. Sie erhalten daraufhin eine neue Tabellenzeile.

Abbildung 4.98 Button »Message-Regel anlegen«

3. Füllen Sie die Eigenschaften der ersten Regel aus (siehe Abbildung 4.99):

MODE-ID einer letzten Meldung

▶ Die Spalte MODE gibt an, ob der Eintritt einer bestimmten Meldung beispielsweise erlaubt, erwartet oder obligatorisch ist. Prüfen Sie in Tabelle 4.13, welche MODE-ID zu Ihrer letzten Meldung passt.

MODE-ID	Beschreibung
A	erlaubt
E	erwartet
F	Fehler
R	obligat

Tabelle 4.13 Möglicher Eintritt der letzten Meldung durch Mode-ID gekennzeichnet

▶ Das Feld MSGTYP füllen Sie mit dem Message-Typ Ihrer letzten Meldung aus.

Message-Regeln pflegen

▶ In das Feld MSGID tragen Sie die ID der Meldung ein.

▶ In das Feld MSGNR tragen Sie die Meldungsnummer ein.

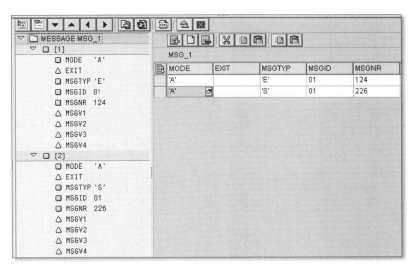

Abbildung 4.99 Message-Regeln

Testprotokoll auswerten

Message-Regeln (RULES) im Testprotokoll

Nachdem Sie das Testskript mit den neuen Message-Regeln gespeichert haben, können Sie es ausführen. Expandieren Sie das Testprotokoll. Sie sehen, dass sich unter dem Knoten MESSAGE ein Knoten RULES (Regeln) befindet. In diesem RULES-Knoten sind nun Ihre angelegten Regeln (siehe Abbildung 4.100).

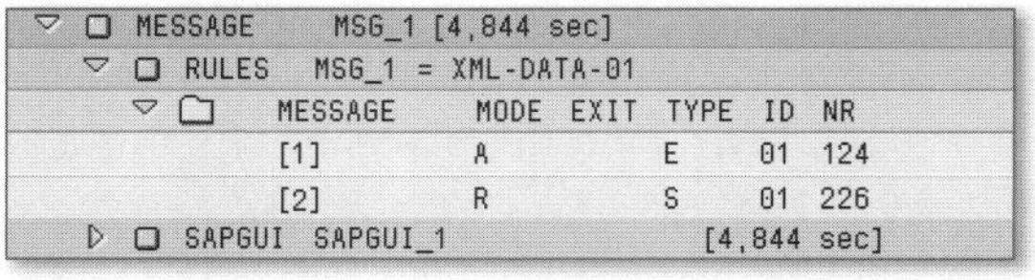

```
▽ ▢ MESSAGE      MSG_1 [4,844 sec]
  ▽ ▢ RULES      MSG_1 = XML-DATA-01
    ▽ ▢     MESSAGE       MODE EXIT TYPE ID  NR
               [1]          A         E    01  124
               [2]          R         S    01  226
  ▷ ▢ SAPGUI  SAPGUI_1                 [4,844 sec]
```

Abbildung 4.100 Regeln im Testprotokoll

Führen Sie das Testskript mit einem korrekten Importparameter aus, und sehen Sie sich im Testprotokoll den ENDMESSAGE-Block an (siehe Abbildung 4.101).

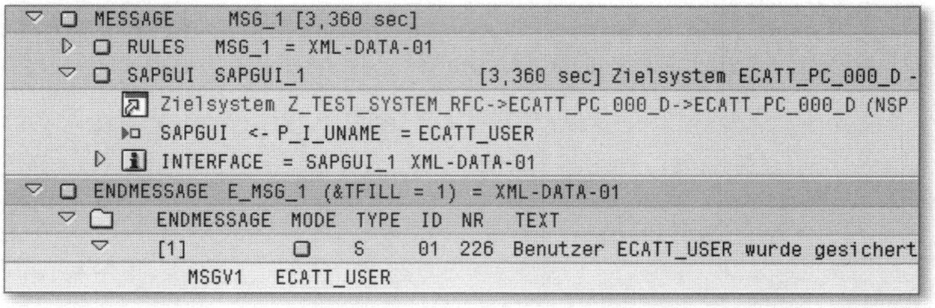

```
▽ ▢ MESSAGE      MSG_1 [3,360 sec]
  ▷ ▢ RULES      MSG_1 = XML-DATA-01
  ▽ ▢ SAPGUI  SAPGUI_1              [3,360 sec] Zielsystem ECATT_PC_000_D -
         ▣ Zielsystem Z_TEST_SYSTEM_RFC->ECATT_PC_000_D->ECATT_PC_000_D (NSP
         ▶ SAPGUI <- P_I_UNAME = ECATT_USER
      ▷ ▣ INTERFACE = SAPGUI_1 XML-DATA-01
▽ ▢ ENDMESSAGE  E_MSG_1 (&TFILL = 1) = XML-DATA-01
  ▽ ▢     ENDMESSAGE MODE TYPE ID  NR  TEXT
      ▽     [1]         ▢     S    01  226 Benutzer ECATT_USER wurde gesichert
              MSGV1     ECATT_USER
```

Abbildung 4.101 Message-Block im Testprotokoll mit Erfolgsmeldung

Führen Sie das Testskript danach mit einem fehlerhaften Importparameter aus. Vergleichen Sie den ENDMESSAGE-Block (siehe Abbildung 4.102) mit dem vorangegangenen Testprotokoll.

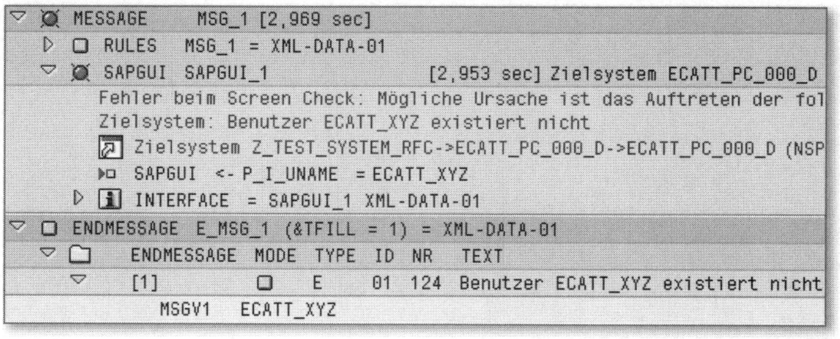

```
▽ ▣ MESSAGE      MSG_1 [2,969 sec]
  ▷ ▢ RULES      MSG_1 = XML-DATA-01
  ▽ ▣ SAPGUI  SAPGUI_1              [2,953 sec] Zielsystem ECATT_PC_000_D
         Fehler beim Screen Check: Mögliche Ursache ist das Auftreten der fol
         Zielsystem: Benutzer ECATT_XYZ existiert nicht
         ▣ Zielsystem Z_TEST_SYSTEM_RFC->ECATT_PC_000_D->ECATT_PC_000_D (NSP
         ▶ SAPGUI <- P_I_UNAME = ECATT_XYZ
      ▷ ▣ INTERFACE = SAPGUI_1 XML-DATA-01
▽ ▢ ENDMESSAGE  E_MSG_1 (&TFILL = 1) = XML-DATA-01
  ▽ ▢     ENDMESSAGE MODE TYPE ID  NR  TEXT
      ▽     [1]         ▢     E    01  124 Benutzer ECATT_XYZ existiert nicht
              MSGV1     ECATT_XYZ
```

Abbildung 4.102 Message-Block im Testprotokoll mit Fehlermeldung

4.5.5 eCATT-Befehl »IF...ELSE...ENDIF«

Sie haben im Befehl-Editor des Testskripts die Möglichkeit, bedingte Abfragen zu verwenden. Mögliche Abfragen wären zum Beispiel:

Bedingte Abfragen

- DO...ENDDO
- IF...ELSE...ENDIF

Variablen anlegen

Um eine IF...ENDIF-Schleife im Testskript zu verwenden, benötigen Sie lokale Testskript-Variablen.

Fügen Sie für die Demonstration in diesem Abschnitt drei lokale Variablen in das Testskript ein (siehe Abbildung 4.103):

- Die Variable V_ALL_MESSAGE soll die Anzahl aller generierten Meldungen aufnehmen.
- Die Variable V_ERROR_MESSAGE erhält eine vordefinierte Fehlermeldung als Parameterwert.
- Die Variable V_GET_MESSAGE soll den Meldungstext aufnehmen, der zur Abspielzeit generiert wurde.

Abbildung 4.103 Lokale Testskript-Variablen

»IF...ENDIF«-Schleife ausprogrammieren

In diesem Unterabschnitt wird die IF...ENDIF-Schleife ausprogrammiert. In Abbildung 4.104 sehen Sie, wie die Testskript-Variablen mit Werten versorgt werden:

1. Die Variable V_ALL_MESSAGE bekommt den Wert aus &TFILL. &TFILL ist eine eCATT-Variable, die die Anzahl der generierten Meldungen enthält.

Testskript-Variablen mit Werten versorgen

[+] Die Variable `&TFILL` ist bei der `TCD`-Aufzeichnung im Basis-Release 6.20 oft nicht gefüllt. Wenn Sie die Variable `&TFILL` im Basis-Release 6.20 nutzen möchten, müssen Sie die Beispieltransaktion mit `SAPGUI` aufzeichnen.

2. Auf die Variable `V_GET_MESSAGE` wird der variable Wert der letzten Meldung geschrieben. `E_MSG_1` ist eine Feldliste (Array), gefüllt mit allen generierten Meldungen. Wenn Sie eine Feldliste auslesen wollen, müssen Sie über den Index dieser Feldliste gehen.

3. `Meldungen[1]-MSGV1` würde zum Beispiel bedeuten: Das Array heißt Meldungen. Gesucht wird die Meldung Nummer 1, und von der Meldung 1 wird der erste variable Teil der letzten Meldung gesucht.

»IF...ENDIF«-Schleife im Befehl-Editor

4. Der nächste Schritt in Abbildung 4.104 zeigt Ihnen die `IF...ENDIF`-Schleife. Sie hat die Bedingung, dass sie nur durchlaufen werden soll, wenn der Meldungstyp E ist. E entspricht Error, also Fehler. `LOG` schreibt einen Eintrag in das Testprotokoll.

```
MESSAGE ( MSG_1 ).
SAPGUI ( SAPGUI_1 , ECATT_PC_000_D ).
ENDMESSAGE ( E_MSG_1 ).

V_ALL_MESSAGE = &TFILL.
V_GET_MESSAGE = E_MSG_1[V_ALL_MESSAGE]-MSGV1.

IF E_MSG_1[V_ALL_MESSAGE]-MSGTYP = 'E'.
   LOG ( V_ERROR_MESSAGE ).
   LOG ( V_GET_MESSAGE ) .
ENDIF.
```

Abbildung 4.104 »IF...ENDIF«-Schleife im Befehl-Editor

Testprotokoll mit »IF...ENDIF«-Schleife

Nachdem Sie im Befehl-Editor eine `IF...ENDIF`-Schleife ausprogrammiert haben, können Sie das Testskript abspielen.

Testprotokoll prüfen

1. Prüfen Sie das Testprotokoll, nachdem Sie einen korrekten Importparameterwert übergeben haben. Sie sehen, dass der `IF`-Knoten durch ein gelbes Dreieck gekennzeichnet wird (siehe Abbildung 4.105). Und Sie sehen, dass die `LOG`-Kommandos gar nicht ausgeführt wurden.

eCATT-Befehle | 4.5

»IF«-Bedingung [+]

Ein gelbes Dreieck bei einem IF-Knoten zeigt Ihnen, dass die IF-Bedingung nicht ausgeführt wurde. Ein grünes Icon zeigt Ihnen, dass die IF-Bedingung zutraf und der IF-ZWEIG durchlaufen wurde.

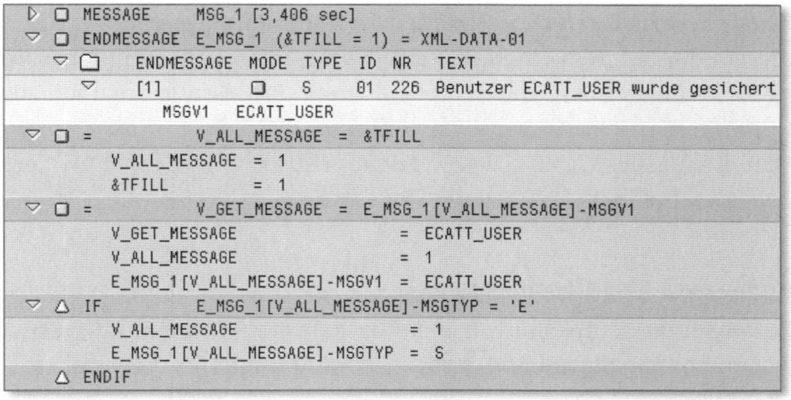

```
▷ ☐ MESSAGE     MSG_1 [3,406 sec]
▽ ☐ ENDMESSAGE E_MSG_1 (&TFILL = 1) = XML-DATA-01
    ▽ ☐    ENDMESSAGE MODE TYPE ID NR  TEXT
        ▽      [1]         ☐  S   01 226 Benutzer ECATT_USER wurde gesichert
                  MSGV1  ECATT_USER
▽ ☐ =           V_ALL_MESSAGE   = &TFILL
        V_ALL_MESSAGE  = 1
        &TFILL         = 1
▽ ☐ =           V_GET_MESSAGE   = E_MSG_1[V_ALL_MESSAGE]-MSGV1
        V_GET_MESSAGE                  = ECATT_USER
        V_ALL_MESSAGE                  = 1
        E_MSG_1[V_ALL_MESSAGE]-MSGV1  = ECATT_USER
▽ △ IF          E_MSG_1[V_ALL_MESSAGE]-MSGTYP = 'E'
        V_ALL_MESSAGE                  = 1
        E_MSG_1[V_ALL_MESSAGE]-MSGTYP  = S
  △ ENDIF
```

Abbildung 4.105 Nicht durchlaufener »IF«-Zweig im Testprotokoll

2. Wiederholen Sie das Abspielen des Testskripts. Verwenden Sie jedoch dieses Mal einen Importparameterwert, der falsch ist. Sie sehen in Abbildung 4.106 an dem grünen Icon, dass die IF-Bedingung zutraf. Sie sehen auch, dass dieses Mal die beiden Befehlszeilen mit LOG ausgeführt wurden.

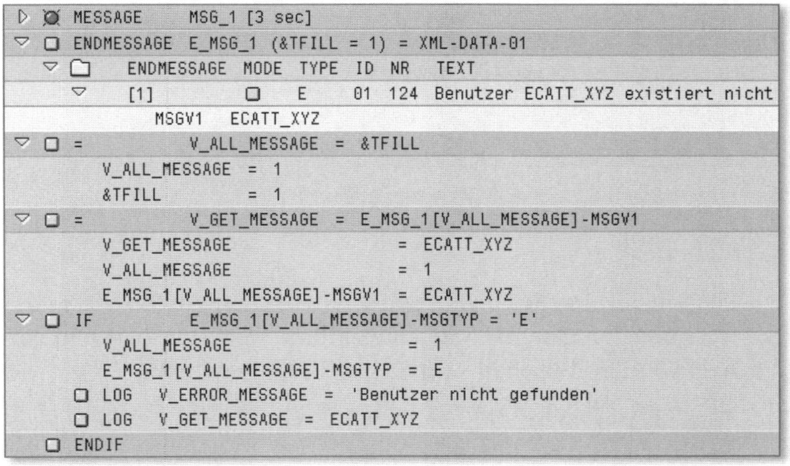

```
▷ ☼ MESSAGE     MSG_1 [3 sec]
▽ ☐ ENDMESSAGE E_MSG_1 (&TFILL = 1) = XML-DATA-01
    ▽ ☐    ENDMESSAGE MODE TYPE ID NR  TEXT
        ▽      [1]         ☐  E   01 124 Benutzer ECATT_XYZ existiert nicht
                  MSGV1  ECATT_XYZ
▽ ☐ =           V_ALL_MESSAGE   = &TFILL
        V_ALL_MESSAGE  = 1
        &TFILL         = 1
▽ ☐ =           V_GET_MESSAGE   = E_MSG_1[V_ALL_MESSAGE]-MSGV1
        V_GET_MESSAGE                  = ECATT_XYZ
        V_ALL_MESSAGE                  = 1
        E_MSG_1[V_ALL_MESSAGE]-MSGV1  = ECATT_XYZ
▽ ☐ IF          E_MSG_1[V_ALL_MESSAGE]-MSGTYP = 'E'
        V_ALL_MESSAGE                  = 1
        E_MSG_1[V_ALL_MESSAGE]-MSGTYP  = E
        ☐ LOG  V_ERROR_MESSAGE = 'Benutzer nicht gefunden'
        ☐ LOG  V_GET_MESSAGE   = ECATT_XYZ
  ☐ ENDIF
```

Abbildung 4.106 Durchlaufener »IF«-Zweig im Testprotokoll

4 | Entwicklung mit eCATT

Das gezeigte Beispiel einer IF...ENDIF-Schleife soll Ihnen als Muster für Ihre eigenen Testskripts dienen. Bitte variieren Sie die IF-Bedingungen für Ihre Zwecke.

4.5.6 eCATT-Befehl »FUN«

Mit dem eCATT-Befehl FUN können Sie Funktionsbausteine testen. In diesem Abschnitt werden Sie einen sehr einfachen Funktionsbaustein kennenlernen, der lediglich einen SAP-Benutzernamen als Importparameter erhält und das Erstellungs- sowie das letzte Login-Datum anzeigen soll. Dieser Funktionsbaustein dient nur dem Zweck, Ihnen den eCATT-Befehl FUN zu demonstrieren.

Aufbau des Funktionsbausteins

Den Funktionsbaustein, mit dem Sie den eCATT-Befehl FUN testen sollen, können Sie anhand der gezeigten Abbildungen nachstellen.

Transaktion SE80, »Funktionsbaustein pflegen«

1. Starten Sie die Transaktion SE80, um einen Funktionsbaustein anzulegen. Abbildung 4.107 zeigt die Registerkarte IMPORT. Sie sehen:
   ▸ Der Name des Funktionsbausteins lautet Z_JN_FTEST_FUBA.
   ▸ Es existiert nur ein Importparameter I_UNAME.
   Speichern Sie den Funktionsbaustein.

Abbildung 4.107 Importparameter im Funktionsbaustein

2. Wechseln Sie in die Registerkarte QUELLTEXT. Abbildung 4.108 zeigt Ihnen den Quelltext, den Sie in Ihren Funktionsbaustein eintragen können. Welchen Aufbau hat dieser Quelltext?

Aufbau des Funktionsbausteins

   ▸ Es werden zwei lokale Variablen definiert. Die Variablen heißen l_erdat für das Erfassungsdatum und l_trdat für das Datum des letzten Logins.

- Sie sehen ein SQL-Statement. Dieses soll aus der Tabelle USR02 das Erfassungsdatum und das Datum des letzten Logins holen, wenn der übergebene Wert der Importvariablen I_UNAME in der Spalte BNAME gefunden wurde.
- Zum Schluss sehen Sie drei Ausgabezeilen, die den übergebenen Benutzernamen, das Erfassungsdatum und das letzte Login ausgeben sollen.

3. Speichern Sie den Funktionsbaustein. Anschließend müssen Sie ihn aktivieren.

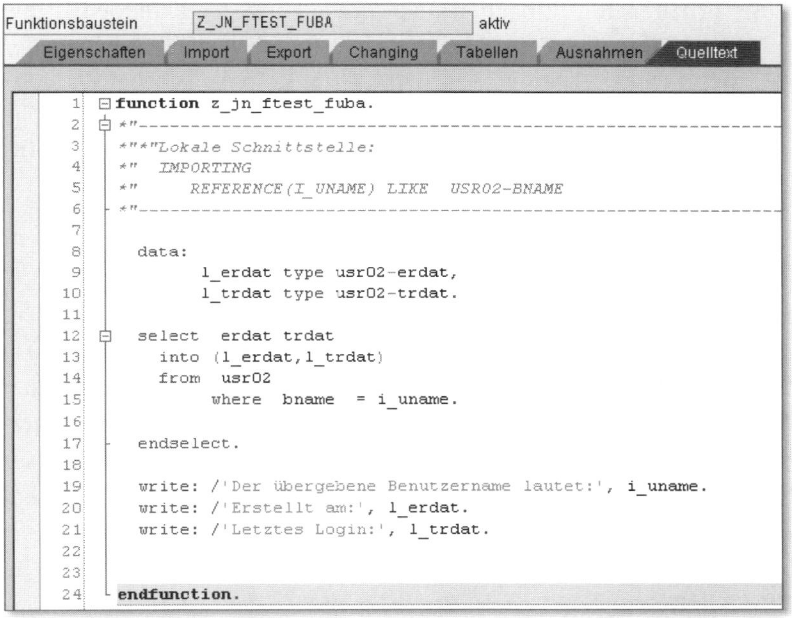

Quellcode des Funktionsbausteins

```
function z_jn_ftest_fuba.
*"----------------------------------------------------------------------
*"*"Lokale Schnittstelle:
*"  IMPORTING
*"     REFERENCE(I_UNAME) LIKE  USR02-BNAME
*"----------------------------------------------------------------------

  data:
        l_erdat type usr02-erdat,
        l_trdat type usr02-trdat.

  select  erdat trdat
    into (l_erdat, l_trdat)
    from  usr02
      where  bname = i_uname.

  endselect.

  write: /'Der übergebene Benutzername lautet:', i_uname.
  write: /'Erstellt am:', l_erdat.
  write: /'Letztes Login:', l_trdat.

endfunction.
```

Abbildung 4.108 Quelltext im Funktionsbaustein

Funktionsbaustein testen

Nach dem Speichern und Aktivieren können Sie Ihren Funktionsbaustein testen.

1. Führen Sie den Funktionsbaustein aus. Sie erhalten als Erstes die Eingabemaske FUNKTIONSBAUSTEIN TESTEN: EINGABEBILD (siehe Abbildung 4.109). Sie sehen eine Tabelle, in der die linke Spalte die IMPORT-PARAMETER anzeigt. Die rechte Spalte WERT erwartet von Ihnen eine Eingabe. Tragen Sie Ihren SAP-Benutzernamen ein, und klicken Sie anschließend den Button AUSFÜHREN an.

Funktionsbaustein ausführen

4 | Entwicklung mit eCATT

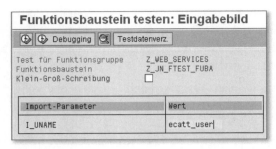

Abbildung 4.109 Eingabemaske »Funktionsbaustein testen: Eingabebild«

Ergebnisse anzeigen

2. Sie erhalten Ihre Eingaben noch einmal angezeigt. Jedoch ist die Tabelle nun nicht mehr eingabebereit. Sie sehen oberhalb der Tabelle einen neuen Button. Dieser trägt die Aufschrift Ausgabeliste des Bausteins anzeigen (siehe Abbildung 4.110). Klicken Sie nun auf diesen Button, um die Ergebnisse des Funktionsbausteins anzuzeigen.

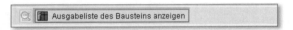

Abbildung 4.110 Button »Ausgabeliste des Bausteins anzeigen«

Sie erhalten das Fenster Funktionsbaustein testen: Ergebnisbild (siehe Abbildung 4.111). Sie sehen, dass der übergebene Importparameter ecatt_user übernommen wurde. Und Sie sehen, wann dieser Nutzer angelegt wurde und wann er sich das letzte Mal im System angemeldet hat.

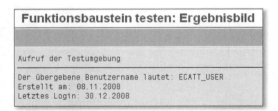

Abbildung 4.111 Ergebnisbild des Funktionsbausteins

Sie können diesen Funktionsbaustein nun mit unterschiedlichen Werten ausführen. Sie werden dabei sehen, auch mit falschen Werten wird der Funktionsbaustein ordnungsgemäß ausgeführt. Sie erhalten lediglich kein Erstellungsdatum und kein Datum für das letzte Login.

4.5 eCATT-Befehle

Testskript für eCATT-Befehl »FUN« anlegen

Nachdem Sie einen einfachen Funktionsbaustein für Ihren Test erstellt haben, können Sie ein Testskript anlegen.

1. Starten Sie die Transaktion SECATT, und legen Sie ein Testskript Z_TS_FUN an. In Abbildung 4.112 sehen Sie die Registerkarte ATTRIBUTE Ihres neuen Testskripts.

Abbildung 4.112 Testskript für Demonstration des eCATT-Befehls »FUN«

Muster »FUN« einfügen

Nachdem Sie Ihr Testskript gespeichert haben, können Sie ein neues Muster einfügen.

Klicken Sie auf den MUSTER-Button, und wählen Sie folgende Eigenschaften (siehe Abbildung 4.113):

Muster »FUN« einfügen

- Im Feld GRUPPE: PROGRAMM-ANSTEUERUNG
- Im Feld KOMMANDO: FUN
- Im Feld FUNKTIONSBAUSTEIN: Ihren gerade erstellten Funktionsbaustein Z_JN_FTEST_FUBA.
- Im Feld ZIELSYSTEM: Ihr Test-Zielsystem.

Bestätigen Sie Ihre Eingaben, indem Sie auf den Button BESTÄTIGEN klicken.

4 | Entwicklung mit eCATT

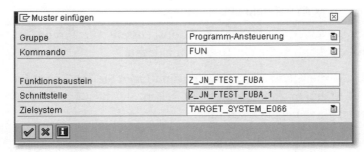

Abbildung 4.113 Muster »FUN« einfügen

Kommando-
schnittstelle
»FUN«

Sie erhalten die generierte Kommandoschnittstelle Z_JN_FTEST_FUBA_1 (siehe Abbildung 4.114). Im Befehl-Editor sehen Sie den Aufbau des FUN-Befehls:

FUN (<Funktionsbaustein> , <Kommandoschnittstelle>).

Sie könnten im Befehl-Editor hinter der Kommandoschnittstelle außerdem ein Zielsystem eintragen. Dieses würde allerdings anschließend immer verwendet.

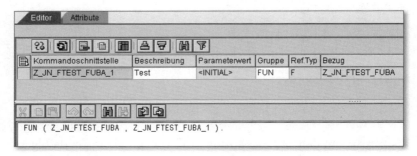

Abbildung 4.114 Kommandoschnittstelle »FUN«

Kommandoschnittstelle parametrisieren

Wenn Sie das Testskript mit Parametern versorgen, können Sie den Funktionsbaustein individuell testen.

1. Führen Sie einen Doppelklick auf der Kommandoschnittstelle aus, um den Struktur-Editor zu öffnen (siehe Abbildung 4.115). Expandieren Sie die Kommandoschnittstelle im Struktur-Editor. Sie sehen, Ihr Funktionsbaustein hat nur einen Importparameter I_UNAME.

eCATT-Befehle | 4.5

Abbildung 4.115 Importparameter in Kommandoschnittstelle des Funktionsbausteins

2. Fügen Sie einen neuen Importparameter P_I_BAME in Ihr Testskript ein. Dieser Importparameter soll einen SAP-Benutzernamen als Wert erhalten (siehe Abbildung 4.116).

Importparameter einfügen

Abbildung 4.116 Importparameter für Testskript

3. Fügen Sie den neuen Importparameter P_I_BNAME im Struktur-Editor als Wert für das Element I_UNAME ein. Speichern Sie Ihre Änderung. Sie sehen anhand des blauen Dreiecks, dass die Kommandoschnittstelle nun parametrisiert ist (siehe Abbildung 4.117).

Kommandoschnittstelle parametrisiert

Abbildung 4.117 Kommandoschnittstelle ist parametrisiert

Testprotokoll mit eCATT-Befehl »FUN«

Nachdem Sie das parametrisierte Testskript gespeichert haben, können Sie es erstmals testen.

1. Führen Sie das Testskript aus. Sie sehen in Abbildung 4.118, dass der Testlauf erfolgreich war. Wenn Sie Ihr Testprotokoll expandieren, sehen Sie zudem, dass es einen Importparameter P_I_BNAME gab. Dem Funktionsbaustein wurde der Importparameterwert BCUSER übergeben, womit der Funktionsbaustein keine Probleme hatte.

4 | Entwicklung mit eCATT

[+] Sie können dem Importparameter beliebige Werte übergeben, solange es keine Schlüsselwörter, wie zum Beispiel FROM, sind. Schlüsselwörter werden abgelehnt.

Abbildung 4.118 Testprotokoll mit eCATT-Befehl »FUN«

Meldungen in Funktionsbausteinen abfangen

Meldungen abfangen

Wenn Sie erwarten, dass ein Funktionsbaustein eine letzte Meldung ausgibt, können Sie diese mit dem eCATT-Befehl MESSAGE abfangen und auswerten. Sie müssen dazu den eCATT-Befehl FUN im MESSAGE...ENDMESSAGE-Block kapseln. Die letzten Meldungen Ihres Funktionsbausteins würden Sie anschließend mit der Variablen &TFILL auslesen können (siehe Abbildung 4.119).

Abbildung 4.119 eCATT-Befehle »MESSAGE« und »FUN«

4.5.7 eCATT-Befehl »DO...ENDDO«

Es kommt häufig vor, dass ein Testskript nicht nur eine bestimmte Meldung liefert, sondern je nach Fall immer wieder andere Meldungen. Um Ihr Testskript flexibel zu gestalten, können Sie für jede Meldung, die Ihnen bekannt ist, eine eigene Message-Regel erstellen.

Diese Message-Regeln können Sie anschließend in einer DO...ENDDO-Schleife auswerten.

Aufbau des »DO...ENDDO«-Blocks

In Abbildung 4.120 sehen Sie ein Quellcode-Beispiel eines DO...ENDDO-Blocks.

```
* so viele Durchläufe wie Meldungen.
DO ( &TFILL ).
   V_MSGTYP = E_MSG_1[V_INDEX]-MSGNR.
* Batchinput-Daten geändert.
   IF ( V_MSGTYP = '344' ) .
      V_FEHLER = 'A344: Dynpros während des Ablaufs geändert.'.
   ENDIF.
* evtl. kann externe Varianten-Datei nicht erreicht werden.
   IF ( V_MSGTYP = '055' ) .
      V_FEHLER = '055: Prüfung, ob ext. Varianten-Datei erreichbar.'.
   ENDIF.
* fehlerfreies Speichern.
   IF ( V_MSGTYP = '153' ) .
      V_FEHLER = '153: Datei wurde gesichert'.
   ENDIF.
   V_INDEX = V_INDEX + 1.
ENDDO.
* Ausgabe eines möglichen Fehlers.
LOG ( V_FEHLER ).
```

Abbildung 4.120 »DO...ENDDO«-Block mit »IF...ENDIF«-Schleifen

1. Die DO-Bedingung enthält die Variable &TFILL. Der DO...ENDDO-Block soll also so oft durchlaufen werden, wie es Meldungen gibt. Drei Meldungen entsprechen drei Durchläufen.

2. Auf die Variable V_MSGTYP wird eine Meldungsnummer übertragen. Welche Meldungsnummer dies ist, wird anhand des ENDMESSAGE-Arrays E_MSG_1 festgelegt. Die Variable V_INDEX wird bei jedem Durchlauf um 1 erhöht. Bei jedem Durchlauf wird also eine weitere Meldungsnummer verwendet.

3. Anschließend folgen einige IF-ENDIF-Blöcke. Wann welche Meldungsnummer auftritt, ist nicht relevant. Sobald Sie in Ihrem Test-

»DO...ENDDO«-Block ausprogrammiert

skript eine neue Fehlermeldung erhalten, können Sie einfach eine neue *Message*-Regel definieren und in einem weiteren IF...ENDIF-Block abfangen.

4. Durch die Kommandozeile LOG (V_FEHLER). wird Ihnen der Fehler angezeigt, der zur Laufzeit generiert wurde.

[+] Es kommt mitunter vor, dass ein Fehler nur auftritt, wenn ein erwarteter Parameterwert nicht in Ihrer Historie enthalten ist. Zur Fehlerbehandlung würde es ausreichen, wenn Sie das Testskript einmal im Vordergrund abspielen.

Testen des »DO...ENDDO«-Blocks

Spielen Sie das Testskript ab, und prüfen Sie das Testprotokoll.

Testprotokoll prüfen

1. In Abbildung 4.121 sehen Sie, dass die Meldungsnummer 344 generiert wurde. Der Grund dafür ist, dass zur Abspielzeit der Transaktion ein Wert verlangt wurde, der zur Aufzeichnungszeit nicht benötigt wurde. Somit fehlt ein entsprechender Dynpro-Eintrag in der Kommandoschnittstelle.

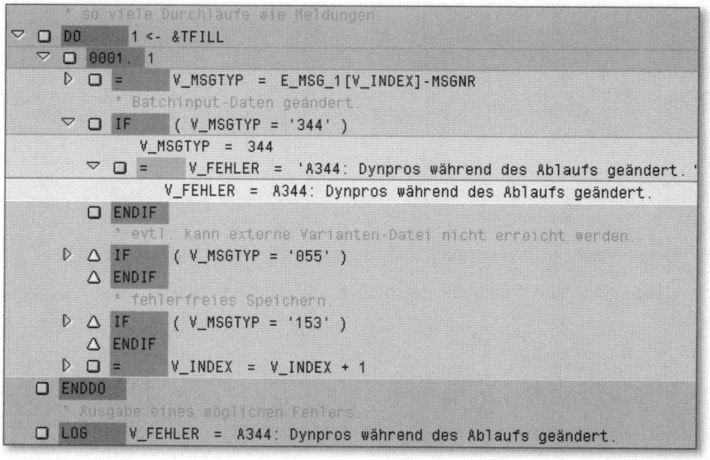

```
* so viele Durchläufe wie Meldungen
▽ ☐ DO       1 <- &TFILL
  ▽ ☐ 0001.  1
    ▷ ☐ =       V_MSGTYP = E_MSG_1[V_INDEX]-MSGNR
      * Batchinput-Daten geändert
    ▽ ☐ IF      ( V_MSGTYP = '344' )
              V_MSGTYP = 344
      ▽ ☐ =      V_FEHLER = 'A344: Dynpros während des Ablaufs geändert.'
                 V_FEHLER = A344: Dynpros während des Ablaufs geändert.
        ☐ ENDIF
      * evtl. kann externe Varianten-Datei nicht erreicht werden
    ▷ △ IF      ( V_MSGTYP = '055' )
      △ ENDIF
      * fehlerfreies Speichern
    ▷ △ IF      ( V_MSGTYP = '153' )
      △ ENDIF
    ▷ ☐ =       V_INDEX = V_INDEX + 1
  ☐ ENDDO
  * Ausgabe eines möglichen Fehlers
  ☐ LOG       V_FEHLER = A344: Dynpros während des Ablaufs geändert.
```

Abbildung 4.121 Meldungsnummer »344« generiert

Fehlende Werte zur Abspielzeit eintragen

2. Spielen Sie das Testskript im Vordergrund ab, um zu prüfen, welcher Dynpro-Eintrag fehlt. In Abbildung 4.122 sehen Sie, dass der Finanzkreis eingetragen werden muss. Zur Aufzeichnungszeit mussten Sie den Finanzkreis nicht angeben, weil er sich in Ihrer Historie befand.

Abbildung 4.122 Abfrage des Finanzkreises, da nicht in Historie enthalten

In Abbildung 4.123 sehen Sie, dass das Testskript nun fehlerfrei abgespielt werden konnte.

> **Fehlermeldung beim Abspielen im Hintergrund** [+]
>
> Die Historie für Testskripts ist nur für die Dauer einer Sitzung vorhanden und muss zu Beginn einer neuen Sitzung neu gefüllt werden. Füllen können Sie die Historie, wenn Sie das Testskript im Vordergrund abspielen.

Abbildung 4.123 Meldung »153«: kein Fehler

4.6 Datenbankschlüssel in Dynpro-Feldern

In diesem Abschnitt werden Sie die Möglichkeit kennenlernen, die Eingabefelder eines Dynpros bzw. einer Eingabemaske so auszulesen, dass Sie die dahinterliegenden Datenbankfelder ermitteln können.

4.6.1 Finden der Datenbankschlüssel in Dynpros

Für diese Demonstration wird eine kundeneigene Transaktion verwendet. Diese können Sie in Kapitel 5, »Spezialthemen der Test-

4 | Entwicklung mit eCATT

skript-Entwicklung«, mit Ihrem eigenen ABAP-Objects-Programm selbst erstellen. Die Transaktion verlangt optional die Angabe eines Währungscode-Intervalls und die Sprachangabe. Wenn Sie nichts eingeben würden, würden alle Währungscodes aufgelistet werden.

Datenbank-schlüssel in Dynpros

1. Starten Sie die Transaktion ZT_JN_TCURC, und setzen Sie den Mauscursor in das Eingabefeld WÄHRUNG (SIEHE ABBILDUNG 4.124).

[+] Es eignet sich für diese Übung auch jede beliebige andere Transaktion.

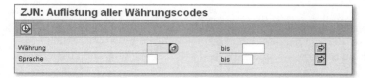

Abbildung 4.124 Aufruf der kundeneigenen Transaktion ZT_JN_TCURC

Performance Assistant

2. Sobald Ihr Cursor im Feld WÄHRUNG steht, drücken Sie bitte die [F1]-Taste Ihrer Tastatur. Es erscheint das Fenster PERFORMANCE ASSISTANT (siehe Abbildung 4.125).

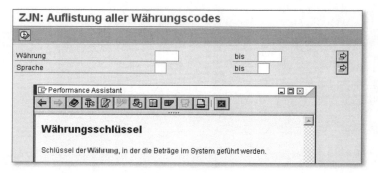

Abbildung 4.125 Performance Assistant

Technische Information starten

3. Klicken Sie auf den Button TECHNISCHE INFO (siehe Abbildung 4.126), um die technische Info zu starten.

Abbildung 4.126 Button »Technische Info«

Sie erhalten die technische Information zum Dynpro-Feld WÄHRUNG. Folgende Informationen können Sie beispielsweise den Feldern entnehmen:

- Das Feld REPORT zeigt Ihnen, wie das ABAP-Programm heißt.
- Das Feld PROGRAMMNAME zeigt Ihnen den Namen des ABAP-Programms.
- Das Feld BILDNUMMER gibt an, welche Dynpro-Nummer Sie der Transaktion als Start-Dynpro angegeben haben.
- Das Feld FELDNAME zeigt Ihnen den Referenztyp des Eingabefeldes. In Abbildung 4.127 wird im Feld FELDNAME WAERS angezeigt.
- Im Feld TABELLENNAME steht die Datenbanktabelle, aus der der Feldname WAERS gezogen wurde.
- Das Feld DATENELEMENT zeigt Ihnen, von welchem Typ der Feldname WAERS ist.
- Und das Feld DYNPROFELD zeigt in Abbildung 4.127 den Wert SO_WAERS-LOW. Sie erkennen daran, dass es sich um die Select-Options aus Ihrem ABAP-Objects-Programm handelt.

Für Sie sind der TABELLENNAME, der FELDNAME und das DATENELEMENT von Bedeutung.

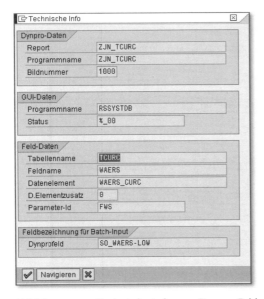

Abbildung 4.127 Technische Info zum Dynpro-Feld

4.6.2 Finden der Datenbankschlüssel in der Datenbank

Wenn Sie den Tabellennamen und den Feldnamen herausgefunden haben, können Sie ihn in der Datenbank suchen. Sinnvoll ist das, wenn Sie beispielsweise ein SQL-Statement erstellen müssen und Ihnen die Feldbezeichner fehlen.

Tabelle prüfen

1. Um die gefundenen Schlüsselwerte des Dynpros in der Datenbank zu prüfen, starten Sie die Transaktion SE11 (ABAP Dictionary). Geben Sie den Wert, den Ihnen die technische Info im Feld TABELLENNAME angezeigt hat, in das Feld DATENBANKTABELLE des Dictionarys ein. Klicken Sie auf den Button ANZEIGEN (siehe Abbildung 4.128).

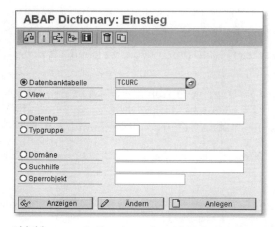

Abbildung 4.128 Eingabemaske »ABAP Dictionary: Einstieg«

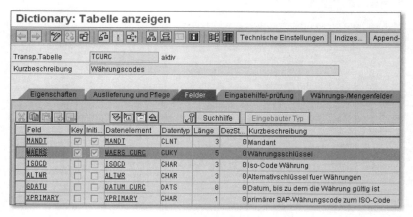

Abbildung 4.129 Tabelle »TCURC« anzeigen

2. Sie erhalten die Ansicht der Tabelle TCURC. Suchen Sie den Feldnamen WAERS, und sehen Sie sich das Datenelement an. In Abbildung 4.129 handelt es sich dabei um die markierte Zeile.

Über diesen Weg können Sie alle Dynpro-Felder auslesen und mit Datenbankfeldern vergleichen.

4.7 Fazit

In diesem Kapitel haben Sie unterschiedliche Möglichkeiten kennengelernt, Import- und Exportparameter mit Werten zu versorgen. Sie haben die dynamischen CATT- und eCATT-Variablen getestet. Außerdem haben Sie die letzte Meldung einer Transaktion ausgelesen und für den Export verwendet.
Parameter und Variablen

In diesem Kapitel haben Sie einen Testbaustein erstellt. Dazu mussten Sie ein Start-Testskript und ein Folge-Testskript erstellen. Anschließend haben Sie beide Testskripts in ein übergeordnetes Testskript mittels Referenzen eingebunden. Eine »Hilfs-Variable« des übergeordneten Testskripts half Ihnen dabei, den exportierten Wert aus dem Start-Testskript in das Folge-Testskript zu importieren. Durch diese Möglichkeit haben Sie zwei Transaktionen miteinander verkettet.
Testbausteine

Sie haben gelernt, dass es in eCATT Befehle gibt wie in anderen Programmiersprachen auch. Mit diesen eCATT-Befehlen können Sie beispielsweise Datenbankabfragen, Skriptsteuerungen und UI-Ansteuerungen durchführen sowie Testprotokolle und letzte Meldungen auswerten.
eCATT-Befehle

Nach dem Studium dieses Kapitels können Sie Testbausteine erstellen, die Transaktionen verketten und ganze Geschäftsprozesse abbilden können. Durch die eCATT-Befehle haben Sie die Möglichkeit, gezielte Abfragen in den Befehl-Editor einzutragen, die Ihre Testprotokolle effektiver auswertbar machen. Sie könnten zum Beispiel mit dem eCATT-Befehl `CHETAB` prüfen, ob ein Datensatz vorhanden ist, ehe Sie eine Änderungstransaktion ausführen. Sie würden beim Fehlen eines Datensatzes sofort feststellen, dass nicht die Transaktion einen Fehler gebracht hat, sondern der Importparameter nicht richtig gefüllt ist.

Am Ende haben Sie noch gesehen, wie Sie die hinter den Dynpro-Feldern liegenden Datenbankschlüssel in Dynpros auslesen können.

4.8 Transaktionsübersicht

Start- und Folge-Testskript erstellen	▸ Transaktion SECATT ▸ Muster TCD (Record)
Testbaustein bzw. übergeordnetes Testskript erstellen	▸ Transaktion SECATT ▸ Muster REF

Meldungen auslesen	▸ Transaktion SECATT
	  ▸ Message-Regeln anlegen
	  ▸ Muster MESSAGE einfügen
	  ▸ Variable &TFILL auslesen
	  ▸ eCATT-Befehle IF…ENDIF oder DO…ENDDO einsetzen

Datenbankschlüssel zu ausgewählten Dynpro-Feldern finden	▸ x-beliebige Transaktion aufrufen
	  ▸ Cursor in ausgewähltes Dynpro-Feld stellen
	  ▸ F1 -Taste der Tastatur
	  ▸ Button Technische Info

In diesem Kapitel sind einige Spezialthemen für Sie zusammengestellt: ABAP Objects in kundeneigenen Transaktionen, Inline ABAP für Stammdatenmigration und der eCATT-Debugger zur Fehlerfindung.

5 Spezialthemen der Testskript-Entwicklung

In diesem Kapitel werden Ihnen Spezialthemen rund um eCATT vorgestellt. Zu Beginn wird gezeigt, wie Sie eine eigene Transaktion erstellen und diese nachher in ein Testskript einbinden. Die Transaktion, die Sie erstellen, wird ein ABAP Objects-Programm aufrufen, das Währungscodes auf einem ALV-Grid auflistet.

Im nächsten Schritt erstellen Sie eine Transaktion und zum Schluss ein Testskript, das Ihre Transaktion testet.

Im zweiten Abschnitt dieses Kapitels beschäftigen Sie sich mit dem Thema Inline ABAP bei der Stammdatenmigration. Sie werden ein Testskript mit Inline ABAP entwickeln und den Vorteil von dessen Einsatz kennenlernen.

Der dritte Abschnitt dieses Kapitels widmet sich dem eCATT-Debugger. Sie werden die Möglichkeit kennenlernen, Ihre Testskripts mit Breakpoints (Haltepunkten) zu versehen und zu debuggen. Der eCATT-Debugger kann Ihnen bei der Fehlersuche in Ihren Testskripts helfen.

Im vierten Abschnitt dieses Kapitels erfahren Sie, wie Sie Tabellen mit Stammdaten füllen können. Dies ist z.B. erforderlich, wenn Sie Systeme neu aufsetzen und neue Testdaten aufbauen müssen.

Am Ende des Kapitels erhalten Sie wieder eine Transaktionsübersicht für Ihre zukünftige Arbeit mit eCATT.

5 | Spezialthemen der Testskript-Entwicklung

5.1 Testskript mit kundeneigener Transaktion

Berechtigung für die Entwicklung von ABAP Objects

Sie haben die Möglichkeit, kundeneigene Transaktionen zu testen. Dazu müssen Sie diese Transaktionen genau wie eine Standard-SAP-Transaktion in Ihrem Testskript aufzeichnen. In diesem Unterabschnitt wird anhand von ABAP Objects ein einfaches Programm mit Ausgabe der Ergebnisliste auf einem ALV-Grid vorgestellt.

Sie benötigen für die hier vorgestellten Arbeitsschritte die Berechtigungen für folgende Transaktionen:

- SE38 (ABAP Editor) zum Erstellen Ihres ABAP Objects-Programms
- SE11 (Dictionary: Tabellenpflege) zum Anlegen einer Struktur
- SE93 (Transaktionspflege) zum Anlegen einer Transaktion
- Bitte prüfen Sie Ihre Berechtigungen, bevor Sie mit der Arbeit beginnen. Außerdem benötigen Sie einen Entwicklerschlüssel, um neue Objekte, z.B. ein ABAP-Programm, zu erstellen. Den Entwicklerschlüssel erhalten Sie von Ihrem Systemadministrator.

[+] **Entwicklerschlüssel**
Die Entwicklerschlüssel für bereits registrierte SAP-Entwickler finden Sie im ausgewählten System in der Tabelle DEVACCESS.

Als Erstes werden Sie nun ein einfaches Programm mit ABAP Objects erstellen. Das Programm gibt ausgewählte Daten aus zwei beliebigen Tabellen wieder. Diese Daten werden in eine interne Tabelle gespeichert und anschließend als ALV-Grid-Liste am Bildschirm angezeigt.

5.1.1 Entscheidung für anzuzeigende Tabellenwerte

Zuerst müssen Sie sich für zwei Datenbanktabellen entscheiden, um dieses Übungsbeispiel nachvollziehen zu können.

Transaktion SE11, »Tabelle auswählen«

1. Starten Sie die Transaktion SE11 (ABAP DICTIONARY: EINSTIEG) – siehe Abbildung 5.1 –, und wählen Sie zwei beliebige Tabellen aus, die ein gemeinsames Schlüsselfeld besitzen. Sie sehen, dass in das Feld DATENBANKTABELLE die Tabelle TCURC eingetragen wurde.

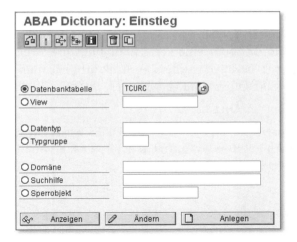

Abbildung 5.1 Eingabemaske »ABAP Dictionary: Einstieg«

2. In diesem Beispiel werden die Tabellen TCURC (Währungscodes) – siehe Abbildung 5.2 – und TCURT (Währungstexte) verwendet. Beide Tabellen besitzen das gemeinsame Schlüsselfeld WAERS für den Währungsschlüssel.

Tabelle »TCURC« anzeigen

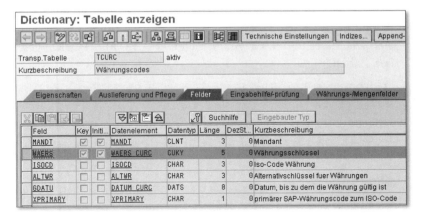

Abbildung 5.2 Tabelle »TCURC« – Währungscodes

5.1.2 Anlegen einer Struktur

Sie benötigen für das Beispielprogramm eine eigene Struktur, die das Feld WAERS (Währungsschlüssel) aus der Tabelle TCURT und die drei Felder LTEXT (Langtext), KTEXT (Kurztext) und SPRAS (Sprache) aus der Tabelle TCURT enthält.

5 | Spezialthemen der Testskript-Entwicklung

Transaktion SE11, »Struktur anlegen«

1. Starten Sie erneut die Transaktion SE11, und wählen Sie nun den Radiobutton DATENTYP aus.

   ▶ Tragen Sie Im Feld DATENTYP eine Bezeichnung für Ihre Struktur ein. Für dieses Beispiel wurde die Strukturbezeichnung »ZJN_WCODES« eingetragen und verwendet.

   ▶ Klicken Sie den Button ANLEGEN an.

2. Sie erhalten das Auswahlfenster TYP ZJN_WCODES ANLEGEN, in dem Sie bitte den Radiobutton STRUKTUR aktivieren (siehe Abbildung 5.3). Bestätigen Sie Ihre Auswahl.

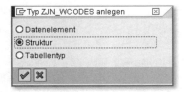

Abbildung 5.3 Neue Struktur anlegen

Spalten der Struktur

3. Sie erhalten die Eingabemaske der neuen Struktur. Vergeben Sie für Ihre Struktur eine Kurzbeschreibung. Füllen Sie danach die Felder der Spalte KOMPONENTE mit Spaltenbezeichnungen aus (siehe Abbildung 5.4). Die Spalte KOMPONENTENTYP füllen Sie bitte so aus, wie Sie es in den Originaltabellen (TCURC und TCURT) gesehen haben.

4. Speichern Sie Ihre Struktur.

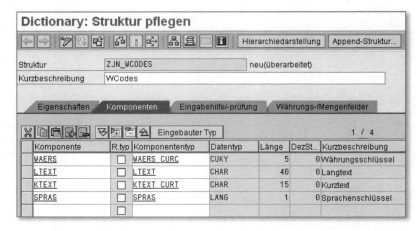

Abbildung 5.4 Struktur »ZJN_WCODES«

Testskript mit kundeneigener Transaktion | **5.1**

> **Struktur aktivieren** [+]
>
> Aktivieren Sie Ihre Struktur unbedingt nach dem Speichern, sonst können Sie aus dem ABAP-Programm heraus nicht auf sie zugreifen.

Sie haben in diesem Abschnitt eine Struktur angelegt, die für die Bereitstellung der Ergebnisliste auf dem ALV-Grid erforderlich ist.

5.1.3 ABAP-Programm anlegen

In diesem Unterabschnitt erstellen Sie das ABAP Programm für Ihre kundeneigene Transaktion.

Starten Sie die Transaktion SE38, um den ABAP Editor zu öffnen.   **Transaktion SE38, »ABAP Editor starten«**

- Tragen Sie in das Feld PROGRAMM einen Programmnamen für Ihr neues ABAP Programm ein. An diesem Namen sollten Sie Ihr Programm später wiedererkennen können. In Abbildung 5.5 sehen Sie, dass das neue Beispiel-Programm ZJN_TCURC genannt wurde.

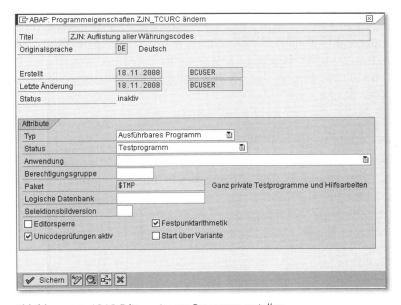

Abbildung 5.5 ABAP Editor: eigenes Programm erstellen

- Als STATUS wurde TESTPROGRAMM ausgewählt.
- Das Programm wird nur als lokales Objekt gespeichert, was Sie an der Paketbezeichnung $TMP erkennen können.   **Programmeigenschaften definieren**

351

Speichern Sie die Programmeigenschaften, indem Sie auf den Button SICHERN klicken.

Das ABAP-Programm haben Sie jetzt angelegt, der Quellcode fehlt noch. Als Erstes geben Sie an, welche Tabellen für Ihr Programm notwendig sind.

5.1.4 Tabellendefinitionen eintragen

Ihr Hauptprogramm ZJN_TCURC erhält zuerst zwei Tabellendefinitionen. Diese sind notwendig, damit Sie die SELECT-OPTIONS für Währungsschlüssel und Sprache definieren können (siehe Listing 5.1). Kommentare werden durch einen Stern am Zeilenanfang dargestellt.

```
DATA:
*        globale Tabellendefinition
         t_tcurc TYPE tcurc,
         t_tcurt TYPE tcurt.
```

Listing 5.1 Globale Tabellendefinitionen angeben

Ohne diese Tabellendefinitionen könnten Sie innerhalb Ihres Programms nicht auf diese Tabellen zugreifen. Allerdings benötigen Sie den Zugriff auf die Tabellen, wenn Sie eine Eingabemaske mit Selektionsbedingungen erstellen wollen. Selektionsbedingungen können Sie über das Element SELECT-OPTIONS definieren.

5.1.5 Selektionsbedingungen definieren

»Select-Options« anlegen

Ihr ABAP-Programm soll nach dem Start einen Selektionsbildschirm bzw. eine Eingabemaske mit Auswahlbedingungen anzeigen. Als Auswahlbedingungen sollen ein Intervall für Währungsschlüssel und ein Intervall für Sprachschlüssel angegeben werden können. Für jedes Intervall geben Sie ein SELECT-OPTIONS an.

Über die SELECT-OPTIONS-Felder können Sie als Benutzer später bestimmen, ob Sie ein bestimmtes Intervall für Währungsschlüssel oder eine bestimmte Sprache auswählen möchten (siehe Listing 5.2):

```
SELECT-OPTIONS:
         so_waers FOR t_tcurc-waers,
         so_spras FOR t_tcurt-spras.
```

Listing 5.2 Select-Options für Währungscode und Sprache definieren

In diesem Abschnitt haben Sie zwei Select-Options angelegt, über die Sie später Währungsschlüssel und Sprache auswählen können, um die Ergebnisliste einzugrenzen.

5.1.6 Includes definieren

Nachdem Sie die Select-Options angelegt haben, können Sie die Includes definieren. Ihr Hauptprogramm erhält zwei Includes. Im Include `zjn_tcurc_main` (siehe Abbildung 5.6) werden später Programmlogik und SQL-Statements des Programms enthalten sein. Im Include `zjn_tcurc_module` werden die Ausführungszustände, wie zum Beispiel das Exit-Kommando des Dynpros, enthalten sein.

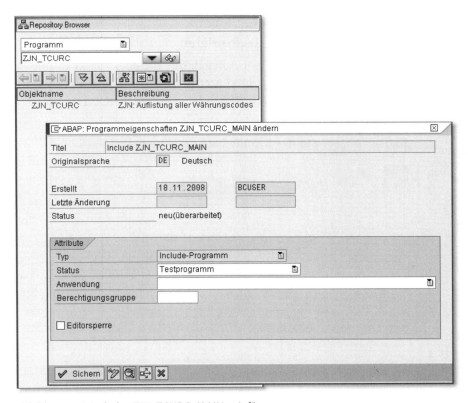

Abbildung 5.6 Include »ZJN_TCURC_MAIN« einfügen

1. Tragen Sie folgenden Quellcode in Ihr Hauptprogramm ein (siehe Listing 5.3), und klicken Sie doppelt auf `zjn_tcurc_main`, damit das Include erzeugt wird.

Doppelklick auf Include zum Anlegen

5 | Spezialthemen der Testskript-Entwicklung

```
INCLUDE zjn_tcurc_main.
INCLUDE zjn_tcurc_module.
```
Listing 5.3 Includes einfügen

2. Sie erhalten die Eingabemaske ABAP: PROGRAMMEIGENSCHAFTEN ZJN_TCURC_MAIN ÄNDERN.

Include erzeugen

3. Tragen Sie in das Feld TITEL einen Titel für Ihr Main-Include ein (siehe Abbildung 5.6), und sichern Sie Ihre Angaben. Damit haben Sie das erste Include erstellt, in das Sie direkt gelangen.

Das Main-Include ist damit erzeugt. Jedoch fehlen diesem der Quellcode für die Definitionen und Implementationen. Im nächsten Schritt müssen Sie das Main-Include ausprogrammieren.

5.1.7 Main-Include strukturieren

Sie befinden sich nach dem Anlegen des Includes direkt in diesem Include. Das Include trägt die Bezeichnung `zjn_tcurc_main`. In diesem Include wird die lokale Klasse `lcl_main` enthalten sein.

Definition und Implementation (Main-Include)

Schreiben Sie nun die Definition und die Implementation für die Klasse `lcl_main` in das Include (siehe Listing 5.4).

```
*---------------------------------------------------------*
*       CLASS lcl_main DEFINITION
*---------------------------------------------------------*
CLASS lcl_main DEFINITION .
PUBLIC SECTION.
     METHODS: constructor .
ENDCLASS.                          "lcl_debitor DEFINITION
*---------------------------------------------------------*
*       CLASS lcl_main IMPLEMENTATION
*---------------------------------------------------------*
CLASS lcl_main IMPLEMENTATION.
  METHOD constructor.
    super->constructor( ).

* Create ein Debitor-Objekt
    CREATE OBJECT o_wcodes .

  ENDMETHOD.                       "constructor
ENDCLASS.                          "lcl_debitor IMPLEMENTATION
```
Listing 5.4 Lokale Klasse »lcl_main« wird ausprogrammiert.

Sie haben die lokale Klasse `lcl_main` angelegt und ausprogrammiert. Die Daten aus der Datenbank erhalten Sie allerdings noch nicht. Legen Sie dafür ein Daten-Include an, in dem Sie die anzuzeigenden Daten ermitteln und aufbereiten können.

5.1.8 Daten-Include erstellen

Da die Attribute Währungsschlüssel, Sprache, Währungskurz- und -langtext in einem Datenobjekt gekapselt werden sollen, wird an dieser Stelle ein weiteres Include eingebunden. Tragen Sie an den Anfang des Includes `zjn_tculc_main` das Daten-Include ein. Das Include muss außerhalb und oberhalb der Klasse `lcl_main` stehen. Das Daten-Include soll `zjn_tcurc_data` heißen. Führen Sie auf diesem Include `INCLUDE zjn_tcurc_data` ebenfalls einen Doppelklick aus, damit Sie es anlegen können.

5.1.9 Daten-Include definieren

1. Nachdem Sie doppelt auf das Include `zjn_tcurc_data` geklickt haben, springen Sie vom Include `zjn_tculc_main` direkt in das Include `zjn_tcurc_data`. Auch in diesem Include müssen die Klassendefinition und die Klassenimplementation für das Datenobjekt erstellt werden.

   Schreiben Sie die Klassendefinition für die Klasse `lcl_tcurc_data` folgendermaßen (siehe Listing 5.5): | **Definition erstellen**

```
CLASS lcl_tcurc_data DEFINITION.
  PUBLIC SECTION.
DATA:
```

Listing 5.5 Klassendefinition für die lokale Klasse »lcl_tcurc_data«

2. Tragen Sie anschließend die Attribute und Methoden ein, die das Objekt kennzeichnen. Als Erstes beginnen Sie damit, eine Struktur für Ihr Datenobjekt anzulegen.

   ▶ Die Struktur `s_wcodes` (Struktur_Währungscodes) enthält die Attribute:
   `waers` (Währungsschlüssel)
   `ltext` (Langtext)
   `ktext` (Kurztext)
   `spras` (Sprache)

> - Außerdem wird eine Strukturzeile s_wcodes_row angelegt, die jeweils ein Datenobjekt aufnimmt.
> - Und es wird eine Tabelle t_wcodes angelegt, die Zeilen aufnehmen kann, welche der gerade definierten Struktur entsprechen (siehe Listing 5.6).

Struktur definieren

```
BEGIN OF s_wcodes,
            waers       TYPE waers_curc,
            ltext       TYPE ltext,
            ktext       TYPE ktext_curt ,
            spras       TYPE spras,
END OF s_wcodes,
*           structure-row from wcodes
    s_wcodes_row LIKE s_wcodes,
*           table for wcodes
    t_wcodes     LIKE TABLE OF s_wcodes WITH KEY waers,
```

Listing 5.6 Öffentliche Definitionen in der lokalen Klasse lcl_tcurc_data

3. In der Klassendefinition werden außerdem vier Variablen definiert, die sich Werte des Datenobjektes merken sollen (siehe Listing 5.7).

Variablen definieren

```
v_waers     TYPE waers_curc,
    v_ltext     TYPE ltext,
    v_ktext     TYPE ktext_curt,
    v_spras     TYPE spras.
```

Listing 5.7 Variablen zum Speichern der Werte eines Datenobjektes

»SET«-/»GET«-Methoden definieren

4. Als Letztes fehlen in der Klassendefinition nur noch die Methoden, um das Datenobjekt und die Datentabelle t_wcodes mit Werten zu versorgen. Die ersten Methoden sind die SET- und GET-Methoden, mit denen das Datenobjekt gefüllt und ausgelesen werden kann (siehe Listing 5.8).

```
    METHODS:
*   SET/GET-methods wcodes-object
    set_waers IMPORTING iv_waers            TYPE waers_curc,
    get_waers RETURNING value(rv_waers) TYPE waers_curc,

    set_ltext IMPORTING iv_ltext            TYPE ltext,
    get_ltext RETURNING value(rv_ltext) TYPE ltext,

    set_ktext IMPORTING iv_ktext            TYPE ktext_curt,
    get_ktext RETURNING value(rv_ktext) TYPE ktext_curt,
```

```
set_spras IMPORTING iv_spras          TYPE spras,
get_spras RETURNING value(rv_spras) TYPE spras,
```

Listing 5.8 SET- und GET-Methoden für das Füllen und Auslesen des Datenobjektes

5. Die vorletzte Methode, die definiert wird, dient dazu, die Datenzeile zur Datentabelle zu addieren (siehe Listing 5.9).

Datenzeilen addieren

```
*  add wcodes-object to wcodes-table
*  IMPORT: Debitor-Object (eine Zeile der Datentabelle)
   add_wcodes_row
       IMPORTING io_wcodes TYPE REF TO lcl_tcurc_data,
```

Listing 5.9 Die Methode »add_wcodes_row« addiert eine Zeile zur Datentabelle.

6. Und die letzte Methode soll die gesamte Datentabelle bereitstellen, damit sie an das ALV-Grid übergeben werden kann (siehe Listing 5.10).

Datentabelle bereitstellen

```
*  get tabledata for ALV-Grid
*  RETURN: Daten-Tabelle (alle Zeilen für das ALV-Grid)
   get_wcodes_alv_data
       RETURNING value(rt_wcodes_alv_data) LIKE t_wcodes.
```

Listing 5.10 Die Methode »get_wcodes_alv_data« gibt die gesamte Datentabelle zurück.

7. Die Definition der Klasse `lcl_tcurc_data` ist damit abgeschlossen. Nun müssen alle Methoden dieser Klasse auch implementiert werden. Bei ABAP Objects ist mit Implementation das Ausprogrammieren von Methoden gemeint. Das Ausprogrammieren findet im Block Implementation statt.

5.1.10 Implementation »Daten-Include« ausprogrammieren

Nachdem Sie die Methoden einer lokalen Klasse eines Includes im Block »Definition« definiert haben, werden diese Methoden im Block »Implementation« ausprogrammiert.

1. Beginnen Sie auch hier mit den SET-/GET-Methoden. Als Beispiel sollen Ihnen lediglich die beiden Methoden set_waers() und get_waers() dienen. Bitte übernehmen Sie dieses Schema für alle SET-/GET-Methoden (siehe Listing 5.11). Die Methode set_waers()

soll einen übergebenen Wert auf die Klassenvariable v_waers speichern. Die Methode get_waers( ) soll den Wert der lokalen Klassenvariablen v_waers an ein aufrufendes Objekt zurückgeben.

»SET«-/»GET«-Methoden implementieren

```
METHOD set_waers.
   v_waers = iv_waers.
ENDMETHOD.                         "set_waers
METHOD get_waers.
   rv_waers = v_waers.
ENDMETHOD.                         "get_waers
```

Listing 5.11 Implementation der Methoden »set_waers()« und »get_waers()«

2. Jetzt wird die Methode add_wcodes_row( ) implementiert, die ein übergebenes Datenobjekt zur globalen Datentabelle addieren soll. Gehen Sie dabei folgendermaßen vor:

    ▸ Definieren Sie eine lokale Datenstruktur.
    ▸ Füllen Sie die Struktur mit den übergebenen Objektattributen.
    ▸ Übergeben Sie die Strukturzeile an die globale Datentabelle.
    ▸ Diese Schritte können Sie anhand des folgenden Listings nachvollziehen (siehe Listing 5.12).

```
*----------------------------------------------------
* addiert ein weiteres Währungscode-Objekt zur Tabelle
*----------------------------------------------------
* IMPORT: Währungs-Object
* RETURN: Währungs-Zeile für Tabellenausgabe
*----------------------------------------------------
  METHOD add_wcodes_row.
    DATA:
```

Lokale Datenstruktur

```
* locl structure from wcodes-object definition
    BEGIN OF ls_wcodes,
           waers    TYPE waers_curc,
           ltext    TYPE ltext,
           ktext    TYPE ktext_curt,
           spras    TYPE spras,
    END OF ls_wcodes,
* structure-row from wcodes
    ls_wcodes_row LIKE s_wcodes,
* table for wcodes
    lt_wcodes LIKE TABLE OF s_wcodes WITH KEY waers.

* Strukturzeile füllen
Füllen der lokalen Struktur
```

```
    ls_wcodes_row-waers     = io_wcodes->get_waers( ).
    ls_wcodes_row-ltext     = io_wcodes->get_ltext( ).
    ls_wcodes_row-ktext     = io_wcodes->get_ktext( ).
    ls_wcodes_row-spras     = io_wcodes->get_spras( ).

* add row to table
Globale Datentabelle »t_wcodes« erhält neue Datenzeile
    APPEND ls_wcodes_row TO t_wcodes.

    ENDMETHOD.                      "add_waers_row
```

Listing 5.12 Implementation der Methode »add_wcodes_row()«

3. Die letzte Methode der Klasse `lcl_tcurc` ist die Methode `get_wcodes_alv_data( )`. Diese Methode gibt einfach das gefüllte Tabellenobjekt an den Aufrufer zurück (siehe Listing 5.13).

```
*---------------------------------------------------------
* METHOD get_wcodes_alv_data
*---------------------------------------------------------
* RETURN: table with wcodes-data
*---------------------------------------------------------
    METHOD get_wcodes_alv_data.

** Return: Datentabelle mit Währungsdaten
    rt_wcodes_alv_data = t_wcodes .

    ENDMETHOD.                      "get_wcodes_alv_data
```

Listing 5.13 Returnparameter »rt_wcodes_alv_date« mit globaler Datentabelle füllen

4. Speichern und verlassen Sie das Daten-Include.

Sie haben in diesem Abschnitt das Daten-Include vollständig ausprogrammiert. In diesem Include wird jeweils eine lokale Datenzeile erstellt und an eine globale Datentabelle übergeben. Diese globale Datentabelle soll später auf dem ALV-Grid angezeigt werden.

> [!] Wenn Sie die globale Datentabelle nur lokal anlegen oder als privat deklarieren, bekommen Sie bei der Bedienung des ALV-Grids später Probleme. Daten, die nur lokal oder privat vorliegen, sind nur so weit verfügbar, wie Sie sie zum Start angezeigt bekommen. Wenn Sie versuchen, die Daten zu filtern, zu sortieren oder zu scrollen, erhalten Sie einen Laufzeitfehler, weil weitere Daten nicht vorhanden sind.

5.1.11 Definition »Main-Include« erweitern

Main-Include erweitern

Wechseln Sie in das Include `zjn_tcurc_main`. Es geht nun darum, weitere Methoden zu definieren. Bisher haben Sie nur einen Konstruktor definiert. Jetzt werden Sie Methoden definieren, die die Daten beschaffen und das ALV-Grid für die Ausgabe vorbereiten.

1. In die `Public Section` der Klasse `lcl_main` tragen Sie nun folgende zwei Methoden ein (siehe Listing 5.14):

```
        at_user_command ,
**      für Ausgabe der Währungscode-Liste
        start_of_selection.
```

Listing 5.14 Methoden, die zum Anzeigen der Daten notwendig sind

2. In der `Public Section` der Klasse `lcl_main` definieren Sie bitte eine Instanzvariable bzw. das Objekt `o_wcodes`. Dieses verwenden Sie, um auf Methoden oder Variablen des Daten-Includes zuzugreifen. Zusätzlich definieren Sie die Methode `get_all_wcodes( )`, mit der Sie alle Währungscodes abrufen können (siehe Listing 5.15).

```
PUBLIC SECTION.
  DATA:
  o_wcodes TYPE REF TO lcl_tcurc_data.

* Methoden, für die ALV-Darstellung
    METHODS:
*       hole alle Währungscodes
          get_all_wcodes.
```

Listing 5.15 Definition des Objekts »o_wcodes«, um auf das Daten-Include zuzugreifen

5.1.12 Implementation »Main-Include«

Programmieren Sie die definierten Methoden der Klasse `lcl_main` nun aus.

Implementation »start_of_selection ( )«

Währungscodes abrufen

Die Methode `start_of_selection( )` enthält den Methodenaufruf, mit dem Sie die Währungscodes abrufen können. Die letzte Zeile setzt das `USER-COMMAND` aktiv (siehe Listing 5.16).

```
*----------------------------------------------------*
* Start-Methode der Main-Klasse
*----------------------------------------------------*
```

```
  METHOD start_of_selection.
* Bereitstellen aller Währungscodes
    get_all_wcodes( ).
    WRITE / .
    SET USER-COMMAND 'X'.
  ENDMETHOD.                        "start-of_selection
```

Listing 5.16 Implementation der Methode »start_of_selection()«

Implementation »get_all_wcodes ( )«

Die Methode `get_all_wcodes( )` enthält das Select-Statement, mit dem die Daten aus den Datenbanktabellen TCURC und TCURT geholt werden.

Daten aus Tabellen extrahieren

1. Definieren Sie zuerst eine lokale interne Tabelle, in die Sie die ausgelesenen Datenbankwerte zwischenspeichern können. Außerdem benötigen Sie eine lokale Struktur, die Sie in einem Loop mit den Daten der internen Tabelle füllen und zum Auslesen verwenden können (siehe Listing 5.17).

```
*--------------------------------------------------*
* Method: GET_ALL_WCODES
*--------------------------------------------------*
  METHOD get_all_wcodes.
    DATA:
*   lokale Währungsschlüssel-Attribute

    ls_wcodes   LIKE  o_wcodes->s_wcodes,
        lt_wcodes   LIKE TABLE OF s_wcodes WITH KEY waers.
  ENDMETHOD.                        "get_all_wcodes
```

Lokale Struktur und lokale Tabelle

Listing 5.17 Definition der lokalen Objekte

2. Nach der Datendefinition schreiben Sie das SQL-Statement, mit dem Sie Ihre Daten ermitteln wollen. Die gefundenen Währungsschlüssel, Langtexte, Kurztexte und Sprachen werden mittels INTO CORRESPONDING in die interne Tabelle LT_WCODES übertragen (siehe Listing 5.18).

Select-Statement

```
* SELECT-STMT
* Währungen
    SELECT DISTINCT w~waers t~ltext t~ktext
                t~spras
        INTO CORRESPONDING FIELDS OF TABLE lt_wcodes
    FROM tcurc AS w
        INNER JOIN tcurt AS t ON w~waers EQ t~waers
    WHERE t~spras IN so_spras
```

```
                   AND
                        w~waers IN so_waers
                   AND
                        t~waers IN so_waers
                             ORDER BY w~waers.
```
Listing 5.18 Datenbankabfrage, um Währungsschlüssel, Texte und Sprachen zu ermitteln

Interne Tabelle mit »LOOP« auslesen

3. Mit den nächsten Zeilen übergeben Sie dem Währungsschlüssel-Objekt der Klasse `lcl_tcurc_data` alle Attribute. Ein Datenobjekt bzw. eine Strukturzeile wird damit gefüllt. Schließen Sie die LOOP-Schleife noch nicht, da das Addieren dieser Strukturzeile zur globalen Datentabelle noch fehlt (siehe Listing 5.19).

4. Was passiert konkret? Über die Instanzvariable `o_wcodes` kann auf die Methoden des Daten-Includes zugegriffen werden. Speziell sind das die Methoden der Klasse `lcl_tcurc_data`. Diese Methoden erwarten jeweils einen Importparameter. Der Wert dieses Importparameters wird in der Klassenmethode auf eine lokale Variable geschrieben und der Klasse damit bekanntgemacht.

```
* interne Tabelle durchlaufen und weitere Details auslesen
  LOOP AT lt_wcodes INTO ls_wcodes.
       o_wcodes->set_waers( iv_waers  = ls_wcodes-waers ).
       o_wcodes->set_ltext( iv_ltext  = ls_wcodes-ltext ).
       o_wcodes->set_ktext( iv_ktext  = ls_wcodes-ktext ).
       o_wcodes->set_spras( iv_spras  = ls_wcodes-spras ).
```
Listing 5.19 Klassenmethoden des Data-Includes werden gerufen, um lokale Werte zu übergeben.

Datensätze addieren

5. Nun kann die Methode `all_wcodes_row( )` aufgerufen werden, um die Strukturzeile zur Datentabelle zu addieren. Schließen Sie danach die LOOP-Schleife mit dem Keyword ENDLOOP (siehe Listing 5.20).

```
* add wcodes-instance to table
    o_wcodes->add_wcodes_row(
                         io_wcodes = o_wcodes ).
  ENDLOOP.
```
Listing 5.20 Gefülltes Objekt wird an Methode »add_wcodes_row()« übergeben.

Implementation »at_user_command«

Gui_Dialogbox_Container erstellen

Jetzt benötigen Sie noch die Methode `at_user_command( )`. Diese Methode ist vom Anspruch her die Schwierigste. Sie leistet Folgendes:

- Sie besorgt die Daten für das ALV-Grid.
- In dieser Methode wird ein Feldkatalog aufgebaut, in dem Sie Texte der Titelleiste ändern können.
- Außerdem legen Sie mit ihrer Hilfe ein Feldsymbol an, um ausgewählte Spalten in der Datentabelle anspringen zu können.
- Sie erstellen einen Gui_Dialogbox_Container.
- Sie vergeben für Ihr ALV-Grid ein Layout. Dieses soll so definiert sein, dass die Zeilenfarbe jede Zeile wechselt, ähnlich einem Zebramuster.

Gehen Sie folgendermaßen vor, um die Aufgaben dieser Methode zu bewerkstelligen: Beginnen Sie mit der Datendefinition, die Sie für die Darstellung eines ALV-Grids benötigen (Listing 5.21).

```
METHOD at_user_command.
  DATA:
    lo_docking    TYPE REF TO cl_gui_dialogbox_container,
    lo_alv        TYPE REF TO cl_gui_alv_grid,
    ls_layout     TYPE        lvc_s_layo,
    ls_wcodes     LIKE o_wcodes->s_wcodes,
    lt_wcodes     LIKE TABLE OF ls_wcodes WITH KEY waers.
```

Listing 5.21   Lokale Variablen zur Darstellung des ALV-Grids

1. Als Nächstes füllen Sie die lokale Tabelle lt_wcodes mit den Tabellendaten aus der Klasse lcl_tcurc_data (siehe Listing 5.22).

Lokale Tabelle füllen und Feldkatalog erstellen

```
* Tabellendaten aller Währungscode-Objekte holen
    lt_wcodes = o_wcodes->get_wcodes_alv_data( ).
```

Listing 5.22   Inhalt der Datentabelle wird an lokale Tabelle übergeben.

2. Wie schon erwähnt, benötigen Sie einen Feldkatalog und ein Feldsymbol, wenn Sie die Texte der Titelleiste im ALV-Grid ändern wollen (siehe Listing 5.23).

```
* Feldkatalog zum Ändern der Titelleiste
    DATA lt_fieldcat TYPE lvc_t_fcat.
* Feldsymbol zum Anspringen ausgewählter Bereiche
* der Titelleiste
    FIELD-SYMBOLS <fs_fieldcat> TYPE lvc_s_fcat .
```

Listing 5.23   Feldsymbol muss definiert werden.

5 | Spezialthemen der Testskript-Entwicklung

Objekt auf Initialisierung prüfen

3. Als Nächstes muss geprüft werden, ob das ALV-Objekt bereits initialisiert wurde. Wenn dies schon einmal geschehen ist, reicht ein Neuladen der ALV-Anzeige (siehe Listing 5.24).

```
* prüfen, ob das ALV-Objekt nicht mehr initial ist
    IF lo_alv IS NOT INITIAL.
* wenn alv-object schon initialisiert wurde, soll es nur
* neu geladen werden
        lo_alv->refresh_table_display( ).
```

Listing 5.24 Vorhandene Daten müssen nur aktualisiert werden.

Anlegen eines neuen ALV-Objekts, Layout setzen

4. Wenn das ALV-Objekt noch nicht initialisiert wurde, muss es komplett neu angelegt werden. Es muss als Erstes ein Gui-Dialogbox-Container erstellt werden. Danach muss das ALV-Objekt angelegt und die Layout-Optionen festgelegt werden (siehe Listing 5.25).

```
ELSE.
* create ein docking-object
    CREATE OBJECT lo_docking
        EXPORTING
            style       = lo_docking->ws_child
            lifetime    = lo_docking->lifetime_dynpro .

* create alv-object
    CREATE OBJECT lo_alv
        EXPORTING
            i_parent = lo_docking.
* set layout
* ALV über gesamten Bildschirm
        ls_layout-cwidth_opt = 'X'.
* Zeilenfarbe abwechselnd
        ls_layout-zebra = 'X'.
```

Listing 5.25 Beim Starten des Programms muss das ganze ALV neu erzeugt werden.

Aufruf eines Feldkatalogs

5. Im nächsten Schritt generieren Sie einen Feldkatalog und übergeben ihm Ihre eigene Struktur (siehe Listing 5.26).

```
* Übergabe der eigenen Struktur und Umwandlung
* in einen Feldkatalog
    CALL FUNCTION 'LVC_FIELDCATALOG_MERGE'
        EXPORTING
            i_structure_name = 'ZJN_WCODES'
        CHANGING
            ct_fieldcat      = lt_fieldcat.
```

Listing 5.26 Feldkatalog wird über einen Funktionsbaustein erzeugt.

6. Zum Ändern eines Spaltenkopfes müssen Sie zuerst den Feldkatalog lesen und den gesuchten Feldnamen übergeben. Wenn es beim Lesen des Feldkatalogs keinen Fehler gab, können Sie Texte ändern. Die Bezeichnungen scrtext_s, scrtext_m, scrtext_l stehen dabei für Kurztext mit 10 Zeichen Länge, mittlerer Text mit 20 Zeichen Länge und Langtext mit einer Länge von 40 Zeichen (siehe Listing 5.27).

Feldkatalog erstellen

```
* Lesen des Feldkatalogs und Zuweisung zum Feldsymbol
* mit dem Feldnamen UDATE_ADRS
      READ TABLE lt_fieldcat ASSIGNING <fs_fieldcat>
                   WITH KEY fieldname = 'SPRAS'.

* Prüfung, ob Feldsymbol zugewiesen wurde
      IF sy-subrc = 0.
        <fs_fieldcat>-scrtext_s = 'Sprache'.
        <fs_fieldcat>-scrtext_m = 'Sprache'.
        <fs_fieldcat>-scrtext_l = 'Sprache'.
      ENDIF.
```

Listing 5.27 Änderung der angezeigten Tabellenüberschriften

7. An dieser Stelle übergeben Sie den Feldkatalog, das Layout und Ihre gefüllte Datentabelle. Durch den Aufruf der Methode set_table_for_first_display( ) werden Ihre Daten an das ALV-Objekt übermittelt (siehe Listing 5.28).

Layout übergeben

```
* lt_fieldcat übergeben
      lo_alv->set_table_for_first_display(
             EXPORTING
                       is_layout        = ls_layout
             CHANGING  it_outtab        = lt_wcodes
                       it_fieldcatalog  = lt_fieldcat ).

   ENDIF.
```

Listing 5.28 Methode zum Übernehmen der Daten für das ALV

Sie haben das ABAP-Programm nun fast vollständig ausprogrammiert. Die anzuzeigenden Daten werden aus zwei Tabellen ermittelt. Diese Daten wurden in eine Datentabelle gespeichert, die nun auf einem Dynpro angezeigt werden kann. Was Ihnen jetzt allerdings noch zum Anzeigen der Daten auf einem ALV-Grid fehlt, ist das eigentliche Dynpro und der Dynpro Status.

5.1.13 Start-Dynpro

Wechseln Sie jetzt in Ihr Hauptprogramm ZJN_TCURC. Nach dem ersten Include `zjn_tcurc_main`, das jetzt vollständig ausprogrammiert wurde, fehlt noch die Ausprogrammierung des zweiten Includes `zjn_tcurc_module`. Doch zuvor werden Sie das Start-Dynpro anlegen.

Start-Dynpro erstellen

Führen Sie den Cursor auf den Programmnamen ZJN_TCURC im Repository Browser, und klicken Sie mit der rechten Maustaste, so dass sich das Kontextmenü öffnet. Wählen Sie den Pfad ANLEGEN • DYNPRO. Geben Sie Ihrem neuen Dynpro die Nummer »0001« (siehe Abbildung 5.7).

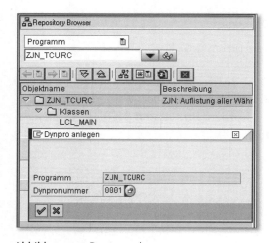

Abbildung 5.7 Dynpro anlegen

Start-Dynpro-Attribute

Dynpro-Eigenschaften

Nach dem Anlegen des Start-Dynpros gelangen Sie in die Eigenschaften dieses Dynpros.

1. Wählen Sie den Radiobutton DYNPROTYP NORMAL. Im Feld KURZBESCHREIBUNG sollten Sie die Dynpro-Nummer eintragen, damit Sie Ihr Dynpro leichter identifizieren können (siehe Abbildung 5.8). Klicken Sie nach dem Speichern auf den Button LAYOUT.

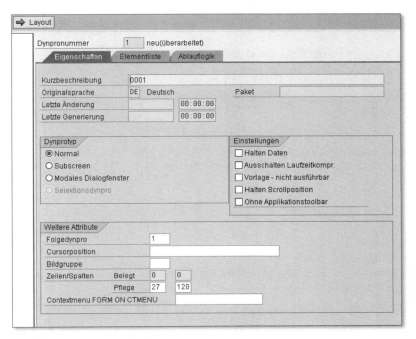

Abbildung 5.8 Dynpro-Attribute

2. Es öffnet sich der SCREEN PAINTER. Zu Beginn finden Sie eine freie Fläche vor. Die Werkzeugleiste im linken Bereich enthält als vorletztes Control das CUSTOM CONTROL.

   »Screen Painter« verwenden

   ▸ Klicken Sie den Button CUSTOM CONTROL an, und ziehen Sie das Control in die freie Fläche des Dynpros. An dem dunkelgrauen Kreuz erkennen Sie die Größe Ihres Custom Controls.

   ▸ Klicken Sie doppelt auf das Custom Control, so dass sich die SCREEN PAINTER: ATTRIBUTE öffnen (siehe Abbildung 5.9).

   ▸ Tragen Sie im Feld NAME eine Bezeichnung für Ihr Custom Control ein.

   ▸ Schließen Sie das Fenster SCREEN PAINTER: ATTRIBUTE, UND SPEICHERN SIE DAS LAYOUT.

Sie haben das Start-Dynpro erzeugt. Dieses enthält ein Custom Control, auf dem Sie die Daten aus der Datentabelle später angezeigt bekommen.

5 | Spezialthemen der Testskript-Entwicklung

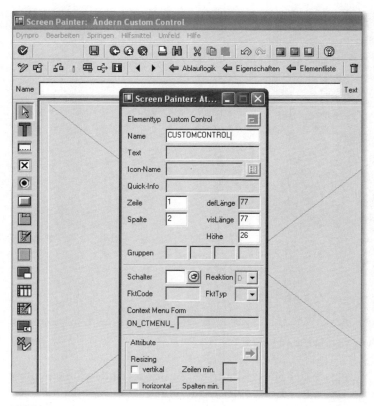

Abbildung 5.9 Dynpro-Layout mit Custom Control

5.1.14 Dynpro-Ablauflogik

Module PBO und PAI
Sie gelangen nach dem Speichern des Layouts wieder in die Registerkarte EIGENSCHAFTEN Ihres Dynpros. Wechseln Sie von dort aus in die Registerkarte ABLAUFLOGIK. Sie sehen die Ablauflogik für PROCESS BEFORE OUTPUT (PBO) und PROCESS AFTER INPUT (PAI) – siehe Abbildung 5.10. Das PBO bestimmt, was vor der Ausgabe auf dem Dynpro getan werden soll. Das PAI gibt an, was nach der Eingabe auf einem Dynpro getan werden soll.

- Fügen Sie folgende Zeile bei PBO hinzu: »MODULE 0001_pbo.«
- Und diese Zeile für PAI: »MODULE 0001_exit AT EXIT-COMMAND.«
- Führen Sie anschließend auf beiden Zeilen, die Sie neu eingefügt haben, einen Doppelklick aus, damit die Module angelegt werden können.

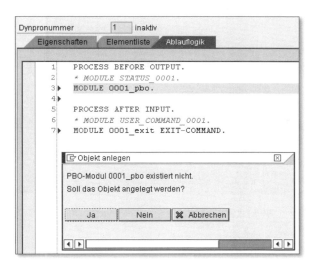

Abbildung 5.10 PBO- und PAI-Module

Sie erhalten das Fenster OBJEKT ANLEGEN, in dem Sie entscheiden müssen, ob das Modul gespeichert werden soll. Wenn Sie den Button JA angeklickt haben, erscheint eine weitere Eingabemaske, in der Sie angeben müssen, wohin das Modul gespeichert werden soll.

Wenn Ihnen an dieser Stelle bereits das Include zjn_tcurc_module angeboten wird, sollten Sie dieses auswählen (siehe Abbildung 5.11). Andernfalls wählen Sie vorerst das Rahmenprogramm. Allerdings sollten Sie anschließend sofort in Ihr Hauptprogramm wechseln und die neuen Methoden ausschneiden und in das Include zjn_tcurc_module einfügen.

Speicherung der Module

> Die Anzeige, die Sie erhalten, hängt davon ab, ob Sie das Include bereits angelegt haben. Sie könnten zum Beispiel zu Beginn Ihrer Include-Entwicklung immer alle Includes durch einen Doppelklick anlegen.

[+]

Wenn Sie auf ein zusätzliches Include für die Module gänzlich verzichten wollen, reicht es auch aus, wenn Ihre PBO- und PAI-Module im Rahmenprogramm angesiedelt werden.

Sie haben Ihrem Dynpro nun die Möglichkeit gegeben, auf Ereignisse vor und nach der Ausgabe zu reagieren. Die Ereignisbehandlung findet im Module-Include statt.

5 | Spezialthemen der Testskript-Entwicklung

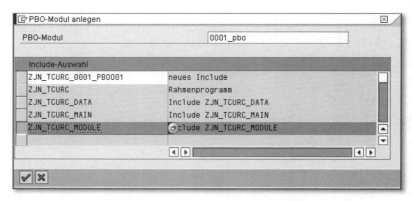

Abbildung 5.11 Das PBO-Modul wird im Rahmenprogramm eingetragen.

5.1.15 Dynpro GUI-Status anlegen

GUI-Status erstellen

Jetzt fehlt Ihnen noch ein GUI-Status. Dieser informiert das Dynpro darüber, wie es sich verhalten soll, wenn ein bestimmter Button gedrückt wurde.

Wählen Sie folgenden Pfad (siehe Abbildung 5.12), wobei ZJN_TCURC bei Ihnen anders lauten könnte, wenn Sie Ihr ABAP Objects-Programm anders genannt haben: ZJN_TCURC • ANLEGEN • GUI-STATUS.

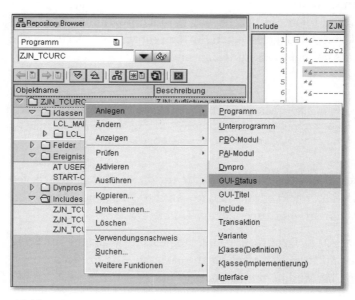

Abbildung 5.12 GUI-Status erstellen

370

Auch dem GUI-Status sollten Sie die Nummer 0001 geben, damit Dynpro und Status als zusammengehörend erkannt werden können und übersichtlich bleiben. Wählen Sie in der Feldgruppe STATUSTYP den Radiobutton DIALOGSTATUS (siehe Abbildung 5.13).

Gleiche Nummerierung für Dynpro und GUI-Status

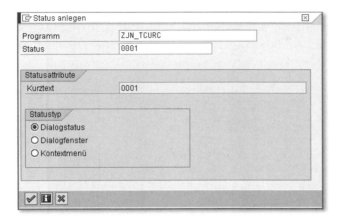

Abbildung 5.13 GUI-Status mit Dialogstatus

Sie haben in diesem Abschnitt einen GUI-Status erstellt. Dieser besitzt allerdings noch keine Aktionen. Wenn Sie den Button ZURÜCK anklicken würden, würden Sie nicht zurückgelangen. Der Button bliebe wirkungslos. Sie müssen den GUI-Status deshalb anpassen.

5.1.16 Dynpro GUI-Status ändern

Sie können den GUI-Status nach dem Anlegen ändern und dabei Buttons mit eigenen Befehlen versehen.

1. Tragen Sie in die Symbolleiste für die Buttons drei bis fünf den Wert »BACK« ein (siehe Abbildung 5.14).

Änderungen im GUI-Status

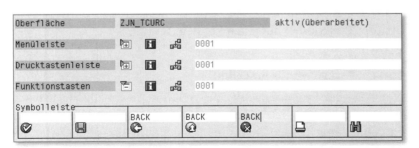

Abbildung 5.14 GUI-Status mit Exit-Funktionen

5 | Spezialthemen der Testskript-Entwicklung

> **[+] Buttons mit Werten belegen**
>
> Wenn Sie vergessen, die Buttons ABBRECHEN, ZURÜCK oder EXIT mit Werten zu belegen, können Sie später die ALV-Anzeige nicht mehr verlassen.

Eigenschaften der Buttons definieren

2. Klicken Sie doppelt auf das erste BACK, das am ZURÜCK-Button steht. Sie erhalten die Eingabemaske FUNKTIONSEIGENSCHAFTEN. Tragen Sie im Feld FUNKTIONSTYP ein »E« für Exit ein. Abbildung 5.15 zeigt die Funktionseigenschaften des ZURÜCK-Buttons.

Abbildung 5.15 Funktionseigenschaften des »Zurück«-Buttons

Wenn Sie die Funktionseigenschaften des ABBRECHEN-Buttons definieren wollen, tragen Sie folgende Werte ein:

- »E« im Feld FUNKTIONSTYP
- »CANCEL« im Feld FUNKTIONSTEXT
- »ICON_CANCEL« im Feld IKONENNAME

In diesem Abschnitt haben Sie gelernt, wie Sie den Buttons eines Dynpros Funktionen mitgeben können.

5.1.17 Textsymbole erstellen

Textsymbole für Select-Options erstellen

Wenn Sie ein Programm mit Select-Options erstmalig starten und keine Textsymbole erstellt haben, erhalten Sie in der Eingabemaske statt eines sprechenden Textes die Bezeichnung Ihrer Parameter. Sie würden also bei diesem Programm statt des Textes SPRACHE den

Parameternamen SO_SPRAS angezeigt bekommen. Um das zu ändern, können Sie Textsymbole erzeugen.

Die Select-Options so_waers und so_spras besitzen derzeit noch kein Textsymbol. Um für diese beiden Felder sprechende Namen zu vergeben, die dem zukünftigen Benutzer sofort zeigen, welche Eingabe von ihm erwartet wird, müssen Sie über den Pfad SPRINGEN • TEXTELEMENTE • TEXTSYMBOLE im Hauptmenü gehen.

Wechseln Sie in die Registerkarte SELEKTIONSTEXTE, und tragen Sie für die Felder SO_SPRAS und SO_WAERS einen sprechenden Text in das Feld TEXT ein (siehe Abbildung 5.16). Speichern und aktivieren Sie die Texteingaben.

Abbildung 5.16 Textsymbole für Select-Options

5.1.18 Implementation »Main-Klasse«

Jetzt fehlen nur noch einige wenige Quellcodezeilen in Ihrem Hauptprogramm ZJN_TCURC, um das ABAP Objects-Programm starten zu können: nämlich der Aufruf der Eingabemaske. Gehen Sie dazu folgendermaßen vor:

1. Tragen Sie unter die Include-Angaben die Definition für eine Objektinstanz o_main der Klasse lcl_main ein (siehe Listing 5.29). Mit dieser Instanz können Sie anschließend die Eingabemaske aufrufen und das gesamte Programm starten.

Objektinstanz erzeugen

```
DATA:
*         instance for main-class
          o_main TYPE REF TO lcl_main.
```

Listing 5.29 Instanzvariable für Main-Klasse wird definiert.

2. Tragen Sie anschließend bei AT USER-COMMAND den Aufruf der Methode at_user_command( ) der Klasse LCL_MAIN ein (siehe Listing 5.30).

```
AT USER-COMMAND.
o_main->at_user_command( ).
```

Listing 5.30 Über Instanzvariable wird Methode »at_user_command()« gestartet.

3. Um Ihr Programm ausführen zu können, sind noch diese drei Zeilen notwendig:

   ▸ setzen Sie den Zeitpunkt start-of-selection( )

   ▸ kreieren Sie das Objekt o_main, über das Sie die Methode start_of_selection( ) aufrufen können

Programm-startpunkt

4. Speichern Sie Ihr Programm, und aktivieren Sie es (siehe Listing 5.31).

```
START-OF-SELECTION.
* Create ein Haupt-Objekt
  CREATE OBJECT o_main .
  o_main->start_of_selection( ).
```

Listing 5.31 Über Instanzvariable wird der Startbildschirm mit Eingabemaske aufgerufen.

Sie haben in diesem Abschnitt die letzten Schritte für ein erfolgreich laufendes ABAP Objects-Programm erledigt. Sie müssen das Programm nun noch speichern und aktivieren. Sie könnten es jetzt starten, indem Sie auf den Button AUSFÜHREN (Schraubzwinge) klicken.

5.1.19 ABAP Objects-Programm ausführen

Start-Dynpro für ABAP-Programm

Nachdem Sie das Programm erstellt und gespeichert haben, können Sie es ausführen. Zum Ausführen eines ABAP-Programms starten Sie die Transaktion SE38. Geben Sie anschließend den Programmnamen in das Feld PROGRAMM ein. Das Beispiel in diesem Kapitel heißt ZJN_TCURC. Wenn Sie sich bereits im Änderungsmodus Ihres Programms befinden, können Sie auf den Button AUSFÜHREN klicken.

Führen Sie Ihr ABAP Objects-Programm aus. Tragen Sie eine beliebige Intervallgrenze ein (siehe Abbildung 5.17), und starten Sie das Programm.

Testskript mit kundeneigener Transaktion | 5.1

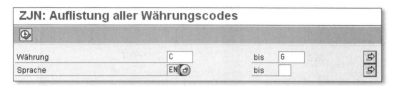

Abbildung 5.17 Selektionsbildschirm

Sie erhalten eine ALV-Grid-Liste, in der die Währungsschlüssel Ihrer Intervallgrenze entsprechen. In Abbildung 5.18 sehen Sie einen Ausschnitt aus der Gesamtliste.

Ergebnisliste auf ALV-Grid

Abbildung 5.18 ALV-Grid mit Währungsschlüsseln

Dieses Programm muss nun noch in eine Transaktion eingebunden werden, damit es im Testskript aufgenommen werden kann.

> Falls Sie in Ihrer ALV-Grid-Liste nicht scrollen oder filtern können, müssen Sie prüfen, ob Ihre Datentabelle global und public ist. [!]

5.1.20 Programm in Transaktion einbinden

In diesem Abschnitt werden Sie Ihre eigene Transaktion erstellen, in die Sie Ihr im letzten Abschnitt erstelltes ABAP-Programm einbinden.

1. Rufen Sie jetzt die Transaktion SE93 (Transaktionspflege) auf, um eine neue Transaktion zu erstellen.

Transaktion SE93, »Transaktionspflege«

> Bei der Namensvergabe könnten Sie als Präfix ZT_<Programmname> verwenden, damit Sie Ihre eigenen Transaktionen später schnell finden (siehe Abbildung 5.19). [+]

375

2. Tragen Sie in das Feld TRANSAKTIONSCODE eine Bezeichnung ein, und drücken Sie anschließend den Button ANLEGEN.

Abbildung 5.19 Einstieg »Transaktionspflege«

Transaktionspflege

3. Sie erhalten den Änderungsmodus der Transaktionspflege (siehe Abbildung 5.20).

[+] **Beschreibungstext eintragen**

Wichtig ist, dass Sie im Feld KURZTEXT einen Beschreibungstext eintragen. Er wird zum Beispiel angezeigt, wenn Sie diese Transaktion in die Favoritenliste Ihrer Transaktionen aufnehmen oder als Testskript abspielen. So fällt es Ihnen erheblich leichter, die Transaktion wiederzufinden.

4. Wählen Sie als Startobjekt den Radiobutton PROGRAMM UND SELEKTIONSBILD (REPORTTRANSAKTION) aus (siehe Abbildung 5.20).

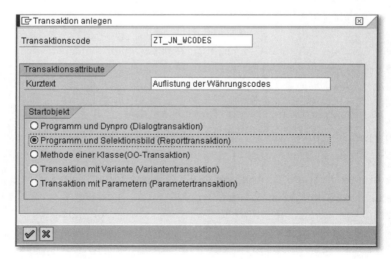

Abbildung 5.20 Auswahlfenster »Transaktion anlegen«

5. Eventuell sieht die Eingabemaske REPORTTRANSAKTION ANLEGEN, in die Sie nun gelangen, bei Ihnen etwas anders aus als in Abbildung 5.21. Tragen Sie trotzdem auf jeden Fall in das Feld PROGRAMM den Namen Ihres ABAP-Programms ein, damit die Transaktion das richtige Programm findet und ausführen kann. Als SELEKTIONSBILD tragen Sie »1000« ein. Bei GUI-FÄHIGKEIT sollten Sie mindestens SAP GUI FÜR JAVA und SAP GUI FÜR WINDOWS ankreuzen.

ABAP-Programm in Transaktion aufnehmen

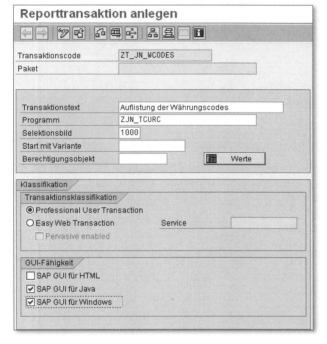

Abbildung 5.21 Eingabemaske »Reporttransaktion anlegen«

6. Speichern Sie Ihre neue Transaktion, und testen Sie sie, indem Sie auf den Button AUSFÜHREN (Schraubzwinge) klicken.

Transaktion ausführen

Funktioniert Ihre Transaktion genauso wie das zuvor von Ihnen geschriebene Programm? Wenn ja, dann ist Ihre Transaktion fertiggestellt. Falls Ihre Transaktion nicht so arbeitet, wie Sie es erwartet hatten, sollten Sie die Einstellungen der Transaktion noch einmal kontrollieren. Unter Umständen bestehen Berechtigungsprobleme für Ihre Transaktion, wenn Sie sie auf einem anderen System testen wollen, auf dem Ihnen noch keine Berechtigung für diese neue Transaktion zugewiesen wurde.

5 | Spezialthemen der Testskript-Entwicklung

Transaktionstest Abbildung 5.22 zeigt Ihnen das Ergebnis des Transaktionstests. Die Transaktion hat eine ALV-Grid-Liste erzeugt, in der Währungscodes angezeigt werden. Die Transaktion ist jetzt vollständig und kann in ein eCATT-Testskript aufgenommen werden.

Abbildung 5.22 Ergebnis des Transaktionstests

5.1.21 Testskript mit kundeneigener Transaktion

Sie werden in diesem Abschnitt die Transaktion ZT_JN_WCODES mit Ihrem ABAP Objects-Programm ZJN_TCURC in ein Testskript aufnehmen.

Folgende Schritte sind dafür notwendig:

- Testskript anlegen
- Transaktion über Muster TCD (Record) aufzeichnen

Testskript anlegen

Zuerst benötigen Sie ein Testskript, um Ihre kundeneigene Transaktion zu testen.

1. Starten Sie eCATT durch Aufrufen der Transaktion SECATT, und tragen Sie im Feld TESTSKRIPT eine Bezeichnung für Ihr neues Testskript ein, etwa »ZTS_JN_WCODES«.

Registerkarte »Attribute« 2. Tragen Sie die Attribute für Ihr neues Testskript ein, und speichern Sie Ihre Eingaben (siehe Abbildung 5.23).

Testskript mit kundeneigener Transaktion | **5.1**

Abbildung 5.23 Attribute zum Testskript

Muster einfügen

Für Ihre kundeneigene Transaktion verwenden Sie das Muster TCD (Record), da Sie Ihre Transaktion über dieses Kommando auch im Hintergrund abspielen können.

1. Fügen Sie ein neues Muster ein. Wenn Sie den Button MUSTER anklicken, erhalten Sie die in Abbildung 5.24 gezeigte Eingabemaske. Tragen Sie in das Feld TRANSAKTION die Transaktion »ZT_JN_WCODES« ein, die Sie in Abschnitt 5.1.21, »Testskript mit kundeneigener Transaktion«, erstellt haben.

    Transaktion aufzeichnen

2. Bestätigen Sie Ihre Eingaben, indem Sie auf den grünen Haken klicken, und starten Sie somit die Aufzeichnung Ihrer Transaktion.

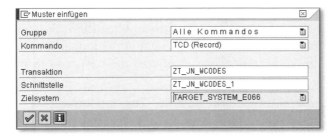

Abbildung 5.24 Eingabemaske »Muster einführen«

3. Bevor Sie in die Transaktion springen, werden Ihre Anmeldedaten abgefragt. Sie müssen sich so anmelden, wie Sie sich sonst auch an dem angewählten System bzw. Mandanten anmelden (siehe Abbildung 5.25).

    Remote Login für Aufzeichnung

379

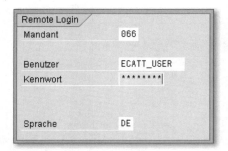

Abbildung 5.25 Eingabemaske »Remote Login«

Transaktion für Aufzeichnung abspielen

Nach der korrekten Anmeldung gelangen Sie in Ihre Transaktion. Sie sehen, dass Sie die Eingabemaske Ihres ABAP-Programms erhalten (Abbildung 5.26).

Intervall bei Aufzeichnung füllen

1. Tragen Sie ein Intervall VON – BIS ein, damit Sie diese Felder später in der Kommandoschnittstelle des Testskripts schnell auffinden.

Abbildung 5.26 Eingabemaske der Transaktion ZT_JN_WCODES (Auflistung aller Währungscodes)

2. Nachdem Sie die Eingaben bestätigt haben, wird die ALV-Grid-Liste mit Ihren Parametern aufgebaut (siehe Abbildung 5.27). Sie sehen, dass die Währungscodes der ALV-Grid-Liste genau Ihren Vorgaben entsprechen.

3. Verlassen Sie die ALV-Grid-Liste über den ZURÜCK-Button.

4. Sobald Sie in den Testskript-Editor gelangen, werden Sie gefragt, ob Sie die Daten speichern wollen. Bestätigen Sie die Frage, indem Sie auf den Button JA klicken.

Abbildung 5.27 Ausgabe als ALV-Grid-Liste

Kommandoschnittstelle parametrisieren

In der Kommandoschnittstelle sehen Sie das aufgezeichnete Dynpro (siehe Abbildung 5.28). Sie sehen, dass die Dynpro-Felder so_waers-LOW, so_waers-HIGH und so_spras-LOW zur Testskript-Aufnahmezeit gefüllt wurden. Erinnern Sie sich bitte daran, dass Sie in Ihrem ABAP Objects-Programm ZJN_TCURC zwei Select-Options definiert hatten, die so_waers und so_spras hießen. Genau diese Select-Options wurden jetzt angesprochen.

Select-Options in der Kommandoschnittstelle

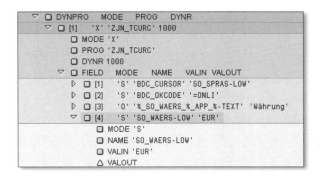

Abbildung 5.28 Dynpro der aufgezeichneten Transaktion

5 | Spezialthemen der Testskript-Entwicklung

1. Legen Sie nun neue Parameter an, um das Testskript zu parametrisieren. In Abbildung 5.29 sehen Sie, dass drei Importparameter erstellt wurden, die für die Werteübergabe der Select-Options genutzt werden sollen. Als Standardwerte wurden die Werte eingetragen, die zur Laufzeit fehlerfrei verwendet werden konnten. In einer Testkonfiguration könnten Sie auch beliebig andere Werte einsetzen.

Abbildung 5.29 Parameter anlegen

Testskript parametrisieren

2. Tragen Sie die neuen Parameter in der Kommandoschnittstelle ein (siehe Abbildung 5.30), und speichern Sie Ihr Testskript.

Sie sehen, dass die Icons vor den Dynpro-Feldern zu blauen Dreiecken geworden sind, als Sie die Importparameter übergeben haben.

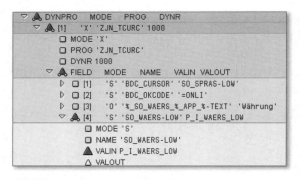

Abbildung 5.30 Parameterübergabe

Testskript mit kundeneigener Transaktion testen

Sobald Sie Ihr Testskript parametrisiert und gespeichert haben, können Sie es testen.

Eingabefelder mit Parameterwerten versorgt

Führen Sie das Testskript ZTS_JN_WCODES aus. Sie erhalten ein Testprotokoll, wie das in Abbildung 5.31 gezeigte. Sie sehen, dass die Importparameter mit den Standardwerten vorbelegt wurden.

Außerdem sehen Sie, dass die Importparameter an die Dynpro-Felder übergeben wurden. Das Testskript ist ebenso fehlerfrei gelaufen wie Ihr ABAP Objects-Programm. Sobald Ihr Programm auf Fehler läuft, wird auch das Testskript Fehler anzeigen.

> **Fehler durch umbenannte »Select-Options«** [+]
>
> Wenn Sie Fehler im Testskript erhalten, könnte das zum Beispiel damit zusammenhängen, dass Sie die Select-Options-Felder nachträglich umbenannt haben.

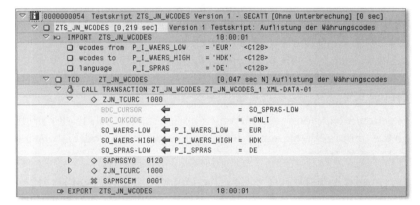

Abbildung 5.31 Protokollausgabe

> **Unveränderbarkeit der Felder** [+]
>
> Ein Testskript kann nur so lange fehlerfrei arbeiten, wie die Selektionsfelder unverändert bleiben. Kommen Felder hinzu, werden Felder gelöscht oder umbenannt, findet das Testskript die Dynpro-Felder nicht mehr oder versteht die neue Reihenfolge der Felder nicht mehr. Das Testskript muss dann neu aufgezeichnet werden.

In diesem Abschnitt haben Sie ein ABAP Objects-Programm erstellt und dieses in eine eigene Transaktion eingebunden. Anschließend haben Sie ein Testskript angelegt und Ihre Transaktion aufgezeichnet. Sie haben das Testskript genauso parametrisiert wie ein Testskript, das SAP-Transaktionen enthält. In der Kommandoschnittstelle und im Testprotokoll konnten Sie die Bezeichnungen Ihrer Select-Options aus dem ABAP Objects-Programm aufspüren. Sie haben daraus gelernt, dass ein Testskript darauf angewiesen ist, dass Dynpro-Felder einer Transaktion unverändert bleiben. Ein Testskript muss neu aufgezeichnet werden, wenn die Bezeichnungen der Dynpro-Felder geändert wurden.

5.2 Stammdatenmigration mit Inline ABAP

Bei einer Stammdatenmigration werden sicherlich auch Transaktionen verwendet, in denen das Ändern oder Verwenden der Stammdaten durchgeführt wird. Da Sie in unterschiedlichen SAP-Systemen auch unterschiedliche Stammdaten besitzen, ist es oft nicht möglich, beispielsweise eine Standardnummer für das Material, einen Kunden oder für ein Sachkonto im Testskript anzugeben. Dies würde dazu führen, dass die Varianten in dem einen Testsystem fehlerfrei abgespielt werden können, in einem anderen Testsystem jedoch zum Beispiel den Fehler bringen würden, dass die Materialnummer nicht gefunden wurde.

Prüfung, ob Nummern vorhanden

Für diesen Fall benötigen Sie einen vorgeschalteten Test, der prüft, ob die importierte Nummer verwendet werden kann oder ob sie gar nicht existiert.

Ein vorgeschalteter Test könnte das Anlegen eines Materials, eines Kunden oder eines Sachkontos übernehmen und die generierte Nummer einfach an die Änderungstransaktion weitergeben oder an eine Transaktion, die einen SD-Kundenauftrag erzeugt.

[!] **Doppelte Vergabe von Bezeichnungen**

Ein Problem könnte dabei auftreten, wenn es bereits ein Material mit der gleichen Bezeichnung oder ein Sachkonto mit den gleichen Werten gibt. Sie könnten nämlich mit dem Ausführen eines Testskripts, das Material anlegt, Unmengen von gleichen Materialien erzeugen, die nicht mehr überschaubar sind und alle nachträglich eine Löschvormerkung erhalten müssten, um anschließend bei einem Archivierungslauf entfernt zu werden.

Um dieser Problematik entgegenzuwirken, könnten Sie ein Testskript entwickeln, in dem direkt über ein SQL-Statement geprüft wird, ob das anzulegende Material bereits vorhanden ist. Falls nicht, könnten Sie ein Testskript für die Transaktion Material anlegen als Referenz in Ihr Testskript einbinden und erst danach Ihre Änderungstransaktion oder die Transaktion zum Anlegen eines Kundenauftrags starten.

Der Vorteil läge darin, dass Ihre Transaktionen für die Stammdatenmigration immer mit aktuellen Daten versorgt würden. Transaktionen, die Bewegungsdaten wie zum Beispiel Kundenaufträge erzeugten, könnten auf neu angelegte Stammdaten zurückgreifen. Die Stammdatenmigration würde fehlerresistenter ablaufen.

Doch wie kann ein vorgeschalteter Test in ein Testskript eingebunden werden? Hier kommt Inline ABAP zum Einsatz.

Inline ABAP

Mit eCATT-Befehlen können Sie Transaktionen und Prozesse prüfen. Allerdings gibt es Situationen, in denen die Möglichkeiten, die ein aufgezeichneter eCATT-Testfall bietet, ein falsches Ergebnis liefern oder nicht so ablaufen, wie es für Sie erforderlich ist. Mit aufwendigen Mitteln, zum Beispiel zusätzlich aufgezeichneten Transaktionen und umfangreicher Parametrisierung, würden Sie vielleicht eine Möglichkeit finden, ein richtiges Ergebnis zu erhalten.

> **SQL-Abfragen mit Inline ABAP** [+]
>
> Einfacher ist es, wenn Sie zusätzliche Abfragen mit Inline ABAP von eCATT umsetzen.
>
> Sie haben die Möglichkeit, innerhalb eines Inline ABAP-Blocks komplexe SQL-Abfragen oder ABAP-Quellcode zu erstellen. Sie müssen dafür keine weitere Transaktion aufzeichnen. Ein Inline ABAP-Block wird durch die eCATT-Befehle ABAP...ENDABAP gekapselt.
>
> Die folgende URL wurde von SAP zu diesem Thema bereitgestellt:
>
> *http://help.sap.com/saphelp_sm32/helpdata/de/62/ 4bae5b0f087d4eb7f2dab522e5501c/content.htm*

Die folgenden Abschnitte verdeutlichen Ihnen den Einsatz von Inline ABAP Schritt für Schritt.

5.2.1 Mögliche Anwendung von Inline ABAP

In Abbildung 5.32 sehen Sie zwei Testskripts. Das rechte Testskript dient der Materialanlage, bzw. es enthält die Transaktion MM01 zum Anlegen eines neuen Materials. Das zweite Testskript befindet sich auf der linken Seite und dient dazu, ein Material zu ändern. Dieses Testskript soll die Transaktion MM02 (Material ändern) ausführen.

Inline ABAP im Testskript

1. Da nicht bekannt ist, ob der Importparameter eine vorhandene Materialnummer auf dem zu testenden System enthält, soll vor dem Aufruf der Änderungstransaktion ein SQL-Statement durch-

Prüfung mit SQL-Statement

geführt werden, das in der Datenbanktabelle MARA prüft, ob die Materialnummer auf dem anvisierten SAP-System vorhanden ist.

2. Falls ein Material in der Tabelle MARA gefunden wird, das den gleichen Materialtext besitzt wie das Material, das geändert werden soll, dann soll die dazugehörende Materialnummer auf eine lokale Variable l_matnr gespeichert werden. Mit dem eCATT-Befehl LOG wird der Wert, der auf die variable_matnr übertragen wurde, gehalten.

3. Anschließend kann in einem IF...ENDIF-Block geprüft werden, ob es eine Materialnummer gab. Wenn es keine Materialnummer gab, kann das Testskript Material anlegen über eine Referenz aufgerufen werden. Der Exportparameter des aufgerufenen Testskripts wird auf den Importparameter des Änderungs-Testskripts gespeichert.

4. Zum Schluss wird die Transaktion MM02 (Material ändern) mit einem geprüften und gegebenenfalls geänderten Importparameter für die Materialnummer ausgeführt.

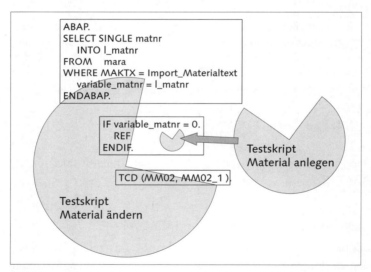

Abbildung 5.32 Möglicher Einsatz von Inline ABAP

Datenvalidierung Sie können diese Möglichkeit der Datenvalidierung verwenden, wenn Sie zum Beispiel Massendaten ändern wollen und sichergehen möchten, dass nur dann Fehler im Testprotokoll angezeigt werden, wenn es tatsächliche Fehler gab.

> **Funktionsfähigkeit der Transaktion »MARA«**
>
> Ein Testskript, das ein einzelnes Material erfolgreich ändern kann, hat bereits bewiesen, dass die Transaktion MM02 noch so funktioniert wie zur Aufnahmezeit. Beim Einsatz der Transaktion MM02 während einer Stammdatenmigration soll deshalb kein Fehler angezeigt werden, der nur generiert wurde, weil eine Materialnummer nicht vorhanden ist.

[+]

Bei der Pflege von Massendaten geht es Ihnen üblicherweise nicht darum, einzelne Transaktionen zu testen, sondern Hunderte oder Tausende Datensätze in Hochgeschwindigkeit zu ändern oder einzuspielen. Würden Sie bei etwa 800 Materialien eine Fehlermeldung im Testprotokoll erhalten, wäre die Prüfung für Sie sehr mühselig. Fehler während der Stammdatenmigration sollten normalerweise nur dann auftreten, wenn sich die Berechtigungen für den Aufrufer geändert haben. Darum ist es sinnvoller, eine vorgelagerte Fehlerbehandlung zu verwenden.

Umgehen von Fehlermeldungen

Im Folgenden erhalten Sie ein kleines Testskript-Beispiel, in dem Inline ABAP verwendet wird.

5.2.2 Vorbereitung

Ehe es zum Einsatz von Inline ABAP kommt, müssen Sie folgende vorbereitende Schritte durchlaufen:

Testskript anlegen

Starten Sie die Transaktion SECATT, und legen Sie ein neues Testskript an. Das Beispiel-Testskript soll SAP-Benutzer sperren und entsperren. Sinnvoll könnte das sein, wenn Systemwartungen durchgeführt werden müssen. Die Transaktion für die Benutzerpflege lautet SU01.

Legen Sie ein Testskript mit der Bezeichnung »ZTS_SU01« an. Sie erhalten die Registerkarte ATTRIBUTE • ALLGEMEINE DATEN. Tragen Sie das Pflegesystem mit SYSTEMDATENCONTAINER und ZIELSYSTEM ein (siehe Abbildung 5.33).

5 | Spezialthemen der Testskript-Entwicklung

Abbildung 5.33 Allgemeine Daten des Testskripts

Muster einfügen

Um ein neues Muster in Ihr Testskript einzufügen, wechseln Sie in die Registerkarte EDITOR.

Gruppe »UI-Ansteuerung«

Fügen Sie über den Button MUSTER ein neues Muster ein. Wählen Sie im Feld GRUPPE den Eintrag UI-ANSTEUERUNG (User-Interface-Ansteuerung bzw. Benutzerschnittstellen-Ansteuerung). Füllen Sie die Felder für das neue Muster folgendermaßen aus:

eCATT-Befehl »TCD (Record)«

- Im Feld KOMMANDO wählen Sie TCD (Record) aus.
- Im Feld TRANSAKTION tragen Sie die Transaktion »SU01« ein.
- Tragen Sie zum Schluss Ihr Zielsystem ein, auf dem Sie einen Testnutzer sperren wollen (siehe Abbildung 5.34).

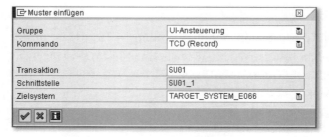

Abbildung 5.34 Eingabemuster »Muster einfügen«

5.2 Stammdatenmigration mit Inline ABAP

> **SAP-Benutzer kopieren** [+]
>
> Falls Sie noch keinen Testnutzer besitzen, könnten Sie in einem zweiten Modus die Transaktion SU01 aufrufen, dort Ihren eigenen Benutzernamen eintragen und von Ihrem SAP-Benutzernamen eine Kopie erstellen. Dieser kopierte SAP-Nutzer könnte für Sie im weiteren Verlauf als Testnutzer dienen.

> **Unterschiedliche Systeme** [+]
>
> Wenn Sie für Ihre Stammdatenmigration unterschiedliche Systeme benötigen, haben Sie die Möglichkeit, in Ihrem Testbaustein unterschiedliche Zielsysteme anzusteuern. Tragen Sie dazu das Zielsystem in den TCD-Befehl ein:
>
> TCD (<Transaktion>,<Kommandoschnittstelle>,<Zielsystem>_1>).
> TCD (<Transaktion>,<Kommandoschnittstelle>,<Zielsystem>_2>).

Transaktion aufzeichnen

Nachdem Sie ein Muster ausgewählt haben, erhalten Sie die Eingabemaske der Benutzerpflege.

1. Tragen Sie im Feld BENUTZER einen Testnutzer ein (siehe Abbildung 5.35).

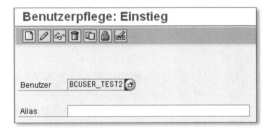

Abbildung 5.35 Start der Benutzerpflege

2. Sperren Sie den Benutzer, indem Sie auf den Button SPERREN/ENTSPERREN klicken (Schloss, siehe Abbildung 5.36). Wenn Sie den Benutzer wieder entsperren wollen, müssen Sie erneut auf den Button SPERREN/ENTSPERREN drücken.

Transaktion SU01, »Sperren und Entsperren von Benutzern«

Abbildung 5.36 SAP-Benutzer sperren/entsperren

Transaktion SU01, »Anlegen von Benutzern«

3. Weitere Funktionen der Benutzerpflege wären das Anlegen (weißes Blatt), das Kopieren (Blätter) und das Ändern des Kennwortes (siehe Abbildung 5.37).

Abbildung 5.37 Kennwort ändern

4. Sobald Sie den Button SPERREN/ENTSPERREN angeklickt haben, wird der SAP-Benutzer gesperrt, und Sie erhalten in der Statusleiste die Information über die Sperrung (siehe Abbildung 5.38).

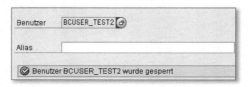

Abbildung 5.38 Sperrung eines SAP-Benutzernamens

5. Verlassen Sie die Transaktionsaufzeichnung, indem Sie auf den ZURÜCK-Button klicken. Sie werden im Anschluss an die Aufzeichnung gefragt, ob Sie die Daten speichern wollen. Bestätigen Sie diese Frage, indem Sie auf den Button JA klicken.

Importparameter anlegen

Nach der Aufzeichnung der Transaktion SU01 gelangen Sie wieder in die Registerkarte EDITOR Ihres Testskripts (Abbildung 5.39). Sie sehen, dass die Parameterliste noch leer ist. Sie sehen außerdem, dass im Befehl-Editor der Kommandoaufruf TCD eingetragen wurde.

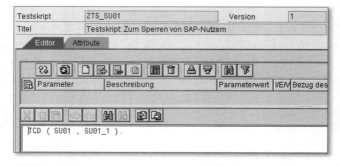

Abbildung 5.39 Testskript-Editor mit Kommandoschnittstelle

5.2 Stammdatenmigration mit Inline ABAP

1. Definieren Sie einen Importparameter P_I_UNAME, über den Sie wie im Beispiel einen Benutzernamen (siehe Abbildung 5.40) importieren können.

Importparameter anlegen

[!] Als Parameterwert sollten Sie unbedingt einen Testnutzer eintragen, damit nicht Ihr eigener SAP-Benutzername gesperrt wird.

2. Als Zweites müssen Sie eine Variable anlegen, die Sie für die Inline ABAP-Programmierung im Testskript benötigen.

Variable für Inline ABAP

Sie haben das Testskript für den Inline ABAP-Test nun angelegt und mit zwei Parametern versorgt.

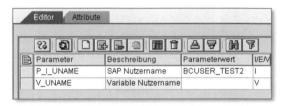

Abbildung 5.40 Importparameter und Variable

Testnutzer testen

Nachdem Sie das Testskript erstellt haben, sollten Sie einmal den Test wagen und sich als Testnutzer anmelden. Da Sie den Testnutzer zur Aufnahmezeit der Transaktion SU01 gesperrt haben, sollte dieser nun auch wirklich gesperrt sein.

In Abbildung 5.41 sehen Sie den gescheiterten Versuch bei der Anmeldung des Testnutzers. Anhand der Statusleiste konnte hier nicht sofort erkannt werden, dass der Testnutzer gesperrt ist.

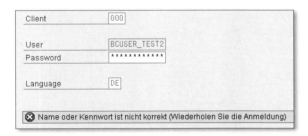

Abbildung 5.41 Anmeldung mit gesperrtem Testnutzernamen

Kommandoschnittstelle im Struktur-Editor

SAP-Benutzer gesperrt

Damit Sie nicht nur einen SAP-Benutzer sperren können, sollten Sie das Dynpro-Feld für den Benutzernamen parametrisieren. Einen Parameter haben Sie dafür schon angelegt, er lautet P_I_UNAME. Fügen Sie diesen Parameter in der Kommandoschnittstelle ein.

Um die Kommandoschnittstelle zu öffnen, klicken Sie den Button PARAMETER<->KOMMANDOSCHNITTSTELLE an. Klicken Sie anschließend doppelt auf die Kommandoschnittstelle SU01_1 (siehe Abbildung 5.42). Folgende Informationen finden Sie im Struktur-Editor:

- Sie sehen, dass im Dynpro-Feld USR02-BNAME der Wert BCUSER_TEST2 eingetragen wurde.
- Und Sie sehen, dass die letzte Meldung besagt, dass der Benutzer BCUSER_TEST2 gesperrt wurde.

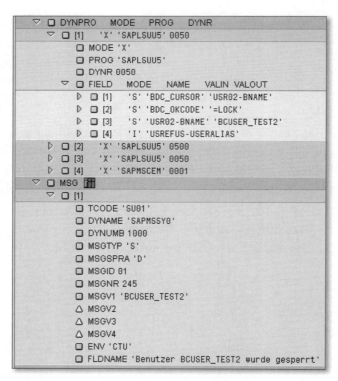

Abbildung 5.42 Kommandoschnittstelle mit Anzeige der letzten Meldung

Kommandoschnittstelle parametrisieren

Nachdem Sie das Element USR02-BNAME im Struktur-Editor gefunden haben, können Sie es parametrisieren.

Übergeben Sie dem Dynpro-Feld USR02-BNAME Ihren Importparameter (siehe Abbildung 5.43). Sofort ändert sich die farbliche Darstellung der Icons am Zeilenanfang. Das Dynpro-Feld ist jetzt mit einem dynamischen Wert versorgt.

Importparameter übergeben

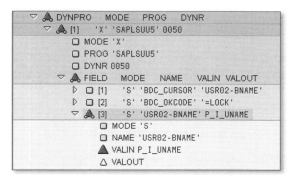

Abbildung 5.43 Übergabe des Importparameters

Testskript testen

Nachdem Sie dem Testskript einen Importparameter übergeben und es abgespeichert haben, können Sie das Testskript testen. Führen Sie das Testskript aus. Sie sehen in Abbildung 5.44, dass die Sperre für den Benutzer BCUSER_TEST2 aufgehoben wurde.

Testprotokoll: Sperre aufgehoben

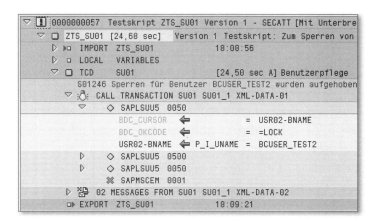

Abbildung 5.44 Testprotokoll mit letzter Meldung

5.2.3 Einsatz von Inline ABAP

Wollten Sie an dieser Stelle eine umfangreichere Menge an Benutzern sperren, so könnten Sie die Benutzernamen in einer externen Variantendatei pflegen. Es könnte dabei zum Beispiel vorkommen, dass seit der letzten Ausführung einige Benutzer gar nicht mehr im System registriert sind oder dass auf einem anderen System andere Benutzer vorhanden sind. Damit das Testprotokoll in solchen Fällen nicht von Fehlermeldungen überhäuft wird, könnten Sie mit Inline ABAP einen vorgeschalteten Test einrichten, bei dem geprüft wird, welche Benutzernamen im System vorhanden sind.

Nun werden Sie Ihren Quellcode im Befehl-Editor mit Inline ABAP erweitern (siehe Abbildung 5.45). Folgende Eingaben sind dafür notwendig:

Befehl-Editor mit Inline ABAP

- `LOG( P_I_UNAME ).`
  Sorgt dafür, dass der übergebene Importwert gehalten wird.

- `V_UNAME = P_I_UNAME.`
  Überträgt den Importwert auf die Testskript-Variable.

- `ABAP.`
  Öffnet den Inline ABAP- Quellcodebereich.

- `DATA l_bname LIKE USR02-BNAME.`
  Legt eine lokale Variable für das Inline ABAP an.

- `l_bname = V_UNAME.`
  Überträgt den Wert der Testskript-Variablen auf die Inline ABAP-Variable. Die lokale ABAP-Variable besitzt nun den Wert `BCUSER_TEST2`.

- `SELECT SINGLE BNAME.`
  Das SQL-Statement prüft, ob dieser Benutzername in der Tabelle USR02 vorhanden ist. Falls ja, soll der Benutzername in die lokale ABAP-Variable gespeichert werden.

- `V_UNAME = l_bname.`
  Der Wert der lokalen ABAP-Variablen wird wieder auf die Testskript-Variable übertragen.

- `ENDABAP.`
  Schließt den Inline ABAP-Quellcodebereich.

- LOG(V_UNAME).
  Der Wert aus der Testskript-Variablen soll außerhalb von Inline ABAP gehalten werden.
- IF V_UNAME <> ``.
  Wenn die Testskript-Variable nicht leer ist, sollen die Befehle in der IF-Schleife ausgeführt werden.
- P_I_UNAME = V_UNAME.
  Der Wert aus der Testskript-Variablen wird auf den Importparameter übertragen, da nur er in der Kommandoschnittstelle an das Dynpro-Feld übergeben wurde.
- TCD (SU01 , SU01_1).
  Nun kann das Testskript mit einem geprüften Importparameter ausgeführt werden.

Inline ABAP zur Prüfung von Datenbankwerten

Zur besseren Strukturierung sollten Sie auch Kommandos in Ihren Befehl-Editor eintragen.

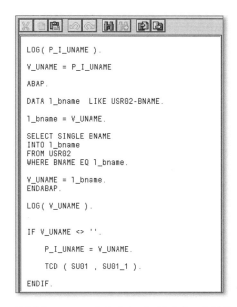

Abbildung 5.45 Beispielcode für Inline ABAP

5.2.4 Testskript mit Inline ABAP testen

Nachdem Sie die Erweiterung mit Inline ABAP abgespeichert haben, können Sie das Testskript testen.

1. Führen Sie Ihr Testskript erneut aus. Im Testprotokoll (siehe Abbildung 5.46) sehen Sie nun den Inline ABAP-Bereich.

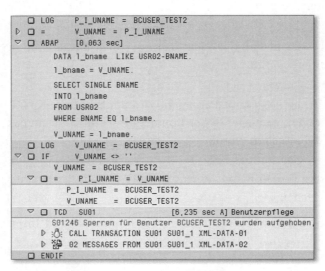

Abbildung 5.46 Testprotokoll mit Inline ABAP

2. Wenn Sie das Testskript erneut starten, sehen Sie, dass der Benutzer abwechselnd gesperrt und entsperrt wird (siehe Abbildung 5.47).

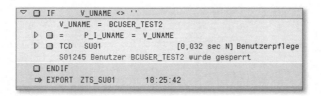

Abbildung 5.47 Testprotokoll

Fehlerhaften Wert testen

3. Nun testen Sie einmal Ihr Testskript mit einem falschen Importparameterwert. Ändern Sie dazu den Default-Parameterwert (siehe Abbildung 5.48), und speichern Sie Ihr Testskript.

Abbildung 5.48 Ändern der Default-Parameterwerte

4. Führen Sie Ihr Testskript aus. Sie sehen, das Testskript läuft nicht auf Fehler. Da Sie vor dem Ausführen der Transaktion SU01 einen Test auf der Datenbank durchgeführt haben, konnte bereits vorher festgestellt werden, dass es diesen Benutzer nicht gibt. Da die Testskript-Variable V_UNAME nicht gefüllt wurde, wurde auch der Inhalt der IF-Schleife nicht abgearbeitet (siehe Abbildung 5.49).

Variable wurde nicht gefüllt

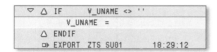

Abbildung 5.49 Ablauf mit falschem Importwert

Wenn Sie jetzt eine Massensperrung von Benutzern durchgeführt hätten, wären die falschen Bezeichnungen einfach übersprungen worden, ohne dass das gesamte Testskript als fehlerhaft gekennzeichnet worden wäre.

Massendatenbearbeitung ohne Fehler

Mit Inline ABAP können Sie also eine Stammdatenmigration oder eine Massendatenpflege durchführen, ohne dass Sie beim Fehlen von einzelnen Stammdaten auf dem Zielsystem Fehler im Testprotokoll erhalten.

Sie können die Ergebnisse, die Sie durch eine SQL-Abfrage in Inline ABAP erhalten, auch dazu verwenden zu entscheiden, welche Testskript-Referenz abgespielt werden soll.

Entscheidungen für ausgewählte Testskript-Referenz

5.3 eCATT-Debugger

Das englische Wort *Bug* bedeutet übersetzt Wanze. Ein Debugger soll quasi die »Wanzen« im Testskript aufspüren. In diesem Abschnitt werden Sie den eCATT-Debugger kennenlernen. Er soll Ihnen beim Auffinden von Fehlern im Testskript helfen.

Wenn Sie bereits den ABAP-Debugger kennen, werden Sie sich schnell in den eCATT-Debugger einarbeiten können.

5.3.1 Zu debuggendes Testskript

Für das Kennenlernen des Debuggers benötigen Sie ein bereits erstelltes Testskript. Sie haben beispielsweise das Testskript Z_TS_

5 | Spezialthemen der Testskript-Entwicklung

SU01_UPDATE erstellt, in dem die Raumnummer eines SAP-Benutzers geändert wird.

Parameter definieren Das Testskript besitzt drei Testskript-Variablen für den Quellcode im Befehl-Editor und einen Importparameter P_I_UNAME für die Kommandoschnittstelle (siehe Abbildung 5.50). Der Parameterwert für den SAP-Benutzernamen wurde mit ECATT_XYZ falsch gesetzt.

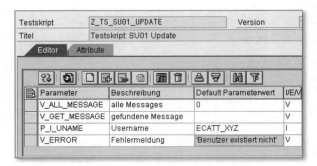

Abbildung 5.50 Variablen und Importparameter im Testskript

Meldungstyp Error Im Befehl-Editor sehen Sie den Quellcode. Hier ist Folgendes zu beachten:

- Der MESSAGE...ENDMESSAGE-Block kapselt den SAPGUI-Befehl, in dem die Transaktion SU01 (Benutzerpflege) abgearbeitet wird (siehe Abbildung 5.51).
- Die Variable &TFILL wird alle Meldungen aufnehmen, die zur Laufzeit der Transaktion SU01 generiert werden.
- Die IF-Bedingung soll nur als WAHR gelten, wenn die Meldung vom Message-Typ E (Error, Fehler) war.

```
MESSAGE ( MSG_1 ).
  SAPGUI ( SAPGUI_1 , NONE ).
ENDMESSAGE ( E_MSG_1 ).

V_ALL_MESSAGE = &TFILL.
V_GET_MESSAGE = E_MSG_1[V_ALL_MESSAGE]-MSGTYP
IF ( V_GET_MESSAGE = 'E' ).
  LOG ( V_GET_MESSAGE ).
  LOG ( V_ERROR ).
ENDIF.
```

Abbildung 5.51 Befehl-Editor

Legen Sie außerdem drei Message-Regeln mit folgenden Optionen an:

- Benutzer gesichert: TYP: S, ID: 01, NR: 226, erlaubt
- Benutzer existiert nicht: TYP: E, ID: 01, NR: 124, erlaubt
- Benutzer gesperrt: TYP: S, ID: 01, NR: 245, erlaubt
- Durch diese Regeln erlauben Sie, dass es zu Fehlermeldungen kommen darf. Das Testskript wird Ihnen in einem Fehlerfall keine Fehlermeldung im Testskript anzeigen.

Das gerade erstellte Testskript wird in den folgenden Abschnitten als Beispiel-Testskript verwendet. Sie werden mit diesem Testskript die Funktionalität des eCATT-Debuggers kennenlernen.

5.3.2 Ausführen mit sofortigem Debugging

In den Startoptionen haben Sie die Möglichkeit, einen von vier verschiedenen Debugmodi auszuwählen. Abbildung 5.52 zeigt Ihnen diese vier Modi. In den beiden folgenden Abschnitten werden die ersten zwei Modi vorgestellt.

Startoptionen

> **Breakpoints bei Massenstart ignorieren** [+]
>
> Wenn Sie eine Massenpflege durchführen, sollten Sie immer den Modus I BREAKPOINTS IGNORIEREN (STANDARD BEI MASSENSTART) wählen. Wenn Sie das nicht tun und ein referenziertes Testskript beinhaltet noch Breakpoints, so würde jeder Durchlauf eine Benutzeraktion verlangen.

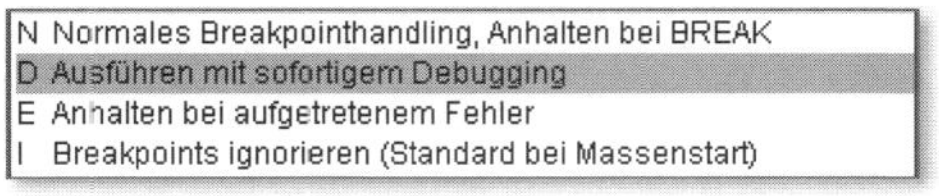

```
N Normales Breakpointhandling, Anhalten bei BREAK
D Ausführen mit sofortigem Debugging
E Anhalten bei aufgetretenem Fehler
I Breakpoints ignorieren (Standard bei Massenstart)
```

Abbildung 5.52 Debugmodus in den Startoptionen

In diesem Abschnitt geht es darum, ein Testskript auszuführen und sofort zu debuggen. Das Testskript Z_TS_SU01_UPDATE dient als Beispiel-Testskript.

Führen Sie das Testskript aus. Wählen Sie in den Startoptionen im Feld DEBUGMODUS die Option D AUSFÜHREN MIT SOFORTIGEM DEBUGGING, und bestätigen Sie sie (siehe Abbildung 5.53).

Debugmodus auswählen

5 | Spezialthemen der Testskript-Entwicklung

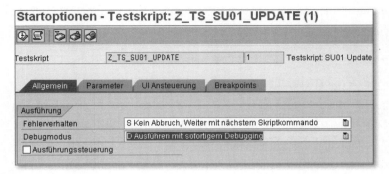

Abbildung 5.53 Debugmodus für sofortiges Debugging auswählen

5.3.3 Aufbau und Steuerung des eCATT-Debuggers

Aufbau Nachdem Sie die Startoptionen ausgewählt und bestätigt haben, erhalten Sie den eCATT-Debuggermodus (siehe Abbildung 5.54). Der eCATT-Debugger hat folgenden Aufbau:

- eine Buttonleiste im oberen Teil des Debuggers
- eine Informationsleiste unterhalb der Buttonleiste, die Ihnen die Startoptionen anzeigt
- den Anzeigebereich, der einer Protokollanzeige ähnelt
- den eingabebereiten Parameterblock und den Struktur-Editor, die sich unter dem Anzeigebereich befinden

Abbildung 5.54 eCATT-Debugger

Die ersten vier Buttons in der Buttonleiste dienen der Debugging-Steuerung (siehe Abbildung 5.55). Diese Buttons kennen Sie eventuell vom ABAP-Debugger.

Debugging-Steuerung

Abbildung 5.55 Button »Debugging-Steuerung«

Sie können statt der Button-Benutzung an dieser Stelle auch die folgenden Tasten Ihrer Tastatur verwenden (siehe Tabelle 5.1):

Taste	Funktion
F5	Einzelschritt. Selbst Einzelschritte in referenzierten Testskripts möglich.
F6	Ausführen. Ganze eCATT-Befehle werden in einem Stück ausgeführt.
F7	Zurückkehren. Sie können aus einem referenzierten Testskript zurückkehren.
F8	Fortsetzen. Ausführung bis zum nächsten Breakpoint oder bis ans Skriptende, wenn keine weiteren Breakpoints gesetzt wurden.

Tabelle 5.1 Tasten für Debugging-Steuerung

5.3.4 Debugging in Einzelschritten ausführen

Um das Debugging in Einzelschritten auszuführen, können Sie die Taste F5 drücken. Aus Abbildung 5.56 können Sie Folgendes ersehen:

Veränderungen im Testskript

- Bereits abgespielte Bereiche des Testskripts werden rosa eingefärbt.
- Noch nicht abgespielte Bereiche sind hellgrau.
- Die rote Linie zeigt Ihnen, bis wohin der Debugger bereits gearbeitet hat.
- Der blaue Pfeil zeigt die Stelle, die demnächst bearbeitet wird.

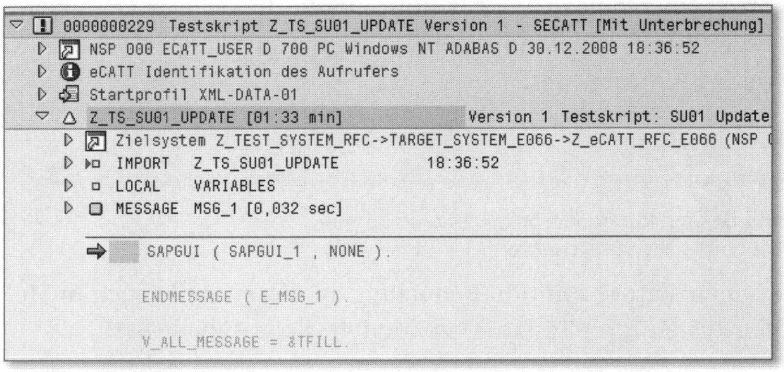

Abbildung 5.56 Debugging in Einzelschritten ausführen

In Abbildung 5.57 sehen Sie die Werte der Variablen und des Parameters zu Beginn des Debugging. Achten Sie bitte auf die Variable V_GET_MESSAGE.

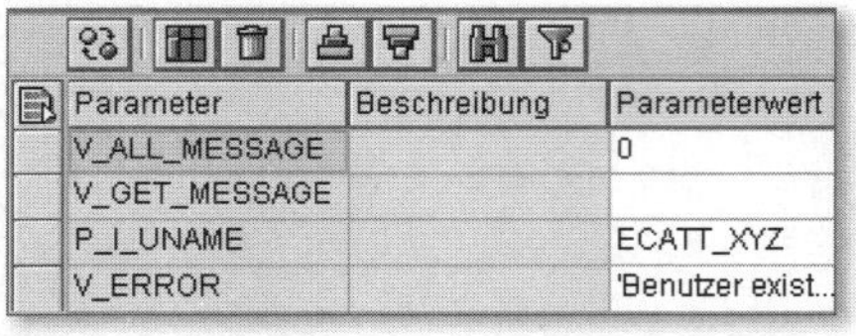

Abbildung 5.57 Parameterliste

Nachdem Sie wiederholt die Taste [F5] für den Einzelschritt gedrückt haben, sehen Sie, dass sich die Variable V_GET_MESSAGE gefüllt hat (siehe Abbildung 5.58).

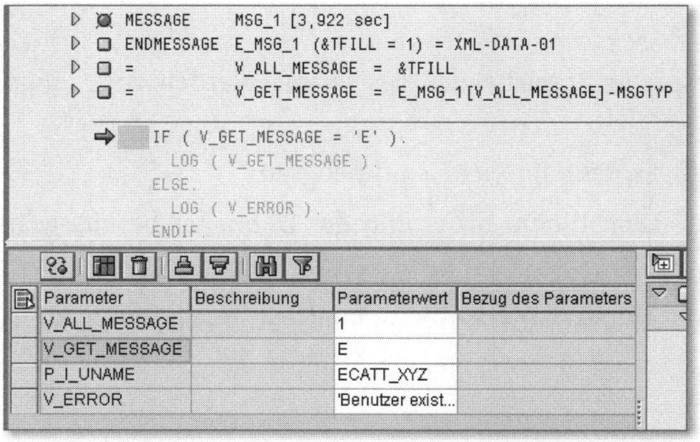

Abbildung 5.58 Variable »V_GET_MESSAGE« mit Wert versorgt

eCATT-Debugger | 5.3

Testprotokoll nach Debugging

Nachdem das gesamte Testskript bis zum Ende debuggt wurde, erhalten Sie ein Testprotokoll. Sie sehen in Abbildung 5.59, dass die IF-Bedingung erfüllt wurde. Der IF-Zweig sollte nur durchlaufen werden, wenn der Message-Typ E (Error) aufgetreten ist. Da Sie diesen Fehler in Ihren Message-Regeln erlaubt haben, wird das Testprotokoll ohne Fehler angezeigt.

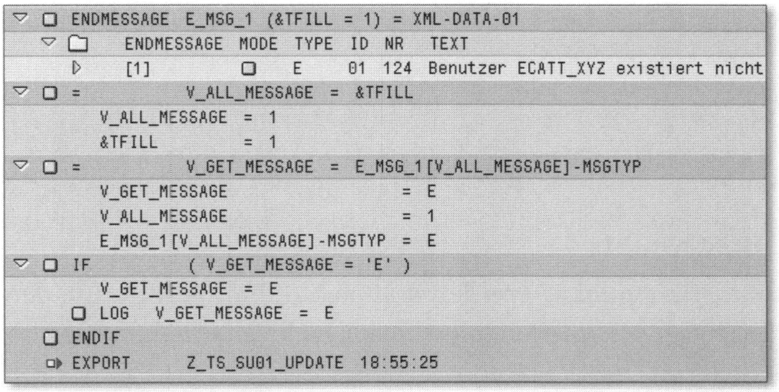

```
▽ ❏ ENDMESSAGE E_MSG_1 (&TFILL = 1) = XML-DATA-01
    ▽ ❏  ENDMESSAGE   MODE  TYPE  ID  NR   TEXT
       ▷   [1]          ❏     E    01  124  Benutzer ECATT_XYZ existiert nicht
▽ ❏ =           V_ALL_MESSAGE  =  &TFILL
     V_ALL_MESSAGE  = 1
     &TFILL         = 1
▽ ❏ =           V_GET_MESSAGE  =  E_MSG_1[V_ALL_MESSAGE]-MSGTYP
     V_GET_MESSAGE                  = E
     V_ALL_MESSAGE                  = 1
     E_MSG_1[V_ALL_MESSAGE]-MSGTYP  = E
▽ ❏ IF          ( V_GET_MESSAGE = 'E' )
     V_GET_MESSAGE = E
    ❏ LOG   V_GET_MESSAGE = E
  ❏ ENDIF
  ▷ EXPORT        Z_TS_SU01_UPDATE 18:55:25
```

Abbildung 5.59 Testprotokoll nach Debugging

Fehlerhaftes Testskript debuggen

Fehler im Testskript sollten Ihnen durch das Debugging angezeigt werden. Lassen Sie uns dies an einem Beispiel nachvollziehen:

Debugger zeigt Fehler im Testskript

Ändern Sie im Befehl-Editor die Variable &TFILL in TFILL. Speichern Sie Ihr Testskript, und debuggen Sie es erneut. In Abbildung 5.60 sehen Sie, dass Ihnen im Debugmodus bereits Folgendes gezeigt wird:

- Die Variable TFILL ist nicht definiert.
- Die Feldliste E_MSG_1 kann nicht ausgelesen werden, da TFILL keine numerische Zahl ist. Als Index kann nur eine numerische Zahl verwendet werden.

Der hier gezeigte Fehler wurde generiert, weil das Testskript fehlerhaft ist und einen Fehler enthält, und nicht, weil die übergebenen Daten fehlerhaft gewesen wären. Einen Fehler im Testskript können Sie durch den Debugger einfacher finden. Setzen Sie dafür einen Breakpoint (Haltepunkt) im Befehl-Editor, und führen Sie den eCATT-Debugger aus.

5 | Spezialthemen der Testskript-Entwicklung

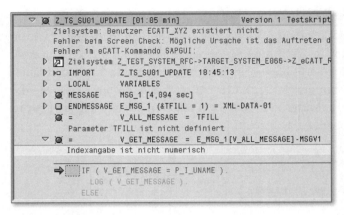

Abbildung 5.60 Fehler bei Debugging aufspüren

5.3.5 Breakpoints

Breakpoints (Haltepunkte) werden im Befehl-Editor gesetzt, um dem eCATT-Debugger mitzuteilen, an welcher Stelle er anhalten muss.

Breakpoints setzen

Sie können in Ihrem Testskript Breakpoints definieren, um genau an diese Stellen beim Debugging zu springen.

Um einen Breakpoint zu setzen, setzen Sie den Mauszeiger an den Anfang einer Zeile im Befehl-Editor des Testskripts. Anschließend klicken Sie auf den Button BREAKPOINT SETZEN (siehe Abbildung 5.61).

Abbildung 5.61 Button »Breakpoint setzen«

Nachdem Sie diesen Button angeklickt haben, wird die Zeile, in der Sie den Mauszeiger gesetzt hatten, gelb eingefärbt (siehe Abbildung 5.62). Daran erkennen Sie, wo Sie Breakpoints gesetzt haben.

[+] **Breakpoints entfernen**
Wenn Sie einen Breakpoint entfernen wollen, setzen Sie ebenfalls den Mauszeiger an den Zeilenanfang einer Zeile, in der ein Breakpoint gesetzt wurde. Anschließend klicken Sie erneut den Button BREAKPOINT SETZEN an. Der Breakpoint wird daraufhin entfernt.

eCATT-Debugger | **5.3**

```
MESSAGE ( MSG_1 ).
  SAPGUI ( SAPGUI_1 , NONE ).
ENDMESSAGE ( E_MSG_1 ).

V_ALL_MESSAGE = &TFILL.
V_GET_MESSAGE = E_MSG_1[V_ALL_MESSAGE]-MSGTYP.

IF ( V_GET_MESSAGE = 'E' ).
  LOG ( V_GET_MESSAGE ).
  LOG ( V_ERROR ).
ENDIF.
```

Abbildung 5.62 Zeile markieren, für die ein Breakpoint gesetzt werden soll

Mit Breakpoint debuggen

Nachdem Sie im Befehl-Editor einen Breakpoint gesetzt haben, können Sie das Debugging mit Breakpoints testen.

Führen Sie das Testskript aus. Wählen Sie in den Startoptionen den Debugmodus: N NORMALES BREAKPOINTHANDLING, ANHALTEN BEI BREAK (siehe Abbildung 5.63). Bestätigen Sie Ihre Eingaben, damit das Testskript ausgeführt werden kann.

Anhalten bei Breakpoint

Sie sehen, dass der Debugger sofort an die Stelle mit dem Breakpoint gesprungen ist (siehe Abbildung 5.64). Ab dieser Stelle könnten Sie weiter im Einzelschritt debuggen oder alles in einem Schritt ausführen.

Anspringen eines Breakpoints

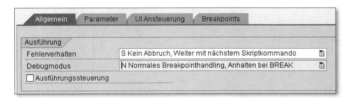

Abbildung 5.63 Debugmodus bei vorhandenen Breakpoints

```
▽ △ Z_TS_SU01_UPDATE [4,187 sec]          Version 1
    ▷ 🗐 Zielsystem Z_TEST_SYSTEM_RFC->TARGET_SYSTEM_E066-
    ▷ ▶□ IMPORT     Z_TS_SU01_UPDATE 18:59:24
    ▷ □ LOCAL      VARIABLES
    ▷ □ MESSAGE    MSG_1 [3,359 sec]
    ▷ □ ENDMESSAGE E_MSG_1 (&TFILL = 1) = XML-DATA-01

       ➡ 🛑 V_ALL_MESSAGE = &TFILL.
            V_GET_MESSAGE = E_MSG_1[V_ALL_MESSAGE]-MSGTYP.

            IF ( V_GET_MESSAGE = 'E' ).
              LOG ( V_GET_MESSAGE ).
              LOG ( V_ERROR ).
            ENDIF.
```

Abbildung 5.64 Angesprungene Stelle mit Breakpoint

5.3.6 Änderungen zur Debuggingzeit

Sie haben während der Debuggingzeit die Möglichkeit, einen Parameterwert zur Laufzeit durch einen anderen zu ersetzen. Sie könnten damit unterschiedliche Werte testen.

Ändern der Parameterwerte

1. Tragen Sie zur Laufzeit des Debuggers in das Importparameterfeld einen neuen Parameterwert ein (siehe Abbildung 5.65). Der Importparameter hatte zu Beginn der Ausführung den Wert ECATT_USER. Diesen Wert gibt es als SAP-Benutzer. Der Wert ECATT_XYZ existiert nicht als SAP-Benutzer. Das Testskript wurde also mit richtigen Werten gestartet, jedoch zur Laufzeit mit falschen Werten versorgt.

Abbildung 5.65 Parameterwert zur Debuggingzeit ändern

Modifizierte Werte mit Spirale

2. Gehen Sie anschließend im Einzelschritt weiter. Sie sehen, dass die Änderung durch ein Spiralen-Symbol angezeigt wird (siehe Abbildung 5.66).

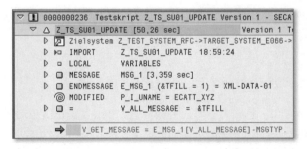

Abbildung 5.66 Zur Debuggingzeit modifizierter Importparameter »P_I_UNAME«

3. Führen Sie das Testskript bis zum Schluss aus, um das Testprotokoll anzusehen.

Anzeige von Modifikationen

Sie sehen, dass die Modifikation auch im Testprotokoll angezeigt wird. Die letzte Meldung wird durch den fehlerhaften Wert nicht beeinflusst. Da das Testskript mit einem richtigen Wert gestartet wurde,

- konnte die Transaktion fehlerfrei ausgeführt werden,
- wurde keine Fehlermeldung generiert, sondern nur ein Hinweis, der den `Message`-Typ S besitzt, und
- wurde die Bedingung des `IF`-Zweiges nicht erfüllt.

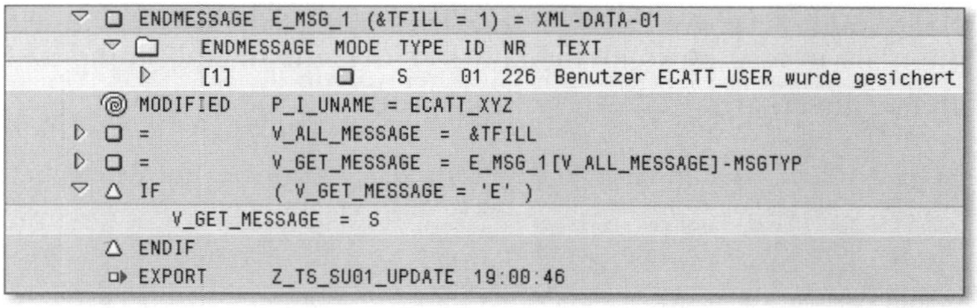

```
▽ ◻ ENDMESSAGE E_MSG_1 (&TFILL = 1) = XML-DATA-01
   ▽ ◻    ENDMESSAGE  MODE  TYPE  ID  NR   TEXT
      ▷    [1]              ◻     S   01  226  Benutzer ECATT_USER wurde gesichert
   ⊚ MODIFIED    P_I_UNAME = ECATT_XYZ
▷ ◻ =           V_ALL_MESSAGE = &TFILL
▷ ◻ =           V_GET_MESSAGE = E_MSG_1[V_ALL_MESSAGE]-MSGTYP
▽ △ IF         ( V_GET_MESSAGE = 'E' )
         V_GET_MESSAGE = S
   △ ENDIF
   ▷ EXPORT    Z_TS_SU01_UPDATE 19:00:46
```

Abbildung 5.67 Testskript mit Hinweismeldung

In diesem Abschnitt haben Sie die Funktionsweise des eCATT-Debuggers kennengelernt. Sie wissen, dass Sie bei Fehlern im Testprotokoll prüfen können, welche Gründe für das Auftreten eines Fehlers verantwortlich waren. Sie können im Befehl-Editor Breakpoints setzen, damit der eCATT-Debugger sofort an eine ausgewählte Stelle zur Abspielzeit springt. Sie können das Testskript in Einzelschritten debuggen oder direkt an Stellen mit Breakpoints springen. Sie können zur Debuggingzeit Änderungen an den Parameterwerten vornehmen. Diese Änderungen werden Ihnen im Testprotokoll durch eine Spirale angezeigt.

5.4 Testdatenaufbau in Tabellen

In einem Testsystem kommt es regelmäßig dazu, dass Customizing-Einstellungen derart verändert wurden, dass das Testsystem zu sehr vom Produktivsystem abweicht. In solchen Fällen wird dann oft das gesamte Testsystem neu aufgebaut. Folgende Schritte sind dazu notwendig:

- Kopie des Customizing-Mandanten vom Produktivsystem
- Freigabe der Berechtigungen
- Aufbau neuer Testdaten im Testsystem

In diesem Abschnitt soll das Aufbauen neuer Testdaten Thema sein.

5 | Spezialthemen der Testskript-Entwicklung

5.4.1 Auswahl der zu füllenden Tabelle

Customizing-Tabelle

Beim Aufbau neuer Testdaten werden Sie eine Liste mit Tabellen auswählen, die Sie komplett neu füllen müssen. Abbildung 5.68 zeigt Ihnen die kundeneigene Tabelle ZCUST_ADRS. Diese Tabelle hat die Eigenschaft, dass die Pflege erlaubt ist. Diese Eigenschaft können Sie auf der Registerkarte AUSLIEFERUNG UND PFLEGE festlegen. Bitte übernehmen Sie in Ihre Beispieltabelle die Felder, die in Abbildung 5.68 auf der Registerkarte FELDER gezeigt werden.

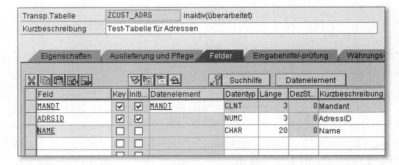

Abbildung 5.68 Kundeneigene Customizing-Tabelle ZCUST_ARDS

Unterschied beim Erfassen von Einträgen beachten

Beim Füllen einer Tabelle gibt es eine Besonderheit: Wenn die zu füllende Tabelle noch keine Einträge hat, erhalten Sie eine Eingabemaske zum Erfassen neuer Einträge, die sich von der unterscheidet, die Sie erhalten würden, wenn es bereits einen Eintrag in dieser Tabelle gäbe.

Wie Sie mit einem Testskript dieses Problem angehen können, wird Ihnen in den folgenden Abschnitten gezeigt.

5.4.2 Testskript anlegen

Transaktion SECATT, »Testskript anlegen«

Um einer Tabelle Datensätze mit eCATT hinzuzufügen, müssen Sie ein neues Testskript erstellen.

1. Starten Sie dazu die Transaktion SECATT. Der Name des Testskripts soll Z_TS_FILL_DBT_ZADRS lauten.

[+] Die Bezeichnung dieses Testskripts soll in diesem Beispiel auf das Einsatzziel hindeuten. Jedoch sollten Sie möglichst immer den Transaktionscode verwenden.

2. Tragen Sie auf der Registerkarte die Kopfdaten und das Pflegesystem ein. Sie sehen in Abbildung 5.69, dass als SAP-Komponente BC-DB verwendet wurde. Diese Komponente steht für die Datenbankschnittstellen. Da Sie Datensätze in eine Datenbanktabelle einfügen wollen, eignet sich diese Komponente besser, als nur allgemein SAP zu verwenden.

Komponente BC-DB

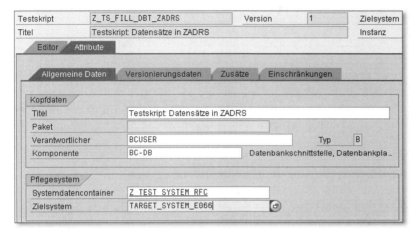

Abbildung 5.69 Attribute des Testskripts

5.4.3 Muster einfügen

Wenn Sie Ihr Testskript angelegt und gespeichert haben, können Sie ein neues Muster einfügen. Mit der Transaktion SM30 (Tabellenpflege) können Sie neue Datensätze in Datenbanktabellen einfügen oder bestehende Datensätze ändern und löschen.

1. Fügen Sie ein neues Muster ein, indem Sie auf den Button MUSTER klicken.

   ▸ Wählen Sie im Feld GRUPPE den Eintrag UI-ANSTEUERUNG aus.

   ▸ Als KOMMANDO wählen Sie TCD (Record).

   ▸ Im Feld TRANSAKTION tragen Sie die Transaktion »SM30« ein. Das Feld SCHNITTSTELLE wird danach automatisch gefüllt.

2. Als Zielsystem wählen Sie eins aus, auf dem Sie eine Datenbanktabelle mit neuen Datensätzen füllen wollen. Bestätigen Sie Ihre Eingaben.

5 | Spezialthemen der Testskript-Entwicklung

Abbildung 5.70 Muster für die Transaktion »SM30« einfügen

Transaktion SM30, »Tabellenname eintragen«

3. Sie gelangen in die Transaktion SM30. Im Feld TABELLE/SICHT müssen Sie die Tabelle eintragen, die Sie mit neuen Datensätzen versorgen möchten. In Abbildung 5.71 wurde die kundeneigene Tabelle ZCUST_ADRS eingetragen.

4. Klicken Sie anschließend den Button PFLEGEN an.

Sie erhalten die Ansicht der vorhandenen Datensätze.

[+] **Dynpro als Platzhalter**
Da diese Tabelle noch keinen Datensatz enthält, erhalten Sie zunächst ein Dynpro, das Ihnen nur angezeigt wird, solange die Tabelle keine Einträge besitzt.

Abbildung 5.71 Eingabemaske »Tabellensicht-Pflege: Einstieg«

Neue Einträge anlegen

Um einen neuen Datensatz einzufügen, klicken Sie den Button NEUE EINTRÄGE an.

5.4 Testdatenaufbau in Tabellen

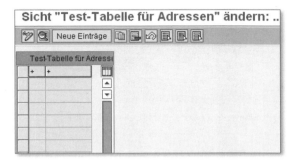

Abbildung 5.72 Tabelle noch ohne Datensätze

Sie erhalten die Eingabemaske NEUE EINTRÄGE. Tragen Sie die Werte für Ihren neuen Datensatz ein (siehe Abbildung 5.73). Anschließend müssen Sie den Button SPEICHERN (Diskette) anklicken.

Neuer Eintrag in Tabelle

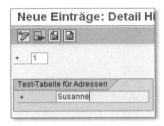

Abbildung 5.73 Neuer Eintrag in Tabelle »ZCUST_ADRS«

Sie haben die Transaktion SM30 aufgezeichnet, um einen ersten Datensatz in die Tabelle ZCUST_ADRS einzufügen. Damit beim Abspielen des Testskripts nicht ständig ein Datensatz mit dem Namen Susanne eingetragen wird, sollten Sie das Testskript parametrisieren. Die Parametrisierung nehmen Sie im folgenden Abschnitt vor.

5.4.4 Kommandoschnittstelle SM30_1 parametrisieren

Da Sie einen bestimmten Datensatz bzw. eine Datensatz-ID nur einmal in eine Tabelle eintragen dürfen, müssen Sie den Wert für eine ID immer parametrisieren.

1. Legen Sie zwei Importparameter an. In Abbildung 5.74 sehen Sie diese Importparameter:

   Importparameter anlegen

   - P_I_ADRSID für die ID der neuen Adresse und
   - P_I_NAME für einen Namen.

5 | Spezialthemen der Testskript-Entwicklung

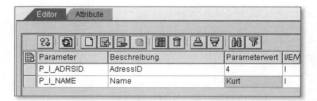

Abbildung 5.74 Neue Importparameter für Datenbank-Operation

2. Übergeben Sie die Importparameter an die Kommandoschnittstelle SM30_1. Speichern Sie diese Änderung.

Sie haben das Testskript zum Anlegen eines neuen Datensatzes jetzt ausreichend parametrisiert. Sie könnten es abspielen und prüfen, ob ein zweiter Datensatz erzeugt wurde.

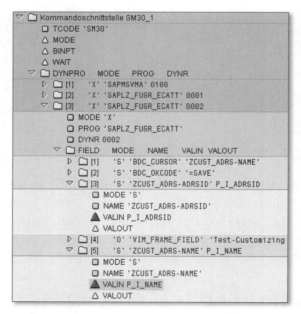

Abbildung 5.75 Kommandoschnittstelle parametrisieren

5.4.5 Fehler beim ersten Test

Warum erhalten Sie beim Abspielen dieses Testskripts gleich beim ersten Test eine Fehlermeldung? Der Grund dafür ist, dass die Dynpro-Abfolge der Transaktion SM30 geändert wurde. Aber warum wurde die Dynpro-Abfolge nach der Aufzeichnung geändert? Beachten Sie bitte zwei Dinge:

5.4 Testdatenaufbau in Tabellen

▶ Solange eine Tabelle keine Datensätze enthält, kann kein Datensatz angezeigt werden. Sie sehen eine leere Liste. Das Dynpro wird nur angezeigt, wenn Sie den allerersten Datensatz in eine Tabelle einfügen.

Günde für Fehlermeldung

▶ Sobald eine Tabelle wenigstens einen Datensatz enthält, kann dieser gleich zu Beginn der Transaktion SM30 angezeigt werden.

Sie sehen in Abbildung 5.76 folgende Fehlermeldung: S00344 BATCH-INPUT-DATEN FÜR DYNPRO SAPLZ_FUGR_ECATT 0002 SIND NICHT VORHANDEN.

Fehlermeldung: Batchinput-Daten nicht vorhanden

Da Sie den Grund für eine Batchinput-Daten-Fehlermeldung meist nicht sofort nachvollziehen können, eignet sich das Abspielen im Vordergrund für die Fehlersuche.

```
▽ 🔢 0000000247 Testskript Z_TS_FILL_DBT_ZADRS Version 1 - SECATT [Ohne Unterbrechung] [1 sec]
  ▽ 🔘 Z_TS_FILL_DBT_ZADRS [0.344 sec]   Version 1 Testskript: Datensätze in ZADRS
    ▷ 📄 Zielsystem Z_TEST_SYSTEM_RFC->TARGET_SYSTEM_E066->Z_eCATT_RFC_E066 (NSP 000 BCUSER D
      Fehler im eCATT-Kommando TCD SM30.
      S00344 Batchinput-Daten für Dynpro SAPLZ_FUGR_ECATT 0002 sind nicht vorhanden
    ▽ 📥 IMPORT Z_TS_FILL_DBT_ZADRS  11:48:25
           ⬜ AdressID  P_I_ADRSID   = 1        <C128>
           ⬜ Name      P_I_NAME     = Kurt     <C128>
    ▽ 🔘 TCD    SM30           [0,047 sec N] Aufruf View-Pflege
           S00344 Batchinput-Daten für Dynpro SAPLZ_FUGR_ECATT 0002 sind nicht vorhanden
      ▷ 📞 CALL TRANSACTION SM30 SM30_1 XML-DATA-01
      ▽ 📋 02 MESSAGES FROM SM30 SM30_1 XML-DATA-02
           S SV 005 Ein Eintrag wurde ausgewählt
           S 00 344 Batchinput-Daten für Dynpro SAPLZ_FUGR_ECATT 0002 sind nicht vorhanden
    ▷ 📤 EXPORT Z_TS_FILL_DBT_ZADRS  11:48:26
```

Abbildung 5.76 Fehlermeldung, weil Dynpro-Folge geändert wurde

Führen Sie das Testskript einmal im Vordergrund aus. Sie sehen in Abbildung 5.77 sofort, dass Ihnen nicht die Liste der vorhandenen Datensätze angezeigt wird, sondern sofort der zuletzt erstellte Eintrag. Die Dynpro-Abfolge hat sich also offenbar verändert.

Geänderte Dynpro-Abfolge

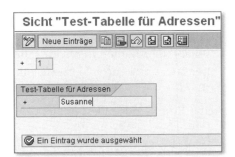

Abbildung 5.77 Anzeige eines ausgewählten Datensatzes

5 | Spezialthemen der Testskript-Entwicklung

[+] **Dynpro-Abfolge mit Kommandoschnittstelle inkompatibel**

Da Ihre zuerst erstellte Kommandoschnittstelle mit dieser Dynpro-Abfolge nichts anfangen kann, müssen Sie die Transaktion ein zweites Mal aufzeichnen. Achten Sie dabei darauf, dass mindestens ein Datensatz in der Tabelle enthalten ist.

5.4.6 Transaktion erneut aufzeichnen

Transaktion SM30 erneut aufzeichnen

Sobald ein Datensatz in einer Tabelle enthalten ist, ändert sich die Dynpro-Abfolge der Transaktion. Für den Aufbau von Testdaten ist es deshalb notwendig, dass Sie sich um das Einspielen des ersten Datensatzes kümmern und anschließend alle weiteren Datensätze hinzufügen. In diesem Abschnitt werden Sie die Transaktion SM30 aufzeichnen und dabei darauf achten, dass es bereits mindestens einen Datensatz in der Tabelle ZCUST_ADRS gibt.

1. Fügen Sie ein neues Muster ein, um die Transaktion SM30 ein zweites Mal aufzuzeichnen. Sie sehen, die Kommandoschnittstelle lautet jetzt SM30_2 (siehe Abbildung 5.78).

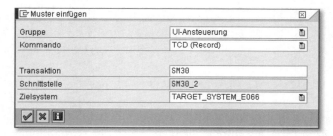

Abbildung 5.78 Eingabemaske »Muster einfügen«

2. Sie gelangen wieder in die Transaktion SM30. Jedoch ist die Eingabemaske nach dem Einstiegsbildschirm tatsächlich anders aufgebaut.

Transaktion SM30

3. Tragen Sie den Datensatzschlüssel und den Namen in die Eingabefelder ein. Speichern Sie den Datensatz, und kehren Sie zurück ins Testskript (siehe Abbildung 5.79).

4. Sie erhalten im Befehl-Editor eine Kommandozeile für die Kommandoschnittstelle SM30_2.

Kommentierung im Befehl-Editor

5. Kommentieren Sie Ihr Testskript, damit Sie zukünftig den Grund für das zweimalige Aufrufen der Transaktion SM30 erkennen können (siehe Abbildung 5.80).

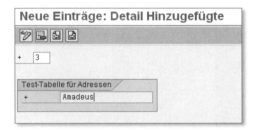

Abbildung 5.79 Transaktion »SM30« aufzeichnen

```
* Durchlauf, wenn noch keine Datensätze
* vorhanden
TCD ( SM30 , SM30_1 ).

* Durchlauf, wenn bereits
* Datensätze vorhanden
TCD ( SM30 , SM30_2 ).
```

Abbildung 5.80 Kommentare im Befehl-Editor

5.4.7 Parametrisierung

Fügen Sie zwei weitere Parameter oder Variablen in das Testskript ein (siehe Abbildung 5.81). Wichtig ist, dass die erste Kommandoschnittstelle SM30_1 immer nur den Datensatzschlüssel 1 erhält. Die Kommandoschnittstelle SM30_2 kann von außen mit variablen Datensätzen parametrisiert werden.

Spezielle Parameter für den ersten Durchlauf

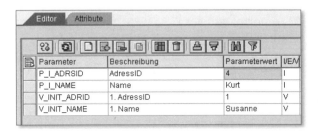

Abbildung 5.81 Zwei Variablen für die erste Kommandoschnittstelle

1. Übertragen Sie die Variablen V_INIT_ADRID und V_INIT_NAME nur an die Kommandoschnittstelle SM30_1 (siehe Abbildung 5.82). Diese Variablen bräuchten keine dynamischen Werte von außen. Sie können Sie allerdings trotzdem als Importparameter deklarieren.

Variablen für Standardwerte

5 | Spezialthemen der Testskript-Entwicklung

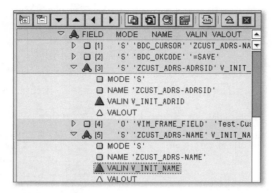

Abbildung 5.82 Variablen für Kommandoschnittstelle »SM30_1«

Kommandoschnittstelle wechseln

2. Wechseln Sie von der Kommandoschnittstelle SM30_1 in die Kommandoschnittstelle SM30_2, indem Sie doppelt auf die gewünschte Kommandoschnittstelle klicken (siehe Abbildung 5.83).

Abbildung 5.83 Kommandoschnittstelle wechseln

Parameter für dynamische Werte

3. Übergeben Sie die Importparameter P_I_ADRSID und P_I_NAME an die Kommandoschnittstelle SM30_2 (siehe Abbildung 5.84).

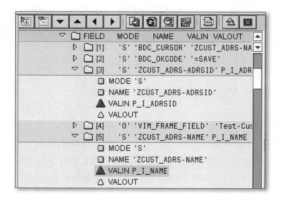

Abbildung 5.84 Importparameter übergeben

5.4 Testdatenaufbau in Tabellen

Führen Sie das gespeicherte Testskript aus, um die Änderung in den Kommandoschnittstellen zu prüfen.

Fehlermeldung

Sie sehen in Abbildung 5.85, dass die erste Kommandoschnittstelle bzw. der erste TCD-Befehl auf Fehler gelaufen ist. Grund dafür ist, dass die Tabelle bereits einen Datensatz mit dem Schlüssel 1 besitzt.

Starten Sie in einem neuen Modus die Transaktion SE11, um zu prüfen, welche Datensätze nun in Ihrer Tabelle enthalten sind. In Abbildung 5.86 sehen Sie zwei neue Datensätze.

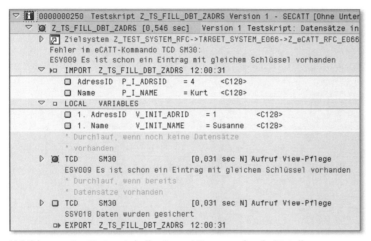

Abbildung 5.85 Testprotokoll mit zwei Kommandoschnittstellen

Transaktion SE11, »Datenbanktabellen«

Abbildung 5.86 Mit eCATT erstellte Datensätze

Löschen Sie nun alle Einträge aus Ihrer Tabelle, und starten Sie das Testskript erneut. Sie sehen in Abbildung 5.87, dass bei diesem Ablauf keine Fehler auftraten.

5 | Spezialthemen der Testskript-Entwicklung

[+] Wenn Sie die in diesem Abschnitt gezeigte Variante zur Datenmigration nutzen wollen, könnten Sie Inline ABAP verwenden, um zu entscheiden, ob die Kommandoschnittstelle SM30_1 überhaupt abgespielt werden soll. Dadurch würden Sie die Fehlermeldungen vermeiden, die generiert werden, wenn es den ersten Datensatz bereits gibt.

Tabellenpflege mit eCATT

Das Thema, Datenbanktabellen mit Datensätzen zu füllen, wird Sie als eCATT-Entwickler sehr oft beschäftigen. Zeichnen Sie für das Anlegen neuer Datensätze immer zwei Transaktionen auf, und prüfen Sie über Inline ABAP, welche Transaktion ausgeführt werden soll.

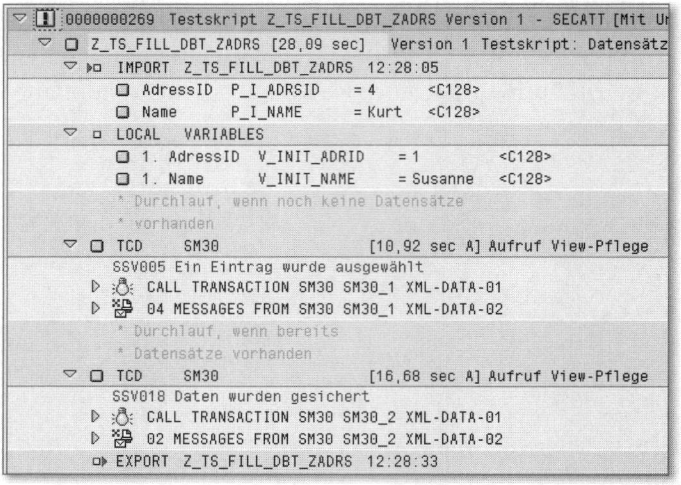

Abbildung 5.87 Fehlerfreies Testprotokoll, wenn Tabelle zu Beginn keine Datensätze enthielt

5.5 Fazit

Nach dem Studium dieses Kapitels haben Sie gelernt, dass Sie auch eigene Transaktionen mit eCATT testen können. Im ersten Teil dieses Kapitels haben Sie ein Programmbeispiel erhalten, das auf ABAP Objects beruht. Die Transaktion für dieses Programm diente an vielen Stellen des Buches als Beispieltransaktion. Wenn Sie dieses Programm umgesetzt haben, können Sie einige Übungen dieses Buches nun ganz konkret nachvollziehen.

Stammdatenmigration mit Inline ABAP

Im zweiten Abschnitt dieses Kapitels haben Sie den Einsatz von Inline ABAP kennengelernt. Sie haben erfahren, dass Sie mit Inline

ABAP Massendaten pflegen und einige Fehlermeldungen im Vorfeld ausräumen können. Außerdem können Sie unterschiedliche Zielsysteme aus einem Testbaustein heraus ansteuern.

Im dritten Abschnitt wurde Ihnen der eCATT-Debugger vorgestellt. Sie wissen nun, wie Sie einen Breakpoint (Haltepunkt) im Testskript setzen und mit welchen Startoptionen Sie durch das Testskript debuggen können, um Fehler zu finden.

eCATT-Debugger

Zum Schluss haben Sie gesehen, dass das Füllen von Tabellen nicht immer gleich abläuft. Die Dynpro-Folge ist bei einer leeren Tabelle anders als bei einer Tabelle, die bereits einen Datensatz enthält. Sie mussten deshalb die Transaktion SM30 zweimal aufzeichnen und haben mit Inline ABAP die Möglichkeit zu entscheiden, ob die Kommandoschnittstelle zum Füllen einer leeren Tabelle überhaupt abgespielt wird.

Dynpro-Folge variiert bei Tabellenpflege

5.6 Transaktionsübersicht

Datenbanktabelle auswählen	▶ Transaktion SE11 (Datenbanktabellen) ▶ Tabellen auswählen

Struktur anlegen	▶ Transaktion SE11
	   ▶ Struktur anlegen
	   ▶ Spalten der Struktur definieren
	   ▶ Struktur aktivieren

ABAP Objects-Programm erstellen	▶ Transaktion SE38 (ABAP Editor)
	   ▶ Programm anlegen
	   ▶ Tabellendefinitionen eintragen
	   ▶ Includes anlegen

Transaktion erstellen	▶ Transaktion SE93 (Transaktionspflege) ▶ Transaktion erstellen

Testskript erstellen	▶ Transaktion SECATT (eCATT-Einstieg)
	   ▶ Testskript anlegen
	   ▶ Transaktion über Muster einfügen
	   ▶ Inline ABAP einfügen

eCATT-Debugger	▸ Transaktion SECATT (eCATT-Einstieg)
	  ▸ Breakpoints setzen
	  ▸ Startoptionen auswählen
	  ▸ Breakpoints entfernen

Tabelle mit eCATT füllen	▸ Transaktion SECATT (eCATT-Einstieg)
	  ▸ Transaktion SM30 aufzeichnen für ersten Datensatz in leerer Tabelle
	  ▸ Transaktion SM30 aufzeichnen für Datensätze in bereits gefüllter Tabelle
	  ▸ Inline ABAP einsetzen, um festzustellen, ob bereits ein Datensatz in Tabelle vorhanden ist

Manchmal machen kleine Hinweise das Leben leichter – das gilt auch für die Arbeit mit eCATT. In diesem Kapitel stehen einige Tipps für diverse Probleme für Sie bereit.

6 Tipps und Tricks

In diesem Kapitel erhalten Sie Tipps für die Arbeit mit eCATT. Vielleicht können Sie einige Hinweise nicht sofort einsetzen, und eventuell sind einige Abschnitte für Sie auch nicht relevant. Die Themen in diesem Kapitel sollen Sie bei nicht alltäglichen Problemen unterstützen.

Zu Beginn wird die Migration eines CATT-Testskripts nach eCATT vorgestellt. Diesen Abschnitt benötigen Sie nur, wenn Sie bereits Testfälle mit CATT erstellt haben. Anschließend erhalten Sie einen Tipp für die meldungsfreie Arbeit mit dem eCATT-Befehl SAPGUI.

Danach sehen Sie, wie Sie die Parameterwerte eines Dynpro-Feldes zur Abspielzeit gezielt aus der Kommandoschnittstelle entfernen können.

Ein weiterer Tipp zeigt Ihnen, wie Sie ein Dynpro, das Sie nicht aufgezeichnet haben, nachträglich in der Kommandoschnittstelle anlegen und parametrisieren können.

Zum Schluss erfahren Sie, wie Sie eine bereits parametrisierte Kommandoschnittstelle wartungsfreundlich erneut aufzeichnen können. Die Neuaufzeichnung wird auch *Rerecord* genannt.

6.1 Migration von CATT zu eCATT

Stellen Sie sich vor, Sie möchten Ihre alten CATT-Testskripts, die Sie mit der Transaktion SCAT erstellt haben, nach eCATT migrieren können. Im Folgenden lernen Sie, wie Sie dies bestmöglich bewerkstelligen.

6.1.1 CATT-Testskript anlegen

CATT-Testskript In Abbildung 6.1 sehen Sie die Einstiegsmaske von CATT (*Computer Aided Test Tool*). Ihre alten Testskripts haben Sie angelegt, indem Sie die Transaktion SCAT gestartet und Ihrem Testfall eine Bezeichnung gegeben haben.

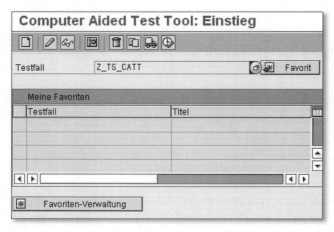

Abbildung 6.1 Einstiegsmaske CATT durch Transaktion SCAT

CATT ohne Systemdatencontainer Bei CATT-Testskripts mussten Sie keinen Systemdatencontainer angeben. Sie haben einfach zur Abspielzeit eine Remote-Verbindung in einem ausgewählten Zielsystem aufgebaut.

In Abbildung 6.2 sehen Sie die rudimentären Einstellungen eines CATT-Testskripts.

[+] **Button »CATT« ist deaktiviert bei SAP NetWeaver**

Da dieses Beispiel mit SAP NetWeaver erstellt wurde, sehen Sie auch, dass der Button CATT deaktiviert ist. Es ist also nicht mehr möglich, in diesem SAP-Release ein vollständiges Testskript mit der Transaktion SCAT aufzunehmen. Sie können zwar Attribute pflegen, jedoch keine Transaktion aufzeichnen.

Unvollständiges CATT-Testskript Das gezeigte CATT-Testskript Z_TS_CATT ist unvollständig, da keine Transaktion aufgezeichnet wurde. Trotzdem soll es Ihnen als Beispiel für ein CATT-Testskript dienen.

Migration von CATT zu eCATT | 6.1

Abbildung 6.2 Attribute eines CATT-Testskripts

6.1.2 CATT-Testskript migrieren

Bei der Migration gehen Sie nun folgendermaßen vor:

1. Starten Sie die Transaktion SECATT, und tragen Sie die Bezeichnung des CATT-Testskripts in das Feld TESTSKRIPT ein (siehe Abbildung 6.3).   *eCATT-Testskript auswählen*

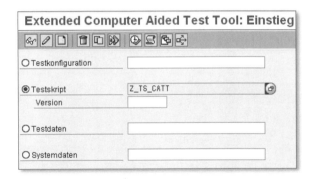

Abbildung 6.3 Einstieg für Migration eines CATT-Testskripts

2. Um das CATT-Testskript zu migrieren, rufen Sie im Hauptmenü den Pfad ECATT-OBJEKT • MIGRIEREN VON CATT auf.   *Migration vorbereiten*

3. Sie erhalten das Popup-Fenster CATT'S MIGRIEREN (siehe Abbildung 6.4). Nehmen Sie hier folgende Einstellungen vor:

   ▸ Tragen Sie in das Feld SYSTEMDATENCONTAINER Ihren Systemdatencontainer »Z_TEST_SYSTEM_RFC« ein.

6 | Tipps und Tricks

▶ In der Spalte ZIELPAKET geben Sie das Zielpaket an, in dem Sie bisher Ihre eCATT-Objekte gespeichert haben.

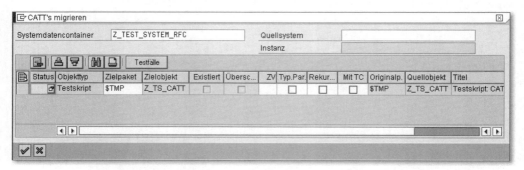

Abbildung 6.4 CATT-Testskripts migrieren

Migration starten

4. Bestätigen Sie Ihre Eingaben, indem Sie auf den BESTÄTIGEN-Button klicken und damit die Migration starten.

Statusmeldung nach Migration

Nachdem Sie die Migration ausgeführt haben, erhalten Sie eine Statusmeldung (siehe Abbildung 6.5). In der Spalte STATUS sehen Sie nach der versuchten Migration eine Ampel, die Ihnen sofort zeigt, ob das CATT-Testskript fehlerfrei migriert werden konnte.

[+] Das im Beispiel verwendete CATT-Testskript Z_TS_CATT konnte nicht fehlerfrei migriert werden, weil es in SAP NetWeaver nicht vollständig erstellt wurde. Sie können nur fehlerfreie CATT-Testskripts nach eCATT migrieren.

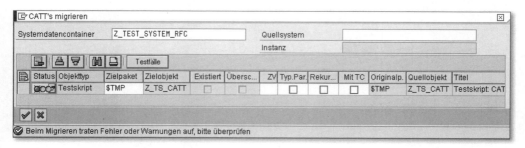

Abbildung 6.5 Statusmeldung nach Migration

Dieses Beispiel soll Ihnen als Hilfestellung bei der Migration Ihrer CATT-Testskripts dienen. Wenn diese bisher fehlerfrei abgespielt werden konnten, werden Sie sie im gleichen SAP-Release auch fehlerfrei migrieren können.

Problem

Wenn Sie die Migration auf ein neues SAP-Release durchführen, kann es trotz eines fehlerfreien CATT-Testskripts zu Fehlern kommen. Ein Problem könnte sein, dass die aufgezeichnete Transaktion im neuen Release anders arbeitet.

Lösung

Versuchen Sie, die migrierte Transaktion im Vordergrund abzuspielen. Wenn Sie bereits beim Abspielen größere Unterschiede zwischen dem Transaktionsablauf in dem alten und in dem neuen SAP-Release feststellen, ist es oft einfacher, die Transaktion komplett neu aufzuzeichnen. Weitere Informationen zu diesem Thema erhalten Sie im folgenden Abschnitt 6.1.3. Wenn Sie nur geringfügige Unterschiede feststellen, könnten Sie eventuell die Transaktion mit einem Rerecord neu aufzeichnen. Diese Art des Neuaufzeichnens ist pflegeleichter bzw. wartungsfreundlicher, weil alle bestehenden Parameter sofort an die richtigen Dynpro-Felder übergeben werden. Eine Anleitung zum Rerecord erhalten Sie in Abschnitt 6.5, »Kommandoschnittstelle neu aufzeichnen«.

6.1.3 Migration nach Patch- oder Release-Wechsel

Nach einem Patch- oder Release-Wechsel kommt es beim Migrieren oft zu Fehlern. Gründe dafür sind beispielsweise:

Fehlerursachen nach Patch- und Release-Wechseln

- **Transaktionen**
  Transaktionen wurden modernisiert. Dadurch haben grafische Benutzeroberflächen andere Eingabefelder als zur Zeit der Aufzeichnung einer Transaktion.

- **Benutzerparameter**
  Benutzerparameter wurden überschrieben oder gelöscht, die zur Aufnahmezeit einer Transaktion noch in den Benutzerdaten gespeichert waren.

- **Historie und Matchcode**
  Die Historie bzw. der Matchcode, der bei jedem Benutzer individuell gefüllt ist, wurde gelöscht.

In solchen Fällen haben Sie leider meist nur wenige Möglichkeiten, um die Testfälle wieder ausführbar zu machen:

- Sie können die Importparameter im Testskript neu pflegen, was sehr aufwendig ist.

- Manchmal hilft es, ein Testskript einmal im Vordergrund abzuspielen, damit die Historie wieder mit Werten versorgt wird.
- Meistens muss die gesamte Transaktion in einem Testskript neu aufgezeichnet werden.

[+] **Ein Testskript muss ständig gepflegt werden**

In den meisten Fällen muss die Transaktion in einem Testskript neu aufgezeichnet werden, wenn ein Release-Wechsel durchgeführt wurde. Schon allein deshalb ist der Gedanke falsch, ein einmal erstelltes Testskript sei anschließend für die nächsten zehn Jahre einsatzbereit.

Ein Testskript muss immer gepflegt werden, wenn sich im System Änderungen ergeben haben.

6.2 Störende Meldung bei der Arbeit mit SAPGUI

Meldung bei »SAPGUI«

Wenn Sie eine Transaktion nicht mit dem eCATT-Befehl TCD, sondern mit SAPGUI aufzeichnen, kann es unter Umständen sein, dass die in Abbildung 6.6 dargestellte Meldung immer wieder angezeigt wird. Sie soll Ihnen als Information dienen.

Abbildung 6.6 Störende Meldung bei »SAPGUI«

Jedoch stört es beim Arbeiten mit eCATT, wenn permanent diese Meldung angezeigt wird und weggeklickt werden muss. Gehen Sie folgendermaßen vor, um diese Meldung abzuschalten:

1. Öffnen Sie einen neuen Modus, und verwenden Sie die Tastenkombination [Alt] + [F12], um das Kontextmenü für das SAP-Layout zu öffnen. Wählen Sie hier OPTIONEN.

Meldung abschalten

2. Sie erhalten das Eingabefenster OPTIONEN. Wechseln Sie in die Registerkarte SCRIPTING (siehe Abbildung 6.7). In der Feldgruppe BENUTZEREINSTELLUNGEN entfernen Sie den Haken für MELDEN, WENN SICH EIN SKRIPT AN SAP GUI ANBINDET.

3. Bestätigen Sie Ihre Änderung, indem Sie auf den OK-Button klicken.

SAP empfiehlt auf *http://help.sap.com* für ein barrierefreies Arbeiten mit SAPGUI die Einstellung MELDEN, WENN SICH EIN SKRIPT AN SAPGUI ANBINDET auszuschalten.

Abbildung 6.7 SAPGUI-Meldungen ausschalten

Eventuell gibt es in Ihrem Arbeitsumfeld Gründe, alle Meldungen zum Scripting anzuzeigen. Dies erfahren Sie von Ihrem Systemadministrator. Wenn er Ihnen das Abschalten dieser Meldung untersagt, müssen Sie leider weiterhin diese Meldung stets wegklicken, wenn Sie mit SAPGUI arbeiten möchten.

6.3 Eingabefeldwerte löschen

Möglicherweise ist es Ihnen schon einmal passiert, dass Sie ein Testskript ohne die von Ihnen übergebenen Werte abspielen wollten. Vielleicht wollten Sie erzwingen, dass ein Testskript nur im Vordergrund abgespielt werden kann, damit ein aktueller Wert, zum Beispiel ein SAP-Anmeldename direkt eingegeben werden muss. Vielleicht wollten Sie auch umgehen, dass der Wert aus Ihrem Matchcode bzw. Ihrer Historie verwendet wird.

6 | Tipps und Tricks

Keine oder falsche Werte angeben

Es reicht in diesem Fall nicht aus, einen falschen Wert zu übergeben, weil das Testskript diesen Wert dann verwenden und Ihnen eine Fehlermeldung geben würde. Genau das Gleiche würde passieren, wenn Sie gar keinen Parameterwert übergeben und das Testskript abspielen würden. In diesem Fall erhielten Sie eine Fehlermeldung, es könnte aber auch passieren, dass das Eingabefeld den ersten Wert aus Ihrer Historie verwenden würde.

Feldinhalt zur Laufzeit entfernen

Im folgenden Abschnitt wird Ihnen ein Trick gezeigt, wie Sie ein Feld dazu bringen können, zur Laufzeit immer leer zu sein.

6.3.1 Testskript anlegen

Starten Sie zunächst die Transaktion SECATT, um ein Beispiel-Testskript anzulegen, in dem Sie das Erzwingen von leeren Eingabefeldern testen können. Legen Sie dazu ein neues Testskript »Z_TS_LEER« an.

[+] Wenn Sie für alle Übungen in diesem Kapitel separate Testskripts erstellen, bleiben die Beispiele für Sie übersichtlicher.

6.3.2 Muster einfügen

Nachdem Sie das Testskript angelegt haben, fügen Sie ein neues Muster ein. Die Transaktion, die Sie aufzeichnen, sollte eine Eingabe erfordern. Verwenden Sie beispielsweise die Transaktion SU01, die einen SAP-Benutzernamen als Eingabe verlangt (siehe Abbildung 6.8).

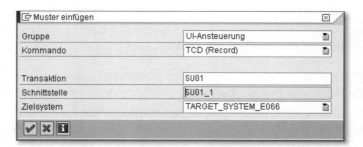

Abbildung 6.8 Neues Muster mit Transaktion SU01

Feldwert aufzeichnen

Geben Sie einen oder Ihren SAP-Benutzernamen in das Feld BENUTZER ein (siehe Abbildung 6.9). Wählen Sie anschließend den Button

ANZEIGEN (Brille), damit Ihnen der SAP-Benutzer angezeigt werden kann. Der Feldwert ECATT_USER wurde nun aufgezeichnet.

Abbildung 6.9 Eingabefeld mit einem Wert versorgt

6.3.3 Kommandoschnittstelle öffnen

Nachdem Sie das Testskript gespeichert haben, können Sie die Kommandoschnittstelle öffnen.

1. Wechseln Sie von der Parameteransicht zur KOMMANDOSCHNITT-STELLE (siehe Abbildung 6.10). Führen Sie einen Doppelklick auf Ihrer Kommandoschnittstelle SU01_1 aus, die in der Liste KOMMANDOSCHNITTSTELLE angezeigt wird.

Kommandoschnittstelle öffnen

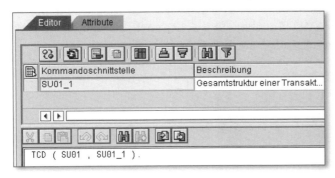

Abbildung 6.10 Kommandoschnittstelle SU01_1

2. Expandieren Sie die Kommandoschnittstelle im Struktur-Editor. Suchen Sie Ihren übergebenen Feldwert, also Ihren SAP-Benutzernamen (siehe Abbildung 6.11).

Feldwert im Struktur-Editor aufspüren

6 | Tipps und Tricks

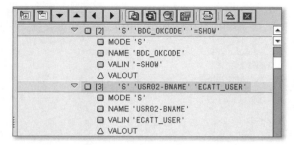

Abbildung 6.11 Übergebener SAP-Benutzername

6.3.4 Leeres Eingabefeld erzwingen

An dieser Stelle können Sie den Parameterwert eines Eingabefeldes so anpassen, dass er zur Laufzeit definitiv gelöscht wird. Es geht nicht darum, Parameterwerte aus der Kommandoschnittstelle zu löschen, sondern Eingabefelder so zu manipulieren, dass sie beim Abspielen des Testskripts geleert werden.

Feldwert anpassen
1. Suchen Sie das Eingabefeld und seinen Parameterwert im Struktur-Editor. Klicken Sie doppelt auf den Parameterwert, damit sich die Details öffnen (siehe Abbildung 6.12). Sie hatten zur Aufnahmezeit den Wert ECATT_USER in das Feld BENUTZER eingetragen. Das Eingabefeld BENUTZER verweist auf den Datenbankschlüssel 'USR02-BNAME'. In Abbildung 6.12 sehen Sie den Datenbankschlüssel in der Zeile NAME.

Abbildung 6.12 Details zum Eingabefeld im Struktur-Editor

Ausrufezeichen setzen
2. Setzen Sie den Mauszeiger in das Feld WERT der Zeile VALIN. Um den Eingabefeldwert zu löschen, tragen Sie nun ein Ausrufezeichen »[!]« statt des Eingabefeldwertes ein (siehe Abbildung 6.13).

3. Speichern Sie Ihre Änderung. Sie sehen, dass das Ausrufezeichen anschließend automatisch von zwei einzelnen Hochkommas eingeschlossen wird. Ändern Sie das bitte nicht. Durch die Hochkommas wird der eingetragene Wert als Variable verstanden.

6.3 Eingabefeldwerte löschen

Abbildung 6.13 Setzen eines Ausrufezeichens, um den Eingabefeldwert zur Laufzeit zu löschen

Sie haben dem Eingabefeld BENUTZER durch das Ausrufezeichen in Zeile VALIN mitgeteilt, dass es seinen Inhalt zur Laufzeit löschen soll.

Eingabefeldwert zum Löschen vorbereiten

6.3.5 Testskript im Vordergrund abspielen

Nachdem Sie das Testskript gespeichert haben, können Sie nun die Wirkung des Ausrufezeichens testen. Spielen Sie dazu das Testskript im Vordergrund ab.

Startoptionen – im Vordergrund

Tragen Sie die Startoptionen so ein, dass Ihr Testskript im Vordergrund abgespielt wird. Sie sollen in diesem Beispiel die Möglichkeit haben, die Änderung der Eingabefelder zu beobachten.

1. Führen Sie das Testskript aus. In den STARTOPTIONEN wechseln Sie bitte in die Registerkarte UI ANSTEUERUNG. Wählen Sie in der Feldgruppe TCD im Feld STARTMODUS FÜR KOMMANDO TCD folgende Option aus: A HELL ABSPIELEN, SYNCHRON LOKAL (siehe Abbildung 6.14).

Im Vordergrund abspielen

2. Anschließend klicken Sie den AUSFÜHREN-Button an.

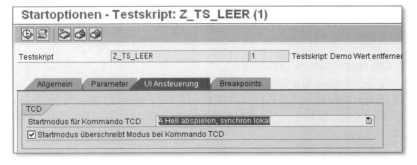

Abbildung 6.14 Startoptionen für Abspielen im Vordergrund

431

Testskript abspielen

Nachdem Sie die Startoptionen für ein Abspielen im Vordergrund eingetragen haben, können Sie das Testskript ausführen.

Sie sehen für einen kurzen Moment im Eingabefeld BENUTZER ein rotes Ausrufezeichen, das kurz danach wieder entfernt wird. Das Ausrufezeichen ist kein Parameterwert wie eine normale Zeichenkette. Es wird deshalb gelöscht, und das Eingabefeld erhält keinen Wert.

Feldwert fehlt zur Laufzeit

Die Transaktion kann nicht fehlerfrei abgespielt werden, weil ein Eingabewert fehlt (siehe Abbildung 6.15). Da Sie das Testskript im Vordergrund abgespielt haben, sehen Sie die Fehlermeldung in der Informationszeile.

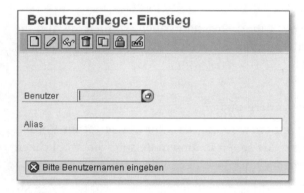

Abbildung 6.15 Laufzeitfehlermeldung

6.3.6 Testprotokoll mit Fehlermeldung

In diesem Abschnitt sollen Sie die Unterschiede kennenlernen, die sich aus der Ausführung eines Testskripts mit Ausrufezeichen und mit einer gewöhnlichen Zeichenkette ergeben.

Betrachten Sie die Fehlermeldungen im Testprotokoll, wenn Sie folgende Werte übergeben haben:

- **Übergabe Ausrufezeichen**
  Es wird eine Eingabe im Feld BENUTZER verlangt, weil dem Testskript anscheinend kein Wert übergeben wurde. Das Ausrufezeichen wird ignoriert.

▶ **Übergabe Zeichenkette**
Es erscheint die Meldung, dass der BENUTZERNAME X nicht existiert. Gewöhnliche Zeichenketten werden vom Testskript als Parameterwert angesehen und ausgewertet.

Das Testprotokoll in Abbildung 6.16 zeigt Ihnen das Ergebnis, wenn Sie im Eingabefeld BENUTZER ein Ausrufezeichen gesetzt haben, um den Feldwert zu löschen. Sie sehen, Sie erhalten nur die Meldung E01279 BITTE BENUTZERNAMEN EINGEBEN.

Transaktion bricht ab

```
▽ ⚙ Z_TS_LEER [0,265 sec]   Version 1 Testskript: Demo Wert entfernen
  ▷ 📄 Zielsystem Z_TEST_SYSTEM_RFC->TARGET_SYSTEM_E066->Z_eCATT_RFC_
       Fehler im eCATT-Kommando TCD SU01:
       E01279 Bitte Benutzernamen eingeben
    ▷□ IMPORT  Z_TS_LEER        11:23:40
    ▽ ⚙ TCD      SU01           [0 sec N] Benutzerpflege
         E01279 Bitte Benutzernamen eingeben
      ▽ 🔔 CALL TRANSACTION SU01 SU01_1 XML-DATA-01
          ▷   ◇ SAPLSUU5  0050
          ▷   ✖ SAPLSUU5  0100
          ▷   ✖ SAPLSUU5  0050
              ✖ SAPMSCEM  0001
    □▶ EXPORT  Z_TS_LEER        11:23:40
```

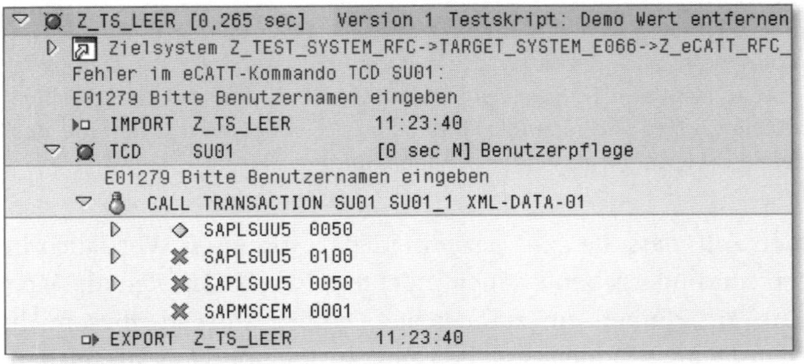

Abbildung 6.16 Eingabefeld mit Ausrufezeichen gefüllt

Das Testprotokoll in Abbildung 6.17 zeigt Ihnen das Ergebnis, wenn Sie im Eingabefeld einen falschen Wert, zum Beispiel ein »X«, eingetragen haben.

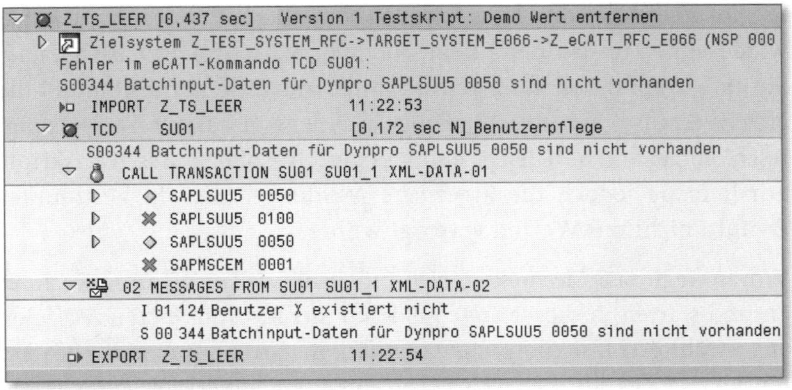

```
▽ ⚙ Z_TS_LEER [0,437 sec]   Version 1 Testskript: Demo Wert entfernen
  ▷ 📄 Zielsystem Z_TEST_SYSTEM_RFC->TARGET_SYSTEM_E066->Z_eCATT_RFC_E066 (NSP 000
       Fehler im eCATT-Kommando TCD SU01:
       S00344 Batchinput-Daten für Dynpro SAPLSUU5 0050 sind nicht vorhanden
    ▷□ IMPORT  Z_TS_LEER        11:22:53
    ▽ ⚙ TCD      SU01           [0,172 sec N] Benutzerpflege
         S00344 Batchinput-Daten für Dynpro SAPLSUU5 0050 sind nicht vorhanden
      ▽ 🔔 CALL TRANSACTION SU01 SU01_1 XML-DATA-01
          ▷   ◇ SAPLSUU5  0050
          ▷   ✖ SAPLSUU5  0100
          ▷   ◇ SAPLSUU5  0050
              ✖ SAPMSCEM  0001
      ▽ 📩 02 MESSAGES FROM SU01 SU01_1 XML-DATA-02
              I 01 124 Benutzer X existiert nicht
              S 00 344 Batchinput-Daten für Dynpro SAPLSUU5 0050 sind nicht vorhanden
    □▶ EXPORT  Z_TS_LEER        11:22:54
```

Abbildung 6.17 Eingabefeld mit einem »X« gefüllt

6 | Tipps und Tricks

Zeichenketten werden verarbeitet

Das X wird als ordnungsgemäßer Wert angesehen und an die Transaktion übergeben. Da es aber keinen SAP-Benutzer X gibt, läuft die Transaktion auf Fehler. Der erste Fehler, den Sie sehen, lautet: S 00 344 BATCHINPUT-DATEN FÜR DYNPRO SAPLSUU5 0050 SIND NICHT VORHANDEN. Sie müssen anschließend das gesamte Testprotokoll expandieren, um die Information BENUTZER X EXISTIERT NICHT aufzufinden.

Wenn Sie in Eingabefeldern als Wert ein Ausrufezeichen setzen, wird der Inhalt definitiv gelöscht.

> [+] **Ausrufezeichen zur Aufnahmezeit setzen**
>
> Sie können das Ausrufezeichen auch bereits während der Aufzeichnung in ein leer zu lassendes Dynpro-Feld einsetzen, damit es direkt an der richtigen Stelle in der Kommandoschnittstelle verwendet wird. Während des Abspielens bleibt dieses Feld anschließend immer leer.

Für den Fall, dass Sie ganz gezielt einen bestimmten Wert auch im Hintergrund übergeben können möchten, haben Sie folgende Möglichkeit: Sie können ein zusätzliches Dynpro anlegen, diesem die gleichen Dynpro-Felder vergeben und anstelle des Ausrufezeichens nun den von Ihnen geplanten Wert einsetzen. Wenn Sie diesen Schritt testen wollen, lesen Sie bitte den folgenden Abschnitt.

6.4 Fehlendes Dynpro erzeugen

Dynpro nicht mit Werten versorgt

Es gibt leider bei der Aufzeichnung von Transaktionen immer mal wieder einen unschönen Effekt. Nehmen wir beispielsweise an, dass Sie eine Transaktion auf Ihrem Rechner testweise ausführen und die gleiche Transaktion anschließend in einem Testskript auch erfolgreich aufzeichnen. Gleich beim ersten Abspielen des Testskripts erhalten Sie jedoch die ärgerliche Meldung, dass ein bestimmtes Dynpro nicht mit Werten versorgt wurde.

Werte in Historie übernehmen

Woran liegt das? Sie melden sich möglicherweise an Ihrem Rechner an und starten in dieser angemeldeten Sitzung zum ersten Mal eine ausgewählte Transaktion. Die Transaktion startet mit einem Eingabefenster, in das Sie beispielsweise einen Buchungskreis oder einen Finanzkreis eingeben müssen. Anschließend können Sie diese Transaktion immer wieder ausführen, ohne dass die Eingabe des Buchungskreises noch einmal erforderlich ist. Der Wert ist in Ihrer Historie aufgenommen und wird automatisch verwendet. Beim Aufzeichnen dieser Transaktion werden alle bekannten Werte ebenfalls einfach übernommen.

Wenn Sie sich nach der Aufzeichnung allerdings neu anmelden müssen, wurden diese Werte eventuell aus Ihrer Historie entfernt.

Werte fehlen in Historie

Das Testskript soll der Transaktion nun Werte liefern, die es gar nicht kennt. Aber auch Sie als Testentwickler wissen nicht, wohin Sie diese Werte eintragen sollen, weil das genannte Dynpro ja gar nicht in Ihrer Kommandoschnittstelle enthalten ist.

Der Trick, der Ihnen in diesem Abschnitt gezeigt wird, ist vielleicht nicht in jedem Fall die Lösung. Er soll Ihnen aber trotzdem zeigen, wie Sie ein fehlendes Dynpro selbst erzeugen können.

6.4.1 Dynpro in Kommandoschnittstelle anlegen

Um ein Dynpro in eine bestehende Kommandoschnittstelle einzubinden, müssen Sie zuallererst wissen, an welcher Stelle Sie es einfügen müssen.

Zusätzliche Dynpros einfügen

Wenn Sie zusätzliche Dynpros einfügen, müssen Sie Folgendes beachten:

- Markieren Sie das erste Dynpro mit der Kennung [1], wenn Sie ein Dynpro am Anfang einer Transaktion einfügen wollen.
- Markieren Sie das zweite Dynpro, wenn Sie ein Dynpro zwischen den Dynpros [1] und [2] einfügen wollen.
- Markieren Sie den Knoten R, wenn Sie ein Dynpro an letzter Stelle einfügen wollen.

Positionierung beachten

In diesem Abschnitt sollen Sie ein Dynpro am Anfang der Transaktion einbinden.

Markieren Sie das erste Dynpro, und klicken Sie mit der rechten Maustaste darauf. Es öffnet sich ein Kontextmenü (siehe Abbildung 6.18). Wählen Sie daraus ZEILE EINFÜGEN.

Dynpro einfügen

6 | Tipps und Tricks

Abbildung 6.18 Zusätzliches Dynpro einfügen

Attribute fehlen zu Beginn

Sie sehen, dass in Ihrer Kommandoschnittstelle ein neues Dynpro an der ersten Stelle erzeugt wurde. Dieses Dynpro besitzt noch keine Bezeichnung und auch noch keine Attribute oder Felder (siehe Abbildung 6.19). Das ehemals erste Dynpro trägt jetzt die Kennung [2] und befindet sich nun an zweiter Stelle.

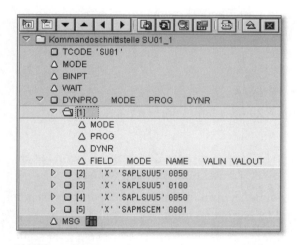

Abbildung 6.19 Neues Dynpro in der Kommandoschnittstelle

6.4.2 Dynpro mit Werten versorgen

Wenn Sie während eines Testlaufs eine Fehlermeldung erhalten haben, können Sie die Bezeichnung des fehlenden Dynpros aus dieser Fehlermeldung verwenden.

Dynpro-Bezeichnung

1. Führen Sie zuerst auf dem Dynpro-Attribut PROG einen Doppelklick aus. Sie erhalten im rechten Teil des Struktur-Editors die

Details zu diesem Attribut. Tragen Sie in der Spalte WERT die Bezeichnung des fehlenden Dynpros ein (siehe Abbildung 6.20). In unserem Beispiel wurde »'SAPLFMCI1'« eingetragen.

[!] Bitte stellen Sie dieses Beispiel nicht 1:1 nach. Die Transaktion SU01 zeigt Daten eines ausgewählten Benutzers an. Das Dynpro, das im Beispiel an die erste Stelle gesetzt wurde, gehört zur Transaktion FMCIA (Finanzpositionen anlegen). Die Transaktion SU01 wird dieses Dynpro überspringen, da es ihr unbekannt ist und sie es nicht benötigt. Das Beispiel dient nur der Demonstration.

2. Das Attribut DYNP füllen Sie mit der Dynpro-Nummer, die Ihnen in der Fehlermeldung angezeigt wurde. Das Attribut MODE können Sie mit »X« füllen. X erlaubt das Abspielen im Hintergrund.

Dynpro-Nummer und Modus

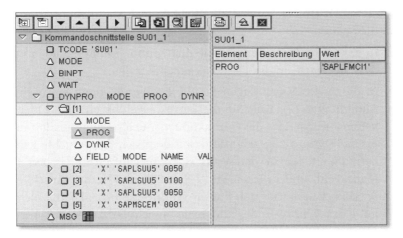

Abbildung 6.20 Dynpro mit Bezeichnung

6.4.3 Dynpro-Felder anlegen

Ein Dynpro macht nur Sinn, wenn es Eingabefelder besitzt, an die Sie Werte übergeben können.

1. Klicken Sie doppelt auf FIELD, um neue Felder anzulegen. Im rechten Bereich des Struktur-Editors öffnen sich die Details zu den Feldern. Klicken Sie auf den Button ANLEGEN, um ein neues Feld anzulegen (siehe Abbildung 6.21).

Dynpro-Feld anlegen

6 | Tipps und Tricks

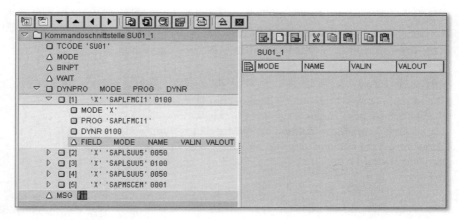

Abbildung 6.21 Dynpro-Felder anlegen

2. Sie erhalten eine eingabebereite Zeile. Tragen Sie folgende Werte in die Spalten ein:

   - In der Spalte MODE tragen Sie die Option »S« ein. S bedeutet, dass Sie Werte an das Feld übergeben können.
   - In die Spalte NAME tragen Sie die Feldbezeichnung ein (siehe Abbildung 6.22). Falls Sie die korrekte Feldbezeichnung nicht kennen, müssen Sie die Transaktion manuell so lange ausführen, bis das Dynpro angezeigt wird, auf dem sich das gesuchte Feld befindet. Stellen Sie den Mauszeiger zur Laufzeit in das betreffende Feld, und drücken Sie [F1] auf Ihrer Tastatur. Anschließend klicken Sie auf den Button TECHNISCHE INFO. Die Bezeichnung des Dynpro-Feldes finden Sie im Feld DYNPROFELD.

Bezeichnung des Dynpro-Feldes

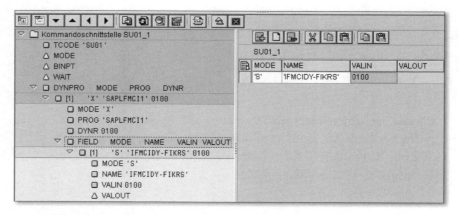

Abbildung 6.22 Attribute für fehlendes Dynpro-Feld eintragen

3. Speichern Sie diese Änderung, und starten Sie das Testskript neu. Sollten Sie mit diesem Lösungsansatz Erfolg haben, sollte das Testskript nun fehlerfrei abgespielt werden können.

Änderung speichern

> **IF...ENDIF-Block**
>
> Wenn Sie bei Ihrem Problem mit diesem Lösungsansatz keinen Erfolg hatten, könnten Sie versuchen, einen IF...ENDIF-Block zu erzeugen, der einmal eine Kommandoschnittstelle abspielt, die zu Sitzungsbeginn aufgezeichnet wurde, und einmal eine, die im laufenden Sitzungsbetrieb aufgezeichnet wurde. Innerhalb des IF...ENDIF-Blocks könnte die Kommandoschnittstelle vom Sitzungsbeginn abgespielt und eine Zählvariable hochgezählt werden. Sobald die Zählvariable nicht mehr 0 ist, könnten Sie die andere Schnittstelle in der ELSE-Bedingung abspielen.

[+]

6.5 Kommandoschnittstelle neu aufzeichnen

Nach Patch- oder Release-Wechseln werden Sie sicher feststellen, dass einige Transaktionen einen veränderten Ablauf haben. Wenn Sie in so einem Fall die gesamte Transaktion neu aufzeichnen und parametrisieren wollten, wäre das ein sehr zeitintensives Unterfangen – vor allem, wenn sich bei vielen Transaktionen Änderungen ergeben haben. Sie werden deshalb in diesem Abschnitt eine wartungsfreundlichere und zeitsparendere Möglichkeit kennenlernen.

6.5.1 Begriff »Rerecord«

Sie haben die Möglichkeit, eine Transaktion, die Sie mit dem eCATT-Befehl TCD aufgezeichnet haben, wiederholt aufzuzeichnen. Bei diesen wiederholten Aufzeichnungen werden alle von Ihnen bereits erstellten Parameter an die gleichen Dynpro-Felder der neuen Kommandoschnittstelle übergeben. Sie müssen nach einer Neuaufzeichnung also lediglich die neuen Dynpro-Felder mit Parametern versorgen. Das Neuaufzeichnen, auch *Rerecord* genannt, bietet Ihnen dadurch eine wartungsfreundliche Möglichkeit, geänderte Transaktionen zeitsparend neu aufzuzeichnen.

Rerecord bei TCD möglich

[+] **Parameter-Dynpro-Feldzuordnung bleibt erhalten**

Dynpros und Dynpro-Felder, die zu einer Transaktion gehören, haben immer die gleichen Bezeichnungen. Da Ihre Parameter bestimmten Dynpro-Feldern zugeordnet wurden, werden die richtigen Zuordnungen von Parametern zu Dynpro-Feldern auch bei einem Rerecord bzw. bei erneuten Aufzeichnungen erkannt und umgesetzt.

6.5.2 Rerecord einer Transaktion

Wählen Sie ein Testskript aus, das einige zugeordnete Importparameter besitzt. Anschließend können Sie mit dem Rerecord beginnen.

Transaktion SECATT

Öffnen Sie Ihr Testskript im Änderungsmodus. Führen Sie im Befehl-Editor auf dem eCATT-Befehl TCD einen Doppelklick aus. Sie erhalten das Dialogfenster KOMMANDO ÄNDERN (siehe Abbildung 6.23). Wenn Sie die Checkbox ALTE SCHNITTSTELLE SICHERN aktivieren, wird Ihre Kommandoschnittstelle nicht überschrieben, und Sie können sie zu Vergleichszwecken weiterhin verwenden. Die Bezeichnung der Kommandoschnittstelle im Feld SCHNITTSTELLE müssen Sie nicht ändern. Wenn Sie die alte Schnittstelle sichern, wird der neuen Schnittstelle automatisch die Ziffer 2 angehängt, bzw. sie erhält eine fortlaufende Nummerierung.

Abbildung 6.23 Dialogfenster »Kommando ändern«

Rerecord starten

Um eine Transaktion neu aufzuzeichnen, kicken Sie den Button RERECORD an (siehe Abbildung 6.24).

Abbildung 6.24 Button »Rerecord«

Transaktion im Vordergrund neu aufzeichnen

Die Transaktion wird nun erneut im Vordergrund aufgenommen. Sie müssen alle Werte neu setzen. Diese Werte werden außerdem als neue Parameterwerte in Ihre Parameterliste übernommen. Wenn Sie die Transaktion beenden, werden Sie gefragt, ob Sie die Daten übernehmen wollen. Klicken Sie auf den Button JA, wenn es beim Aufzeichnen keine Fehler gab. Andernfalls wiederholen Sie die Aufzeichnung.

Sie sehen auf der Registerkarte EDITOR im Befehl-Editor (siehe Abbildung 6.25), dass die alte Kommandoschnittstelle auskommentiert wurde. Die neue Kommandoschnittstelle trägt als Bezeichnung die laufende Nummerierung 2 am Ende.

Neu aufgezeichnete Kommandoschnittstelle

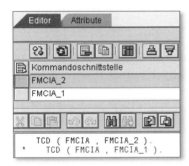

Abbildung 6.25 Neu aufgezeichnete Kommandoschnittstelle im Befehl-Editor

6.5.3 Parameter prüfen

Prüfen Sie nun die Parameter, die durch das Neuaufzeichnen übernommen wurden. Öffnen Sie den Struktur-Editor, indem Sie doppelt auf die Kommandoschnittstelle FMCIA_2 klicken. Expandieren Sie alle Dynpros, und prüfen Sie die Importparameter.

In Abbildung 6.26 sehen Sie, dass die Importparameter P_I_FIPEX und P_I_GJAHR bereits an die neue Kommandoschnittstelle übergeben wurden. Um die Übergabe der bereits bestehenden Importparameter müssen Sie sich nicht kümmern.

Parameter bleiben beim Rerecord erhalten

> **Neue Parameter in Varianten übernehmen** [+]
>
> Wenn Sie neue Dynpro-Felder zur Aufzeichnung füllen mussten, empfiehlt es sich, für diese neuen Werte ebenfalls Importparameter anzulegen und an die Kommandoschnittstelle zu übergeben. Diese neuen Importparameter können anschließend wieder über Varianten versorgt werden. Wichtig dabei ist, dass Sie die Variantendatei nach der Änderung des Testskripts neu erzeugen, damit alle Parameter für eine Variante bereitstehen.

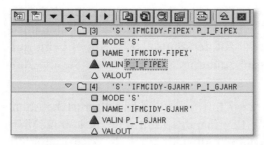

Abbildung 6.26 Übernahme bisheriger Parameter in neue Kommandoschnittstelle

6.6 Fazit

Migration von CATT nach eCATT

Nach dem Studium dieses Kapitels haben Sie die Migration von CATT nach eCATT kennengelernt. Sie wissen nun auch, dass die Migration nur funktioniert, wenn das CATT-Testskript auf dem aktuellen Release-Stand fehlerfrei abgespielt werden konnte. Andernfalls muss die Transaktion im Testskript neu aufgezeichnet werden.

SAPGUI-Meldung abschalten

Anschließend erhielten Sie einen Tipp, wie Sie die störende Informationsmeldung, dass ein Skript versucht, sich an SAPGUI anzubinden, abstellen können. Sie haben dazu die Layout-Optionen Ihres Systems mit der Tastenkombination [Alt] + [F12] gestartet und unter SCRIPTING die Meldung deaktiviert.

Eingabefeldwerte zur Laufzeit löschen

Des Weiteren erhielten Sie einen Tipp, wie Sie ein Dynpro-Feld, das zur Aufzeichnungszeit gefüllt wurde, zur Abspielzeit leeren können. Sie haben dazu das Ausrufezeichen Ihrer Tastatur verwendet und in das zu leerende Dynpro-Feld Ihrer Kommandoschnittstelle eingetragen.

Zusätzliche Dynpros einfügen

Danach wurde Ihnen die Möglichkeit vorgestellt, zusätzliche Dynpros in Ihre Kommandoschnittstelle einzubinden. Die Bezeichnung für das Dynpro konnten Sie den Fehlermeldungen entnehmen. Die Bezeichnung des Dynpro-Feldes finden Sie in der Transaktion, wenn Sie die Taste [F1] drücken und danach den Button TECHNISCHE INFO anklicken.

[+] Die Methode, zusätzliche Dynpros einzufügen, ist nicht trivial. Sie sollten sich deshalb in Geduld üben und nicht den Mut verlieren. Es gibt auch Transaktionen, bei denen selbst das Einbinden zusätzlicher Dynpros nicht zum Erfolg führt.

Sie sollten maximal zwei Tage Entwicklungsarbeit in eine Transaktion investieren. Wenn Sie danach noch immer Fehlermeldungen erhalten, sollten Sie die Transaktion aus der eCATT-Testplanung herausnehmen und sie manuell testen lassen.

Zum Schluss haben Sie die wartungsfreundliche Möglichkeit kennengelernt, veraltete Transaktionen durch Rerecord neu aufzuzeichnen. Dabei blieben alle Parameter erhalten. Neue Parameter müssen in die Varianten übernommen werden

Durch Rerecord neu aufzeichnen

6.7 Transaktionsübersicht

CATT – eCATT – Migration	▸ Transaktion SECATT (eCATT-Einstieg) 　▸ CATT-Testskript in Feld TESTSKRIPT eintragen 　▸ Pfad: SAP-Menü • ECATT-OBJEKT • MIGRIEREN VON CATT
SAPGUI-Meldung deaktivieren	▸ Layout-Optionen mit Tastenkombination [Alt] + [F12] aufrufen 　▸ Meldungen auf Registerkarte SCRIPTING deaktivieren
Eingabefeldwerte löschen	▸ Transaktion SECATT (eCATT-Einstieg) 　▸ Ausrufezeichen [!] in aufgezeichnetes Dynpro-Feld eintragen
Zusätzliche Dynpros einbinden	▸ Transaktion SECATT (eCATT-Einstieg) 　▸ in Kommandoschnittstelle neues Dynpro einfügen und Attribute eintragen
Neuaufzeichnen einer Transaktion	▸ Transaktion SECATT (eCATT-Einstieg) 　▸ im Befehl-Editor auf eCATT-Befehl TCD klicken 　▸ Rerecord starten 　▸ neue Parameter hinzufügen

7 Fazit

Nachdem Sie das »Praxisbuch eCATT« durchgearbeitet haben, sind Sie nun ein weiterer Experte auf dem Gebiet Testtool eCATT. Ihr gerade erworbenes Wissen wird Ihnen zukünftig hilfreich sein – beim Testen von Transaktionen oder beim Stammdatenaufbau.

Sie werden Ansprechpartner oder gar Schulungsleiter sein, wenn Ihre Kunden mit dem Testtool eCATT arbeiten möchten und das Handling erlernen wollen. Sie haben nach dem Studium dieses Buches eine gute Basis, auf die Sie vertrauen können. Alles, was Sie durch dieses Buch gelernt haben, müssen sich andere SAP-Entwickler noch mühsam erarbeiten.

Der sichere Umgang mit eCATT erfordert einige Übung und damit auch etwas Zeit. Geben Sie sich diese Zeit. Sie werden irgendwann feststellen, dass Sie zum Beispiel beim Gedanken an Stammdatenaufbau plötzlich immer zuerst die Möglichkeit erwägen, die Stammdaten mit eCATT zu generieren. Sie werden neue Daten nicht hart in die Datenbank eintragen müssen, sondern können bequem Transaktionen aufzeichnen und die notwendigen Daten als Varianten einspielen.

Durch den Aufbau von gut organisierten Testkatalogen werden Sie feststellen, dass Sie Ihren gesamten Testprozess besser strukturieren.

Mit der Zeit werden Sie eCATT-Testskripts erstellen, die Ihre routinemäßigen Alltagsaufgaben übernehmen, wodurch sich mehr Zeit für andere Aufgaben ergeben wird.

Eine der besten Tugenden des eCATT-Entwicklers ist seine Kreativität. Lassen Sie Ihrer Kreativität beim Erstellen von Testskripts freien Lauf, und erleichtern Sie sich und anderen dadurch die Arbeit mit dem SAP-System.

Anhang

A	**Glossar**	449
B	**Quellcode zum Programm »ZJN_TCURC«**	453
C	**Die Autorin**	463

A Glossar

ABAP ABAP ist eine Programmiersprache von SAP, um Reports und Programme zu erstellen. Mit ihr wird in der ABAP Workbench entwickelt (Transaktion SE38).

Alias Ein Alias wird in der Testkonfiguration verwendet, um Testdatencontainer bekanntzumachen. Über den Alias eines Testdatencontainers werden seine Testvarianten angesprochen.

Array Ein Array (auch Feldliste) ist ein Datentyp, der mehrere Werte vom gleichen Typ zusammenfasst. Das Zusammenfassen geschieht in einer bestimmten Reihenfolge, wodurch jedes Feldelement (auch Komponente) einen eigenen ganzzahligen Index besitzt.

Benutzerparameter Benutzerparameter werden in den eigenen Daten gepflegt. Testskripts sollten nicht auf Benutzerparameter zugreifen, da andere Benutzer andere Benutzerparameter gepflegt haben können. Deshalb sollten Sie für eCATT einen eCATT-Nutzer einrichten, bei dem keine Benutzerparameter gepflegt werden.

CATT CATT steht für *Computer Aided Test Tool*, zu Deutsch: computerunterstütztes Testwerkzeug. Eingeführt mit dem Basis-Release 6.10. Aufruf mit der Transaktion SCAT (CATT-Einstieg). Neue CATT-Testfälle können ab Basis-Release 6.40 nicht mehr angelegt werden. Ab Basis-Release 7.0 können selbst bestehende CATT-Testfälle nicht mehr verändert werden. Die Migration ist im Basis-Release 7.0 jedoch noch möglich.

eCATT eCATT steht für *Extended Computer Aided Test Tool*, zu Deutsch: erweitertes computerunterstütztes Testwerkzeug. Eingeführt mit dem Basis-Release 6.20. Ist ein SAP-Werkzeug zur Testautomatisierung mit grafischer Benutzeroberfläche. Es enthält einen Testskript-Editor, einen eigenen Befehlssatz und lässt Parametrisierung zu. Aufruf mit der Transaktion SECATT (eCATT-Einstieg). Das Herunterladen von Varianten ist erst ab Basis-Release 7.0 möglich, ebenso das Anzeigen des Verwendungsnachweises einzelner eCATT-Objekte.

eCATT-Befehle CATT-Befehle sind Kommandos, mit denen sich die Logik des Testskripts individueller gestalten lässt. Es gibt beispielsweise eCATT-Befehle zum Aufzeichnen von Transaktionen, zum Testen von Funktionsbausteinen, zum Auslesen von Datenbanktabellen, zum Erstellen von Bedingungen, zum Auslesen der letzten Meldung und zum Auskommentieren der Befehle im Befehl-Editor.

eCATT-Berechtigungsrolle Eine eCATT-Berechtigungsrolle muss mindestens die Transaktionen SECATT (eCATT) und STWB_1 (Testkatalogverwaltung) enthalten.

eCATT-Variable Eine eCATT-Variable ist eine Variable, die zur Laufzeit immer den aktuellen Wert liefert. Ein Beispiel wäre die eCATT-Variable &YEAR, die immer das aktuelle Jahr liefert. Als Parameterwert müsste diese eCATT-Variable nur einmal gepflegt und nicht bei jedem Jahreswechsel neu gesetzt werden.

ENDMESSAGE-Block Dieser Block enthält alle Meldungen, die zur Laufzeit eines bestimmten Blocks generiert wurden.

Exportparameter Ein Exportparameter dient dazu, Werte die im Testskript generiert wurden, nach außen zu geben.

Externe Varianten Externe Varianten sind Testvarianten, die im Testdatencontainer oder in der Testkonfiguration als externe Dateien eingebunden wurden. Der Inhalt einer externen Datei ist im Testdatencontainer oder in der Testkonfiguration nicht sichtbar. Wenn sie geändert werden sollen, muss dies in der externen Datei geschehen. Externe Dateien können Textdateien sein oder Dateien, die mit einem Tabellenkalkulationsprogramm erstellt und geändert wurden.

HTTP-Verbindung Eine HTTP-Verbindung dient dazu, eine Verbindung zu einem externen Server aufzubauen, um dort Applikationen oder Programme zu starten. Notwendig für Web-Dynpro-Test. Gehört zu den RFC-Verbindungen, und wird mit der Transaktion SM59 gepflegt.

Importparameter Ein Importparameter dient dazu, dynamische Werte von außen an das Testskript zu übergeben. Mit ihm kann das Testskript flexibel parametrisiert werden. Werden keine Importwerte von außerhalb an das Testskript übergeben, verwendet das Testskript die Standardwerte aus der Kommandoschnittstelle. Dies können vorinitialisierte Parameterwerte in der Parameterliste sein oder Werte, die zur Zeit der Aufzeichnung an die Transaktion übergeben wurden.

Include Über eine Include-Anweisung werden Zugriffsmöglichkeiten auf andere Klassen geschaffen. Dadurch können Code-Bestandteile ausgelagert und besser strukturiert werden. Ob bei einem Include Groß- oder Kleinbuchstaben verwendet werden, ist dem Geschmack des Entwicklers überlassen.

Interne Varianten Interne Varianten sind Testvarianten, die im Testdatencontainer oder in der Testkonfiguration erstellt wurden. Sie können vor dem Abspielen manuell geändert werden.

Meldung Während des Abarbeitens einer Transaktion entstehen Meldungen. Diese können Sie als Exportparameterwerte oder für Bedingungsschleifen verwenden.

MESSAGE Der eCATT-Befehl MESSAGE wird als Muster in ein Testskript eingefügt. Die Kommandoschnittstelle lautet MSG_n. Dieser Kommandoschnittstelle können Regeln zugeordnet werden.

Pfadangabe Eine Pfadangabe ist notwendig, um den Ort einer externen Variantendatei anzugeben. Sie wird über die Transaktion SECATT geändert. Öffnen Sie in der Transaktion SECATT über den Pfad HILFSMITTEL • EINSTELLUNGEN im Hauptmenü die benutzerspezifischen Einstellungen und rufen Sie die Registerkarte ECATT • EXTERN auf. Die Änderung der Pfadangabe wirkt sich auch auf alle anderen eCATT-Objekte aus. Der Ablageort sollte deshalb gut geplant werden. Die konkreten Dateinamen können selbstverständlich je Testskript, Testdatencontainer oder Testkonfiguration variieren.

REF Mit diesem eCATT-Befehl kann innerhalb eines Testskripts auf ein anderes Testskript referenziert werden.

Regel Eine Regel enthält den Regeltyp und eine Regelnummer. Beim Erstellen von Regeln in der MESSAGE-Kommandoschnittstelle kann angegeben werden, ob eine Regel zum Beispiel erwartet oder erlaubt wird. Wird eine Regel erwartet und trifft nicht ein, kommt es zum Fehler.

Regelnummer Eine konkrete Meldung enthält immer die gleiche Nummer.

Regeltyp Der Regeltyp beschreibt, ob es sich um Fehler, Hinweise, Warnungen oder Abbrüche handelt.

RFC-Verbindung Die Definition besteht aus Host und Systemnummer. Sie wird benötigt, um Testfällen den Mandanten und das System bekanntzugeben, auf dem getestet werden soll. Für eCATT-Testfälle wird der Verbindungstyp »3« (ABAP-Verbindung) verwendet. Alle RFC-Verbindungen werden mit der Transaktion SM59 gepflegt.

SAP GUI SAP GUI bezeichnet die grafische Benutzeroberfläche eines SAP-Systems zum Entwickeln und Darstellen von SAP-Anwendungen.

SAPGUI SAPGUI ist ein eCATT-Befehl, der zur IU-Ansteuerung gehört. Mit ihm können Transaktionen aufgezeichnet werden. Mit SAPGUI aufgezeichnete Testskripts können nur im Vordergrund abgespielt werden.

Select-Options Select-Options bieten eine variable Selektionsmöglichkeit und dienen als Benutzerschnittstelle auf der Eingabemaske. Select-Options definieren Auswahllisten.

SQL-Statement SQL-Statements werden in Testskripts im Inline ABAP-Block verwendet, um auf Datenbanktabellen zuzugreifen.

Systemdatencontainer Der Systemdatencontainer enthält alle RFC-Verbindungen, die für das Testen mit eCATT erstellt wurden. Er wird in eCATT entwickelt (Transaktion SECATT).

System-Freigabe Die System-Freigabe ist für das Ausführen von eCATT-Testfällen notwendig. Sie geschieht in der Tabelle T000 im jeweiligen System.

Tabellenkalkulationsprogramm Zu den bekanntesten Tabellenkalkulationsprogrammen zählen Microsoft Office Excel und OpenOffice Calc. Beide können dazu verwendet werden, Testdatenvarianten zu erstellen.

TCD TCD ist ein eCATT-Befehl, der zur IU-Ansteuerung gehört. Mit ihm können Transaktionen aufgezeichnet werden. Mit TCD aufgezeichnete Testskripts können im Vorder- und im Hintergrund abgespielt werden.

Testbaustein In einem Testbaustein werden Referenzen auf andere Testskripts eingebunden. Die Exportparameter des zuerst laufenden Testskripts werden an das Nachfolge-Testskript als Importparameter übergeben.

Testdatencontainer Der Testdatencontainer enthält Testvarianten für beliebige Testskripts. Kann in beliebigen Testkonfigurationen eingebunden werden und interne sowie externe Varianten enthalten. Er wird in eCATT entwickelt (Transaktion SECATT).

Testfall Testfall ist ein Oberbegriff für den Verbund aus Testskript (Logik), Systemdatencontainer (RFC-Verbindungen), Testdatencontainer (Testvarianten) und Testkonfiguration (Test-Objekt).

Testkatalog Ein Testkatalog dient der Organisation von Testfällen. Kann manuell durch Unterordner strukturiert werden. Einzelne Unterordner können separat im Vorder- und im Hintergrund abgespielt werden. Als anzuhängendes eCATT-Objekt wird die Testkonfiguration erwartet. Der Testkatalog wird in der Testkatalogverwaltung entwickelt (Transaktion STWB_1).

Testkonfiguration In der Testkonfiguration werden Testskript (Logik), Systemdatencontainer (RFC-Verbindungen) und Testdatencontainer (Testvarianten) zusammengebracht, um als Einheit zusammen getestet zu werden. Sie wird in eCATT entwickelt (Transaktion SECATT).

Testpaket Ein Testpaket enthält eine Reihe von Testfällen. Jedes Testpaket kann einem oder mehreren Testern zugeordnet werden und hat einen Teststatus, der generiert wird und manuell geändert werden kann.

Testplan Ein Testplan enthält Testpakete, die systematisch abgearbeitet werden können. Nach der Abarbeitung kann eine statistische Auswertung der Testläufe vorgenommen werden, wobei die Teststatuswerte von Bedeutung sind.

Testprotokoll Ein Testprotokoll besitzt eine eindeutige Nummer. Es handelt sich um eine generierte Baumstruktur, die folgende Elemente nach einem Testlauf anzeigt: alle durchlaufenen Dynpros, Import- und Exportparameter, Systemverbindungen, Datum und Uhrzeit, den Benutzernamen des Ausführenden, eCATT-Befehle, letzte Meldungen und Fehlermeldungen. Testprotokolle können archiviert werden. Zum Anzeigen wird die Transaktion SECATT verwendet.

Testskript Ein Testskript enthält die Logik eines Testfalls und die aufgezeichnete Transaktion in Form einer Kommandoschnittstelle, die parametrisiert werden kann. Es wird in eCATT entwickelt (Transaktion SECATT).

Teststatus Der Teststatus zeigt an, ob ein Testpaket bereits getestet wurde und wie das Ergebnis lautet. Der Tester kann den Teststatus manuell anpassen.

Testvariante Eine Testvariante enthält Testdaten für ausgewählte Importparameter. Benötigt einen eindeutigen Namen. Kann im Testdatencontainer oder in der Testkonfiguration manuell erstellt werden. Siehe Interne Variante und Externe Variante.

Variante → »Testvariante«.

Variantenpflege-Assistent Der Variantenpflege-Assistent ist Bestandteil der Testkonfiguration und über den Button VARIANTENPFLEGE-ASSISTENT erreichbar. Er dient der Aufbereitung der Testvarianten. Alle Testdatencontainer, die der Testkonfiguration zuvor bekanntgegeben worden sind, können in ihm über einen Alias ausgelesen werden.

Verbindungstyp Der Verbindungstyp gibt an, welcher Art die Verbindung ist, die ein Testfall aufbauen soll. Für eCATT-Testfälle wird standardmäßig der Verbindungstyp »3« (ABAP-Verbindung) verwendet. Für Web-Dynpro-Testfälle wird der Verbindungstyp »G« (HTTP-Verbindung) verwendet.

Web Dynpro Web Dynpros wurden mit der SAP NetWeaver-Strategie eingeführt und sind SAP-Applikationen, die im Browser angezeigt werden können. Ein Web Dynpro kann Java-basiert oder mit ABAP erstellt worden sein. Zur Erstellung eines Java-basierten Web Dynpros ist das SAP NetWeaver Developer Studio erforderlich. Das ABAP-Web-Dynpro wird im Objekt Navigator entwickelt (Transaktion SE80). Für Web-Dynpro-Testfälle wird der Verbindungstyp »G« (HTTP-Verbindung) verwendet.

Zielsystem Ein Zielsystem enthält eine RFC-Verbindung, also ein System und einen Mandanten. Es wird angegeben, um dem eCATT-Testfall bekanntzugeben, wohin es sich verbinden und wo getestet werden soll. Zielsysteme müssen im Systemdatencontainer hinterlegt werden, um sie in eCATT nutzen zu können (Transaktion SECATT).

B Quellcode zum Programm »ZJN_TCURC«

In Kapitel 5, »Spezialthemen der Testskriptentwicklung«, wurde Ihnen die gesamte Erstellung des Programms ZJN_TCURC sowie der zugehörigen Transaktionen erläutert. Hier finden Sie nun den passenden Quellcode.

> **Quellcodedateien zum Ausdrucken** [+]
>
> Um besser mit den folgenden Quellcodedateien arbeiten zu können, haben Sie auch die Möglichkeit, die Dateien unter *www.galileo-press.de* herunterzuladen. Den Code, den Sie benötigen, um zum Zusatzangebot dieses Buches zu gelangen, finden Sie auf der ersten Seite im Buch (blaue Umschlagseite).

Startpunkt

Der folgende Quellcode zeigt Ihnen den Startpunkt für das Programm ZJN_TCURC.

```
*&---------------------------------------------------------------*
*& Program:    ZJN_TCURC
*& Autor:      Jacqueline Naumann
*& Datum:      15.11.2008
*&---------------------------------------------------------------*
program zjn_tcurc.
*----------------------------------------------------------------*
data:
*        globale Tabellendefinition
         t_tcurc type tcurc,
         t_tcurt type tcurt.
*----------------------------------------------------------------*
select-options:  so_waers for t_tcurc-waers,
                 so_spras for t_tcurt-spras.

*----------------------------------------------------------------*
include zjn_tcurc_main.
include zjn_tcurc_module.
*----------------------------------------------------------------*

data:
*        instance for main-class
o_main type ref to lcl_main.
```

```
*--------------------------------------------------------------*
at user-command.
  o_main->at_user_command( ).
*--------------------------------------------------------------*

start-of-selection.
*
* Create instance
  create object o_main.
  o_main->start_of_selection( ).
```

Klasse für den Datenbereich

Im Folgenden sehen Sie die Klasse, die den anzuzeigenden Datenbereich für das Programm ZJN_TCURC bereitstellt.

```
*&-------------------------------------------------------------*
*&  Include           ZJN_TCURC_DATA
*&-------------------------------------------------------------*
class lcl_tcurc_data definition.
  public section.
*template-structur from wcodes
*DB- struktur: ZJN_WCODES
    data:
        begin of s_wcodes,
          waers type waers_curc,
          ltext type ltext,
          ktext type ktext_curt,
          spras type spras,
          end of s_wcodes,
* structure-row from wcodes

          s_wcodes_row like s_wcodes,
* table for wcodes
          t_wcodes like table of s_wcodes with key waers,

      v_waers type waers_curc,
      v_ltext type ltext,
      v_ktext type ktext_curt,
      v_spras type spras.


** SET/GET-methods wcodes-object
    methods:
          set_waers importing iv_waers     type waers_curc,
```

```abap
             get_waers returning value(rv_waers) type waers_curc,

          set_ltext importing iv_ltext        type ltext,
       get_ltext returning value(rv_ltext) type ltext,

        set_ktext importing iv_ktext        type ktext_curt,
    get_ktext returning value(rv_ktext) type ktext_curt,

            set_spras importing iv_spras        type spras,
         get_spras returning value(rv_spras) type spras,

**            add wcodes-object to wcodes-table
**            IMPORT: wcodes-Object
              add_wcodes_row
                importing io_wcodes type ref to lcl_tcurc_data,



*         get tabledata for ALV-grid
*  RETURN: Daten-Tabelle (alle Zeilen für das ALV-Grid)
              get_wcodes_alv_data
                 returning value(rt_wcodes_alv_data) like
t_wcodes.
endclass.                      "lcl_tcurc_data DEFINITION
**                  "lcl_debitor DEFINITION
***----------------------------------------------------------*
***       CLASS lcl_tcurc_data IMPLEMENTATION
***----------------------------------------------------------*
***
***----------------------------------------------------------*
class lcl_tcurc_data implementation.

***----------------------------------------------------------
*** set waers
***----------------------------------------------------------
  method set_waers.
    v_waers = iv_waers.
  endmethod.                   "set_waers

***----------------------------------------------------------
*** get waers
***----------------------------------------------------------
  method  get_waers.
    rv_waers = v_waers.
  endmethod.                   "get_waers
```

```
***-----------------------------------------------------------
*** set ltext
***-----------------------------------------------------------
  method set_ltext.
    v_ltext = iv_ltext.
  endmethod.                      "set_ltext
***-----------------------------------------------------------
*** get ltext
***-----------------------------------------------------------
  method get_ltext.
    rv_ltext = v_ltext.
  endmethod.                      "get_ltext
***-----------------------------------------------------------
*** set ktext
***-----------------------------------------------------------
  method  set_ktext.
    v_ktext = iv_ktext.
  endmethod.                      "set_ktext
***-----------------------------------------------------------
*** get ktext
***-----------------------------------------------------------
  method get_ktext.
    rv_ktext = v_ktext.
  endmethod.                      "get_ktext
  method set_spras.
    v_spras = iv_spras.
  endmethod.                      "set_spras
***-----------------------------------------------------------
*** get spras
***-----------------------------------------------------------
  method get_spras.
    rv_spras = v_spras.
  endmethod.      "get_spras


***-----------------------------------------------------------
*** addiert ein weiteres Währungscode-Objekt zur Tabelle
***-----------------------------------------------------------
*** IMPORT: Währungs-Object
*** RETURN: Währungs-Zeile für Tabellenausgabe
***-----------------------------------------------------------
  method add_wcodes_row.
    data:
*locl strukture from wcodes-object definition
      begin of ls_wcodes,
        waers type waers_curc,
```

```
           ltext type ltext,
           ktext type ktext_curt,
           spras type spras,
           end of ls_wcodes,
* structure-row from wcodes
       ls_wcodes_row like s_wcodes,

*          table for wcodes
           lt_wcodes like table of s_wcodes with key waers.

* Strukturzeile füllen
    ls_wcodes_row-waers = io_wcodes->get_waers( ) .
    ls_wcodes_row-ltext = io_wcodes->get_ltext( ) .
    ls_wcodes_row-ktext = io_wcodes->get_ktext( ) .
    ls_wcodes_row-spras = io_wcodes->get_spras( ) .
*add row to table
    append ls_wcodes_row to t_wcodes.
  endmethod.           "add_waers_row
**-----------------------------------------------------------
** METHOD get_wcodes_alv_data
**-----------------------------------------------------------
** RETURN: table with wcodes-data
**-----------------------------------------------------------
  method get_wcodes_alv_data.
*Return: Datentabelle mit Währungsdaten
    rt_wcodes_alv_data = t_wcodes .
  endmethod.                   "get_wcodes_alv_data

endclass.                "lcl_tcurc_data IMPLEMENTATION
```

Klasse LCL_MAIN

Im Folgenden sehen Sie die Klasse LCL_MAIN, die die Controller-Funktionalitäten übernimmt.

```
*&---------------------------------------------------------*
*&  Include           ZJN_TCURC_MAIN
*&---------------------------------------------------------*
include zjn_tcurc_data.
*----------------------------------------------------------*
*       CLASS lcl_main DEFINITION
*----------------------------------------------------------*
*
*----------------------------------------------------------*
class lcl_main definition .
  public section.
```

```abap
      data:
        o_wcodes type ref to lcl_tcurc_data,
        s_wcodes like o_wcodes->s_wcodes,
        t_wcodes like table of s_wcodes with key waers.

  methods:
  constructor,
   at_user_command,
* für Ausgabe der Währungscode-Liste
   start_of_selection,
   get_all_wcodes.
*   private section.
*
**     private Methoden, für die ALV-Darstellung
**     hole alle Währungscodes
*      class-methods:

endclass.                         "lcl_main DEFINITION
*----------------------------------------------------------------------*
*       CLASS lcl_main IMPLEMENTATION
*----------------------------------------------------------------------*
*
*----------------------------------------------------------------------*
class lcl_main implementation.
  method constructor.
    super->constructor( ).
* Create ein Debitor-Objekt
    create object o_wcodes .
  endmethod.                    "constructor
*----------------------------------------------------------------------*
  method start_of_selection.
* Bereitstellen aller Währungscodes
    get_all_wcodes( ).

    write / .
    set user-command 'X'.
  endmethod.                    "start_of_selection
*----------------------------------------------------------------------*
  method at_user_command.
    data:
      lo_docking type ref to cl_gui_dialogbox_container,
      lo_alv type ref to cl_gui_alv_grid,
      ls_layout type lvc_s_layo.
*    Tabellendaten aller WCodes-Objekte holen
t_wcodes = o_wcodes->get_wcodes_alv_data( ).

* Feldkatalog zum Ändern der Titelleiste
    data lt_fieldcat type lvc_t_fcat.
```

```abap
* Feldsymbol zum Anspringen ausgewählter Bereiche der
Titelleiste
    field-symbols <fs_fieldcat> type lvc_s_fcat .

** prüfen, ob das alv-object nicht mehr initial ist
    if lo_alv is not initial.

* wenn alv-object schon initialisiert wurde, soll es nur
* neu geladen werden
      lo_alv->refresh_table_display( ).

    else.
* create docking-object
      create object lo_docking
        exporting
          style    = lo_docking->ws_child
          lifetime = lo_docking->lifetime_dynpro.

* create alv-object
      create object lo_alv
        exporting
          i_parent = lo_docking.

* set layout
* ALV über gesamten Bildschirm
      ls_layout-cwidth_opt = 'X'.
* Zeilenfarbe abwechselnd
      ls_layout-zebra = 'X'.
      ls_layout-no_merging = 'X'.

** Übergabe der eigenen Struktur und Umwandlung
** in einen Feldkatalog
      call function 'LVC_FIELDCATALOG_MERGE'
        exporting
          i_structure_name = 'ZJN_WCODES'
        changing
          ct_fieldcat      = lt_fieldcat.


* Lesen des Feldkatalogs und Zuweisung zum Feldsymbol
* mit dem Feldnamen UDATE_ADRS
      read table lt_fieldcat assigning <fs_fieldcat>
        with key fieldname = 'SPRAS'.

* Prüfung, ob Feldsysmbol zugewiesen wurde
      if sy-subrc = 0.
```

```abap
          <fs_fieldcat>-scrtext_s = 'Sprache'.
          <fs_fieldcat>-scrtext_m = 'Sprache'.
          <fs_fieldcat>-scrtext_l = 'Sprache'.

      endif.
* alv-object mit Weten versorgen
** Als Struktur dient eine eigens für s_debitor angelegte
Struktur
** im Data Dictionary
** Für Layout wurde Breite und Zeilenfarbe festgelegt
** als Tabelle wird die gefüllte lt_debitor übergeben

* die Struktur ZFIK_MAHNSP_DEBITOR kann nur übergeben werden,
wenn die
* Titelleiste unverändert bleiben kann

* wenn die Titelleiste geändert werden soll, wird der
Feldkatalog
* lt_fieldcat übergeben
      lo_alv->set_table_for_first_display(
          exporting
*     i_structure_name = 'ZJN_WCODES'
is_layout = ls_layout
changing
  it_outtab = t_wcodes
  it_fieldcatalog = lt_fieldcat ).
      endif.
    endmethod.                    "at_user_command
*---------------------------------------------------------------*
    method get_all_wcodes.
      data:
*  lokale Währungsschlüssel-Attribute
        ls_wcodes like o_wcodes->s_wcodes,
        lt_wcodes like table of s_wcodes with key waers.
* SELECT-STMT
* Währungen
      select distinct w~waers t~ltext t~ktext t~spras
              into corresponding fields of table lt_wcodes
              from tcurc as w
              inner join tcurt as t on w~waers eq t~waers
            where t~spras in so_spras
            and w~waers in so_waers
and t~waers in so_waers
            order by w~waers.
      loop at lt_wcodes into ls_wcodes.
        o_wcodes->set_waers( iv_waers = ls_wcodes-waers ).
        o_wcodes->set_ltext( iv_ltext = ls_wcodes-ltext ).
        o_wcodes->set_ktext( iv_ktext = ls_wcodes-ktext ).
```

```
        o_wcodes->set_spras( iv_spras = ls_wcodes-spras ).
* add wcodes-instance to table
        o_wcodes->add_wcodes_row( io_wcodes = o_wcodes ).
    endloop.
  endmethod.                        "get_all_wcodes
endclass.                   "lcl_main IMPLEMENTATION
```

Module

Schließlich zeigt Ihnen die folgende Quellcodedatei die Module für das Programm ZJN_TCURC.

```
*&---------------------------------------------------------------------*
*&  Include           ZJN_TCURC_MODULE
*&---------------------------------------------------------------------*
*&---------------------------------------------------------------------*
*&  Module  0001_pbo  OUTPUT
*&---------------------------------------------------------------------*
*       text
*----------------------------------------------------------------------*
module 0001_pbo output.

  set pf-status '0001'.

endmodule.                 " 0001_pbo  OUTPUT
*&---------------------------------------------------------------------*
*&  Module  0001_exit  INPUT
*&---------------------------------------------------------------------*
*       text
*----------------------------------------------------------------------*
module 0001_exit input.

  leave to screen 0.

endmodule.                 " 0001_exit  INPUT
```

C Die Autorin

Jacqueline Naumann ist SAP-Entwicklerin und arbeitet zurzeit als Projektleiterin und Beraterin für die Stadt Dresden im SAP-Kompetenzzentrum. Sie ist mit der Aufgabe betraut, SAP Sales and Distribution (SD) in den Fachämtern der Landeshauptstadt Sachsens einzuführen. Im Rahmen dieser Arbeit konnte sie zahlreiche Erfahrungen mit CATT und eCATT sammeln. Zuvor war Jacqueline Naumann – nach erfolgreichem Abschluss ihres Informatikstudiums – drei Jahre als Softwareentwicklerin für ABAP und Java bei der Freudenberg IT KG tätig.

Index

A

ABAP 449
ABAP Dictionary 348
ABAP Editor 348, 351
ABAP Objects 348
   CALLMETHOD 298
   CALLSTATIC 298
   CHEATTR 298
   CHESTATIC 298
   CREATEOBJ 298
   Definition 354
   GETATTR 298
   GETSTATIC 299
   Implementation 354
   SETATTR 299
   SETSTATIC 299
ABAP-Programm
   Aktivieren 374
   Anlegen 351
   Ausführen 374
ABAP-Verbindung 34
Abbruch 37
Abspielzeit
   OK-Code 108
Alias 449
ALV-Grid 347, 360, 363, 378
ALV-Objekt 364
Ändern
   Rolle 46, 48, 56
   Testplan 233
Anlegen
   Dynpro 435
   Dynpro-Feld 437
   eCATT-Rolle 41
   Parameter 95
   RFC-Verbindungen 34
   Testdatencontainer 126
   Testkonfiguration 146
   Testpaket 237
   Testplan 231
   Testskript 92
   Variante 130
Anmeldedaten 100
Anwendungskomponente 92

Archivierung 52
   Flag 176
   Lauf 384
   Testprotokoll 52
Archivierungsobjekt 53
   ECATT_LOG 53
Array 330, 403
Aufbau
   Testskript-Editor 93
Aufzeichnung
   Beenden 104, 313
   SAPGUI 310
Ausrufezeichen 430

B

Basis-Release 6.20 20, 81, 330
Basis-Release 6.40 81
Batchinput-Daten 81, 170, 280
   Nicht vorhanden 124
BC 224
Befehl-Editor 94, 104, 266, 414
   Breakpoint setzen 405
Benutzer
   eCATT-Rolle zuweisen 63
   Sperren 389
Benutzerdaten 146
   Anzeigen 122
Benutzerparameter 74, 449
Benutzerpflege 387, 389
   eCATT-Rolle hinzufügen 63
Berechtigung 25, 31, 42, 83
   ABAP Workbench 47
   Archivierung 52
   Baumstruktur 55
   Freigabe 407
   manuelle Auswahl 45
   Menüstruktur 62
   Profil 50
   S_DEVELOP 48
   SECATT 57
   Systemadministrationsfunktion 50
   Systemberechtigung 50
   Test-Organizer 57

Index

Transaktion zuordnen 60
Transaktionscode 57
Transaktionscode-Prüfung 56
Berechtigungsdaten 42
Berechtigungsobjekt 55
   S_ADM_FCD 45
   S_ADMI_FCD 45
   S_ARCHIVE 45, 46
   S_DEVELOP 45
Berechtigungsrolle 43, 47
   Anlegen 40
Bibliothek 219
   Expandieren 219, 220, 221
   Knoten einfügen 224
   Komprimieren 219, 220, 221
   SAP-Module 220
   Starten 219
   Testkatalog anspringen 223
   Unterebene 220
Breakpoint
   Deaktivieren 204
   Debuggen 405
   Handling 203
   Ignorieren 203, 399
   Setzen 404
Buttonleiste 95

C

CATT 81, 449
CATT-Testskript 422
   Ändern 81
   Anlegen 81
   Migrieren 423
CATT-Variable
   &DAT 272
Control 367
Customizing-Tabelle
   Datensätze anlegen 408

D

Dateidownload 134
Datenbank
   CHETAB 300, 302, 303, 304
   GETTAB 300
   RESTAB 300
   SETTAB 300

Datenbanktabelle
   Anzeigen 26
   Pflegen 26
   T000 26
Datenmigration 29
Datenobjekt 355, 356
Datensatz
   Einfügen 409, 410, 417
Datentabelle 356
Datenvalidierung 386
Datenzeile
   Addieren 357
Datumsangabe
   Pflegen 270
   Variabel 270
Debugger 397
   Aufbau 400
   Ausführen 401
   Drucktasten 401
   Einzelschritt 401
   Fortsetzen 401
   Parameter 406
   Steuerung 400
   Zurückkehren 401
Debuggingzeit
   Änderungen zur 406
   Modifikation zur 406
Debugmodus 399
Dictionary 344
Dynpro
   Ablauflogik 368
   Anlegen 366, 435
   Anzeigen 114
   Eigenschaften 366
   Einfügen 435
   Eintrag 340
   GUI-Status 370
   Modifizieren 105
   Nummer 343, 366
   Simulieren 114, 118
Dynpro-Feld 94, 343, 381
   Anlegen 437
   Auslesen 341
   Details anzeigen 120
   I 115
   O 115
   ohne Beschriftung 118
   Parametrisieren 116
   Prüfen 120
   S 115
   Struktur-Editor 113

E

eCATT 80, 81, 449
　Benutzerrolle 23
　Berechtigung 25, 40
　Berechtigungsrolle 449
　Debugger 297, 347, 397
　Nachteil 80
　Objekte 89, 90
　Protokollauswahl 173
　Testfall 91
　Testskript 91
　Voreinstellungen 23
　Vorteil 80
ECATT_HTTP 70
ECATT_LOG 53
eCATT-Befehl 94, 294, 449
　ABAP 394
　CHETAB 302, 303, 304
　DO...ENDDO 339
　ENDABAP 394
　ENDMESSAGE 324, 339, 439
　FUN 98, 332
　IF 329, 395, 397, 398
　IF...ENDIF 339, 386
　LOG 330, 386
　LOGMSG 325
　MESSAGE 318, 324, 325, 398, 450
　Referenzliste 294
　SAPGUI 308, 319
　TCD 286, 390, 451
　TCD (Record) 98, 379, 388
　TCD (Rerecord) 439
eCATT-Variable 271, 449
　&CLIENT 305
　&DATE 271, 272
　&MS1 266
　&MS2 268
　&TFILL 329, 339, 398, 403
　&USER 271
　&YEAR 271
　Datumsangabe 270
Editor 93
Einstellungen 23
Entwicklerschlüssel 348
Entwicklungsmandant 27
Entwicklungssystem 23, 31, 92
Exit-Kommando 353
Export 266

Exportieren
　lokale Datei 214
　Tabellenkalkulation 214
　Textverarbeitung 214
Exportparameter 256, 264, 265, 268, 284, 449
　Einsatz 386
　Parametrisieren 290
Express-Dokument
　Empfangen 251
Externe Variante 150, 151, 171, 450

F

Favoritenliste 376
Favoriten-Verwaltung 194
Fehler
　Batchinput-Daten 280
　bei Aufzeichnung 101
Fehlerausgabe 280
Fehlerfall
　Typ 322
fehlerhafte Testprotokolle 183
Fehlermeldung 31, 280, 319, 329, 407
　Batchinput-Daten 81, 124, 170, 413
　Datenmigration 418
　Datensatz einfügen 412
　Debugger 403
　Dynpro fehlt 436
　erster Testlauf 412
　Informationszeile 432
　Popup-Fenster 281
　RFC-Fehler 31
　RFC-Verbindung 39
　Selektionsfelder 383
　Systemdatencontainer 46
　T000 31
　veraltete Dateneingaben 80
　Zielsystem nicht definiert 39
Fehlverhalten 202
Feld verknüpfen 157, 162
Feldkatalog 363, 364
Feldsymbol 363
Feldwert
　Aufzeichnen 429
　fehlt 432
　Löschen 430
　Suchen 429

Folge-Testskript 275, 281
  Ausführen 280
  Fehlermeldung 280
  Kopieren 277
Funktionsbaustein 332
  Ausführen 333
Funktionstyp 372

G

Generieren
  Rolle 54
Geschäftsprozess
  Testen 265
GET-Methode
  Definition 356
  Implementation 357
Gliederungsknoten 199
  Auf gleicher Ebene 199
Gruppe
  FUN 98
  IU 98
Gui_Dialogbox_Container 362, 363
Gui-Element 314, 316
Gui-Status 370

H

Hauptprogramm 352
Historie 340, 341, 427
Host 37
HTTP-Verbindung 33, 74, 450

I

IF-Bedingung 331
Importing 291
Importparameter 256, 265, 316, 450
  Ändern 163
  Anlegen 111, 269, 391
  CHETAB 305
  Definieren 112
  Einbinden 112
  Einfügen 117
  Einsatz 386
  Eintragen 116
  fehlerhaft 171
  kaufmännisches & 120
  Kopieren 117
  Parametrisieren 288
  Zuweisen 120
Importparameterwert 165
Include 353
  Anlegen 354
  Daten 355
  Definieren 353
  Main 354
Index 330
Inline ABAP 347, 385, 394, 418
  Testen 395
  Variable 391
Interne Variante 150, 450
  Einfügen 163
Intervall
  HIGH 181
  LOW 181
IP-Adresse 35

K

Kennwort
  Ändern 390
Klassendefinition 355
Kommando → siehe eCATT-Befehl
Kommandobefehl
  Löschen 278
Kommandoschnittstelle 94, 262, 282, 291
  Aktualisieren 114
  auskommentiert 441
  Befehl-Editor 261
  Dynpro fehlt 340
  Elemente anspringen 114
  Expandieren 113
  Funktionsbaustein 336
  Minimieren 113
  Nummerierung 441
  Öffnen 112, 392
  Ordnerstruktur 114
  Parameter 287
  Parametrisieren 116, 323, 337, 415
  Referenz 112, 286

Rerecord 439, 440
SAPGUI 313
Schließen 114
Simulieren 114
Wechseln 416
XML-Struktur 114
Kommentar 266, 414
Komponente
   BC-DB 409
Komponentenschlüssel 225
Kundenauftrag 257

L

Layout 363
   Ändern 208
   Erstellen 208
   Variante anlegen 210
letzte Meldung 262, 263, 266, 319
LOG 386, 394
Login 259
LOGMSG 325
lokales Paket 85
LOOP 362
Löschen
   Parameter 95
   Variante 133
Löschvormerkung 384

M

Mandant 26, 27, 29, 259
   Entwicklungsmandant 29
   Kopieren 407
   Produktivmandant 29
   Testmandant 29
Mandantenpflege 29
MARA 386
Massendaten 387
   Ändern 386, 397
   Pflege 80, 399
   Sperrung 397
Matchcode 427
Material
   Ändern 385
   Anlegen 101, 385

Meldung 319, 450
   Abschalten 426
   an SAP 249
   Anlegen 249
   Anzeigen 426
   innerhalb des Unternehmens 250
   Meldungsnummer 264, 339, 340
   Meldungstyp 263, 330
   SAPGUI 313
   variabler Bestandteil 264
Message-Regel 338, 340
   Anlegen 326
   Meldungsnummer 327
   Mode-ID 327
Message-Typ 398
Migration
   CATT 424
MODE
   I 283
   S 283
MSG 263
Muster 97, 279
   Daten übernehmen 104
   Einfügen 97, 258
   Gruppe auswählen 98
   Schnittstelle 98
   Suchfunktion 99
   Transaktionscode eingeben 98
   Zielsystem 98, 105

N

Nachricht 319
   Empfangen 250, 251
   Regel 319
   Versenden 249, 251
NADM
   Berechtigung 51
Namenskonvention 82, 86

O

Objektinstanz 373
Objektkatalogeintrag
   Anlegen 191
Objekttyp 49

P

PAI 368
Paket
   Angeben 191
Parameter
   Anhängen 111
   Anlegen 95
   APPEND 295
   Attribute 112
   Beschreibung 97
   Bezeichnung 97
   CHEVAR 296
   CLEAR 296
   DELETE 296
   Einfügen 95
   Entfernen 95
   Exportparameter 256, 265, 284
   GETLEN 296
   I/E/V 97
   Importparameter 256, 265
   INSERT 296
   Löschen 95
   Markieren 96
   Parametertyp 97
   Rerecord 440
   Sortieren 96
   Suchen 133
   Übergabewert 265
   Variable 265
   Zuordnung zu Feldern 440
Parameterliste 95
   Aktualisieren 96
   Prüfen 120
Parameterwert
   Dynamische Variable 272
   Löschen 428
   Übergeben 281
   vorgeblendet 108
Patch-Wechsel 425
   Neuaufzeichnung 439
   Rerecord 439
PBO 368
Performance Assistant 342
Pfad
   Download 144
   Upload 144
Pfadangabe 450
PFCG 41, 63
Pflegeaufwand 81
Pflegesystem 93

Ping 37
PROCESS AFTER INPUT 368
PROCESS BEFORE OUTPUT 368
Produktivsystem 25
Profil
   Berechtigung 50
Programm
   Ausführen 374
   Eigenschaften 352
   Logik 353
Programm-Ansteuerung
   ABAP 296
   ENDABAP 296
   FUN 296
   RESCON 296
Protokoll 173
   Ansicht 269
   DELSTORE 301
   LOG 301, 330
   LOGMSG 301
   LOGTEXT 301
   Nummer 177
   RETRIEVE 301
   STORE 301

R

Rechnungsanforderung 255
Rechte 43
Referenz 283, 291, 386
   REF 286, 302, 450
   REFCATT 302
   REFEXT 302
   REMOTECATT 302
   SENDTEXT 302
Regel 450
   Nummer 450
   Typ 450
Release-Wechsel 425, 426
Remote-Login 36
Remote-Verbindung 84
Remote-Zugang 36, 259
Repository Browser 366
Rerecord 439
   Starten 440
RFC-Destination 32
RFC-Verbindung 23, 33, 35, 38, 84, 86, 451
   Ändern 35
   Anlegen 34

Bezeichnung 34
Einrichten 38
fehlerhaft 37
Fehlermeldung 39
fehlt 183
Hostname 35
IP-Adresse 35
Pflege 34
Remote-Zugang 36
Systemnummer 35
Timeout 37
Verbindungsaufbau 36
Verbindungstest 36
Zielmaschine 35
Rolle 41
   Aktivieren 54
   Ändern 46, 48, 56
   Anlegen 40
   Benutzer hinzufügen 63
   Berechtigung 47
   Bezeichnung 44
   eCATT 40, 83
   Generieren 42
   nicht aktiv 57
   Pflege 41
   Status 58
   Transaktion 58
Rollenmenü 59, 65
   Ordner zuordnen 62
   Transaktion zuordnen 62
RULES 328
RZ11 66

S

S_DEVELOP 45
SAP NetWeaver
   Developer Studio 69
SAP-Benutzer
   Entsperren 387
   gesperrt 391
   Kopieren 390
   Sperren 387
SAP-Bibliothek 220
SAPGUI 308, 318, 451
   Abspielen 315
   Scripting erlauben 66
SAP-GUI-Scripting 310

SAP-Layout 426
SAP-Modul 220
   MM 91
   SD 26, 91, 255, 257, 350
SAP-User 75
SCAT 422
Screen Painter 367
Scripting 68, 310, 426
SELECT 394
Select-Options 352, 373, 381
Selektionstext 373
Service ecatt_recorder 72
   Aktivieren 73
   Anmelde-Daten 73
   eCATT-System 72
Service ecattping 73
   Aktivieren 73
SET-Methode
   Definition 356
   Implementation 357
Skriptsteuerung
   BREAK 297
   DO 297
   ELSE 297
   ELSEIF 297
   ENDDO 297
   ENDIF 297
   ENDMESSAGE 297
   EXIT 297
   IF 297
   MESSAGE 298
   WAIT 298
Spalte einfügen 157
SQL-Statement 451
Stammdaten 384
   Prüfen 121
Stammdatenmigration 25, 80, 347, 384
Standardvariante
   Deaktivieren 153
Startoptionen 106, 205
   Allgemein 106
   Debugmodus 399
   Einstellungen sichern 205
   Fehlerverhalten 202
   Laden 206
   SAPGUI 315
   Sichern 205
   UI-Ansteuerung 107
Startprofilwerte 205

Start-Testskript 275
    Letzte Meldung 278
Status
    Definition 242
    Infosystem 240
    Rolle 58
    Übersicht 234
    Verwaltung 247
    Wert 242, 244
Struktur 364
    Aktivieren 351
    Anlegen 349
    Spalten 350
    Speichern 350
Struktur-Editor 94, 262, 263
    Aufbau 113
    Button 113
    Dynpro-Feldwert 113
    Öffnen 113
    Schließen 114
Suchfunktion 229
System
    Administrationsfunktion 50
    Berechtigungen 50
    Entwicklungssystem 31
    Freigabe 25, 451
    Klammer 35
    Kopie 35
    Testsystem 31
    Wartung 387
    Zielsystem 32
Systemdatencontainer 84, 85, 86, 88, 451
    Erstellen 84
    Verwendungsnachweis 88

T

Tabellarische Ansicht 207, 209
    Spalten ausblenden 209
Tabelle
    DEVACCESS 348
    MARA 121, 386
    T000 26, 27, 29, 31
    T005 302, 305
    TCURC 345, 348
    TCURT 349
    USR02 333
    ZCUST_ADRS 410
Tabellendefinition 352

Tabellenkalkulation 451
    Microsoft Office Excel 139
    OpenOffice Calc 139
Tabellenpflege 409
Technische Info 342
Technische Namen 65
Test Organizer 189
Testausführung 245
    Arbeitsvorrat 245
Testbaustein 255, 256, 275, 283, 451
    Anlegen 285
    Attribute 285
    Aufbau 275
    Ausführen 288
    Befehl-Editor 257
    Beispiel 292
    Kommandoschnittstelle 258
    modulübergreifend 83
    Referenz 276
    Start-Testskript 256
    Zeitaufwand 293
Testbericht 236
    Erstellen 235
    MS Office Word 235
Testdaten
    Aufbauen 407
Testdatencontainer 451
    Alias 149, 158
    Anlegen 125, 126
    Attribute 126
    Kopieren 131, 162
    nächster 156, 158
    Parameter 126
    Parameter anhängen 129
    Parameter importieren 128
    Variante 130, 141, 150
    Verwendungsnachweis 145
    vorheriger 156
Testfall 267, 451
Testfallbezeichnung 82
Testfallschlüssel 197
Testkatalog 80, 188, 191, 451
    Änderungsmodus 194, 227
    Anlegen 189
    Attribute 189, 225
    Aufbau 187
    Ausführen 201, 206
    Auswählen 189
    Debugmodus 203
    E-Mail-Versand 213
    Erstellen 192

Erweitern 223
Expandieren 200
Exportieren 213
Favoriten 193
Fehlerverhalten 202
Gliederungsknoten 196, 199
Knoten 199, 216
Layout 208
lokales Objekt 191
SAP-Komponente 190
SAP-Modul 189
Seitenansicht 215
Speichern 191
Startmodus 204
Startoptionen 201
Suchen 224, 229
Systemdaten 191, 203
tabellarische Anzeige 207
technische Schlüssel 216
Testkonfiguration 188
Testprotokoll 206, 207
Titel 189
Unterknoten 187, 214
Verlassen 223
Testkatalogverwaltung 188, 189, 193, 194, 219, 229
Testkonfiguration 146, 451
  Anlegen 146
  Attribute 147
  Ausführen 154, 161
  fehlerhafte Variante 161
  interne Variante 150
  Konfigurieren 148
  Testpaket 237
  Testprotokoll 155, 161
  Variante 160, 162
Testmandant 29
Test-Organizer
  Berechtigung 57
Testpaket 452
  Anlegen 237
  Ausführen 244
  Generieren 237
  Tester zuordnen 239
Testpaketverwaltung 237
Testplan 231, 233, 452
  Diagramm anzeigen 240
  eigenen Status wählen 247
  Generieren 233
  Nachricht verfassen 250

Nachricht versenden 249
Statusanalyse 237, 247
Status-Infosystem 240
Statuspflege 247
Statusübersicht 234
Testpaket 238
Testplanverwaltung 237
  Starten 232
Testprotokoll 173, 207, 268, 290, 452
  Archivierung 52, 176
  Aufbau 109, 176
  Aufrufen 173
  Befehlsausführung 179
  Buttonaktion 181
  Datumsänderung 185
  Endedatum 175
  Expandieren 177
  Exportparameter 181
  fehlerhaft 183, 323
  Fehlermeldung 170, 184
  Importparameter 121, 180
  keine Berechtigung 183
  Kommandoschnittstelle 180
  laufende Vorgangsnummer 174, 175
  Message 321
  Minimieren 177
  ohne Unterbrechung 176, 178
  Protokollnummer 177
  Referenz 288
  RFC-Fehler 183
  RFC-Verbindung 180
  SAPGUI 315
  Starten 173
  Startprofil 178
  Startzeit 175
  Status 175
  Systemdatencontainer 178, 183
  Systemmeldung 182
  T000 183
  Titel 176
  Variante 182
  Verfall 175
  Verlaufsdatum 184
  Zielsystem 178, 180
Testreport 235
Testreport.doc 236
Testskript 91, 268, 452
  Abspielen 107
  Anlegen 92
  Ausführen 106

CATT migrieren 421
Datumsangabe 273
Editor 93, 95, 260
Erstellen 92
Fehlerbehandlung 276
Kommentar 180
Kopieren 277, 284
kundeneigene Transaktion 378
neu Aufzeichnen 426
Parameterpflege 276
Referenz 287
Stammdatenaufbau 294
Startoptionen 106
Testen 117, 393
untergeordnet 283
Testskript-Variable
  Anlegen 289
  Export 290
  Parameterwert 272
Teststatus 452
Testsystem 31, 92
Testvariante 452
Textdatei
  Hochladen 137
  Variante 135
Textsymbol 373
Timeout 37
  RFC-Verbindung 37
Transaktionen 376
  ABAP-Programm 377
  Ablaufänderung 80
  Aufzeichnen 258, 379
  Ausführen 377
  Berechtigung 377
  Erstellen 375
  kundeneigene 348, 378
  MM01 91, 280, 385
  MM02 385, 386
  MM03 280, 282
  PFCG 41, 63
  Remote Login 379
  RZ11 66
  SCAT 422
  SE11 26, 121, 344, 348, 350, 417
  SE38 348, 351, 374
  SE80 332
  SE93 348, 375
  SECATT 83, 92, 173, 256, 335, 387, 423
  SICF 72
  SM30 409, 414

SM31 29
SM59 32, 74, 84, 86, 87, 183
Speichern 259
STWB_1 188, 219, 229
STWB_2 231
STWB_INFO 240, 247
STWB_SET 242
STWB_WORK 244, 245
SU01 63, 122, 146, 319, 387, 390, 391
Testen 377
VA01 255, 259
Verkettung 265
VF01 255, 256, 275, 280
Zuordnen 60
Transaktionspflege 348, 375, 376
Transportauftrag 85

U

UI-Ansteuerung 267, 388
  CHEGUI 299
  GETGUI 299
  SAPGUI 299
  TCD 300
  WEBDYNPRO 300
Unterknoten 195, 197
  auf gleicher Ebene 199
  Ausführen 195, 201
  Details 214
  Expandieren 200
  gleichrangig 216
  Gliederungsknoten 196
  Knoten löschen 217
  Testfall 197
  Textelemente 195
  Typ 215
  untergeordnet 216

V

VALIN 283
Variable 265
  dynamisch 271
  lokal 97
Variante
  Abspielen 152
  Aktivieren 169
  Ändern 136

Anhängen 151, 157
Anlegen 130
Ausführen 152
Auswählen 159
Bearbeiten 135
Beschreibung 141
Dateidownload 134
Einfügen 136
Entfernen 142
externe 170
externe Datei 142
Fehlverhalten 152, 161
Herunterladen 170
Hochladen 136
Importparameter 151
interne 131
Kennung 151
Löschen 133, 162
Name 130
Parameter suchen 133
Startmodus 154
Startoptionen 152
Systemdaten 153
Tabellenkalkulation 139
Textdatei speichern 133
Überschreiben 137
UI-Ansteuerung 154
Variantendatei 171
  Kopieren 138
  Pfad ändern 144
  Pfadangabe 171
  Variante 150
Variantenpflege 131, 151
  Externe Datei 133
  Testdatencontainer 133

Variantenpflege-Assistent 452
  Aufbau 156
  Button 156
  Datencontainer 156
  Menü 156
  Öffnen 155
Verbindungsaufbau 36, 100
Verbindungstest 36, 37
Verbindungstyp 452
Verwendungsnachweis 88, 90
  Testdatencontainer 145

W

Warnung 319
Web Dynpro 70, 452
  Benutzer ECATT_HTTP 70
  Service ecatt_recorder 72
  Service ecattping 73
  Voraussetzung 70

Z

Zieladresse 37
Zielmaschine 35
Zielname 35
Zielsystem 32, 39, 452
  Anmeldung 100
  Login 100
  NONE 86
  Zielsystem 203

www.sap-press.de

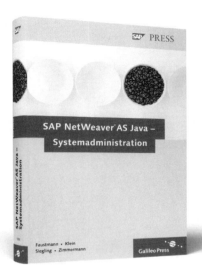

Das Grundlagenwerk zu den Releases 7.0 und 7.1

Hintergrundwissen, Handlungsanleitungen und Praxistipps

Inkl. eigener Kapitel zum Betrieb von Business Intelligence und Process Integration

André Faustmann, Gunnar Klein, André Siegling, Ronny Zimmermann

SAP NetWeaver AS Java – Systemadministration

Kaum ein SAP-Kunde kommt noch um den Betrieb eines AS Java herum. Und mit diesem Kompendium erhalten Administratoren endlich auch einen umfassenden Leitfaden zum Systemmanagement. Die Autoren vermitteln Ihnen in diesem Handbuch Hintergrund- und Praxiswissen zu allen Fragen des täglichen Betriebs: Sie lernen alle Konzepte des AS Java, Releases 7.0 und 7.1, kennen, die für die Administration wichtig sind, erfahren, welches die regelmäßig auszuführenden Administrationsaufgaben sind, und wie Sie sie ausführen. Angefangen bei Architektur, Grundlagen der Verarbeitung und Installation über die Einrichtung der Softwarelogistik und der wichtigsten Entwicklertools bis hin zu Instanz- und Benutzerverwaltung, Monitoring und Troubleshooting sowie Backup und Recovery werden alle Themen ausführlich besprochen.

ca. 500 S., 69,90 Euro, 115,– CHF, ISBN 978-3-8362-1293-9, Juli 2009

>> www.sap-press.de/1928

www.sap-press.de

Funktionalität des Change Request Managements von A bis Z

Konfiguration, Einsatz, Erweiterung, Troubleshooting

Zahlreiche Lösungen und Expertentipps aus der Projektpraxis

Matthias Friedrich, Torsten Sternberg

Change Request Management mit dem SAP Solution Manager

Dieses Buch ist Ihr umfassender praktischer Leitfaden zum Change Request Management (ChaRM) im SAP Solution Manager. Sie lernen zunächst die Grund- und die erweiterte Konfiguration der Funktionalität kennen, bevor der Einsatz umfassend erläutert wird. Außerdem werden die speziellen Erweiterungen von ChaRM, wie erweiterte Transportlandschaften, CTS+ oder Konditionen, dargestellt. Nützliche Hinweise zur phasenweisen Einführung und zum Troubleshooting runden diesen Praxisleitfaden ab.

297 S., 2009, 59,90 Euro, 99,90 CHF
ISBN 978-3-8362-1226-7

>> www.sap-press.de/1844

MITMACHEN & GEWINNEN!

SAP PRESS

Sagen Sie uns Ihre Meinung und gewinnen Sie einen von 5 SAP PRESS-Buchgutscheinen, die wir jeden Monat unter allen Einsendern verlosen. Zusätzlich haben Sie mit dieser Karte die Möglichkeit, unseren aktuellen Katalog und/oder Newsletter zu bestellen. Einfach ausfüllen und abschicken. Die Gewinner der Buchgutscheine werden persönlich von uns benachrichtigt. Viel Glück!

▶ **Wie lautet der Titel des Buches, das Sie bewerten möchten?**

▶ **Wegen welcher Inhalte haben Sie das Buch gekauft?**

▶ **Haben Sie in diesem Buch die Informationen gefunden, die Sie gesucht haben? Wenn nein, was haben Sie vermisst?**
- ☐ Ja, ich habe die gewünschten Informationen gefunden.
- ☐ Teilweise, ich habe nicht alle Informationen gefunden.
- ☐ Nein, ich habe die gewünschten Informationen nicht gefunden. Vermisst habe ich:

▶ **Welche Aussagen treffen am ehesten zu?** (Mehrfachantworten möglich)
- ☐ Ich habe das Buch von vorne nach hinten gelesen.
- ☐ Ich habe nur einzelne Abschnitte gelesen.
- ☐ Ich verwende das Buch als Nachschlagewerk.
- ☐ Ich lese immer mal wieder in dem Buch.

▶ **Wie suchen Sie Informationen in diesem Buch?** (Mehrfachantworten möglich)
- ☐ Inhaltsverzeichnis
- ☐ Marginalien (Stichwörter am Seitenrand)
- ☐ Index/Stichwortverzeichnis
- ☐ Buchscanner (Volltextsuche auf der Galileo-Website)
- ☐ Durchblättern

▶ **Wie beurteilen Sie die Qualität der Fachinformationen nach Schulnoten von 1 (sehr gut) bis 6 (ungenügend)?**
☐ 1 ☐ 2 ☐ 3 ☐ 4 ☐ 5 ☐ 6

▶ **Was hat Ihnen an diesem Buch gefallen?**

▶ **Was hat Ihnen nicht gefallen?**

▶ **Würden Sie das Buch weiterempfehlen?**
☐ Ja ☐ Nein
Falls nein, warum nicht?

▶ **Was ist Ihre Haupttätigkeit im Unternehmen?**
(z.B. Management, Berater, Entwickler, Key-User etc.)

▶ **Welche Berufsbezeichnung steht auf Ihrer Visitenkarte?**

▶ **Haben Sie dieses Buch selbst gekauft?**
- ☐ Ich habe das Buch selbst gekauft.
- ☐ Das Unternehmen hat das Buch gekauft.

Katalog & Newsletter

Ja, bitte senden Sie mir kostenlos den neuen Katalog. Für folgende SAP-Themen interessiere ich mich besonders: (Bitte Entsprechendes ankreuzen)

- ☐ Programmierung
- ☐ Administration
- ☐ IT-Management
- ☐ Business Intelligence
- ☐ Logistik
- ☐ Marketing und Vertrieb
- ☐ Finanzen und Controlling
- ☐ Personalwesen
- ☐ Branchen und Mittelstand
- ☐ Management und Strategie

▶ **Ja, ich möchte den SAP PRESS-Newsletter abonnieren.** Meine E-Mail-Adresse lautet:

www.sap-press.de

Absender

Firma

Abteilung

Position

Anrede   ☐ Frau   ☐ Herr

Vorname

Name

Straße, Nr.

PLZ, Ort

Telefon

E-Mail

Datum, Unterschrift

Teilnahmebedingungen und Datenschutz:
Die Gewinner werden jeweils am Ende jeden Monats ermittelt und schriftlich benachrichtigt. Mitarbeiter der Galileo Press GmbH und deren Angehörige sind von der Teilnahme ausgeschlossen. Eine Barablösung der Gewinne ist nicht möglich. Der Rechtsweg ist ausgeschlossen. Ihre freiwilligen Angaben dienen dazu, Sie über weitere Titel aus unserem Programm zu informieren. Falls sie diesen Service nicht nutzen wollen, genügt eine E-Mail an **service@galileo-press.de**. Eine Weitergabe Ihrer persönlichen Daten an Dritte erfolgt nicht.

Antwort

SAP PRESS
c/o Galileo Press
Rheinwerkallee 4
53227 Bonn

Bitte freimachen!

SAP PRESS

Hat Ihnen dieses Buch gefallen?
Hat das Buch einen hohen Nutzwert?

Wir informieren Sie gern über alle Neuerscheinungen von SAP PRESS. Abonnieren Sie doch einfach unseren monatlichen Newsletter:

www.sap-press.de